N ederlands
N letterenfonds
dutch foundation
for literature

The publishers gratefully acknowledge the support of
the Dutch Foundation for Literature.

本书由荷兰文学基金会提供翻译及出版资助

谨致谢忱

Original title:Dromen Van Cocagne by Herman Pleij

Copyright ©Herman Pleij,1997

安乐乡

中世纪人类对完美生活的向往

[荷]赫尔曼·普莱 著
刘榜离 张静文 译

中国社会科学出版社

图字：01-2011-7939

图书在版编目（CIP）数据

安乐乡：中世纪人类对完美生活的向往 /（荷）赫尔曼·普莱著；刘榜离，张静文译. —增订本. —北京：中国社会科学出版社，2018.9

ISBN 978-7-5203-0155-8

Ⅰ.①安⋯ Ⅱ.①赫⋯②刘⋯③张⋯ Ⅲ.①思想史—世界—中世纪 Ⅳ.①B13

中国版本图书馆 CIP 数据核字（2018）第 098122 号

出 版 人	赵剑英
责任编辑	赵　丽
责任校对	季　静
责任印制	王　超

出　版	中国社会科学出版社
社　址	北京鼓楼西大街甲158号
邮　编	100720
网　址	http://www.csspw.cn
发行部	010-84083685
门市部	010-84029450
经　销	新华书店及其他书店
印　刷	北京明恒达印务有限公司
装　订	廊坊市广阳区广增装订厂
版　次	2018年9月第1版
印　次	2018年9月第1次印刷
开　本	710×1000　1/16
印　张	27
插　页	2
字　数	361千字
定　价	99.00元

凡购买中国社会科学出版社图书，如有质量问题请与本社营销中心联系调换
电话：010-84083683
版权所有　侵权必究

目录 CONTENTS

第一部分　幸福之丧失：开端 …………………………… 1

　　第一章　失乐园 / 3

　　第二章　书的轮廓 / 12

　　第三章　文学的力量 / 27

第二部分　地图文本 …………………………… 29

　　第四章　押韵文本 L 与 B，散文文本 G / 31

　　第五章　关于安乐乡的两个骈体韵文文本 / 45

　　第六章　背诵与书写 / 53

　　第七章　书写本中的口述结构 / 61

　　第八章　现存的可能性 / 73

　　第九章　安乐乡的散文文本 / 79

第三部分　将被忘记的饮食风俗 …………………………… 89

　　第十章　饮食习惯 / 91

　　第十一章　饥饿与匮乏 / 101

　　第十二章　传统主题——饥饿 / 109

第十三章　令人心醉的禁食 / 120
第十四章　自卫求生中的暴饮暴食 / 132
第十五章　会走动的食物 / 143
第十六章　文学上的复活 / 153

第四部分　更新的天堂 ……………………………………… 169

第十七章　天堂般的安乐乡 / 171
第十八章　绝不言死 / 190
第十九章　上天的奖励 / 198
第二十章　另外的天堂 / 215
第二十一章　安乐之地，黄金时代 / 226
第二十二章　奇妙之园与欢乐之园 / 237
第二十三章　长生不老之梦 / 244

第五部分　前进中的想象旅程 ……………………………… 251

第二十四章　地理意义上的沉思 / 253
第二十五章　真正的幻想世界 / 262
第二十六章　东西方的奇迹 / 271
第二十七章　奇特的目的地 / 285
第二十八章　太虚幻境 / 293

第六部分　异教徒的放肆行为 ……………………………… 303

第二十九章　千年盛世 / 305
第三十章　"自由精神"之异端邪说 / 316
第三十一章　亚当—夏娃式性爱 / 324
第三十二章　低地国家的异端邪说 / 331

第七部分　事关生存的学习 ·················· 343

第三十三章　教化的区别 / 345
第三十四章　乾坤颠倒的世界 / 357
第三十五章　艰难时代 / 368
第三十六章　节制、抱负和体统 / 375
第三十七章　实用主义的教训 / 385

第八部分　梦见安乐乡：尾声 ·················· 391

第三十八章　安乐乡之名探源 / 393
第三十九章　一笔贬值的文化资产 / 406
第四十章　从乡村到城镇 / 415
第四十一章　虚构之必要性 / 424

第一部分

幸福之丧失：开端

第一章

失 乐 园

　　凡是生活在中世纪晚期的人都曾听说过"安乐乡"这回事。那是一个隐藏在地球上某个偏僻角落的国度，那里拥有理想的生活条件。所谓理想的生活条件，则是根据中世纪晚期人们的想法而言的，但也许并非生活在那个时期的所有人的想法。首先，安乐乡里是禁止劳作的，而吃的喝的，像烤鱼、烤鹅以及流水般的美酒佳酿，则会自然而然地涌现出来。人们只需张开嘴巴，所有那些美味佳肴就会自动跳进口中。安乐乡的另一个特点就是那里的建筑物都是可以食用的。因此人们甚至可以居住在大鱼大肉、珍禽野味以及面点糕饼之中。那里的气候始终温和宜人，四季如春，而且还有一系列令人愉快的额外犒赏，诸如公有财富，诸多假日，与永远都心甘情愿的伙伴自由地享受性爱，永葆青春的泉水，人人都有的漂亮衣服，还有在睡梦中赚钱的可能，但绝没有任何争吵和仇恨。

　　到中世纪时，已不再有人相信世上还有这样的福地，然而有关安乐乡的故事却在欧洲继续流传了数百年。显而易见，人们能够以一种美梦般的理想生活的形式幻想出这样一个无忧无虑、补偿良多的地方，是极其重要的。因为人们害怕尘世的悲惨生活可能会一下子变得更加糟糕，而这种恐惧有时已达到了疯狂的程度，所以就竞相讲述各种有关安乐乡的故事，以战胜这一恐惧，并博取最大的宽慰价值；而这些故事形成了鲜明的对照，既荒谬可笑，又怪诞奇异。这样一来，人们的这些想象便将日常为生存而斗争的严肃性与夸张的幽默联系起来，从而创造出了十分喧闹、地覆天翻而又被证明具有说教作用的世界，同时也为人们提供了有关适当社会行为、应有自知之明的训诫，并鼓励人们对尘世生活的本质进行反思。

但安乐乡的故事却各不相同，依据其各自的时间、地点和背景，每个故事的讲述都不一样。其卓越之处在于，这些故事属于世世代代口头相传的东西，所以其源头问题便让故事变得越发复杂了。中世纪时涌现了成千上万种安乐乡的故事文本，无不出自人们的自发改编，其中充满了新的创造，传统的主题已消失不见，或者出人意料地被略去不提了。偶尔也有即兴写出的版本，需要时拿出来读给人听，以免人们忘记这一美梦（也或者是忘记其中的教训）。在中世纪流传的安乐乡故事的正文不计其数，而用不同国家的语言记载下来的却只不过是一小部分而已。

这些幻想出的世界道出了许多有关其缔造者的向往。而现代的幻想世界则是旅行社惯用的运营手段，即为典型度假者专门打造的富有创意的产品，那里有美好的气候、未遭破坏的自然风光、文化奇迹以及严格禁止的性行为。即使从比较长的时期来观察，我们的幻想世界也都表现出了普遍的共同特征和实质性的差异。当今天堂的卖点并不是承诺你可以吃到一切东西，也不是让你得到其他异乎寻常的味觉享受。以一定价钱饱餐一顿不过是笨拙地仿效安乐乡的生活，而那样的安乐乡已经退化到了街角咖啡店的水平，招揽那些怀有工人阶级不劳而获梦想的民众。在西方世界，食品供应已不再是人们迫切关注的目标；这表明西方洞天福地的最高境界并非毫无节制、令人厌恶的暴饮暴食。这对于普通百姓来说当然是适用的。按照中世纪的标准，当今欧洲在许多方面都实现了安乐乡那样的梦想：随时都可以得到快餐食品，还有可以调节控制的气候、自由的性爱、失业救济以及表面上可以延长青春的整形手术。

现今的安乐乡打着Luilekkerland这个幌子，实则是儿童的乐园，那里有堆得像房子一样高的糖果，房顶上的瓦都是用薄饼做的。Luilekkerland这一荷兰现象是一个童话般的国度，其名字的字面意义是"悠闲甘美之地"，不过是令人眼花缭乱的中世纪安乐乡的影子而已，但其昔日的光辉现在已经褪去，并且已被归入儿童游戏的领域。这妨碍了我们对这一幻想世界所处地位的认识，而在中世纪农夫和市镇居民的生存方略里，从一定程度上说，也在当时的贵族和神职人员的生存方略里，安乐乡都处于中心地位。中世纪社会各阶层的人，无论是俗人还是神职人员，也无论是男人还是女人，无不为生活的重负所困扰；安乐乡的幻想为他们提供了一种令人宽慰的平衡物。但是，这些幻想世界一而再、再而三地同其他充满希望、具有更大机会得到满足的世界相交汇。

安乐乡不可避免地使人想起早期那个既轻浮又富足的天堂世界；许多人相信，那个天堂就坐落在地球的某个地方，那里仍然应该有一眼值得夸耀的长生不老泉水，有美味可口的食物，还有永恒不变的春天。旅途上的游客难道不是讲述过亚特兰蒂斯[①]、极乐岛[②]、黄金国[③]以及其他的幻想世界吗？那里不是具有类似的舒适宜人的设施，实际上人们还可

[①] 亚特兰蒂斯（Atlantis），传说中的岛屿，据说位于大西洋直布罗陀西部。该岛上有位父母双亡的少女，海神波塞冬（Poseidon）娶其为妻，他们生了五对双胞胎。于是，波塞冬将整座岛划分为十个区，分别让十个儿子来统治，并以长子为最高统治者。因该长子叫做"亚特拉斯"（Atlas），故称该国为"亚特兰蒂斯"王国。在王国中央的卫城中，有献给波塞冬和其妻的庙宇及祭祀波塞冬的神殿，神殿内部以金、银、黄铜和象牙装饰。亚特兰蒂斯王国物产丰富，十分富强。不幸的是，王国后来出现腐化现象。众神之首宙斯为惩罚人们的堕落，引发地震和洪水，亚特兰蒂斯王国便在一天一夜中没入海底。——译注

[②] 极乐岛（the Islands of the Blessed），希腊神话中的岛屿，位于天边的大海里。那里土地肥沃、风景优美，岛上的人是宙斯创造的第四代人，即半人半神的英雄，他们比以前的三代人都更加高尚、公正，都过着宁静而幸福的生活。另外，富饶的大地每年三次给他们提供甘甜如蜜的果实。——译注

[③] 黄金国，是流传在印第安人中的一个传说，说是在远方有一个部落，其族长全身披满金粉，即黄金人。那里有个名叫瓜地维塔的湖，在湖上每年举行一次庆祝大典。庆典时，国王全身洒满金粉，戴上黄金饰品，乘坐木筏，从湖岸出发。周围的族人燃起野火，奏起乐器，国王便跃入湖中，把身上的金粉一洗而净，祭师和贵族们也同时向湖中投入贵重的金饰，献给太阳神，因而湖中有大量的黄金。——译注

以去拜访吗？而且天堂般的世界肯定还是有的，在最后审判日之后，那些灵魂经过洗涤的足够幸运的人，就可以在那里找到归宿，永享天赐之福。对于那些缺乏耐性的人来说，最终也会有《圣经》中所预言的千年的快乐和繁荣，作为对俗世的补偿，而且很多人相信，此种补偿不久就会到来。

所有这些中世纪的幻想世界相互间都具有引人注目的相似之处。有些描述听起来是那么真实，不像是凭空幻想出来的。也许可以把它们称作俗世的田园牧歌。尘世一直都在变化，变得更易于通融，也更便于驾驭，而梦幻世界由于人们在这世间虚构出了样板，从此以后似乎也近在咫尺了。不论安乐乡有多么虚幻，它却幻化出了这样一个迷人的世界，从而更加激励人们进行必要的想象，而不是将其置于心目之中。

这种幻想竞赛在民众当中尤其流行。对安乐乡的幻想是消除农夫和中下层人们日常烦恼的一种手段，尽管上流社会的人似乎也受到了这种幻想的诱惑，不过上流社会始终给人留下这样一种印象，即他们不那么需要安乐乡，因为他们具有很大的实现自己梦想的创造力。16世纪之后，安乐乡变成了广为传播的"悠闲甘美之地"，成了绘画艺术的一个流行主题，小商贩沿街叫卖的有着多种用途的产品；其最终目标是成为今日蹒跚学步的幼儿所向往的童话故事中的堆满糖果的世界。而在其实现这个目标之前，安乐乡则是愉悦乡下农民的事物，也是年轻人的礼仪指南。

然而，安乐乡首先被作为一种现成的典范呈现出来，目的是使日常生活的痛苦境况变得能够忍受。人们不免会扪心自问，为什么会有这么多的苦难？而对此又难以找到令人满意的解释，教会给出的答案尤其难以接受，因为教会说只给极少数人如此神圣的忍耐。虽然如此，但民众仍继续不停地探寻罪恶的根源，用这样的问题来折磨自己，并对人类所展现的明显缺点感到愤恨，其中也包括他们自身的缺点。

当然，大家都知道，一切罪恶皆发端于人的堕落。但为什么亚当和夏娃的小小过失就不能一次性地得到彻底纠正呢？倘若能够的话，通往天堂的大门就可以再次开启。许多有关这第一对夫妇被逐出天堂的描绘所流露出的，多是一种不耐烦，而不是赞同。不计其数的文本、绘画、微型画作、印刷品、剧本、宗教上列队行进的祈祷诗文、形形色色的舞台造型、人们堆的雪人、织锦挂毯、陶器、珠宝盒以及梳子上的饰画等诸如此类的东西，无不记载着人类磨难的这一痛苦开端，而它们的确让人无法抗拒。其中所表达的是人们的不解，而不是顺从；当然它们也证明人们不断提出的要求，即对此磨难做出解释。

在 15 世纪的荷兰举行的游行或者类似的群体活动中，无不上演亚当和夏娃被逐出天堂的场面。在佛兰德①和布拉邦特②的城市内举行的著名宗教游行，每年都会吸引成千上万的观众；他们不仅来自城市，而且来自更远的乡村。看客中往往还有许多权贵名流，甚至有国王或者王子，他们常会受到地方行政长官或者城镇议员的单独款待，并将行使独特的职责。这些宗教性群体活动在维持、加强和扩大市政当局与地区或者国家一级政府之间的关系方面也发挥了作用。

从 1401 年起，卢万③城的行政官员甚至坚持，每年一度的宗教游行要以在彩车上表演亚当和夏娃被逐出天堂这一幕开始。二人被逐事件毕竟是时间概念被引入尘世的起点，历史便是从那一刻开始的；因此，承载上述表演的彩车走在游行队伍之前是合乎逻辑的。彩车上扮演亚当、夏娃、天使也许还有一条蛇的演员们沿着城内的游行路线，每隔一段时

---

① 佛兰德（Flanders）是中世纪欧洲西北部一著名地区，曾是一位伯爵的领地，包括现比利时的东佛兰德省和西佛兰德省、法国北部部分地区以及北海沿岸荷兰西南部的部分地带。几个世纪以来，作为一个服装业中心，该地区一直享有实际的独立权并且十分繁荣。低地国家的哈布斯堡战争导致了这一地区的最终分裂，在现代两次世界大战中都曾蒙受严重损失。——译注

② 布拉邦特（Brabant）是荷兰一地区，早在 1190 年该地区成为独立的公爵领地；现在分为荷兰南部和比利时中北部两块区域。——译注

③ 卢万（Louvain），又译作"勒文"，比利时中部城市。西距布鲁塞尔约 26 公里，人口近 9 万人。公元 891 年筑城堡。13 世纪因呢绒贸易而兴盛，18 世纪开辟水路可直通安特卫普，更趋繁荣。地处农业区中心，亦是比利时第一个面粉业中心，还有食品、化肥、机械等工业。市内有 1425 年建立的比利时第一所大学。——译注

间就表演一番。雕刻家龙博·范欣吉恩（Rombaut van Hingene）和木匠戈尔德·登德拉热（Gorde den Draijer）二人受命设计彩车并指导演出。事实证明此番表演是游行中十分成功的开端，以至于在1462年，那辆背景为尘世天堂的彩车又进行了一番全面的翻修。结果彩车此次受到了善者菲利普公爵①（Duke Philip the Good）和一大帮知名贵族和修道院院长的交口称赞。

人们对表演继续进行改进，因为在1502年为亚当和夏娃做出了新的装束，1531年裁缝安德烈·德科斯特（André de Coster）又为他们制作了两件马甲和两双袜子。这难道意味着天下第一对夫妇要穿着衣服表演吗？考虑到文明社会的进步，这也并非难以置信的，因为文明社会将显露裸体定义为越来越不体面的事情，必须予以禁止。裁缝做的这些衣服实际是对同时代服饰风尚的认可；或者这些衣服意味着要遵从《圣经》"创世纪"的说法吗？因为其中说到，亚当和夏娃做了恶行之后，就试图掩饰他们的裸体。

1594年对那辆彩车的描述被人们保存了下来。其中所附的押韵诗句强调了天堂的快乐，而亚当现在所换来的必须是一种永不懈怠的辛苦生活和敌抗：

<blockquote>
桀骜不驯有亚当

心怀美事喜气扬

只因不听上帝命
</blockquote>

---

① 菲利普公爵（Duke Philip the Good，1396－1467），即1419年至1476年法国的勃艮第（Burgundy）公爵。他与英国的亨利五世结为同盟，协助亨利五世及其继承者在法国建立了英国的统治。1435年，他作出重大让步，终止了与英国的联盟，与法兰西国王查理七世在法国的阿拉斯签订了《阿拉斯休战协定》。尽管休战，但他与查理七世的关系并非一直友好。1440年，他曾一度支持造反的贵族，并给法国的皇太子（即后来的路易十一世）提供庇护。通过继承、签订条约、征服以及购买，他获得了比利时的埃诺（Hainaut）、那慕尔（Namur）、列日（Liège）、荷兰的泽兰（Zeeland）、弗里兰（Friesland）、布拉邦特（Brabant）、林堡（Limburg）；卢森堡（Luxembourg）、法国的康布雷（Cambrai）以及许多其他城市和封建属地。1463年，菲利普被迫将其拥有的部分财产还给了路易六世。菲利普的庭院是当时西欧最辉煌壮丽的庭院。其雄心勃勃的儿子，即勇者查理，于1465年继承并接管了他的财产。——译注

受惩被逐离天堂
信步天国曾有时
静谧阳光任其享
而今日日劳作苦
难见往昔好时光

描述中写道，一位天使手持燃烧的火炬，将赤裸的亚当和夏娃从伊甸园里向外驱赶，两人都用手捂住自己的私处。也许他们只是为了表演才脱掉衣服，但也很有可能只是在此番描述中他们才以裸体示众，因为在现实中赤身裸体是愈发不被人们所接受的。

无论如何，对俗世一切苦难之开端的这种一年一度的表演一定是引人注目的。这是一个让我们失去一切的时刻，没有迹象表明引发这一切苦难的小小的判断失误会被原谅，通往天堂的大门还会向公众敞开。人们不得不把所有的赌注都押在来世之上，而来世是很难预测的，因为魔鬼经常把来世搞得模糊不清。况且这些关于来世的愿望，如果是真的话，也像15世纪许多人所相信的那样，将会在教会内作为一种对分裂教会行为的惩罚而被毁灭；自1378年以来，就有一位罗马教皇和阿维尼翁①的一位教皇曾因分裂教会受到了惩罚，而且之后将不再让任何人进入神圣的天堂。人们还相信，由于教会分裂，已经死去者的善人的灵魂被关在了以俗世乐园形式存在的等候室之外，这意味着所有那些灵魂在等待神的最后审判期间，注定要在那里漫无目的地徘徊。

在卢万游行队伍最前面的彩车上呈现的天堂，是用美丽的格子结构制作的一座伊甸园，那里有装饰华丽的大门，有一眼泉水，还有一棵结满果实的果树，树干上缠着一条偷偷窃笑的蛇。那是人们完全无法到达的福地，即便是看一眼也一定让人承受不了。在那篇保留下来的描述

---

① 阿维尼翁（Avignon），法国东南部城市，1309年至1378年一度是教廷所在地，1378年至1417年是几任伪教皇的居住地。现有人口大约9万人。——译注

中，有位车夫赶着马，拉着沉重的彩车向前行走。

这一场面在《玛丽的第一桩乐事》（*Eerste Bliscap van Maria*）中也有绘声绘色的展示。自1447年始，这部戏剧每7年便在布鲁塞尔的大广场上表演一次。该剧是7部系列神秘剧①中的一部分，其最后一场便是所谓的盛大游行。当上帝召唤亚当和夏娃时，他们二人羞愧地用树叶遮住了自己。两人对自身的裸体已有认识，这种认识表明他们违反了上帝的指令，因而要受到审判：夏娃被判处在分娩时受疼痛之苦，并要服侍亚当；亚当则要为日常的食物辛勤地耕种劳作，而他耕种的土地自此以后将会长出粮食，也会长出荆棘和蒺藜。此种劳作一定是异常艰辛，而且上帝还要处罚亚当，让他"汗流满面才得糊口……直到你归了土；因为你是从土而出的：你本是尘土，仍要归于尘土"。

然后，上帝命其天使为这一对堕落的人缝制衣服。他们一道帮助亚当和夏娃穿上衣服，之后，上帝将他们二人永远驱逐出了天堂。上帝为了使自己的意思表达清楚，就补充说，"永远"，这对于那些聚集在布鲁塞尔广场上的人来说，必定是沉重的一击。我们终于明白，新衣服对于1502年的游行为什么是必不可少的。那些衣服并非让亚当和夏娃在一开始就穿的，而是让他们作为凡人，在伊甸园之外的短暂尘世的冷天时穿的。在伊甸园这座天堂的大门前，上帝安排了一个小天使和一把发出火焰的剑，这样一来，谁也无法进入园内摘取生命之树的果子吃。从那一刻起，天堂的大门就紧紧闭上了。

被关在伊甸园外边的亚当和夏娃知道了自身残酷的命运。他们现在意识到，因他们干了一件难以置信的蠢事，便丧失了幸福的机会。亚当想起了乞求上帝宽大的主意，可是夏娃却继续自作主张，尽管她出的那个有关苹果的主意铸成了大错，而且她此刻应该服从她的丈夫：

---

① 神秘剧（mystery plays），是中世纪一种宣传宗教的戏剧，多以《圣经》中的事件，尤其是耶稣的生活事件为基础改编而成。——译注

第一章 失乐园

> 心爱夫君莫乞求
> 被逐天堂已蒙羞
> 而今须操此把铲
> 学会劳作生计谋
> 生活原本千般苦
> 自食其力应从头

亚当长叹一声做了决定，原先在天堂里根本没有劳作的问题，因为上帝命令农作物自生自长。"他把我们赶出天堂之前"就是那个样子。

尤其在中世纪晚期，此种情景被人们无数次地表演、描绘和考量过。只要对保留下来的一切范例加以调查，就不可避免地揭示出一种挑剔地告知他们的忧伤语气。现如今，原罪已不含任何与现在相关的涉及存在的意义，即便对信徒来说也是如此。对人类之堕落的解释充其量是比喻性的，其形象化的比喻与其说是引发人们思考的原因，不如说是一种美学和历史文化上的满足。然而在中世纪晚期，此种展示似乎一次又一次地产生了尖叫或者谴责的效果，激发出一种强烈的情绪，也许是一种自我哀叹，当然也是对魔鬼、女人和人类那种令人同情的脆弱本性的愤慨。这里是一片肥沃的土地，让人去寻求补偿，并努力重建伊甸园。

中世纪时庶民百姓为谋生计需艰辛劳作并蒙受挫折，在当时也是一项十分耗时的工作，且不说食品的获取一直都不是很有把握。考虑到这一点，以如此壮观的方式展示出的事实真相对于百姓来说不啻一个打击。而因此制造出的紧张不安则迫切需要切实可行的解决方法和精神上的解脱。

第二章

书的轮廓

在中世纪,摆脱尘世苦难最常见的一种方式就是直接到安乐乡去,首先因为到了那个地方,立刻就有了人们所需的一切基本东西。天堂的大门已经紧闭,但是安乐乡却向大家敞开了大门,而且所有已知的有关安乐乡的文本都没有任何可疑之处:那里绝对禁止劳作,也绝不让你付出任何努力(中世纪荷兰语文本甚至声称这是上帝的意志)。吃的东西无处不有,而且多得不可思议。每个人门口的台阶上都摆放着备好的最漂亮的衣服,其中包括鞋子和袜子。所有这一切都很精美,而不是上帝命一位天使为第一对堕落之人所做的那种糟糕的样式!

不过,安乐乡真的为人们提供了这样清晰的答案吗?当然,这个梦幻之乡带给人们的东西,要比圣经《创世记》里所描述的那座最初而又永恒的天堂提供的多得多,而且如人们想象的那样,现在仍然如此。自中世纪以来,人们对天堂有过不计其数的描绘。这些描绘展现了一种倾向,就是要把圣经中说到的那座多少显得空洞的天堂装饰起来,让其具有安乐乡的特点,以迎合同时代人的需求。中世纪这些福地乐土渐渐呈现出了令人欣喜的乐园的特点,里面充满了盛宴和歌舞升平的景象。而在这一方面,安乐乡和天堂的形象不知不觉地开始融为一体、合二为一了。但这让何人受益呢？这一融合真的是可以允许的吗？

最世俗的天堂景象也许是克里斯托弗·哥伦布所想象的那种。多年来，他对人间天堂的确切位置表现出了越来越大的兴趣。在他第三次航海期间（即1498—1500年），他甚至将奥里诺科河①看作世间天堂里四条河流中的一条河流。此外，他在1498年发自伊斯帕尼奥拉岛②的一封信件里写道，根据他的发现，地球并非像梨子那样圆，而实际上到更像女人的乳房。也许在海上的长期漂泊已开始给坚韧不拔、笃信上帝的哥伦布带来伤害。他认为，在状似乳房的地球上，新近发现的大陆就是乳头，其中心便是俗世天堂的所在地。

所有中世纪的探险家都在寻找人世间的天堂，更确切地说，他们都在寻找毗邻天堂的地方，因为其优越的位置能够使其充分享用来自伊甸园的天国物品，而且那里的气候十分理想，水果会从硕果累累的果树上掉下来，天堂里四条河的河水都具有治疗功效，河水还给人们带来各种香料和宝石。旅途上的探险家坚信，如此令人愉快的预示的天堂实际上是可以找到的。于是，他们仿佛受命行事一样，不断地报告见到的这类景象，并按照他们自己想象的天堂情景加以描述。而这些文本的编辑者，从抄写员到排字工，无不为扩大其影响付出了努力。

发现已失天堂之遗迹的这类航行亦可反映人们的过去生活，而昔日的生活必定从黄金时代开始，那时一切都是美好的，尽管没有法律制约，也不那么和谐，但人类却仍然是纯洁无瑕的。然而，不仅仅是基督教宣称有过这样完美、和谐和富裕的美好开端。黄金时代（aurea aetas）这一概念自古以来就为人所知，这个经典的形象化的比喻则被中

---

① 奥里诺科河（Orinoco River），是南美洲委内瑞拉流域的一条长达2414多公里（1500英里）的河流，其一部分沿哥伦比亚与委内瑞拉边界入大西洋。其入海口可能由哥伦布在1498年发现。——译注

② 伊斯帕尼奥拉岛（Hispaniola），是位于古巴西部的西印度群岛中的一个岛屿，为海地和多米尼加共和国所在地。哥伦布于1492年发现了该岛，岛的西部（即现在的海地）于1697年被西班牙割让给了法国。——译注

世纪晚期的人文主义者热切地抓了个正着,他们期望为自己的文化提供一个赫马尼亚①或者巴达维亚②,因为那里居住着诚实而又正直的农民和森林中人,而且那些人无须付出任何值得注意的努力,便可从大地所赐予的丰厚馈赠中受益;当然他们还怀有一种无忧无虑的心境。在那个时候,整个世界从理论上说就是一个具有许多地方色彩的庞大天堂,并且呈现出安乐乡或者悠闲甘美之地的面貌。

然而,甚至在此之前,中世纪的学者就已把亚当、夏娃的堕落与大洪水之间的那个时期称为实际的原始主义时期,该时期对其自身不加关注,结果便产生了原罪。为了普通信徒和学生的利益,此种观点被安特卫普的扬·范博恩达勒(Jan van Boendale)③广为传播。此公是当地政府的一名文员,称自己为道德家。他在1330年前后完成了一部雄心勃勃的著作,书名清晰明确,叫做 *Der liken spieghel*(《俗人手册》)。他在书中将生活在这一过渡时期的人们描述为素食主义者。从先前信奉基督教的哲人波伊提乌(Boethius)④那里受到了启示后,他接着便在其书中说道,那些人从不喝酒,睡在露天里,不用被褥,也不用枕头。他们只吃乳制品和蔬菜,身上穿的毛纺制品也不染色;毕竟上帝也不曾给绵羊设定各种时髦的颜色。纯洁和清白仍旧是主旨,就像精神盾牌一样,抵御各种俗世的、往往带有魔鬼痕迹的"雅致"行为。

在中世纪,人们认为天国的天堂呈现了新耶路撒冷的形状;在《旧约》中,新耶路撒冷预示一种奖赏,是供那些记录在生命之书里的

---

① 赫马尼亚(Germania),古时欧洲中部的一个地区,位于多瑙河以北、莱茵河以东,相当于今天法国东北和比利时及荷兰的部分地区。——译注

② 巴达维亚(Batavia),即今日印度尼西亚的首都雅加达,中世纪时是荷兰在东方的贸易中心,亦是荷兰统治爪哇以至于整个东印度群岛殖民地的政治基础。——译注

③ 扬·范博恩达勒(Jan van Boendale,1280-1351),安特卫普城市政官的秘书,著有史学和说教式的著述,如《布拉邦特史》;他亦是一位诗人,存世的诗作有白话诗《俗人手册》,亦被译作《俗人之镜》(*The Laymen's Mirror*)。——译注

④ 波伊提乌(Boethius, Anicius Manlius Severinus, 480-524),古罗马哲学家和政治家,曾用拉丁文译注亚里士多德的著作,后以通敌罪被处死。在狱中写成以柏拉图思想为立论根据的名著《哲学的慰藉》。——译注

人进入的。更具影响力的是（《新约》）《启示录》中所述的那种模型，说是耶路撒冷城将从天而降，收留正直的人。它看上去是一个非同寻常的地方，由最昂贵的材料建造而成，其中包括黄金和宝石。[1]《死亡之书》[2]（*Sterfboeck*）这部有关人生教义的文集广为人知，1491 年刊印的那一部对耶路撒冷做了详尽的描述，其目的是向人们传授行为模式，因为这些行为模式将确保人们获得他们所渴望的来世。一条令人鼓舞的摆脱愈加可怕的俗世生活的道路再次开通，而且这次跟安乐乡所能提供的比较起来，则具有更加可信的特点。

在这座新耶路撒冷城里，永远没有黑夜和黑暗；阴暗被上帝的永恒之光所笼罩。饥、渴、热、冷、洪水、火灾、风、雨、雷、电、雪和冰雹也都不复存在。从一些反面的描述中表现出了来世的魅力所在，也从很大程度上表现出这座天堂般的耶路撒冷城被视为安逸舒适之源，亦是历数俗世一切痛苦的地方。这里没有死亡，没有疾病，没有虚弱，没有四肢畸形的人，也没有聋哑人、驼背者和跛子。处处都见不到杂草，也看不到蠕虫和癞蛤蟆这类肮脏的动物。此外，这里遍地芳草萋萋，花团锦簇，水果始终丰硕透熟。这里的每一个人都是 33 岁，而且永远如此，这也正是耶稣基督在尘世上所活到的年纪。天使在这里演奏出最美妙的音乐，人人都处于喜气洋洋的状态。

在这座城里，安乐乡的梦想似乎玷污了《圣经》中所描绘的天堂；当然，安乐乡里也有人随着笛子和喇叭吹奏的乐曲一展歌喉，翩翩起

---

[1] 据《启示录》描述，"城是四方的，长宽一样。……墙是碧玉造的，城是精金的，如同明净的玻璃。城墙的根基是用各样宝石修饰的：第一根基是碧玉，第二是蓝宝石，第三是绿玛瑙，第四是绿宝石，第五是红玛瑙，第六是红宝石，第七是黄碧玺，第八是水苍玉，第九是红碧玺，第十是翡翠，第十一是紫玛瑙，第十二是紫晶。十二个门是十二颗珍珠，每门是一颗珍珠。城内的街道是精金，好像明透的玻璃。"——译注

[2] 《死亡之书》是古埃及的一种陪葬品。笃信来世的古埃及人用水生植物纸莎草芯制成长长的纸卷，在上面抄录符文或者咒语，配以插图，随死者丧葬，以求死者逢凶化吉，安然到达极乐世界，并且帮助死者在来世渡过难关、得到永生。通常古埃及木乃伊埋葬时都带有一本富有神秘色彩的《死亡之书》；此书并不完全是对盗墓者的诅咒，同时还有对人们安享后半生的一些忠告建议；因此该书不但是一份宗教文献，也是有关社会和思想的重要材料。——译注

舞。为数不多的被上帝选择的人则加强了两者间的联系，因为他们实际上造访过天堂、地狱和炼狱。他们的旅行以幻想的形式呈现出来，其中一些叙述十分引人入胜，从而激发了人们的愿望，祈求为他们在尘世上所忍受的痛苦而获得迅速而又全面的补偿。当尘世上出现了"理想国"的思想时，尤其是在这些思想导致人们为实现"理想国"而付诸行动之时，情况开始变得真正危险起来。不过，安乐乡的种种文本在思想倾向上似乎从未有过这一目标。尽管与其相关的所有联想都带有一幅看似真实的更为美好的世界画面，但安乐乡是虚构的这一本质从来都是毋庸置疑的。

以耶稣基督在尘世上的千年统治形式呈现的理想国在《圣经》里得到了宣示。在神的最后审判日之前，耶稣基督与复活的圣徒和殉教者一道，将在尘世上建立一座极乐而又富庶的王国。在中世纪，人们认为这一非凡的创建行动很快就会到来。而早在中世纪之前，奥古斯丁①就证实了教会的立场。他直截了当地表示，耶稣基督的千年统治实际上是具有一定寓意的富于战斗精神的教会形象；尽管如此，但耶稣基督千年统治的预言，仍一如既往地继续使贫困之人不仅相信所预言的理想国很快就会到来，而且还要为理想国的建立助一臂之力。中世纪末，尤其是在莱茵河流域和低地国家②，出现了一些无拘无束的凡人修士和修女组织起来的松散团体；他们祈求此种预示的千年统治的来临，以证明他们那种异教徒的没有罪恶的完美生活的幻想是正确的。

倘若仔细研究他们声称的对教会正统信仰的僭越，我们不难看出，他们的做法显然与成熟完善的安乐乡密切相关；令人惊讶的是，那个安

---

① 奥古斯丁（Augustine, 354—430），基督教思想家、哲学家及拉丁教父的主要代表，欧洲基督教神学、教父哲学的重要代表人物。在罗马天主教系统，他被封为圣人和圣师，并且是奥斯丁会的发起人。曾任罗马帝国北非领地希波勒吉斯地区（今阿尔及利亚的安纳巴）教区主教（395—430年）。著有自传体作品《忏悔录》（397年）及长篇作品《上帝之城》（又译作《神之城市》）（413—426年）。——译注

② 低地国家，通常是指荷兰、比利时和卢森堡这三个海拔比较低的国家。——译注

乐乡已不在某个几乎无法到达的偏远的角落,而是在安特卫普城冒出的烟雾下方,即莱茵河的两岸。生活在布鲁塞尔的裸体人,在希尔德尼森(Hildernissen)的牧师威廉的领导下,的确做得颇为过分。他们的称谓就已经表明,他们要竭力开创一个人间天堂,并要实现这个目标。他们认为自己有此种能力,因为他们已经达到了完美的境界,摆脱了一切罪恶。除此之外,他们沿着奥古斯丁在其所著的《上帝之城》中设定的路线,企图和当地的贝居安女修士会①的修女发生神圣的性关系。亚当获得许可,可以体验没有性欲的勃起,因为他完全能够控制自己的性器官,而夏娃也在不经意间保住了自己的处女之身。

或许这些频繁出现的异端邪说中最不寻常的一个方面就是那些布鲁塞尔人如此轻易地得到了宽恕。1411年那场旷日持久的审判,结果只是对一些人加以斥责,流放了一两个人。难道是当局对多半只是嬉戏般地实现安乐乡的梦想表示赞同,或者是由于涉及那场性丑闻的牧师和地方显贵人数众多,让当局难以对其施行严厉的惩罚吗?无论如何,自11世纪以来,诸多编年史和法庭记载都载有嗜好性事的裸体主义者的案例,那些人不仅被称为裸体主义者,而且更为生动地被人称作魔鬼撒旦。

13世纪曾有过一个报道,说是一群男女深更半夜在他们称为寺庙的一个地下洞穴里相聚。他们来自各行各业。一位名叫沃尔特(Walter)的人主持弥撒并进行布道,之后他们便在黑暗中狂欢。他们载歌载舞,交媾行乐。报道者是奥地利维克特林的修道院院长约翰(John of Viktring)②。据他所说,那些参与者声称以这样的方式追求亚当和夏娃在天堂里的生活情形。那位沃尔特称自己是救世主,他向聚会

---

① 贝居安女修士会(Beguines),是13世纪建于荷兰等国的一种半世俗女修道会。——译注
② 修道院院长约翰(John of Viktring),生于1270年和1280年,卒于1347年11月12日,中世纪晚期奥地利的知名编年史家,学识渊博,对拉丁文和希腊文的诗人十分了解。他于1307年开始担任维克特林的一座修道院的院长,传世的著作有《史书》(*Book of Certain Histories*)。——译注

者引荐了一位美丽的处女，该女子冒充圣母玛利亚。与此同时，沃尔特向众人宣告，在尘世间沿着适当的寻求快乐之路行进，一切痛苦都是不必要的。而斋戒在他看来，则全然没有任何意义。

荷兰埃格蒙特的威廉（William of Egmont）也记载了其他地方发生的类似的天堂行乐的事情，尽管他必须利用德国编年史中的资料，不过知识通常都是从别人那里听来的。在他的报道中，也再次记载了有那么一位男女滥交的"救世主"和一位同样放荡不羁的"圣母玛利亚"，他们赤身裸体，沉溺于地下荒淫无度的色情生活。作者甚至提到了"猪一般的行为方式"。据威廉所言，这些异教分子还直言不讳地将他们聚集的那个邪恶无道的巢穴称为"天堂"。

许多修道院认为，它们那里的僧人没有被怀疑搞任何异端邪说，因此它们已经使天堂得到了复兴。尤其是西多会①的僧侣，他们深受克莱尔沃的圣贝尔纳（St Bernard of Clairvaux）②的感染，将苦行禁欲的理想与他们的信仰相结合，而他们的信仰则是义不容辞地完成并完善上帝的创造物。也可以说，这意味着他们必须征服最荒凉的荒野，在其所能找到的最难打理的地方建立自己的修道院，开辟自己的菜园和农田。上帝先前用来惩罚亚当的那些荆棘丛生的灌木、光秃秃的石块和污泥，在他们的手中变成了农田，农田里还生长有许多果树；而那些害人的野兽也不得不给这些有益于人类的东西腾出地方。

人类就这样回归了天堂，那里样样东西都很富足，各种动物也都被

---

① 西多会，天主教隐修会。又译作西都会（Cistercians）。1098 年由法国人罗贝尔始建于法国勃艮第地区戎依附近的西多旷野。因会服为白色，又称白衣修士。该会主张全守本笃会严规，推行静默、祈祷、垦荒等隐修制度，过更宁静、更简朴、更符合圣本笃会规精神的生活，远离人世，宁静独处，生活于简朴、克己、劳作、祈祷和阅读，并极注重团居生活中的弟兄友爱。1883 年传入中国。——译注

② 克莱尔沃的圣贝尔纳（St Bernard of Clairvaux, 1090－1153），又译作圣伯纳德，法国教士、学者。出生于法国勃艮第贵族家庭，22 岁时和 25 个朋友一起皈依天主教，1115 年创立克莱尔沃的西多会隐修院。在其指导下，法国相继建立了 160 多座隐修院，而他也因此成为政治上有影响的人物。在神学上，他是神秘主义者，反对唯理论。1146 年积极组织第二次十字军东征。1170 年，教皇亚历山大三世封他为圣徒。——译注

亚当驯服了。到16世纪时，安特卫普的修辞学家安娜·拜恩斯（Anna Bijns）[①]感叹道，每一座女修道院都可以说是人间天堂，因为那里消除了所有人类堕落的思想，一切都在智慧的统治之下，树上结满了丰硕的果实。在人们的心目中，事情就应该是这个样子，但是她在一首诗的结尾副句中承认，在她所处的那个时代，现实与理想的差距甚大："倘若真是那样倒也不错，但是恐怕现实并非如此。"与此同时，人们可以说，在人世这座储备着的神圣天堂里形成一些印记，也有可能是向着来世迈进了一步。而奉行现代虔敬[②]者开展的大众宗教活动，则向世俗秩序和普通信徒暗示了一些仪礼，以祈求一种极为痛苦而又极其迷人的来世，这绝不是一种巧合。首先，人们可以想象出一座用黄金和宝石建造的城市，城墙上的大门都是用珍珠做的。这种寻求精神快乐的做法也会使人摆脱世俗的罪恶。

但魔鬼依然不会那么轻易地被甩掉。它有一种毋庸置疑的蛊惑心智的能力，仿佛从里到外让人神魂颠倒，幻想出各种虚幻的伊甸园的壮丽景象，而人们对那些景象深信不疑，觉得他们不仅能够看到，而且还能听到、感觉到、嗅到，甚至还可以品尝到。因此，要紧的是将注意力集中在上帝身上，而上帝就端坐在天堂正中的宝座之上，因为魔鬼已无力引发出造物主自身的形状。因而，现代虔敬运动倡导的修炼目的，就是创造出这样一种以上帝为中心的来世的形象。

[①] 安娜·拜恩斯（Anna Bijns，1493－1575），文艺复兴时期欧洲诗人及修辞学家。出生于安特卫普，曾发表三部重要诗集，为荷兰俗语文学确立了新标准。她在1538年和1567年出版的两部诗集中，曾对马丁路德提出批评。——译注

[②] 现代虔敬（Devotio Moderna），是14世纪在荷兰兴起的一场宗教改革运动，亦被译作"现代虔诚运动"或"现代灵修运动"，其发起人是格尔哈特·格若特（Gerhard Groote，1340－1384）。他本人是一位平信徒，创建了"普通生活兄弟会"，认为对宗教问题进行沉思默想（又叫"默祷"）比神秘生活更为简单，号召信徒克己自律、顺从默祷、过简朴生活，以此来重新发现真正的虔敬；15世纪时该运动在低地国家和德国兴盛起来，其中最知名的人物是著有《效法基督》的坎普腾的托马斯（Kempis Thomas，1379－1471）。后来随着新教改革的兴起，现代虔敬运动逐渐衰微，到了1600年，原先在各地建立的普通生活兄弟会均被解散，不复存在了。——译注

然而，情况也会有所不同。早在10世纪时，僧侣团体和地方教会通过举行一种叫作"愚人庆典"①的欢庆仪式来开创大吃大喝、极尽愉悦的欢乐景象，常常会持续几天时间。这一宗教节日通常是在悼婴节②（12月28日）这天庆祝；庆祝时人们完全打乱了平常的等级秩序，毫无节制地大吃大喝。节日不仅成了人们的一个发泄途径，而且因暴饮暴食造成了令人难以忍受的混乱状态。无论如何，庆典仪式会大摆筵宴，吃喝几天，这与那种没有吸引力的严苛而又有节制的修道院生活形成了鲜明的对比。

在牧师圈内的这些特殊乐园里，也呈现出了暴饮暴食的形式，这也是僧侣群体内建立友爱关系的一种表现方式。凡遇宗教假日或某些特别的礼拜日，僧侣便会以兄弟友爱的名义吃喝狂欢一番；但在修道院院长的生日或是某个修道士同伴去世之日，他们也会趁机来一次暴食狂饮。与此相关的是中世纪十分普遍的一种叫作"minnedrinken"的习惯行为。人们会高声叫出某个圣徒的名字，于是大家就为其举杯致意；这一习俗会轻而易举地变成一次兄弟般的纵酒狂欢。

在王室和贵族圈子里，随时随地都有合适的方式去体验天堂般的生活，这一点倒也不足为奇。另外，这也会使人们设想出那种大家向往的奢华程度，其中一个主要目的当然是显示他们的富有。引人入胜、持续很长时间的宴会往往具有以下特点：摆设富丽堂皇，各种美食还配有精美的装饰，这与其说是为了满足人们的辘辘饥肠，不如说是为了给人一种视觉上的享受。人们幻想的安乐乡里的那些食物要素则以实实在在的形式在这里展现出来。桌子上摆的是由可以食用的馅饼、肉酱、糕点和

---

① 愚人庆典（the Feast of Fools），是中世纪时（也有人说是在5世纪和16世纪之间）僧侣和俗人在欧洲许多地方盛行的一种欢庆活动，尤以法国为甚，在德国、西班牙、波兰、英格兰、苏格兰等地也有此活动。以放纵狂欢、暴饮暴食为典型特色，一般在每年的元月一日前后举行，往往持续多日。——译注

② 悼婴节（Innocents's Day），又叫"婴儿蒙难节"，基督教节日。在基督教幼年时，希律王试图将其杀害，曾屠杀了耶路撒冷城南一座名叫佰里恒（Bethlehem）的小镇上的许多男婴，为悼念他们而设此节日。——译注

精心烹制的动物组成的图形。所有食物都装有会动的部件，一些自动装置甚至还能指挥这些会走动、会打斗和会歌唱的食物。富有创意的装置也有对动物、鸟和鱼进行的幻想：它们自己会跳出来让人们享用。

王室只想要贵族化的安乐乡，在他们自己的圈子内，他们就想大量服用仙丹妙药，以此求得长生不老；与此同时，他们也把一些乡民和市民弄到宫廷内，让他们目睹所有令人艳羡的富庶。尤其是那些勃艮第人，他们最善于排摆这样的盛宴，这多半是因为他们不断地为那些前来观看的市井乡民提供啤酒和葡萄酒之类的物品，而这些酒类不是从女人的乳房流出，就是从男人的阴茎流出，这也是市井乡民每次成功进入宫廷，并一睹皇家盛宴时的常见特点。

然后还有花园，而那些花园都是按照《雅歌》① 里所描述的花园轮廓精心修建而成，修道院的香草花园也是如此，虽然它们也有可能根据游乐园或者文学作品里描述的"安乐之地"（locus amoenus）的功能，变成真正谈情说爱的乐园，在那里也会发生缠绵动人的天人之爱的绝唱。其实，跟"雅歌花园"的这种联系是很具体的，因为在其周围住有城市的贵族阶级、达官显贵和富裕的中产阶级，那些庭院和天堂般的果园难免会呈现出一些情色意味，这一点非同寻常。反过来说，情色和性冲动也会激起人们对梦幻世界的幻想。

1517年前后出版的散文体小说《彼得·范·普罗旺斯》（Peeter van Provencen）便是为这样的民众所提供的一个很好范例。美丽的玛姬珑（Magelone）躺在树林里睡觉，头枕在小说主人公彼得的腿上。彼得两眼一直望着玛姬珑，心里觉得自己就像在人间天堂里一样。他不禁放声歌唱起来，以抒发内心的情感。他的歌中含有传统文学的成分，对玛姬珑的美貌赞不绝口，从头到脚褒奖了一番。然而，对其美貌的赞赏却恰恰让他内心更加躁动不安。他的情欲促使他把目光集中到玛姬珑的乳房

---

① 《雅歌》（Song of Songs）是《圣经》《旧约全书》中的第22篇，又叫《所罗门之歌》，全篇以诗歌形式描述天人之间的爱，共载有6首诗歌，其中不乏对女人的赞美。——译注

上，于是他更加确信自己一定是在人间的某个天堂之地，尽管他已觉醒（他还记得布鲁塞尔的异教徒），但这使他要强调玛姬珑的处女之身。"他就这样坐在那里，眼望着她的胸脯和她那纯白如雪的处女的乳房，感到非常惬意；他心想自己一定是在人间天堂，他在享受无尽的快乐。"之后不久，他似乎在想她吃起来也会很好——"因而就边看边抚摸起他心爱之人的乳房来"——不过，他的快乐却被打断了。但有一件事情对于彼得、玛姬珑、作者和读者来说却是十分清楚的。也就是说，田园牧歌般的地方会唤起情欲之乐。那么，安乐乡里为什么就没有多少情爱呢？

在城堡和富有的城镇市民的花园里将会找到娱乐园地。人文主义者创造出了花园，并以此为对造物主创造行为所做的寓言式解释，目的是更好地理解造物主的创造行为，而绝不是贬低花园的魅力，将花园作为消磨时光和与情人嬉戏的地方。此时，还出现了一些动物园和游乐园形式的园林变体，它们则更为世俗，或者可以更为恰当地被描述成更具尘世性的园林。勃艮第人在这方面也很擅长，表明在发生了人类堕落的行为[1]之后，造物主所创造的伊甸园不应当仅仅被看作魔鬼的娱乐之地，人类脆弱的灵魂在那里注定会受到难以抵御的诱惑。人们认为，大自然会如一开始的时候那样满足人类的需求。人类即使是处于堕落的状态，也一定会对上帝那不可思议的丰富多彩的创造物感到敬畏。动物园里所展现的奇异动物，处在天堂般的环境里，这不仅意味着它们生活在繁花绿草中，而且生活得和谐安逸，互为依存。眼望着这一番景象可以说是一种消遣，而不会去想那些日常生活的迫切需求。

贵族修建的乐园表明，人类的创造能力几乎可以和上帝的创造力相匹敌。人类用自己的双手仿造出自然界的虚幻景观，这对现实生活并没有多少指导。因此就引发出了精美绝伦的安乐乡，比如法国北部的埃丹

---

[1] 此处所说的人类堕落行为，指的是圣经中描述的亚当偷吃伊甸园的禁果之后，与夏娃交媾而丧失清白和体面的行为。——译注

城堡（Hesdin Castle）公园，那里的金色树木在风中摇摆，而风却是从极富创造性的管道系统中吹出的；公园中的鸟儿也以同样的方式鸣叫。迷惑不解的游客会遇到各种天气，诸如冰雹、雨雪和灿烂的阳光。人们或许会突然发现自己身处于外层空间，遭遇冰雹的袭击，转而又见碧蓝的天空和闪烁的繁星。毫无疑虑的游客旋即又会挨机器玩偶一拳，那拳头正好打在耳朵上；而女士们突然会被裙下涌出的溪流打湿衣裳。每个人都会遭遇到意想不到的事情，有的会被煤烟弄脏，有的会长出羽毛。自1299年以来，这些颇具魅力的东西一直在不断地扩充和完善，但在1553年，整个花园连同那座城镇都被查理五世的皇家军队摧毁了。后来，人们就不得不以文学作品中世外桃源般的地方聊作消遣了。

动物园（jardin de plaisance）或者游乐园这些上流社会的娱乐设施，只有那些来自远方的大多数人才能享用。虽然这些情况大多是道听途说的，但偶尔也会有人目睹。不过，当有人在诱惑之下购买永葆青春的灵丹妙药时，安乐乡便以世俗的形式出现了。毕竟，人在世上一定有可能长生不老。人们普遍认为，死亡是在魔鬼的诱惑下来到世间的，而世上最初的生命无疑是永恒不死的。来自天堂的疗养之水流入世间的四条河流，这种水从理论上说治愈了所有的疾病，因此止住了生命的衰亡。

世上的许多溪水基本上都来自天堂，因此人们认为它们能够治愈一切致命的疾病。人们越是接近天堂，水的疗效就越好。不断有旅行者报告说，他们发现了洗去皱纹永葆青春的泉水，而人们对这种长生不老泉又普遍深信不疑。因此，自16世纪上半叶以来，常常上演一些滑稽剧，将这一广为流传的信念当作笑柄来调侃，比如 Playerwater（《戏水人》）便是一例。该剧讲述一个与他人通奸的妻子，佯装自己患了疾病，打发她那呆头呆脑的丈夫到遥远的地方为她弄些"圣水"，据说这种水具有神奇的疗效，而且只有这种水才能消除她的病痛。可是她的丈夫出门不久，她就为情人敞开了房门——那位奸夫不是别人，而是教区教士！

然而，医生和炼金术士仍继续寻找驱除死亡这一魔鬼的天然良方。尤其是长生不老药（quinta essential）的处方，尽管没曾听说有谁成功地将其配制出来，但对人的生存和活力恢复这门科学却做出了很大贡献。不过也有一些人认为，这是魔鬼的勾当。自14世纪中叶以来，就流传有一部叫作 *De buskenblaser*《吹盒人》的滑稽剧，对永葆青春这一愿望进行嘲讽。剧中演一个魔鬼般邪恶的小贩，在沿街兜售他的器物，并向人展示诱惑一个堕落的人该有多么容易。果然就有一位上了年纪的农夫，他的老婆一心想变年轻，为了博取老婆的欢心，便在小贩花言巧语的引诱下，花了一笔大钱从小贩那里买了一盒返老还童墨粉。他按照说明往盒子里吹气，结果却弄得满脸是灰，更不必说还被妻子打得鼻青脸肿，引得众人哄堂大笑。

而尘世这里的安乐乡，理想世界的各个方面几乎应有尽有，虽然实际上根本没有人相信，但似乎在日常生活中都存在与其相对应的具体事物。或者换一种不同的说法，在整个中世纪和早期现代阶段，安乐乡似乎得到了验证，并被人们付诸实施。另外，人们还因服用麻醉剂而产生各种幻觉，从而不断地幻想出这一理想世界的种种特点，虽然那些特点令人愉快，却难以企及。

关于中世纪时人们故意服用麻醉剂而成瘾的情况大家知之甚少，但一次又一次的物资匮乏迫使人们以野草和种子果腹。这些替代食品的充饥物包括大麻和罂粟，而这些东西在南欧的田野里则比比皆是。无论如何，缺乏某些营养成分的现象仍反复发生，这会让人产生幻觉。而长期缺失身体所需的酶会使弱化人的精神状态，会让大脑产生幻觉，人会自然而然地空想出一些令人愉快的景象。而把大麻籽当作食物来充饥会加重这一生理现象。因此，饥饿之人每天都会幻想出安乐乡的景象，在幻觉中为身体所缺乏的一切东西寻求补偿。中世纪时恰巧就有两个记载安乐乡的押韵文本，这两个引发幻觉的文本是本项研究的基础；然而这些文本真的能让人心想事成，得到补偿吗？

逃向天堂之地——前往黄金时代、安乐乡或者埃尔多拉多（El Dorado）① ——是所有时代和所有文化里都有的现象，而这些理想世界始终反映了个人的向往和这些故事的编撰者的追求目标。即使在当今世界，这也能够引发出稀奇古怪的过分行为。巴勒斯坦的殉教者——在以色列负责执行自杀性任务者——以及他们的家人坚信，殉教者会无条件地直接进入穆斯林的天堂。一位引爆身上炸弹而牺牲者的五岁的儿子这样说道："我爸爸就在天堂那儿，有香蕉和苹果吃。"另外，不那么狂热的穆斯林信徒则指责这些年轻人过于急躁，缺乏耐心，他们之所以愿意牺牲自己，部分是因为他们等不及天堂里带给他们的性爱之欢。

然而千百年来，所有这些理想世界和乐园都有许多共同之处，尤其是在吃喝和休闲方面。此类极富创意的幻想似乎延续了千年之久，并且遍布于世界各地。这一点非同寻常，因为你不能用相互影响或相互借鉴来解释，如果考虑到各地的书面文本，当然也不能做出那样的解释。

除了黄金时代和上天保佑的海岛之外，据说古希腊也有其自己的安乐乡。存世的一些记载表明，安乐乡也曾以戏剧表演的形式被演示出来。舞台上演示的国度里有流淌着可口饮料的江河，自我烤熟的飞禽会应召飞入张开的口中。这类主题与中世纪的文献材料完全一致，迄今仍是其中的一个部分。它们是口头传承的一部分，还是被人们以书面形式反复记载下来的呢？是在饥饿困苦煎熬下自然产生的固定想法，还是以上各种情况结合而成的呢？

安乐乡似乎也跟凯尔特人的天堂有着明显的相似之处；在整个欧洲，通过中世纪早期水手流传的故事，这样的事情可以说是人尽皆知。与安乐乡的联系更加紧密的是穆斯林的天堂，因为十字军东征一直是描述来世的一个不可或缺的部分。在穆斯林的天堂里，安乐乡隐隐呈现出了天堂的世

---

① 埃尔多拉多（El Dorado），是西班牙语，意思是理想中的黄金国，传说中的宝山。据说位于西半球某地，通常被认为在南美北部，那里有大量的黄金珠宝。16—17世纪曾有一些探险家极力搜寻此地，但都无功而返。——译注

俗特征，这与基督教的来世景象别无二致：食物奢华、水果丰硕、珍宝无数、与年轻处女的性爱欢娱毫无限制。以穆斯林天堂这个直接样板而设想出的西方的安乐乡，难道是为了满足西方人的现世需要吗？

所有这些关于完美世界的梦幻观念，给中世纪带来的如果不是一种赤裸裸的挑衅，就是一种躁动不安的气氛。中世纪的人们似乎早已厌倦了对来世的等待。在《马太福音》里，难道耶稣自己没有说过末日即将到来吗？"我实在告诉你们，这世代还没有过去，这些事都要成就。"[①] 另外，传教士总是不厌其烦地强调，考虑到一个人所造罪孽的情况，他实际上能否进入天堂还不确定。人们创造出的炼狱，作为一个净化场所，只是满足了人的部分愿望。无论如何，这意味着天赐之福还要往后推迟更长的时间，而且人们还要不断经受异常的苦难。

这样的见解十分有益于个人天堂的产生，而这种天堂必须易于想象，并且能够进入。在那样的天堂里，现世日常生活中怕是缺乏的东西会一应俱全。不然，这些匮乏现象的确不就是一种事实吗？

---

① 引文出自《圣经》《马太福音》之第24—34节。——译注

第三章

文学的力量

本书所研究的是两个关于安乐乡的中世纪荷兰语押韵文本的状况以及它们的重要意义。这两个文本均以手稿形式存世，一个可以追溯到15世纪的下半叶，另一个则可追溯到16世纪初叶。而后来又出现了一个散文体文本，与当今所谓的"Luilekkerland"（悠闲甘美之地）有关，该文本收录在1600年印刷的一部文选里，不过这个文本也许在1546年就已经问世了，该文本倒也起到了不那么重要的作用。这些荷兰语文本在许许多多以其他语言书写的古代典籍里也都有记载。

书面或者印刷的文本在口头传承的时代也曾被广泛采纳，而必须用书面或者印刷文本从事研究时会有一些限制，许多问题便是关于此类限制的。只有把这些问题摆出来，才能消除现存的书面文化所产生的陷阱，而现存的书面文化又常常是当今学问中的缺陷。中世纪时期安乐乡的形象始终都在不断地变化，其样板有时会被记录在羊皮纸或者其他纸上，以防被人们遗忘。那些不断变化的形象似乎主要产生于口头相传的传统。中世纪的各种版本全都背弃了戏剧性慰藉的要求，另一种日益扩大的教化倾向使安乐乡的慰藉功能渐渐减弱，有时还会与之发生直接冲突。尽管安乐乡最初的绚丽色彩仍在耀眼地绽放，但其色彩已开始淡化。这一虚构之地可以起到游乐场的作用，亦可演绎一种生活流派，两者皆可通过当时十分流行的戏剧表演形式随意地表现出来：那是一个欢乐喜庆、地覆天翻的世界。

对于有意观看的观众和以本地语言书写的版本的读者来说，哪种作用更重要呢？或者说日益扩大的教化作用是将口头传承的材料变为阅读资料时必须付出的代价吗？从大众文化里提取出其他难以琢磨的形象，将其用来教导和培养富裕的市民及其子女，在这方面读写能力似乎常常发挥了作用。无论如何，中世纪时期的安乐乡已成为碌碌无为者的流放之地，而正派体面的年轻人在那里则可学会在现实生活中如何做人。但这难道意味着由狂欢和懒散引发的开怀大笑会消失不见吗？

这些版本中记载的安乐乡与当时在民众当中广为流行的各种田园诗中讴歌的地方相一致，从异教徒们幻想的理想世界和乐园，到基督教徒以及其他异端教徒的梦幻天堂等不一而足。中世纪晚期所描绘的安乐乡丰富多彩，其中的许多代表，数百年来一直是人们集体记忆中的一部分。这使得安乐乡同时呈现出了耶稣基督在世间的千年统治、穆斯林的天堂以及布道者在布道坛上所宣讲的种种形式。

本书第一部分简述了安乐乡的各个方面。以下各章将对其范围做出评价，因此，重点将放在中世纪时期的安乐乡和早期现代时期荷兰的"悠闲甘美之地"之上。到了中世纪末，低地国家已不再有人真正相信人间会有这样的地方，但是一定还有很多人觉得，有必要继续对此种地方进行想象，因为安乐乡可以给人们带来不可或缺的帮助和安慰。也许这便是后来被人们称为"文学"的力量，你说是吗？

第二部分

地图文本

第四章

押韵文本 L 与 B，散文文本 G

押韵文本 L

美妙无比安乐乡

人之生计无其数，
谋求温饱方略多；
请君暂且止步走，
在下有话对您说。
5　近日偶见一国度，
景象奇异未曾识。
国人均奉上天意，
所见所闻皆真实。
此地乃为安乐乡，
10　铭记于心切莫忘；
神灵护佑恩惠多，

无忧无愁无劳作。
扪心自问一件事，
更佳国度有谁知？
15　世间虽有西班牙，
难比此国半壁地。
此国乃属圣灵管，
窈窕淑女随处见；
无论老幼身强弱，
20　整日无须苦劳作。
睡觉也能有收获，
睡得愈久酬愈多。
无人缺东又少西，
应有尽有何其乐。
25　墙壁皆用香肠砌，
鲟鳕鲑鱼变门窗；
桌面本是烤饼做，
啤酒构成壶罐状。
盘盘碟碟赤金做，
30　煜煜生辉赛阳光；
面包美酒并排摆，
好吃好喝心欢畅。
真情实况必须说，
房梁桁条黄油做。
35　缠线轴和卷线杆，
用具全为薄饼干。
肉饼做成椅子状，
阁楼皆为姜饼样。

用鳗鱼，做橡子，
40 果馅饼，苫房顶。
家兔野兔眼前跳，
令人眉开眼又笑；
野猪野鹿亦可见，
一年到头常出现。
45 此类野物分外多，
徒手便可将其捉。
衣服漂亮价低廉，
整整齐齐堆门前。
鞋子袜子成双对，
50 爱穿哪双选哪双。
无论骑士和侍从，
皆可如愿着新装。
条条大街摆盛宴，
55 满桌佳肴任品尝。
一天到晚吃又喝，
分文不收何其乐。
我方习俗亦如是，
安乐乡乃非凡地。
60 那里也降甘霖雨，
此雨并非平常雨。
奶油蛋糕从天降，
果肉馅饼任君取。
诸位请往河里看，
65 河水滔滔不一般。
琼浆玉液河中流，

啤酒白酒葡萄酒。
只需花上钱一文，
新酒老酒任君品。
70 若往街上走一走，
街上铺的可入口。
有生姜和肉豆蔻，
此种景象不常有。
那里财富虽不多，
75 人们生活却快乐。
既无嫉妒又无恨，
与人为善结善果。
路不拾遗民纯朴，
对待失物如失主。
80 一年到头五月天，
鸟儿啼鸣叫得欢。
那里每月有五周，
周周不缺星期天。
一年复活节有四，
85 四度圣灵降临节。
年年四次摆盛宴，
欢度佳节圣约翰。
每年四次庆圣诞，
斋戒一次需千年。
90 守斋只需守半天。
更有大福在此地，
众生无不心欢喜。
纷至沓来千千万，

第四章 押韵文本 L 与 B，散文文本 G

皆因圣水不一般。
95 老人喝了此地水，
返老还童赛少年。
风笛喇叭乐声起，
伴着音乐舞蹁跹。
此地若有人访寻，
100 口口声声道"阿门"。

押韵文本 B

Narratio de terra suaviter viventium

有道是谋生路不计其数，
干一行从一业即可生活；
请列位暂留步稍事等待，
听在下娓娓言细对您说。
5 吾恰巧于近日见一国度，
其景象甚奇异闻所未闻。
那方人奉天意所做之事，
君听后想必会惊讶万分。
安乐乡乃其名神佑之地，
10 举国人唯上帝虔诚独尊。
天降福神护佑恩惠良多，
民无忧又无愁不得劳作。
西班牙倾其国与之相较，
怎抵得安乐乡半壁山河。
15 有一地冠名为贝塔维安（Betavien），

亦不抵安乐乡半壁江山。
此疆土实之为圣灵缔造，
窈窕女婀娜姿分外妖娆；
老或幼弱或强人皆安逸，
20 绝不见有一人终日辛劳。
即便是卧床睡亦有所获，
眠愈久得愈多无穷其乐。
此地人从未受匮乏之罪，
皆因为所见物食品制作。
25 篱笆墙香肠围随处可见，
门和窗用鱼做亦不新鲜；
房屋内门柱框本是红玉，
此番话句句实绝无诳言。
用黄油做栋梁此乃实情，
30 头顶上有阁楼姜饼做成。
长椅子方椅子馅饼打造，
一条条一把把香气腾腾。
酥脆饼编织成家用器具，
卷线杆缠线轴别有意趣。
35 果馅饼做瓦片房顶遮盖
拿鳗鱼当椽子有凭有据。
一片片牧草地放眼望去，
一道道篱笆墙映入眼底。
那篱笆并非是灌木织成，
40 原来是七鳃鳗硕大无比。
但只见一条条翩翩起舞，
又见那家野兔蹿来跳去。

第四章 押韵文本L与B,散文文本G

四下里亦可见野鹿野猪,
伸伸手将其捉不足为奇。
45 贵夫人和骑士扬鞭策马,
或兜风或驰骋无须付钱。
此方土备受那上帝眷顾,
即便是睡大觉亦有钱赚。
在这里处处有物品摆放,
50 随意取仿佛是自家物件。
衣服好价又低人见人爱,
齐整整堆放在各家房前。
有马裤有鞋子应有尽有,
愿穿啥就穿啥任意挑选。
55 街道上举目望可见餐桌,
餐桌上铺桌布洁白如银。
有面包和美酒鸡鸭鱼肉,
想什么有什么堪称奇闻。
你可以整日里又吃又喝,
60 品佳肴尝美味无须分文。
我家乡亦有此风俗习惯,
安乐乡真格是脱俗超凡。
那地方每天会降雨三次,
每一次降甘霖非同一般。
65 有鳗鱼和馅饼奶油蛋羹
阉鸡肥肉鱼鲜一应俱全。
哪怕你心怀有极大渴望,
在那里管保你如愿以偿。
单只见鸡鸭鹅各类家禽,

70 一只只将己身烤熟奉人。
　　安乐乡有条河堪称神奇,
　　流琼浆淌玉液永无止息。
　　有啤酒和白酒葡萄干红,
　　味醇厚香气浓沁人心脾。
75 沿两岸摆放着银碗银盘,
　　品佳酿且免费好不惬意。
　　一段段河床里溢满美酒,
　　有陈酿与新制香气扑鼻。
　　倘若你徜徉在大街之上,
80 会看到另一番奇妙景象;
　　街面上铺设的并非砖石,
　　而是那食用品各种各样;
　　肉豆蔻散发着阵阵香气,
　　还可见调味品胡椒生姜。
85 街上方用兽皮做成拱顶,
　　既挡风又遮雨亦可纳凉。
　　似此等好习俗人人称赞,
　　好一座天堂园安乐之乡。
　　另一件奇异事在此提起,
90 安乐乡没有人相互为敌。
　　人与人似朋友互帮互助,
　　无恩怨无情仇亲如兄弟。
　　此方土长又宽辽阔幅员,
　　气候美无酷暑又无严寒。
95 暖洋洋恰似那初夏季节,
　　又仿佛四月天春光无限。

此福地无一人牢骚满腹，
亦不见有哪个缺吃少穿。
每一月有五周并非四周，
100 一年里复活节四度庆典；
可曾闻庆四次圣灵降临？
不担心每年会四度圣诞。
斋戒节一百年才有一次，
还有桩大好事令人开颜。
105 无论是男和女均无借口，
皆愿意与对方同枕共眠。
女温存男体贴共度良宵，
此乃是真实情绝无诳言。
闻听那风笛吹喇叭奏响，
110 男和女舞翩翩神采飞扬。
有少妇和少女沉鱼落雁，
无须娶无须聘即可同眠。
男女间寻欢娱此地风俗，
不羞耻不愧疚心觉坦然。
115 当地人言及此不无自豪，
但也有一件事忍受不了：
君若问是何等难忍之事，
熙熙攘攘拥挤不堪煎熬。
因此故向列位进上一言，
120 或采纳或婉拒悉听尊便。
若不想在将来吃苦受累，
或不愿遭祸殃自寻麻烦；
若常想赴盛宴一醉方休，

恋女色好调情作乐寻欢；
125 君何不作决断离开故土？
安乐乡寻解脱谋福求安！
富饶地天护佑趋之若鹜，
却无人将职业挂在心间；
你只管吃与喝饱食终日，
130 且绝不为吃喝付账埋单。
也很少或从不支付房租，
更不必谈论及所花时间。
不理睬放债人有何要求，
但在此我却要顺应自然。
135 用最后一个词结束此文，
谁知道会有人高诵"阿门"。

散文文本 G

  这是一部有关"悠闲甘美之地"的文本。"悠闲甘美之地"是一个极为奇妙、美丽壮观、充满各种快乐和喜悦的地方。它是在 1546 年被人发现的，而这个年份被写成了一千块糖蛋糕、五百个奶油冻馅饼和四十六只烤鸡。被人发现时正是葡萄收获的月份，那时的肉饼味道非常好。这个文本读起来也十分有趣。

    又吃又喝又懒惰，
    三桩事情应有度。

  作为不真实的消息，人们敢于宣称发现了一个边远的国度，名字叫作"悠闲甘美之地"。除了最初发现此地的那帮游手好闲之徒和流氓无赖之流外，这个地方迄今还不为人所知。它就坐落在北霍尔梅伦（North Hormmelen）的中央，斜对着这个地区，离绞刑架不远，要在漫长的夜间走上三英里路才可到达。所有想去的人必须无所畏惧，勇于开拓，因为通往这个地方的入口处横亘着一座高大宽阔的荞麦粥山，足有三英里厚，访客要想通过，必须吃出一条路来。不过，一旦进入，他们立即便会发现自己已置身于上述的"悠闲甘美之地"，其壮观的财富、壮丽的景象和赏心的乐事使其名闻遐迩，尤其是在那些无赖恶棍以及所有漠视尊严和美德的人当中，更是无人不知，无人不晓。

那地方的所有房屋通常是用美味可口的薄烤饼和奶油蛋饼做屋顶，用薄烤饼和熏肉做墙壁，用乳猪做房梁，用糖蛋糕饼做门和窗户，而门框和窗框则是用丁香将辛辣风味的姜饼钉在一起做成的。每所房屋周围均围有坚固的篱笆，都是用油炸肝泥香肠、德式香肠或者其他腊肠编织而成。此处还可见到许多喷泉，喷出葡萄酒和各种各样香甜的饮料，只要有人想喝，这些酒或饮料就会自己流入他们的口中。在这个国度，肉馅饼就像松果一样会自己生长出来。

果馅饼长在橡树上，白桦树会结出薄烤饼；谁若是饿了，或者有那么一点儿饥饿的感觉，就可以毫不费力地将它们摘下来吃，因为它们就挂在树上，而且挂得很低。人们也可从山楂树上摘下甜甜的葡萄。这里供烹饪用的梨子也有充足的供应，长得很软，味道极美。冬天下雪的时候，会从天上纷纷扬扬地降下白糖来。

此外，在河岸的柳树上结有许多白面包，树下方的河里流淌着香甜的牛奶。白面包不断地落到河水里，所以人们可以尽情地享用。水中也有鱼儿在游动，所有的鱼儿都已极佳地烹制过了，有的是煮熟的，有的是烤熟的，也有的是焙熟的，条条都做得很完美。并且它们都在岸边游动，人们伸手便可捉到。

鸡、鸭、鹅、鸽子以及其他家禽也全都烤熟了，它们在各处亲昵地飞来飞去。那些饥肠辘辘又懒得去捕捉它们的人，只需张开嘴巴，这些已经烤熟的家禽就会自己飞到他们的嘴里。烤鸡在那里无论如何都不那么金贵，因为人们常常将它们扔到篱笆墙外边。猪生长得十分兴旺，它们在田野里到处走动，而且都已烤熟，背上还插着一把刀。如果谁要是想品尝一下，就直接用刀切下一块肉来，然后再把刀插回到猪背上即可。地上到处都有不少醋栗，多得就跟石子一样。

另外，农夫和农场工人都是在树上生长的，就像这个国家的李子一样。气候适宜时，他们成熟得很快——一个接一个地适时成熟——然后就从树上落下来，正好落到一双靴子里，而且那靴子完全合脚；于是他们就站立在地上。那些拥有马匹的人会很快致富，因为马会立刻拉出一大篮子蛋。同样，驴也会拉出香甜的无花果，狗会拉出肉豆蔻，牛会拉出绿色的薄烤饼。

那些想吃樱桃的人不用爬到高处去采摘，因为樱桃就像黑莓一样长得离地很低。另外，樱桃个头还大，像糖一样甜，而且通身圆圆的，没有任何凹陷，含在嘴里，像软软的果核一样化掉。说句实话，人们很容易将它们想象成裹了糖的杏。

在那个国家，也有一眼令人惊奇、魅力无穷的永葆青春泉，或者叫作返老还童池。上了年纪的人在里面沐浴后，就会渐渐恢复其青春状态。

事实上，这个国度天天都充满了快乐和令人高兴的事情，天底下绝没有第二个像这样的地方。无论你射出的箭有没有射中靶子，或者射到了别的地方，从公牛眼里射得最远的人就是获胜者。凡有比赛的时候，胜者始终都是晚到之人。

在这个国家，冬天跟夏天一样舒适宜人，因为下冰雹时会从天上降下裹有蜜糖的杏仁，下的雪也是粉状的白糖，而且下得满地里和大街上到处都是，人们就将其收拢起来吃。每当有暴风雨或者大风天气，就会飘散出一种沁人心脾的香气，好像从紫罗兰上散发的一样，即便是在隆冬也是如此。

那里挣钱也很容易。那些非常懒惰的人什么事情都不做，只是睡觉；即便如此，他们每睡上一个钟头也能挣六便士银币。会在适当时候放屁的人可以挣两先令六便士。连续放出三个屁或者放出一个很响的屁（其放屁的技艺也非同寻常），可以挣整整一个沙弗林①金币。以掷骰子、赌博或者其他投机方式挥金如土者，会很快将钱双倍地赚回来。那些债务缠身，或者还钱不上心的人，会被流放到这个国家的边远角落，他们不得不在那里待上整整一年，不能吃别的东西，只吃烤鸡、白面包之类的食物，而这些东西不须付钱。一年到期时，他们就可以自由地回到家里，并被宣布免除一切债务。不过，倘若他们宁愿偿还债务，可仍旧身无分文，那么他们可以回到流放地的旅馆主人那里，旅馆主人第一次给他们提供住处，并给他们指出三四棵能够长出许多金钱的树。他们还债需要多少钱，就可以从树上摇下多少钱。有了这些钱，他们便可回到家乡的朋友当中，重新开始先前的生活方式。

在这个国家，喜欢和信赖的伙伴一起喝酒的人也同样能挣钱，每次喝到相当量的酒，便可挣到一枚银便士。能够喝到从耳朵里流出酒来，或者喝到眼睛开始流水的人，即可获得一枚金币。凡是能够站着一口气喝下整整一大杯酒的人，以后可以免费喝酒，并且还可得到一枚金币。恃强凌弱、戏弄并折磨诚实正直之人的恶棍一天只能得到两个先令。撒谎者也能挣到不少钱，因为每撒一个谎就可得到一枚价值五先令的银币。他们撒谎越是老练，所撒的谎越巧妙，挣的钱就越多。

放荡不羁的女人在这个国家很受推崇，她们越是水性杨花，嬉戏放荡，就越受人爱戴。虽然说淫荡女人养活起来破费很大，但在这个国家情况就不同了，因为在这里肉欲之乐随处即可享受得到，而且无须付出任何代价。你只需说出口来，或者只是心中有这样的念头：嘴里说，你想要什么，心中想，你想干什么，仅此足矣。

---

① 沙弗林（sovereign），英国古时使用的一种金币，上文提到的先令亦为英国旧时使用的货币。——译注

在这个国家，行为举止若是合乎道德准则、合理适度、值得尊敬、文雅体面，并想以自己的双手谋求生计，则是最可耻的。凡是生活诚实正直又有道德的人，都会遭到大家的憎恨，最终还会被驱逐出这个国家。同样，凡是聪慧明智之人，都会遭到大家的嘲笑和鄙视。而另一方面，那些脾气暴躁、性情粗鄙、鲁莽愚笨，而且不会或者不愿学习之人，则会受到大家的尊重。无论是谁，只要他毫无价值、一无是处、不可信赖、粗暴无礼、笨拙愚钝，而且最为懒惰、放荡堕落、浪迹天涯、游手好闲，就可被推举为国王。任何粗鄙愚笨之人皆可被封为王子。那些喜欢拿着烤鸡和香肠到处鬼混者，整天围着盘子碟子大吃大喝者，都将被授予骑士的称号。

酒量最大，一天到晚不想别的、只想开怀畅饮、嗜酒如命者，将被封为伯爵。那些懒惰而又做白日梦的人，并且觉得最好是终日睡觉的人，在这个地方会被作为高雅的贵人看待。在我们这里，如果有挥霍无度的浪子，打算做出上述的行为，抛弃一切荣誉、德行、诚实和礼貌，更不用说智慧和知识，那么这种粗鄙的蠢货应该到那个国家去，因为他们一到那里，无疑将会受到尊重和敬重。不过，他们首先要当心，千万不要偷窃，因为一旦偷窃，就将被处以绞刑，绞刑架就在"悠闲甘美之地"附近。

> 此故事出自于老人笔下，
> 供少年作教训予以吸取，
> 因他们已习惯骄奢淫逸，
> 纵情欲好酒色放荡不羁。
> 浪荡子须遣送甘美之地，
> 倾其情尽其欲力竭精疲，
> 因他们骨子里懒惰成性，
> 应学点善德行正直之气。

第五章

关于安乐乡的两个骈体韵文文本

人们所知道的有关安乐乡的最古老的荷兰语文本（以下简称L文本），可在伦敦大英博物馆收藏的手稿中找到，其编号为Add. 10286。这是一部手稿集，呈对开形式，收有8篇文本，篇幅不等，内容各异（其中一篇为拉丁文）。关于安乐乡的文本出现在第135号对开纸上，其标题为"Dit is van dat edele lant van cockaengen"（人间仙境安乐乡）。

该文本共有100行韵文，以对开两栏排列，但只在左首一页写了一栏。可能是抄写者本来打算用一页抄写此文，但又没有可供他转抄的范本，不过手稿集里的其他文稿显然也一定是这种情况。往左首页上抄写时，要誊写的材料已所剩无几，显然抄手可以毫不费力地将其余的内容写进一栏里。于是他便将此栏置于页面的中央，因为仅利用页面的左半边会使此页显得颇为浪费，但不论是委托人还是抄写者本人都不喜欢在书的正中间看到这种情况。

虽然事情的经过也并不一定就是这样，但将文本分别书写在一页纸的两边这一引人注目的方法表明，抄写工作并不是一件简单的事情。无论如何，抄写者在右首页上誊抄的两栏文字并不总能够抄好，因为有几行文字实在太长。当然也有这种可能，抄写者在誊抄别的手稿时看上去还比较专业，而在这里却受其创作欲望的激励，情不自禁地写出了一个只是他道听途说来的文本。倘若他起初以为或者希望，甚或是担心他最终写出的文本比他实际誊抄的还长，考虑到另一个有关安乐乡的荷兰语文本比这个多出了32行，那么出现此种情况也就不足为奇了。

另一种可能是，抄写者的确有一个书面范本，但由于他还掌握其他口头传授的有关安乐乡的情况，于是便按照自己所掌握的材料进行了许多即兴创作，致使这一页不足以按他之前准备的计划进行抄写了。但也许这种想象比较过分，而抄写者确有一个关于安乐乡的早期文本作为参考范例，或者是有一整部含有安乐乡文本的手稿，他又知道或是恰巧听说过，他要誊抄的下一篇手稿（即那篇拉丁语手稿），应从第136对开页落笔，因此他便尽最大可能将剩余的安乐乡手稿抄写在了第135对开页的左手页上。无论怎么说，这违背了原范本一页两栏的格式，会导致人们怀疑该文本是源于口头传授。此前的第134对开页亦让这种怀疑有增无减，因为它不仅展示了一种类似的文本划分方法，而且展示了一种源自口头传授的类似文本，即一位江湖医生所开的药方。

荏苒的岁月给这部手稿带来了创伤，而且那创伤就发生在载有安乐乡文本的那一页上。这一情况也让事情变得更为复杂了。该页的右上角缺了一大块，导致第40—58行和第78—94行中缺失了一些文字。其中几行不够完整的文字可以较有把握地加以补充，但其余存在文字缺失的地方，人们只能按照另一个有关安乐乡的文本对其内容做一些有根据的推测了。手稿的其他部分也有损坏，一些书页在不同地方都有缺失。1974年在对手稿的修复过程中，就把一个正反两面都载有文字的残片附在里面了。残片上标注的日期是1974年10月30日，残片末端附有注解，注解中说这一残片原本是安乐乡文本的一部分，可惜说得并不准确。经人破解后，发现这个残片上的内容其实跟《西德拉克》（*Sidrac*）完全相符，所以它一定是丢失的第60对开页的一部分。

该部手稿在1458年后某个时间里完成，这是根据其中所记载的前

第五章 关于安乐乡的两个骈体韵文文本

往耶路撒冷朝圣指南的日期推断出来的。手稿中使用的语言带有荷兰东部或者东北部地区中古荷兰语的痕迹，虽然这些痕迹在整部手稿里并未留下什么特征，但一般说来，这部手稿却揭示出它发源自荷兰的南部地区。其内容一般带有教化和说教的性质。面前的这部手稿以《西德拉克》开篇，《西德拉克》在中古荷兰语里有手稿和印刷两种形式，并且都很有名。这是一部从道德和神学角度展现《创世纪》的百科全书，以俗人和教师两者之间的对话形式呈现。在文本中两个角色分别由国王伯克塔斯（Boctus）和哲人西德拉克扮演。接下来的一篇与第一篇类似，带有说教性，题目叫作《路西德留斯》（Lucidarius），也同样广为流传，其中记录了一位老师和学生间的对话。然后便是一篇押韵文本，讲述了一个充满仇恨的世界。接着是一篇散文本，内容是一位江湖医生开的处方，可在狂欢庆祝时派上用场。还有一篇关于安乐乡的拉丁语散文本，详述了金钱的罪恶。然后是一篇前往圣地朝圣的指南，以及一篇题为 Sesterhande verwen（《六色》）的押韵文本，论述了色彩的象征意义。

在我们眼里，很容易会把这部集多篇文本为一体的手稿看成一个令人困惑的大杂烩。因此，花点时间对其进行思考显得尤为重要。人们倾向于把《安乐乡》这一篇从其古怪的上下文语境中分割出来。我们也往往将文学作品看作严格意义上的独立存在的事物，甚至视其为不同的世界。按照人们的推想，文学作品应该展现相当程度的自主性。它们不仅与现存的世界有联系，也与其他作品有关联，虽然近代对互文性的关注或多或少削弱了这种私密领域概念的重要性。人们总是将具有文学性质的中古荷兰语作品作为自主的独立体来研究，其原因盖出于此，尽管直到中世纪末期出版商才因商业利益而独立出版文学作品。

在中世纪之前，以当地语言书写的作品通常会和其他作品一同展现出来。所以，以中古荷兰语创作的文学作品，实际上应该更多地以系列手稿集的形式存在，而非以一篇篇各具标题的作品呈现。每一作品都应该从其他若干作品的度角来解读，并应根据这些作品对某一作品进行最终的研究。它们之间的相互关系或许是预先确立的，也或许只是随着作品的成形才暗示出来的。另外，那些使用某一作品却没有注意到这种联系的人，在阅读或聆听手稿集中其他作品的时候，会不由自主地将这些独立的作品联系起来，而在此种情况下，他们也难免会进行对比。总之，手稿集中有关安乐乡的这篇具有启迪性的作品，揭示了手稿的写作结构，可暂时归为"世界倾向"这一类别。

乍一看，手稿中似乎可以分辨出两种不同的笔迹。《西德拉克》这篇看上去是由一位抄写员誊抄的，而另一位抄写者则从《路西德留斯》着手，负责其余各篇的誊写。但仔细观察后会发现，手稿可能出自一人之手。笔迹的些许差异可能是因为两部分的抄写时间不同，也可能是因为抄写过程中的状态有别——身体状况或者精神状态的变化。手稿中所用的不同墨水亦可表明这种可能性。年复一年的抄写工作中，即便是一个专业抄手也会发生某些基本的改变。初看时似乎是出自两位抄写员之手的这部手稿，更有可能是由一个人在其职业生涯的不同时期完成的。

就此而言，该抄写员的职业水准也一定备受怀疑。整部手稿中反复出现的错误表明，他似乎并未受过良好教育。有时他会把字母写错，或者将字母遗漏，有时会重复抄写某些段落，而有时还会漏掉一些句子。这些错误当场就做了修改，有的被圈掉，有的给添加上了。在《朝圣指南》这一篇里有一段描述，描写的是著名十字军将领——布永的戈弗雷[①]——的墓穴，该墓穴位于卡瓦利山（Mount Calvary）脚下[②]。他一直将其名字误

[①] 布永的戈弗雷（Godfrey of Bouillon），布永是位于比利时卢森堡省东部阿登地区的一座城市。戈弗雷（1060—1100 年）是第一次十字军东征时的将领。1096 年 8 月 15 日，戈弗雷公爵及其兄弟，布洛涅的鲍德温，率领德意志西部十字军的队伍，前往圣地耶路撒冷征战。1097 年戈弗雷在多利留姆击败鲁姆苏丹国，1098 年 6 月 3 日攻陷叙利亚的安条克，1099 年 7 月 15 日攻陷耶路撒冷，建立了耶路撒冷王国（1099—1187 年），戈弗雷留守和统治耶路撒冷及周围地区。当十字军的将领土鲁斯的雷蒙拒绝当耶路撒冷国王时，他即此王位，但不用国王的称号，而是在圣城里选了一个圣墓守护者（又叫圣墓卫士 Advocatus Sancti Sepulchri）的称号。次年戈弗雷即去世，其兄弟鲍德温即位为王，史称鲍德温一世。——译注

[②] 卡瓦利山（Mount Calvary），古代耶路撒冷城外的一座小山，因耶稣在此被钉于十字架上蒙难而著称于世。——译注

写为"Godefridus van Beliren",还将他视为史上"九大伟人"之一和圣地的英雄,却没有意识到自己将此人的名字写错了(也可能是由于疏忽未曾将其修改过来)。

在这篇手稿的其他地方,关于"马赛克"(mosaic)这个单词的拼写问题也表现出他的无知和愚钝。开始时他将该词写成了"musike",后来又将其写成"musaike",这显然是因为他对镶嵌这种工艺一无所知。不过,这些错误倒也未必就贬损了他应有的职业水准。本地语言的抄写者毕竟并不都是饱学之士,又因为抄写工作枯燥乏味、劳神费力,他们不免会出现一些极为奇怪的笔误。

第二篇关于安乐乡的押韵文本(以下简称 B 文本)出现在另一部手稿集中,该部手稿集包含了许多歌曲、押韵的格言、箴言谚语、童话故事、历法、讽刺性布道词、假冒的药方以及谜语等。这部手稿集是便携式(八开本)纸质文本,如今保存在布鲁塞尔市艾伯特一世皇家图书馆内第 II.144 号书架上。该文本出现在第 102 对开页的左首页,直至第 105 对开页的右首页,标题为 *Narratio de terra suaviter viventium*(《人间天堂传说》),接下来是正文,共计 132 行诗句,以"阿门"一词结束。

这部手稿的第 1 对开页到第 113 对开页是最古老、最主要的部分,出自一位抄写员之手,誊写于 16 世纪最初的 10 年之间。其余部分誊抄的较晚一些,完成于 17 世纪的某个时候。第一部分所用的语言(其余部分则不予探讨)带有浓郁的荷兰东部和东南部方言的风味。更确切地说,那地方也许就是当年高兰登公爵(Gelre)的领地的南部一带,即当今林堡省(Limburg)的芬洛(Venlo)①附近。这些文本显然是手稿所有人自己搜集并加以改编的,收录在这一袖珍册子中,很可能是为

---

① 芬洛(Venlo),又译作"文洛",荷兰东南部城市,位于林堡省境内,在马斯河畔,毗邻德国边界。人口 6 万余人。曾是中世纪的要塞和商业中心,现为农产品(蔬菜、花卉)集散地。——译注

方便自己所用。文中不时提到一些地名，所指的就是同一地区。在有关历法的文本中，也提到了霍斯特（Horst）和鲁尔蒙德（Roermond）这两个地名（它们分别位于当今林堡省的北部和中部）；文中提到的圣徒归属于列日（Liege）的主教教区，其职权范围遍及这一地区。

然而，最佳的线索是一首发人深思的歌曲，开头一句的歌词是"Te Venloe all in dye goyde statt"（在芬洛，那个美丽的城镇里）。由于其他同类歌曲并未提及确切的地方，所以，这首动人歌曲的搜集者和誊写者似乎想要通过在开头引介自己家乡名字的方式为其增添风采。文中使用的语言带有誊写者的个人特色，与当今北林堡省和东布拉邦特（East Brabant）省所用的语言相一致，当时这两地均为高兰登公爵领地的一部分；而从其他渠道获知的文本看上去则像誊写者用自己的家乡方言重新书写而成的。

誊写者给一些文本添加了拉丁文标题，营造出了一种博学多才的印象。在早期的抄本中，不大可能有这样的拉丁文标题：在其他已知的版本中，就没有这样的标题，有关安乐乡的文本中也没有这样的标题。从手稿的语言、结构和内容上看，它具有私人藏书的基本特点，适合在学者聚会甚或是修道院的庆典中使用。其版式为袖珍书的版式，表明它适用于各种不同的场合：方便携带是其基本特点。此外，誊写者极具个人特色的字体难以识别。他可能原本不打算给别人提供易于阅读的文本，因为那样的话，就要求他采用更为普通的装订方法。他潦潦草草地誊写了这部书（或者说是信马由缰地抄写了这部便于使用的书的某些部分），其中充满了不少只有他自己才能看懂的东西。

因此，他究竟该不该被称为抄写员这一点还是个问题，尽管为了方便起见，我还将继续这么称呼他。况且，具有这种能力的人并不一定只是抄写他人作品的职业誊写员。他也可以誊抄自己的作品。誊抄、改编和重写之间的界限极为模糊。这些活动的属性往往难以确定，不过，它们都有一个先决条件，即有另外一个文本作为标准资料来源或者范例。

而该部手稿的编辑者似乎手边并不总有这样的材料。文本的大部分内容来自其他已知的材料，虽然他自己进行了改编（例如他添加了拉丁语标题），但是他似乎只记录下了他所记得或想要记住的东西。

事实上，这位抄写员更大程度上应该算是一位作者，他是将脑海中记忆的东西写了出来。倘若我继续称他为"抄写员"，那我必须至少承认，他享有从事此类职业的人通常拥有的自由。将他的文本与相同材料的其他版本进行比较后发现，当他凭记忆书写这些文本时，或者在他利用书面范例时，他充分发挥了自己的创造能力。对于一个职业抄写员来说，这也是颇为常见的。还有一些证据表明，为了满足自身或者他人的要求，他对文本进行了改编。而在改编文本时，他也动了一番脑子，并采取了一些手法。

这部内容酷似以当地语言所写的《卡尔米纳·布拉那》[①]的作品集表明，该抄写员极有可能是位在校学生或者之前当过学生。总的来说，他对情歌、情诗和情色文章颇为关注。此外，整部作品也证实他有强烈的模仿倾向，特别是关于酒类的诗歌。其中几首还展现了所谓的两种语言的混合形式——本国语和拉丁语的混合，每行或是每半行交替出现，表达一种幽默诙谐的意味。这种诗文形式在中世纪鼎盛时期[②]流浪者的诗歌中盛行，而且在大学里颇受欢迎。这部手稿还收录了一首拉丁语的学生歌曲，叫作"Meum est propositurn in taberna mori"（我愿死在酒馆里），而《卡尔米纳·布拉那》也收录了这首歌曲，这表明该部手稿与

[①] 《卡尔米纳·布拉那》（Carmina Burana）是中世纪最著名的世俗歌曲作品集，一部用拉丁语、古德语和古法语所写的诗篇的手抄本，年代在12世纪和13世纪之间。该手抄本于1803年在巴伐利亚的博伊伦地区的本尼迪克特社团修道院被发现，后被其编辑者J. H. 施梅勒称为"卡尔米纳·布拉那"，"卡尔米纳（Carmina）"在拉丁语中是"歌唱"和"吟诵"的意思，20世纪作曲家奥尔夫（Orff，1895－1982）创作的康塔塔《博伊伦之歌》就是取材于这一手抄本。"卡尔米纳·布拉那"中有200多首作品，主题包括表现纵欲及情欲的爱情歌曲、表现暴食狂饮和赌博的谐谑歌曲、关于道德教化及讽刺现实的歌曲、流浪学者（12—13世纪创作拉丁语讽刺诗、过着乐天生活并到处吟唱的流浪文人）的韵律诗和宗教剧等。——译注

[②] 中世纪鼎盛时期（the High Middle Ages）指的是欧洲历史上11—13世纪中叶这一时期，其间人口快速增多，社会和政治领域发生了巨大变化。——译注

那部杰出的文学作品有着直接的联系。最后，就手稿形成的环境以及预期的用途而言，这无疑是献给学生的赞歌，也就是说，献给学生和学者（无论其成功与否），也或者是低层神职人员的赞歌。

　　手稿中的所有文本都是用来歌唱或高声诵读的。从许多方面可以看出，手稿中关于安乐乡的文本伴随有一位江湖医生开的散文形式的处方，是饮宴狂欢中颇受欢迎的节目之一，原本是要在喧闹狂欢中由一位江湖医生当众表演的。而这篇描写安乐乡的押韵文配在这里倒也恰到好处，不仅仅是因为它讽刺性地表现了一个混乱无序的世界，适用于此种庆祝仪式。而事实上在伦敦大英博物馆里收藏的那篇关于安乐乡的文本（即 L 文本），之前亦有这样一位江湖医生所开的处方，也是打算在狂欢王子（及其私人医生）临时统治时以幽默诙谐的方式诵读的①。此外，这两个仿造的处方表达了手稿 L 版本和 B 版本之间一种类似的口述关系。事实上，它们之间有诸多相同之处，也有许多差异；而将它们置于一种书面的且以同一文本开头的传统方式之中就难以解释了。

---

① 此处或许描述的是在饮宴狂欢时，有人扮演（狂欢）王子，有人扮演其私人医生，并高声诵读所开处方的喧闹情形。——译注

第六章

背诵与书写

将这两个关于安乐乡的文本加以比较便会发现，二者具有惊人的相似和不同之处。两个文本中约有 70 行完全相符或者极其相似，这意味着 L 文本中三分之二以上的内容也出现在 B 文本里，而 B 文本中有一半多的内容可以在 L 文本中找到。但是，二者的巨大差异又源自何处呢？不同的诗行其实并不代表实质上的变化，而是构成了全新的或者不同的文本。这样一来，人们就不可能做出如下的假设，即有一个失传的原始文本（X），通过不同的途径加以书写传抄，于是便分别有了 L 文本和 B 文本。因此，B 文本并不因其篇幅更长就完全代表了扩充的 X 版本；反过来说，L 版本也不是 X 版本的简写本，因为 L 版本中含有许多 B 版本中所没有的内容。

一想到有个原始的 X 文本就会令人感到困惑，何况还有成千上万个业已消亡的以当地语言背诵、吟唱和表演的安乐乡的"原始"文本呢？然而有关安乐乡的主题和意旨则或多或少地通过半程式化的韵文诗歌、陈腐老套的措辞和其他常见的形式表达出来了。至于它们的起源却并无人知，而且将来也不会为人所知。安乐乡这一普通素材可以被随意地扩展、删减和调整。通过复制和模仿，一些自然产生的变化获得了其自身程式化的地位，而其他的则仅被用过一次后便不复存在了。另外，那些从古老而又为人熟知的资料中获取的元素已变得陈旧不堪，要么被取而代之，要么就消失不见了。其中最经久不衰的部分似乎已成为安乐乡素材的核心主题，即永恒的悠闲、无尽的食物和可以食用的建筑物。这些形象甚至已凝结成了箴言和谚语，而安乐乡那不可磨灭的元素则以一种更加持久的方式最终被保留了下来。

有了大量的可供汲取的安乐乡方面的材料，背诵者便可根据其才能、观众和表演场合，来决定在任何特定的时间里背诵哪一个文本。当然，这会诱使人们将 L 文本和 B 文本间的差异归因于如下情形，即一个基本上固定的安乐乡文本历经两次辛勤的改编和不同的表演，也就是说，一个口述形式的 X 文本在每次背诵中都会有所不同。这是假设许多讲故事的人在低地国家游历时，将多少已经固定下来的文本列入了他们的节目单内。而职业表演者最喜欢讲述混乱世界的荒诞故事，他们会根据听众的愿望和反应，对故事文本进行即兴发挥。

听众对背诵者熟练程度的评判就是看他能否巧妙地将耳熟能详的故事加以润饰和渲染。在书面传统中，人们以惊恐的态度看待文本中的变化，因为这些变化可能会玷污文本，并会掩盖如下观点，即失传的原文在其成文之际应该是真实可信的。而在口述传统中，变化却是引人入胜之处；在讲述荒诞故事时，基于同一素材的众多背诵活动甚至可能会出现一些竞争，看谁能将最荒诞无稽的一派胡言用最雄辩动人的方式讲述出来。

从理论上说，这些讲述者会根据他们多少所能记忆的传统文本进行表演，而由于上述的改编，每次讲述都会产生新的版本。这种情况无疑可以跟当今口头文化中的讲笑话进行比较，同一个笑话很少会用完全一样的方式讲述两次。确切地说，讲笑话者首先会无意识地努力去适应环境，因地制宜地进行讲述。这意味着任何笑话都没有固定的形式；在一千个人的心目中，同一个笑话会有一千个不同的讲法；同样，一个固定不变的或者原始的形式（X）几乎是不存在的。

上述几个文本的起源都像小说一样是虚构出来的，乔叟①在他的《坎特伯雷故事集》中也曾模仿过。在那部著作中，他自己也以一个朝圣者的身份出现，并在轮到他时讲述了一个故事。但是，他在讲"索帕斯爵士"的故事时，旅店主人无礼地打断了他，因为他再也忍受不了那些打油诗了；乔叟显然不愿再惹什么麻烦，于是便提出讲一个散文形式的故事，而这个故事就有许多不同的版本：

> 给你们讲一个散文故事，
> 那应该让汝等感到惬意，
> 要不然定招来辱骂非议。
> 这故事讲的是道德节操，
> 只不过讲法上各有门道
> 这一点我倒要让君知晓。

人们不该觉得这很奇怪，难道有四个版本存世的《福音书》②不就是这种情况吗？那四个版本虽有不同，但讲述的都是耶稣受难和死亡的故事。改编只是背诵讲述中的一部分，乔叟在他讲的故事里也会做出同样的改编，以引导并娱乐他的听众：

> 君以为我的话有些走样，
> 因此上求诸公细听端详；

---

① 乔叟（Geoffrey Chaucer, 1340？—1400）英国著名诗人，阅历丰富，用伦敦方言进行创作，使其成为英国的文学语言；其代表作《坎特伯雷故事集》是一部诗体短篇小说集，记述30位不同身份的朝圣者在途中轮流讲述的故事，反映了14世纪英国社会各阶层的生活面貌，体现了人文主义思想。——译注

② 《福音书》，指的是新约圣经的前四本书，即《马太福音》、《马可福音》、《路加福音》和《约翰福音》，记载了耶稣的生平、死亡、复活及其教导。——译注

> 我的确引述了圣经箴言，
> 较汝等前所闻有增无减。
> 此一篇论述文并不很长，
> 讲伦理讲道德不厌其详。
> 我所言与君闻有些出入，
> 谨恳请莫怪我行事唐突。
> 原因是基本意变化不大，
> 讲实情说真话故事高雅。
> 因此上请诸位洗耳恭听，
> 并准我将故事纸上写明。

当然，同一位表演者根据记忆中的文本进行表演，在重复背诵表演时也会上演出不同的版本。20世纪开展的一项研究表明，团体里以口头交流为主的专业歌手，即使是强烈要求他们按文本逐字逐句进行表演，他们的正确率也难以达到60%。令人惊讶的是，L文本和B文本之间的相似度竟有50%到66%。然而事实并非如此简单。这里所说的歌手表演的史诗可以持续数小时之久，而安乐乡文本的篇幅跟童话故事和押韵短篇小说的长度类似，只有区区几百行文字。此外，尚不清楚L文本和B文本的抄写员是如何完成文本抄写的。很可能L文本是一个普通的抄写本，也就是说，它另有出处，而不是一个根据记忆表演出的版本记录，也不是一个凭记忆誊抄的文本。另外，这个问题亦可比较容易地用以下方式加以解决：就是将这些问题都归结到L文本这个范例上，并假设其抄写者忠实地再现了原文本，只是犯了一些任何抄写员都可能犯的小错误。无论如何，假设这都是根据同一个文本口述出来的不同本子，那么，L文本和B文本就不可能是抄写员（或是其范例的记录者）依据口述而书写出来的，这两个文本也不大可能是抄写者自己表演出来的文本。

事情因三个存世的相关法语文本而变得复杂了。这三个法语文本源于同一素材,尽管人们曾试图证明它们是出自13世纪中期的一个"原始文本",但是它们全都记录在1300年前后所写的手稿中。不过,假设有一个书面文本,沿着不同的途径进行传播,因而产生了许多差别很大的变体和改编本,破坏了原始文本,这也仅仅如同捞了根稻草一样无济于事。对中世纪文本所持的这种狭隘观点,是我们付出的代价,因为我们理所当然地认为,之后数百年里出现的书面文化,自印刷机发明以来,已不再受到长篇文本曾经以口述和书面两种传统传播的影响。

法语文本就像荷兰语文本一样具有可塑性。《安乐乡》的传说一定在西欧流传了好几百年才有了文字记载,就是我们现在拥有的为数不多的古法语和中古荷兰语文本。古法语文本是否比荷兰语文本更为古老,这一点倒也难说,尽管这两个地区显然流行着不同的传统,而这些传统又主要表现在截然不同的承载文本的框架之中。荷兰文本在开头几行便悲叹谋生的艰辛,谈及人的堕落及其后果,但法语文本却以庆典式的喧闹音乐(一行人用各种炊具演奏的"嘈杂音乐")将这些东西掩饰起来。这些渲染或许已经在两地的书写传统中不复存在了,正如在记录文本时这种框架结构首先就消失不见一样。就本地语言表述的文艺作品而言,其口头作品和书面作品,尤其是基于同一种素材的作品,直到中世纪后仍相互影响。但是,书写和口述传统也同样有可能长期各行其道,甚至永远如此,尽管这种现象在有关安乐乡的素材中没有发生过。

总之,法语和荷兰语文本的叙述框架有很多相同的程式化元素。此外,两种文本中都含有大量新的材料,一些熟知的素材被添加、删除或者改编,呈现出的形式几乎难以辨认。在欧洲的这一地区,一直到15世纪中晚期,文化都是源源不断自南向北传播的。有鉴于此,在此地流行的半程式化元素,确有可能是在法语区首次以书面形式确定下来,这无疑促进了文化素材的存储。无论如何,这些以各种基本形式呈现的素材,也可能包括某种书面形式,辗转流传到了低地国家,并将以当地语言呈现出具体的形式，而与此同时，也对其他形式加以改编或者清除，产生了新的押韵文本；最为重要的是，人们还引入了一种新的框架。而这种新框架不大可能使法语文本成为中古荷兰语文本的直接样板，因为这两种文本的框架结构完全不同。

因此，假设安乐乡这一概念来自原始的法语文本，是基于一种错误的观点，即有关此类素材之起源的错误观点。这绝不是不考虑围绕这一素材的口述和书写传统的存在，这两种传统就是在这两个地方产生出来的，它们不仅继续独自发展，而且同时又相互影响。不论如何，试图寻找安乐乡文本原创者的行为是毫无意义的，因为自古希腊时期以来，有关安乐乡的素材一直在以各种各样的语言和形式流传着，成千上万的人都在用这些大家皆可获取的素材创作出他们自己的文本。

人们不时会用文字记录下来某个安乐乡的文本，这样的事情从未停止过；围绕这一素材也形成了一些书写传统。中世纪英语的《安乐乡》文本可以追溯到 14 世纪早期，德语文本（*Schlaraffenland*）出现在 1500 年前后，而以散文形式呈现的荷兰语文本（*Van't Luye-lacker-bandt*）则问世于 1546 年（这是从 1600 年印刷的一个版本中获知的），这个文本很可能是某个作者伏案构思而成的。与早期事出偶然的书面记录相比，这些年代较晚的文本——作为书面文化的产物——包含参考资料、借用资料和改编的内容，仍然散发着清新的书写墨水和印刷机油墨的气味。

口述文本的主要载体是押韵对句，这在 L 文本中近乎完整地保存了下来，尽管其中有一页破损，使我们无法从其上百行内容里证实这点。长期以来，这种口述特点一直存在于书面文本中，而那些书面文本则主要是供人私下阅读的。但就押韵而论，在诗一般的作品中展现出尾韵和中间韵的巧妙融合，对于旨在供人诵读或者背诵的文本来说是很重要的。这些看得见的重音符号显示了文本中需要重读的地方，所以人们始终可以将其大声朗读出来。同时，这种韵律模式在诵读中也产生了一种美学效果。一个很好的例子就是雄辩家的诗作，他们在诗里十分注重富有创意的韵律格局。而他们创作的押韵道德剧①以及剧中的副歌叠句，是雄辩术的卓越范例。

从这方面来说，雄辩家的艺术与口述文本传播所采用的简单押韵技巧是截然不同的，例如在有关安乐乡的两个押韵文本中所使用的技巧。更为重要的差别是，雄辩家的作品归根结底属于书写传统，尽管其最终目的是要让人诵读出来。他们的出发点是要搞出一个固定的文本，由作者来构思，并要写在纸上，因此可以让人一遍又一遍地背诵，而不考虑背诵者会有什么即兴创作或者背离文本。但在口述传统中情况却并非如此。

如果一个文本主要是作为备忘录而书写出来，那么押韵对句就是实现这一目的的最佳手段。较为复杂的韵律形式只会让记忆变得更加困难。为普通人准备的教科书，例如 14 世纪问世的《宇宙物理学》(*Natuurkunde van het geheelal*)，在开篇就提到了这样一种便于记忆的方法：

列位学子听我言
且把本书表一番
行行文字押尾韵，
内容了然不觉烦。

许多中古荷兰文本给人一种刻意保留口述特征的印象，这不仅有助于记忆，而且还考虑到了新的处理方式。这与盎格鲁－撒克逊诗人凯德蒙（Caedmon）②的作品如出一辙。在公元 680 年前后，他向一个抄写员口述了自己的文本。于是，从理论上说，朗诵者便可手捧羊皮纸手

---

① 道德剧，又叫"寓意剧"，是 15 世纪和 16 世纪上演的一种戏剧，其核心主题是灵魂救赎，主要表现善恶冲突，多利用具有寓意的角色描绘灵魂上的斗争，并最终使灵魂得以拯救。——译注

② 凯德蒙（Caedmon），公元 7 世纪盎格鲁－撒克逊基督教诗人，其全部诗作均以宗教为主题，有多种手抄本存世，为留下姓名的最早的英国诗人。——译注

稿，不计其数地进行栩栩如生的表演。由于担心他的诗作会散失，人们便将其抄录下来，以备不时之需。而书写文本并非私人读物，既不是为了自己私下阅读，也不是为了朗诵给他人。

就此而言，口传心授的特点似乎并没有被完全记录下来。文本也不是要人逐字逐句地背诵。不论是要给听众讲述虚构的故事，还是要对他们进行道德教化，一个职业说书人都会运用常见的方法和技巧，把故事讲得有头有尾、有增有减，既有渲染铺垫，也有即兴发挥，重点之处还会重述一番。因此，人们不一定要在抄录时将这些悉数尽收，手稿仅仅是口述版本的大致蓝图而已。而凭记忆掌握的文本是用来传授知识或者科学学习的文本，目的是要让人一字一句重述出来。

第七章

书写本中的口述结构

中古荷兰语的 L 文本和 B 文本，或者说原始文本，揭示了许多口述传统的典型特征。这两个文本开头的前二十多行文字几乎只字不差；对于源自口述传统的文本来说，这种情况一点也不稀奇。故事的开篇（通常是"很久很久以前"）以及叙事部分的第一句话，就为这个故事奠定了程式化的基础。之后的诗行以及套话与开篇这几行意义重大而敏感的文字相比就不重要了。在这几行文字之后是背诵下来的押韵文字，它们没有固定位置，可能被安排在了别的地方，人们可以自由地利用个人或者大家所记忆的基本材料。

《安乐乡》的这些原始素材不仅可以在固定的诗行里找到，而且在摘选的从属主题里亦可找到。作者和诵读者都可以自由地利用这些素材，也能够任意将其合并、改编、添加和删减。这样一来，重复现象就会出现——有时甚至一字不差地重复一遍——这些重复起到了铺垫渲染的作用，好让故事得以延续。出于同一目的，谚语式的表述会被交叉运用，同时还将真理提炼成简洁的格言警句，以便人们恪守效仿。在这松散的结构里，程式化的素材会不断出现，而且会出现在别的安乐乡材料当中，甚至在其他语言的文本中也能看到。

但首先让我们回到文本的开篇吧。当然，从词句的原始意义来看，开篇的语言十分华丽动人：讲述者用"列位留步听我言"，"现在请听好，真实又奇妙"这样的语句来吸引听众的注意力。在整个文本中，讲述者时不时地还会用"信不信由你"这样的话让人感受到他的存在，并且会发出如下一类的感叹来激发听众的兴趣："有谁见过比这还美好的地方吗？"不过，在两个文本的开头和结尾处，讲述者的存在都是显而易见的。例如，在 B 文本的结尾处，他实际上直接向听众致辞，并向他们提出建议；但在书面文本中也有另一迹象，表现出了口述的情形。

这种口述特性在所用的其他技巧中表现得也很明显。听众在一开始就被充满智慧的谚语所吸引。然而谚语讲的只是老生常谈的真理，所以观众不免就会感到，讲述者此时唯一可以采取的办法就是给大家来个鲜明的对比：

> 生计之道，不计其数；
> 世间谋生计，手段何其多。
>
> （L 文本）

人们对此只能点头称是：在这烦恼的人世间，当然有许多单调乏味的苦差事。然而，在这句令人沮丧的老生常谈之后，讲述者却马上说道，他刚刚游历了一个陌生的未知国度。说完这句毫不相干的话之后，他又立即向听众发出了劝告，规劝大家做好准备，听他讲一个不可思议的故事："恳请诸位少安毋躁，且听我给您慢慢道来。"接着又说："待我向您讲述之后，您必定会大吃一惊……"（B 文本）

现在就来说说真情实况。上帝自己命令那一未知国度的居民，将所有辛劳和烦恼全都抛到九霄云外。对于开篇而言，你想象不出比这更鲜明的对比了。按讲述者的话说，世上某个地方有一座人间天堂——那里显然住有许多人——事实上人人都可以进入那座天堂。这毕竟是他亲眼所见。想必一定有听众觉得,这几行文字亵渎了神明,或者说他们已经习惯了将各种场合变得乱七八糟这样的习俗吗?而此种习俗一方面已被广泛接受,另一方面又不断受到批判。无论如何,根据这个文本的说法,上帝的确做了某种非凡的事情。在人类堕落之后,上帝实施了惩罚,他命亚当和夏娃以及他们的后代——现在正听故事的听众——为自己的生计而付出无尽的艰辛(文本开篇的几行文字与此相照应)。而现在,上帝可能已经发出命令,要在世界的某个地方免除一切辛劳。

因此,世上便有了一个无须劳作便可生存的地方;更为美好的是,那里根本不许人有任何劳作。这便是安乐乡神话的核心。作为衡量上帝所赐福祉的标准,故事中提到了两个著名的地方,即西班牙和巴达维亚(Batavia)[①](也或许是普瓦图 Poitou)[②];这两个地方被认为是欢乐之地,但它们所具有的魅力却不及安乐乡的一半。接着,讲述者描述了一系列安乐乡里的福祉;其用词简洁明了,就像拍卖目录里的竞拍品条目一样:美女随处可见,圣灵执掌权力,睡眠最长者所得最多,无须任何人做任何工作。然后便讲了一些离题的闲话,做了些解释;而这正是 L 文本和 B 文本的结尾部分,也是两个文本之间极为相似的部分。

这种经常重复出现的冗词赘句,铺垫渲染的空话和套话,也是在口述情况下所采用的方法。讲述者利用这些固定而押韵的赋赞,可以将故事流畅地讲下去;他毕竟可以随意地处理这些赋赞,以轻松愉快的方式继续讲他的故事。这些赋赞也能够让他强调某些重点,在讲述的同时给他思考的时间,还可以缓解一下听众的注意力。此种强调、停顿和赋赞的性质和使用次数会因表演的不同而有差异,完全取决于听众的反应。

但是,旨在供一人阅读——也或许是高声朗读——的固定的书面文本里,这些空话套话就让人厌烦了。只有在即兴表演时,讲述者根据自

---

① 巴达维亚(Batavia),今印度尼西亚首都雅加达(Jakarta)的旧称。——译注
② 普瓦图(Poitou),今法国中西部的一个省份。——译注

己的才能和听众的反应（或者听众没有什么反应时），空话套话才能起作用。停顿应由特定情况所引发才是，为促成停顿而设的强制性的空话套话往往会适得其反。私下阅读者可以自行决定阅读的内容和速度；不合时宜的套语和赋赞会干扰他们的阅读。

因此，在以骈体韵文形式记录文本时，实际上没有利用此类口头连接语的理由；倒是有不少反对它们的道理。即使在书面文本中出现了此类情况，我们也完全有理由推测，以此种听觉赋赞衬托的书面文本应该不是供人私下阅读或背诵的东西。这些抄写在纸上的文本必定是为帮助自己或者他人记忆的，在以后的表演中也可提供参考。此类文本记载有一篇背诵的东西，将其作为日后使用的范例，并以书面形式保存下来。

这一推测与上文提到的"大致蓝图"并不矛盾；这些蓝图尽管在情绪激昂的情况下缺少很多口语特色，但它们在类似情况下也会为人们所利用。含有赋赞的文本迎合了那些非经常性朗诵者在比较简单的场合下的需要，也迎合了自娱自乐的目标听众的要求；这些蓝图要求讲述者具备职业说书人的技能，因为其听众不仅仅是为了听故事而来，也是为了欣赏他的才华和他独创出来的东西。

B文本在某些方面使人想到了一些十分口语化的特征，而L文本给人的印象却是供人们背诵的。在L文本中不仅口述特征比较少，而且抄写员的风格以及其他以手稿形式存在的文本也都有这个倾向。不管其余的空话套话看上去有多么烦人，但可以想见得到的是，它们还是能够在掌控听众方面助诵读者一臂之力。有的时候，诵读者甚至可能在诵读的过程中成功地将这些空话套话予以改编、删除、取代，甚或是润色，谁会知道呢？

这倒不是要否认如下情况，即许多口述特征在供人私下阅读的书面文本中，已或多或少被自动地保留了下来。在叙述故事中这些特征尤其显得和谐自然。此外，书写传统和个人读书这一文化活动的兴起，自然意味着文本中的舞台说明文字开始消失，那些说明文字只是为了营造特殊效果时才会偶尔用到（例如"列位读者，且听我说"），当今小说里也有此类文字。然而似乎仍有足够的理由将 L 文本看作一个供人诵读的文本，而 B 文本则是即兴表演的记录文本，尽管两个文本在很大程度上都保留了偶然利用一下安乐乡素材的形式。得出这个谨慎的结论不仅是基于以上所谈论的口述特征，也是根据完整保存下来的手稿的性质。

除了向听众说的套话之外，L 文本里也采用了一些典型的万能用语，比如"说句实话"和"信不信由你"等。B 文本则使用了其他一些套话，而且重复使用得更为频繁。赘言套话，特别是和安乐乡这个主题相结合的套话，也可以被看作口述的部分铺垫。就这方面而言，两个文本不相上下，因为两个文本中都出现了以下句子和用语："这里永远不得有辛劳和烦恼"；"不论老少，也不论强弱"，"他们都在翩翩起舞，寻欢作乐"；"睡得最长，所得最多"；"一天到晚吃吃喝喝"。

这些铺垫和赘言套话自然而然地变成了描述安乐乡基本特征的典型用语，因此不免带有一种过于陈腐的特点。事实上，这些用语成了一种程式化的元素，它们就像游戏积木一样出现在很多文本中，而且其构成形式也不太固定。此种用语用来描述可以食用的房屋、自我烤熟的动物、河水般源源不断的葡萄酒和啤酒、常年都有的成堆的食物以及共有的财产。有些赘言套话甚至带有箴言或者谚语的性质，无疑可以用来描述普遍性真理，两个文本的开篇就用了此类用语。文本中提到的用奶油蛋糕做成屋顶的房屋、用香肠编织成的栅栏以及直接飞入人们口中的烤熟的家禽，也具有谚语的成分；文本中也含有各种当时的箴言谚语。在勃鲁盖尔（Bruegel）[①] 的著名绘画《荷兰谚语》里也出现过此类用语，而勃鲁盖尔的画作又多被人们临摹。惯用语往往会演变成为谚语格言；这是一般素材所具有的口述性质产生的自然结果。这一倾向在勃鲁盖尔

[①] 彼得·勃鲁盖尔（Bruegel, Pieter, 1525－1569），荷兰著名画家，生于荷兰北布拉邦特州的勃鲁盖尔村。一生以农村生活作为艺术创作题材，被称为"农民的勃鲁盖尔"。他善于思想，天生幽默，喜爱夸张的艺术造型，因此人们又称他为"滑稽的勃鲁盖尔"。主要作品有《通天塔》、《雪中猎人》、《农民的婚礼》、《农民的舞蹈》、《盲人的寓言》等。——译注

的《安乐乡》绘画中也许表现得最为明显。这幅版画创作于1576年，其中至少描绘了16个谚语故事。

供人即兴创作的文本，其结构难免会松散凌乱，另外还有骈体韵文这一约束。在这样的文本中，诵读者不仅会利用先前那些程式化的材料，还会使用职业说书人所用到的一些技巧。在此种文本中，除了押尾韵外，几乎没有其他有助于背诵的相似音韵或者语音模式。这些文本并不是认真书写的供人阅读的文本，而是供人自由表演的蓝本或者记录；这一点从L文本中可以直接看出来，因为不仅其诗行的长度不一，而且在原始的荷兰语文本开篇的许多诗行里重复使用"daer"（意为"那里"）这个单词。就这方面而言，B文本也没有什么大的差别。

尽管两个文本的篇幅相对来说都比较短，但此类重复还是不断出现，B文本中尤其如此。要把一个固定的区区几百行的安乐乡文本背诵下来的确不是什么难事——法语文本就是这个长度——但在背诵这类材料方面，情况并非如此。标准的安乐乡文本——供不同版本参考的固定文本——似乎从未存在过；除此之外，数千年来，安乐乡这个理想世界已经成为民众集体记忆中的一部分了。不过，有些素材偶尔会慢慢地渗透到阅读和背诵文化之中，从而促成了一种书写文本的传统。然而，在中世纪盛行的却是自行口述安乐乡方面的材料，于是就出现了不计其数的描述这一人间仙境的文本。从L文本和B文本中可以看出这一点，因为它们必定和大多数别的文本一样，都含有许多共同的元素。

B文本中的主要概念是："那里绝没有人缺衣少食，人人都不会感到贫困"；"一天到晚吃吃喝喝，终日饮酒，吃饱喝足"；"睡得最长，所得最多"。而这些概念又都是用相同或者相似的措辞来重复表达的。"那里有一个习俗"，"他们那儿的习俗是"，"就像我们这儿的习俗一样"——这些引起人们注意安乐乡习俗的套话，在B文本中用了三次。同样地，L文本也不止三次地向听众挑战，看他们能否说出比文本所描述的还要美好的地方。

所有这些重复语句都和一个多次出现的主题有关：例如，B 文本就与色情这个主题相关。文本首先宣称安乐乡里"美女如云"，接着便向其听众强调指出，男女乱交是此地的习俗；之后不久，文本又提到这里的性交自由。在这两次提到性交自由之间，只有一些赋赞以及音乐舞蹈方面的赘言套话。在 L 文本中也出现了此类情况。是 B 文本的作者在这点上卡壳了，还是他的故事快要讲完了？在此之后，他又继续结结巴巴地写了一些铺垫性短语、赘言套话和重复词语。

人们只能得出这样一个结论：他已经无话可说了，要么是他还没意识到这一点，要么是他不愿接受这个事实。直到又东拉西扯了十来行之后他才意识到，应该给故事收尾了，于是便写了一个名副其实的结尾，里面主要是些劝诫性的话，好让听众铭记安乐乡这个毫不含糊的故事中所蕴含的教训。B 文本中虽重复提及色情这一话题，但性自由在安乐乡里并不占据重要地位，L 文本里的情形也差别不大。B 文本对安乐乡里的乐事漫不经心地做了总结——用之不竭的食物、可以食用的建筑物、公共所有的财富、自我烤熟的动物、令人愉快的气候以及享受不完的假日——其中对性事则只字未提。

两个文本别具特色的结尾也能使人想起口述的情形。B 文本的作者说故事就要讲完了，他只是要看看听众是否听到了他讲的东西。他心里想的只有听众。两个文本直截了当的结尾也具有启迪作用：对于听众来说，这是必要的，但对读者来说，却是不必要的。两个文本的最后一个词都是"阿门"；对于以箴言谚语式用语开篇的文本来说，这是一个不容置疑、恰如其分的结尾。

两个文本都列举了一些程式化元素的范例，这些元素属于安乐乡的基本素材，而此类素材作者可以在不同篇幅的版本中随意利用，其中一个很好的例证就是那段描写桌子的文字。安乐乡的桌子上总是堆满食物，可以供人一天到晚地充饥果腹。L 文本中有五行文字描述这一话题，而 B 文本中的内容几乎与这五行文字一字不差，不过 B 文本的作者又另外加写了四行,详细描述了桌子的摆放方式以及桌上所摆的食物类别。也许是 L 文本的抄写者觉得这几行文字有些多余,也许他只是忘记将它们抄录下来,但也有可能是 B 文本的作者喜欢创造改编,自己加写了这几行文字。

然而更有可能的是,L 文本的抄写员并非做事干练,效率很高,应该受到表扬,而是草率马虎,漫不经心,应该为此感到愧疚,因为在文本中的其他地方出现了类似的疏漏。自行烹饪好的肉食、鱼和家禽是安乐乡的基本元素,而他却将这些给遗漏掉了;这一疏忽几乎是不可原谅的。此项主题在欧洲的安乐乡版本中几乎从未被遗漏过,而且是梦幻世界里通常最受人喜爱的一个特征。B 文本中也提到了自我烧烤的鹅以及其他不断跳进锅里将自己烹熟的动物。很难想象安乐乡这一固定不变的特色为什么会从 L 文本中被故意删去。抄写员一定是将此忘却了,尽管难以想象一个誊抄文本的抄写员,竟然没有纠正如此明显的疏漏。

事实上,誊录文章时发生一些遗忘也是很自然的。就这方面而言,B 文本的抄写员尽管出的疏漏相对较少,但也并非完全无可指责。他也漏掉了一个常见的主题,而这个主题至少和自我烹熟的动物一样人所共知——永葆青春之泉,一个有关理想世界的材料中普遍存在的主题。根据 L 文本的描述,安乐乡和圣地一样,有一条名叫约旦的河流,可以阻止人们衰老的进程,甚至能使人返老还童。只要呷一口河水,垂暮之人就可以重返青春,又成为一个二十岁的年轻人。B 文本的作者一定是忘记了这一点,否则的话,人们也很难想出任何理由,会使他遗漏掉这必不可少的部分。遗漏基本主题是口头文本传播的典型特征,在一段文章中调整句子的顺序,在整个文本中变动程式化元素的位置,也是口头文本传播的特征。所有这些在 L 文本和 B 文本中都是显而易见的。假定记录这些文本的背后有一种书写传统,因而造成了两者之间的差异,怕也很难解释得通。

L 文本中几乎没有提到"性爱"这一话题,个中或许还有其他原因。文本中仅有一行暗示性文字,即"美女随处可见";而此句在 B 文本中出现时则变成了"美女如云"。文本在性爱方面着墨不多,很有可能是安乐乡有关这个主题的内容原本就十分匮乏,而不是抄写员的马虎草率所致。色情并不是两个文本所提供的主要的诱人之处。这在 B 文本中就已经看出来了:在谈及美女的那行文字之后,许久才出现了两句不大相干的涉及性爱自由的语句,而且这两句话的位置距离文本结尾很近,让人感到十分困惑。从作者的叙述中可以得出这样一种印象,即肉体欢愉绝不像悠闲安逸和吃饱喝足那样重要。"性爱"显然是附带提及的,只是在后来出现的有关安乐乡的材料中才有了详尽的描述。

最后,B 文本以一个精心设计的尾声而告终结;基于混乱无序的世界这一形象,它以毫不含糊的措辞说出了道德上的一个教训。L 文本中没有出现此类的内容,至少没有这么清晰明了。在 B 文本中,所有那些"喜欢花天酒地、嗜酒如命、放荡不羁"之人都受到鼓励,直奔安乐乡而去;这便将该文本与流行的阶级讽刺文学流派联系起来,而荷兰最著名的范例——尽管不是唯一的例证——就是那个与蓝色驳船行会的故事相关的狂欢节话题。[①]

B 文本的作者在这里也给人留下了一种学者的印象,因为讽刺文学流派——盖因中世纪晚期的狂欢节庆典期间的表演而流行开来——主要属于书写传统,其根据是拉丁语的讽刺文学;拉丁语讽刺文学可以追溯到 12 世纪,后来,在 1500 年前后,人文主义者基于塞巴斯蒂安·布兰特[②]的《愚人船》而创作的作品,使该流派发展到了顶峰。不论怎么说,明确带有教化和说教性质的著述,归入书写传统要比归入口述传统

---

① 此处是指本书作者于 1979 年发表的另一部著作,题目就叫《蓝色驳船行会》(*Het Gilde van de Blauwe Schuit*, or *The Guild of the Blue Barge*),作品主要介绍了中世纪围绕狂欢节而举行的各种宗教仪式。——译注

② 塞巴斯蒂安·布兰特(Sebastian Brant,1457 – 1521),文艺复兴时期的德国诗人,人文主义者,出生于法国东北部的斯特拉斯堡,在瑞士的巴塞尔攻读法学,1489 年获法学博士学位,曾有一段时间在大学讲授法学;回到出生地之后,被任命为市政官。一生主要写作讽刺作品,代表作是 1491 年出版的《愚人船》。——译注

更为恰当。B 文本所具有的解说性性质表明了这一点。在书写传统里，要把口述情形下引起的讽刺效果记录下来显然会有很多困难。而 L 文本就不含有这种道德说教性的阐释。

三个现存的有关安乐乡的古法语文本均利用了同样的素材，但是它们的框架结构却各不相同，而中古荷兰语文本里却没有出现这样的情况。法语文本都以详细的序言为开篇，这似乎是想营造一种喧闹的气氛。特别是在大斋节[①]前开展欢庆活动期间——不过在一年中的其他时候也是一样——得到社会团体默许的年轻人，会以另一种形式来司法，其主要对象是体面的公民，尤其是行为方面背离婚姻和正常家庭生活规范的人，即通奸者、年龄悬殊的夫妇、惧内的丈夫等，会被挑出来接受处置。

这种情况必然为法语文本提供了创作背景。而在此种情况下，年长者只是"看上去好像"聪明睿智，因为真正的智慧并不只是留胡子的问题，否则山羊也会成为智者了。另外，在这种颠三倒四的情况下，未婚的青年男子才被看作非常聪慧的人。

也正是在这种背景下，立刻出现了一件富有讽刺意味的事，因为讲述者将自己扮作一个流亡者，要踏上漫长的苦修赎罪旅途，被流放到安乐乡。这使人想起了当时的一种习俗，那种习俗在法国北部和低地国家的许多庆典活动中颇为盛行，就是给予社会渣滓讽刺味十足的赞扬，然后把他们弄到装有轮子的船上，逐出社区，将他们打发到名字具有启迪意义的地方，比如"乐土"、"地狱"、"面包尽头"以及"饥饿之地"等。在法语文本的结尾处，又使人回想起了苦修赎罪旅途中的情形。

[①] 大斋节，亦称"封斋节"，天主教会称"四旬节"，是基督教的斋戒节期。大斋期由大斋首日（圣灰星期三/涂灰日）开始至复活节前日止，一共 40 天。此节的主题是忏悔，目的是纪念耶稣受难。教徒在此期间守斋戒，即少量摄食，以鱼代肉；一般于星期五守大斋和小斋，周日不守。节期内教堂祭坛上不供花，教徒也不举行婚配，并停止娱乐活动。但新教多数宗派不守此节日。——译注

中古荷兰语文本中提到了人类的堕落以及圣灵的庇佑，法语文本中则缺少这一内容，尽管法语文本也稍稍提到了神明的干预，其中说到，上帝和众圣徒给予这片土地的眷顾要比给别的地方多。

此外，对安乐乡素材的处理显然有很多相似之处，例如"睡得最长，所得最多"这条基本准则。利用安乐乡这一主题是构思文本的典型方式，其中一个法语版本详细地阐述了这一点。实际上，那个法语文本明确指出，人在睡觉时是按小时获得报酬的。对其他方面的描述也有许多雷同的地方：例如可以食用的建筑物、自我烤熟的鹅、摆满食物的桌子、流淌着酒的河流、经常提供的假日、潮水般涌来的温热的奶油蛋糕、大家共享的财富、随心所欲的性交、永葆青春的泉水、四季如春的气候、没有仇恨和嫉妒的和谐美满、持续不断的音乐和舞蹈。不过，这些文本也一次又一次地表现出了种种差异。一般而言，法语文本比荷兰语文本更为详尽。

文本中那段关于"吃"的描述，写得尤为详细。B文本只用了一行文字来描写鹅把自己烤熟的情景，而法语文本则用了四行来描述那些已经烤熟的鹅，它们走在大街上，脚后还跟有白色的调味蒜汁。对食物进行这样有力的强调再次表明了安乐乡存在的最重要理由，即人们梦想有大量的食物，并以奇特的方式掺和在一起，奢华地展示出来。

法语文本的篇幅大约是荷兰语文本的两倍，但这不是因为它们利用了更多的素材，而是因为它们撇开主题，加大了对食物的描写。这便使L文本显得更为简洁，因为它仅用了一百行文字，就涵盖了安乐乡的大部分重要主题。这个文本实际上更像是供人背诵的安乐乡的概要，而不是依据回忆对整场表演所做的书面记录。

虽然如此，但L文本偶尔还含有一些法语文本中出现的细节，而B文本中却没有这些内容。安乐乡的一个主要魅力就是节日繁多；在这方面，法语文本往往都给予比较详细的描述。在安乐乡，将时间延长始终是一件乐事，因此每月有六个星期，一年有四次复活节，圣约翰节也有六次（即 6 月 24 日）；另外还有收获节、万圣节、圣诞节、圣烛节①（在二月份）和忏悔星期二②。不过大斋节 20 年才有一次。B 文本中说每月只有 5 周，一年有四次复活节、圣灵降临节和圣诞节，每一百年才斋戒一次。

  在或多或少已成定式的文本里变更一下数字，自由地增加或者删除一些项目，这正是口述文本传播的典型特征。L 文本就有其自身的变化，因为它保留了圣约翰节。尽管 L 文本也和 B 文本一样明确指出一个月里有五个星期（这一内容很可能是书中所缺失的那个页角里提供的），但这并不是荷兰语文本的部分特定传统，因为法语本中也提到了五个星期这一点。这些程式化的素材浮现在抄写者的脑海里，抄写者不去理会语言上的障碍，他们在每一个新文本里都会根据需要，利用改编、删减和添加的方式，将这些素材塞进去。

---

① 圣烛节，基督教节日，纪念圣母玛丽亚行洁净礼的节日，每年二月二日庆祝。——译注
② 忏悔星期二，基督教节日，大斋首日的前一天。——译注

第八章

现存的可能性

    毫无疑问，荷兰的确有说书人，既有职业说书人，也有业余爱好者，其工作方式我们已经在上文做了描述。他们或是受雇于他人，或是自由地、流动式地进行巡回表演。这些说书者四处游走，出没于皇室宫廷、修道院以及城镇等地；不论哪里有什么庆祝活动，他们的身影就会在那里出现。宫廷和市政司库保留的账目为人们提供了大量信息，其中包括他们的姓名、行为和报酬。这些人的地位差别甚大：例如，威廉·范希尔德格斯博奇（Willem van Hildegaersberch）大师，就是一位受人尊重的说书人，也是上层社会里的座上客，他的一些作品广为人知。他是否觉得自己也属于那些走街串巷的诗人和歌手之列，这一点很是令人怀疑，因为那些人常常成群结队地到处游荡，在人们认可的作家的正式文学作品里，比如大家公认的马尔兰特（Maerlant）[①]、伯恩达勒

[①] 雅各布·范马尔兰特（Jacob van Maerlant），生于1230—1240年，卒于1288—1300年，13世纪最伟大的佛兰德诗人，中古荷兰语的最重要作家之一。主要作品有大约四千行的长诗 *Historie van Troyen*（1264），译作 *Heimelicheit der Heimelicheden*（1266）、*Life of St. Francis*（*Leven van St. Franciscus*）；诗作包括 *Wapene Martijn*（"Alas! Martin"）、*Dander Martijn*（"Second Martin"）以及 *Derden Martijn*（"Third Martin"）。——译注

(Boendale)①、拜恩斯（Bijns）② 以及其他人，他们常常受到抨击。

当时迪温特③城有家客栈，是无家可归者的栖身之地。客栈的训诫性规章制度显然是因这些流浪诗人和歌手而制定的。客栈的规章颁布于1418年，其中对这些打破安宁的扰民者进行了严厉斥责："他们如果开始编顺口溜和讲故事，我们应予以制止。如果他们上床后继续取笑逗乐，说个没完，就要叫他们做祷告，并保持安静……之后，如果他们仍不停止，我们就要走到他们跟前，再次告诫他们，'朋友，你们不得无所事事，胡说八道，大声喧哗，干扰他人睡眠。'"

从其他原始资料里也可以看到这些艺人的叙述才能。有一位身怀绝技的艺人，叫作"Snelryem den spreker"（即现编韵文的人），他在1358年至1359年所得的酬金记录在一本费用支付账簿里。他很可能是一位擅长隽语短诗的诗人，根据观众出的题目即兴创作出一篇合仄押韵的诗文。

还有一位半职业性的朗诵者，即赫拉尔兹贝亨④城的彼得·登布兰特（Pieter den Brant）⑤，他以木工为业，也常和一帮志同道合者定期为公众演出，在1427年至1430年，市政长官为其演出支付酬金。他也有一项颇受青睐的才能，即兴创作韵文的能力，这也是他获取高额酬金的原因（尽管不清楚其酬金到底有多高）："他擅长剧本、押韵文和隽语

---

① 扬·范伯恩达勒（Jan van Boendale, 1279 – 1351），比利时安特卫普城的市政文员，与布拉邦特省的精英过从甚密，以其用中古荷兰语所著的《布拉邦特史》（*Brabantsche Yeesten?*；*History of Brabant*）以及《论爱德华三世》（*Van den derden Eduwaert?*；*On Edward Ⅲ*）而名垂青史。——译注

② 安娜·拜恩斯（Anna Bijns, 1493 – 1575），文艺复兴时期欧洲诗人。出生于安特卫普，做过修女，与其兄弟一道创办学校并担任教师，曾发表三部重要诗集，多为宗教和教化内容，为荷兰俗语文学确立新标准。她在其中的两部诗集（1538年和1567年出版）中对马丁路德提出批评。——译注

③ 迪温特（Deventer），荷兰中东部的一座城市，位于埃塞尔河上。在中世纪是著名的弘扬道德和学术的中心。现有人口6万余人。——译注

④ 赫拉尔兹贝亨，比利时佛兰德省的一座小城，现有人口3.1万余人。——译注

⑤ 彼得·登布兰特（Pieter den Brant），1769年2月19日出生于荷兰西部的莱顿城，亡故年月不详。——译注

短诗的创作,可以说是出口成章,滔滔不绝。"这让人想起中世纪初期的诗人凯德蒙①,据尊者比德②所言,他能够在短时间里很快地吟诵出数千行的诗文。

关于彼得·登布兰特的过人天赋,有一篇存世的一百行的押韵文可资佐证。该文论述的是人的四大秉性,这四大秉性是由中世纪有关人的四种基本性情的生理学学说定义的。此学说在当时算是一种常识,那篇充满铺垫性空话和赋赞的押韵文以极为简单的韵律对其进行了详细的解释,这不仅说明此学说一经说出便被记录下来,而且也给人们留下这样一种清晰的印象:该文本只是作为辅助记忆的手段,为以后的表演所用而已,文本本身实在引不起人们的阅读兴趣。

在低地国家常会见到写手和朗诵者,他们通常根据自己的技能和记忆力进行创作和表演,许多手稿中都留有他们作品的痕迹。他们和那些偏重文学创作的作家不同,那些人主要从事书写传统领域里的创作。混合型的写手也很有可能存在。总之,《九大伟人》(*Van den IX besten*)的作者或者诵读者似乎就是此类写手,而《九大伟人》则是出现在所谓的赫拉尔兹贝亨手稿之后的一个版本。在对这些伟人的介绍中,他试图对原始资料进行全面的评述,因为他是从这些资料中获得了这些典范人物的有关情况:

> 因为我将这些韵文、寓言、史料、
> 圣经、学者以及年代史编者
> 都深深铭刻在了我的记忆里。

---

① 凯德蒙,见第六章注释10。——译注
② 尊者比德(the Venerable Bede, 672 – 735),又称作圣比德,盎格鲁-撒克逊神学家、历史学家,本笃会修士,出身贵族家庭,生性孤僻,一生似乎都在英格兰北部的一座修道院度过;对神学、哲学、天文、地理、历史科学都有相当研究,著述甚丰,达40余部,主要著作有《英格兰人教会史》等。——译注

在开始创作之前，显然他也曾研读过英国凯尔特人的传奇故事。他在书中还两次提道："我目睹了英国历史"；"我也读到过亚瑟王的英雄业绩"；以此给读者留下印象。因此，这位编纂者认为，他的记忆中已经有了一部作品固定的主体内容，需要时还可以补充一些书面资料。不难想象，这一介绍是为了尽可能多地吸引读者和听众。一方面，他保证这会是一场充满悬念的精彩表演；另一方面，他不得不以自己丰富而渊博的知识对所讲述的内容加以控制；这表明，最终真相只有在原始的书面材料中才能找到。

这种结合方式是有风险的。一般来说，严肃认真的作者会尽力使自己跟即兴创作的街头诗人区分开来。也许正是这个缘故，才促使14世纪一位来自布鲁塞尔的朗诵者，在一篇讽刺当地工匠的韵文开头，就指出了书写的固定文本；那个文本是由一位博学的文书记录下来的（也或许是他本人记录的）。他的话中甚至暗示，他是直接从书写在羊皮纸上的原稿诵读的：

> 列位耐心听我讲
> 静下心来细思量
> 此乃手写荷兰语
> 文书抄在羊皮上。

这番话表明，由于走街串巷的诗人信马由缰，随意幻想出的故事让人难以置信，所以作者和观众一样越来越不相信他们了。扬·范伯恩达勒在一本论述真正作者应具备的素质和品行的韵文体手册里，对此类撒谎的牟取暴利者大加鞭笞，这无疑就是一个很好的例证。其中的含义好像是，他在告诫那些街头诗人的衣食父母，要对流行中的欺骗性模仿予以警惕，而实际上他是要以此来举荐自己。写韵体诗可不纯粹是什么儿戏（他在动情的恳求中，两次声称这是一件神圣的事情）。他也不是发出这种郑重警告的第一人。伟大的荷兰文学之父，雅各布·范马尔兰特，之前就已指出过这帮信口雌黄、谎言连篇的模仿诗人所带来的危害。

从这些走街串巷的诗人圈里胡编乱造出了极不文雅的东西，而这些东西结果竟也莫名其妙地形成了文字；有的居然说查理曼大帝①曾干过偷窃之事，这当然是无稽之谈。还有谣传说，这位史上最伟大的基督徒国王，是他母亲在一辆马车上怀孕而生的私生子，所以才有了他那个名字②，这更是荒谬之极。这些风马牛不相及的一派胡言都出自于低俗层次的街头诗人。他们所贪求的是哗众取宠，渴望的是轰动效应，而这种追求驱使他们编造出极其荒诞、耸人听闻的东西，其目的不过是赚钱。伯恩达勒依据正统的书写传统，针对性地纠正了他们那种庸俗的诳语，因为正统传统与人们偶尔看到的刊印出的所有谎言和传闻完全不同：

> 有的人编造出这等谎言
> 并首个将诳语付诸笔端
> 愿上帝将此人寿命缩短！

在伯恩达勒看来，这些谎言属口头交际的范畴：因为它们是"说出来"的，而不是用笔写下来的——至少不是当即写下来的。他接着又从历史的角度讲述了有关查理曼大帝的真实情况，其母完全是合法怀孕，其血统也非同一般；下面这行诗文可资佐证："我们读到的便是这样。"马车上苟合一说纯粹是一些人的假象，毕竟在任何书里都找不到此类说法。

---

① 查理曼大帝（Charlemagne，742？—814），曾为法兰克国王（800—814年）、查理帝国皇帝（800—814年），世称查理大帝，亦称查理一世；在位时扩展疆土，建成庞大帝国，加强集权统治，并鼓励学术，兴建文化设施，使其宫廷成为繁荣学术的中心。——译注
② 查理曼大帝的英文名字（Charlemagne）中前几个字母，即Char，读起来跟英文单词"Cart"（意为马车）很接近，故有此说。——译注

《崔斯坦与伊索德》的一个版本的作者也已表达过类似的观点，他是在朗诵时提到的，而不是在讲述诗人的任务时表示的。故事讲到一半时，他对叙述者抱怨起来，说他们有一个坏习惯，老爱曲解故事，这里他指的是基于相同材料的口头传统。他特别想跟这些说故事的人保持一定距离，因为他们对支撑整个故事的典雅爱情那精练的形式一窍不通："不过，骑士阁下，您应该知道，这些叙述者改动并编造了故事，捏造了谎言，因为他们无法理解马克对女王怀有的忠贞不渝的一腔挚爱。"

显然，L 和 B 这两个文本代表的是此类受到指责的叙述者，而不是那些用当地语言写作的具有学者气质的作者。两个文本都带有生动活泼的口头传统的痕迹，而这种痕迹跟书写的文学传统毫不相关。

第九章

安乐乡的散文文本

早在1546年前后，但毫无疑问的是在1600年，就出版过一部有关安乐乡之国的荷兰语文本，其传统则完全不同。这便是散文体的"Van't Luye-leckcr-landt"（即随后所提及的G文本），也就是一部非常流行且多次重印的作品集的一部分；该部作品集叫作 *Veelderhande, geneuchlycke dichten, tafelspelen ende refereynen*（即各种令人愉快的诗歌、戏剧和副歌）。在1600年首版刊印的其中一本现保存在根特①大学的图书馆里。

这部作品集中的大部分文稿当然都比较古老，有的甚至是很久以前的东西，有一少部分文稿可在早期单独刊印的版本中看到。G文本肯定是在1546年首次刊印的，或者说至少是作为一个文本在那一年完成的；这个时间是从一个描述性标题中推测出来的："该文本是在这一年发现的，当时做出了一千个甜蛋糕、五百个奶油果馅饼和四十六只烤鸡，是在采摘葡萄的那个月里，肉馅馅饼味道极好。而且这个文本读起来非常

---

① 根特（Ghent），比利时西部布鲁塞尔西北偏西的一座城市，建于7世纪。该城是中世纪的一个羊毛生产中心并一直保持独立。直到1584年被哈布斯堡人占领。现有人口近24万人。——译注

有趣。"这样一个荒谬可笑的日期以文本自身所具有的倾向写出来，只有在1546年那一年才显得特别重要，而且特别有趣。可为什么要选择那一年呢？关于这个问题，文中并没有说文本是在那一年印刷的，而是说是在那一年"发现"的。首先，必须要这样来解释，即在那一年发现了这个特殊的国度，尽管这个术语也可以指修辞上的创造，这将意味着该文本是在那一年构思的。最后，这个说法也表明，如果这个文本是无端冒出来的，那么所谓的虚构文稿的可信度似乎就会大大提升。倘若此文本像G文本一样含有极为牵强的虚幻内容，那倒也是真正有趣之处。所有这些可能性无疑都起了一定作用，但是在那一年出版仍然是这一特定日期最有可能的原因。

然而，在描述性标题的结尾倒是可以找到表明单独版本先前存在的另一个迹象："而且这个文本读起来非常有趣。"这种举荐之言经常印在书的扉页或者前言中，以唤起潜在买家或读者的好奇心。1600年为这部文选搜集各种印刷作品和小册子时，出版人将文本的原始表述原封不动地保留了下来。26篇文稿中有13篇仍旧保留了这种举荐之言，其中的三篇实际上在更早的版本中就已保留了下来。

一般来说，虚构故事和讽刺性文本都有假定一个日期的传统，往往会模仿官方的告示和法规、布道辞和医生开的处方。这些模仿是狂欢节传统庆典中流行的娱乐活动。在日期中加进食物是表示其起源的另一个迹象。狂欢节首先是围绕大吃大喝的一种庆典，是一种告别冬天的仪式。这为1517年的一个短篇手稿中使用的符号做出了解释，在那篇手稿中，庆典活动的保留节目所用的音乐符号是由食物组成的。此外，一部1511年有关德国狂欢节的戏剧提到了一个模仿的训示（即一位主教，抑或是一位教会执事或者其他教会人员，在探视他属下的神职人员时所作的演讲），发表演讲的年份是"有人在一棵老胡桃树上数了一千个鸡蛋、五百根香肠，并且在第十一头猪里发现了囊虫"。而且在这部戏剧中，狂欢节和安乐乡是有直接联系的：在那篇模仿训示的结尾谈到了一个地方，"那里的农夫生长在树上；"在有关安乐乡的文本中也出现过这种形象。

这个刊印的文本就是含有类似文本的一卷"朗诵"书册的一部分，其中并没有出现"安乐乡"这一名字。现在用的是 Luilekkerland（"悠闲甘美之地"），这个名称不像安乐乡那样，它自 16 世纪以来，就立刻为讲荷兰语的民众所熟知了。"悠闲甘美之地"诞生于纸上，并且由印刷机以这种印在纸上的形式传播开来。这个文本在开始时是以书面形式固定下来的，而后又产生了"悠闲甘美之地"的其他表现形式，比如歌曲和大幅的印刷品。其中有一些很有可能最后又以口头的传统形式展现出来。那两个以中世纪荷兰语行文的文本在低地国家流传时，明显已不再使用安乐乡的素材。其偏离点便是这个印刷的散文文本，而且很有可能的是，纽伦堡的诗人和剧作家汉斯·萨克斯（Hans Sachs）[1] 就是以这个文本为样板，创作出了德文的"安乐乡"（Schlaraffenland）文本。

毫无疑问，G 文本是伏案创作出来的，是供人们阅读或者朗诵的。其冗长的标题与其说是一个标题，不如说是一则广告；它大体上属于刊印的游历文学以及悬疑文学这一类。文本中开篇的第一句话里提到的"不真实的消息"实际上指的是自 16 世纪 40 年代就开始取得进展的"真实的消息"。在新闻这一领域很擅长的印刷业者让每日新闻的这些先驱们流行开来。1546 年问世的有关"悠闲甘美之地"的文本一开始就对这种追求有商业利润的新闻和同样有利可图的对未知世界的报道这种行为进行了讽刺。当时，对遥远国土上那种奇异而又似乎不可思议的事物的描述——往往不能在事实和虚构之间展示出一种微妙的平衡——

---

[1] 汉斯·萨克斯（Hans Sachs, 1494 – 1576），德国 16 世纪著名民众诗人、歌手。当过鞋匠。主要成就是戏剧和诗歌。他把中古的宗教戏剧发展为反映人民生活的讽刺性滑稽剧。其素材大都出自民间故事，描写的对象有市民、农民、奴仆、骑士、流浪汉等。其作品形象生动，语言通俗幽默，深受民众所喜爱。他在 73 岁时把所写的 6000 多篇作品手抄成册，冠名为《诗全集》，以诙谐、生动的教训和写实主义的社会描写为其特点。萨克斯在推动早期工匠歌曲的发展和促进纽伦堡的宗教改革方面，都作出了巨大贡献，在当时的德国可以说是家喻户晓。他的一些滑稽剧和狂欢节诙谐戏，如《天堂中的漫游学者》等，至今仍在上演。——译注

在东方和西方都不断地构想出许多引人入胜的富庶之邦。

这个文本是以散文形式写成的，但开头和结尾除外；开头的两行是一句格言，结尾的八行是一首诗，总结了故事的寓意。散文形式不仅仅是为了便于阅读，也是为了加强故事的真实性，同时也为了有别于那些听起来不太严肃的押韵文，而且这一情况似乎显得幽默诙谐。此外，散文本中有些又长又复杂的句子，很不适合一字不差地朗诵。无论怎样，这个文本的确不是为了让人诵读的。但在快要结尾之处再次提到，"这就是以上书写中所用到的方式"。总之，G文本本身就出自一种书面传统，当时就是利用了印刷机，以便为人们提供仅用于阅读的材料。

毫无疑问，这个文本的主要目的是教化。在进行一番描述之后，紧接着是一则押韵的格言，声称"悠闲甘美之地"中的行为规范是完全无法接受的。文中的头几行文字就是在附和这些观点。人们非常向往这个地方，但要越过一个巨大的障碍，这个障碍是用荞麦粥堆积起来的一座大山，只有那些坚忍不拔的人才能从这座大山中吃出一条道路来。不过也有种种可能让人感到愉快的事情等待着人们，尤其是等待着那些罪恶多端和毫无德行的人。

结尾的诗句再次确认了这个文本的说教意图，尤其是针对青少年这个群体。这首诗是写给那些娇生惯养、一无是处的孩子：将他们打发去到"悠闲甘美之地"。这层寓意在散文文本的结尾处就已显示出来，而且又在最后那几行诗文中再次重复并强调了一番。此类押韵文本在这个文集的其他地方也出现过，大概是为那些未曾受过训练的读者而准备的，编撰者和出版者将其作为有益的提示，以避免读者对这些讽刺性文本的意义和意图感到困惑不解。这些押韵文本也具有结构性功能，扮演解说员的角色，将各种文本合在一起来"讲述"。该散文文本是以一番告诫结尾的，对象是那些"挥霍无度的浪子"，而"浪子"是当时较为常见的一种叫法，源自《圣经》中"败家子"的故事，常常用来指那些生活在奢侈环境中的年轻人。由于他们享有这种特殊的地位，这些年轻人在其他地方则被称为"白面包孩子"。

荷兰语的"悠闲甘美之地"文本，是根据汉斯·萨克斯写于1530年并在同年出版的押韵文本 Das Schlaweraffenland 扩展出来的文本。而萨克斯的版本至少是根据16世纪初期两个更为古老的德文版本编写成的。那两个版本都汲取了安乐乡的通常素材，并以此确立了典型的德国传统，堪与法国和低地国家的传统相提并论。但是，没有任何事实表明荷兰的改编者曾经读过除萨克斯版本以外的其他文本。他所做的改编，尤其是他补充的内容，展现了安特卫普城当时的特点，也展现了根据萨克斯文本的素材而创造出来的某些东西。

与德文文本相比，G文本可谓更加全面、更为详尽，也更具有幽默色彩。它以私密玩笑的方式呈现出来，可能只是为个人享受而作。萨克斯在对充满废话和大话的食谱进行改编时，他声称"悠闲甘美之地"坐落在"圣诞节后三英里的地方"。而在G文本中则变成了"经过漫漫长夜的三英里"，这是一种没有意义的荒谬翻译，人们只要将G文本和德语文本加以对比就会注意到这一点，但又有谁会去做这样的对比呢？

G文本只是偶尔会把萨克斯文本中的一些细节略去，这一定是有意而为。在G文本中找不到在软垫上睡觉这一主题，也找不到随后所跟的两行文字，即萨克斯用来描写在"悠闲甘美之地"唯一进行狩猎活动的文字，猎物就是跳蚤、虱子、田鼠和老鼠。也许是G文本的改编者觉得这种行为与理想世界不大相称，因为这种行为表明贫穷与苦难、恶臭与污秽的存在。另外，略去这两行也可能是无意之举，由此使得前一行也消失不见了。

否则，汉斯·萨克斯的文本内容会一字不落地出现在G文本中。在与之相关的扩展内容里，作者抓住一些附属主题，反复加以利用。可以食用的建筑物是由肉豆蔻加固的。飘下的雪花呈现出白糖的形状，可以用来装饰烹饪好的梨，这也让气候显得更为美好。其他幻想出的气候方面的现象，包括沁人心脾的美妙味道，在萨克斯的作品和G文本中都没有找到。文本中简要描述了大量随时可吃的食物，又淡淡地做了一些补充，比如稍稍提到了烤熟的鸡，它们被人隔着栅栏扔了过来。马和驴拉出的不是粪便，而分别是蛋和香甜可口的无花果（这两样在萨克斯的文本中都能找到）；此外又增加了以下内容：狗拉出了肉豆蔻，牛拉出的是绿莹莹的薄烤饼。不过，还有一些更为精致的补充，包括甘甜无核的樱桃，那樱桃里有松软的小石头，入口即化，就像蜜饯杏仁一样。

在 G 文本中，真正值得注意的是对钱财问题给予了相当多的关注。在萨克斯的文本里，这个主题似乎是有点不大合适，因为在"悠闲甘美之地"里应有尽有，人们为什么还需要挣钱呢？更不要说借钱了。这种误解在最古老的关于安乐乡的材料中就已经出现了，是与基本规则相矛盾的，而且还不断地重复，即"睡觉便可赚钱"。但是，此种矛盾却与这个地覆天翻的世界和虚构故事的文学处理方式完全相符，这无疑可以解释为幽默滑稽。

G 文本将这种带有喜剧色彩的不合逻辑的现象发挥到了极致，目的也许是暂时打破安乐乡的美梦。只要安乐乡素材一固定下来并开始在纸上传播，讽刺和教化这一目的就会稳稳占据上风。而到了那时，安乐乡是对尘世间苦难的充分补偿这一原始观念可能就不大重要了。G 文本的改编者将古老的安乐乡梦想置于一系列中世纪晚期和早期现代城镇文化典型的令人痴迷的事物中，从而忽略了安乐乡的原型；这里说的令人痴迷的事物，包括竞争精神，越来越被人们公认的自我保护的需要，对独特行为模式的追求，所有这一切都是 G 文本成书之时盛行的中产阶级道德规范中必不可少的成分。

在"悠闲甘美之地"，这些理想的东西都已完全乱套了。钱很容易就能赚到：每睡一个小时觉就能赚六便士。"睡觉就能赚钱"也是安乐乡的基本法规之一，但在安乐乡里，这一点并没有被大肆渲染。在 G 文本中，这些乱七八糟的法规得到了扩展，其中包括杰出人士获取高雅举止的规则。谁能令人信服地放屁就可以赚二先令六便士；若能打三次嗝，或者放一个响屁，甚至可以把一枚金币收入囊中。

在这段文章之后，紧接着是一长段描写债务人和欠债不还者的文字，也只是在 G 文本中才有这样的描写。在赌博中把钱全部输掉的人会立即得到加倍的金钱。负债累累又不去尽力偿还债务的人会被流放到该国的偏远地区，只让他们吃烤鸡和白面包。而这类食物无须花费任何代价即可得到。一年之后，这些债务人就会从"监狱"中释放出来，回到他们的故乡，而他们的债务也同时会被免除。不过，如果他们坚持要偿还债务，但仍然身无分文，他们就必须回到流放期间给他们提供住房的房东那里，房东便会引导他们到两棵树旁，树上会长出金钱，足够他们偿还债务；而到了那时，他们又可以重新过那种挥霍无度的生活。

当然，现实生活中的贷款交易并非如此。当时的安特卫普城是一个崭露头角的商业中心，正在努力成为世界贸易新的领袖，城中的公民对此一定都心知肚明。当时为人们所关注的这个额外话题，谈到了许多 G 文本所发挥的新作用，也谈到了所要服务的中产阶级环境。在接下来的一段文字中，进一步讲述了具体的行动方式，而在萨克斯的作品中，只用了简短的两句话做了说明。前面的一段文字，即如何对待债务人那段文字之前的一段，也就是谈及人体发出声音可以获得酬金的那段文字，已经定下了文本的基调；其实，那段文字也标志着一系列精心扩充的内容的开端，萨克斯文本的改编者用这些带有地方色彩和阶级属性的事物来装点"悠闲甘美之地"。同样，饮酒也可以获得酬金，而根据制定的酬金标准，饮酒最多者可以得到最高的奖酬。

这种荒谬可笑、黑白颠倒的幽默在"悠闲甘美之地"总是受到鼓励，并被应用到资产阶级精英人物新的文化理想中，而且承诺对现实生活中被视为不端的举止行为给予金钱奖励。比如，嘲笑德高望重的人可以获得两个先令；撒谎可以获得一枚金币，而且还根据撒谎的巧妙程度另加奖赏。尽管萨克斯文本中也描写了这种收入来源，但在 G 文本中描述这方面收入之后所增加的文字，似乎就是针对安特卫普的真实情形而言的。那里的妓女备受尊敬，"她们越是放荡轻浮"越是受到尊重。供养这帮妓女可谓代价不菲，但在这样一个什么都免费获取、什么都唾手可得的地方（对一般的人也是如此），供养她们应该不是问题。在安特卫普这样的大都市里，人们对妓女的这种痴迷情形在16世纪文学中反复出现；因此，G文本的改编者也就毫不犹豫地在其作品中引入了这一热门话题。

最后，G文本的结尾也更加富有寓意。文中说道，奢侈挥霍、品行不端的孩子今后应该到"悠闲甘美之地"去碰碰运气，这种话在萨克斯的作品和G文本中也都出现过。但是，G文本非常含蓄地补充道，像这种一无是处之人在前往"悠闲甘美之地"的途中应该谨言慎行，不要行偷窃之事，否则就会在附近的绞刑架上被绞死。这难道不是最后提醒人们现实生活中的严厉惩罚吗？无论如何，这一警告正应了那句预言，即缺乏"正直、美德、诚实和礼貌，更不必说缺乏智慧和知识"，终会走向绞架。而"悠闲甘美之地"似乎就是这一预言本身。

到了16世纪，安乐乡已经成为一个教导人们实现中产阶级理想的自相矛盾的地方。它在文学传统里出现，并且利用了印刷机这种传播方式，但这绝不意味着其荒谬之中所包含的幽默已经消失。构成安乐乡素材的基础是给人们带来的那些令人欣慰的补偿，而不论学校教育和道德说教开始让人怀疑地联手对人们施加多大的影响，安乐乡中的许多幽默素材仍旧被保留了下来。口头传诵的安乐乡素材向书面形式的转化是否能产生这些新的作用，这一点尚不清楚。虽然口头传诵的版本也能派上这样的用场，但显而易见的是，书面版本至少能使这一新的说教目的更加明确，而且通常对其进行了扩充和强化。每一位朗诵者在诵读时所享有的自由在书面文本中很快就这变成了一种义务（虽然并非总是如此，比如在L文本中出现的情形）。有一点似乎比较清楚，即此类说教并没有在许多口头传诵者所记忆和传播的素材中占有固定的位置，这也是两个中世纪荷兰语押韵文本的背景有别于三个古法语文本的背景的原因。

　　口头传统所传达的那些个人思想和押韵的片段，都深深地铭刻在许多人的脑海里，而且也没有因语言障碍而停止传播。可能有那么一个或多或少比较完整而又不具说教作用的安乐乡文本，在西欧地区流传，由人们随心所欲地进行口头表演，偶尔也会被人付诸笔端。在格言谚语以及其他主题的文本中，安乐乡的素材也不断为人们所利用。德语里有一个颇为流行的故事，叫作 *Das Wachtelmäre*（《鹌鹑》），保存在 1393 年的一部手稿中，便是一个典型的例证。这个故事也是游走江湖的说书人的保留节目，它利用了以下几种现成的安乐乡素材：用奶油馅饼做成房顶的屋子、用香肠扎起的篱笆、到处走动的烤鹅以及飞入人们口中的烤燕子等。来自现场娱乐表演的其他德语和法语文本，也都自由地运用了大家记忆中的欧洲的安乐乡方面的素材。

　　汉斯·萨克斯和 G 文本的改编者从一开始就是在各自的书案前从事写作的。他们无疑熟知安乐乡素材的一些片段，这些素材对他们组织和装点"悠闲甘美之地"都产生了影响。然而，在古法语和中古荷兰语文本中清晰可见的那些古老模式则是他们以各自的风格书写、翻译和改编的基础。萨克斯使用的 16 世纪早期的两个德语文本像一座桥梁一样，将口头传诵的安乐乡素材和 1600 年印刷的荷兰语文本联系了起来。荷兰语文本的改编者和萨克斯在当时都参阅过书写和印刷的素材，而不知怎的，这似乎也导致了说教内容的增多。难道这些文本不值得书写下来吗？

第三部分

将被忘记的饮食风俗

第十章

饮食习惯

安乐乡的主要内容就是饮食，荷兰的"悠闲甘美之地"与此相比也差别不大。在所有三个文本中，35%到40%的文字都跟食物有关。那些食物均以引人入胜的方式展示出来，或者像着了魔似的自行走动。只有散文体的G文本中增加了一个新主题：其中详细而又不无讽刺地描述了一些运动方面一无是处的人，以极为粗野无礼的表现、卑鄙低俗的举止获取报酬。而在押韵的L文本和B文本中，这一主题基本上未曾涉及，倒是让食物占据了较为重要的位置。然而，G文本则不吝笔墨，对饮食这一主题进行了淋漓尽致的描述，可谓不厌其详，又新奇别致。

法文版安乐乡文本的主要内容也跟食物有关。而中世纪英文版的《安乐乡》文本在这个方面则有所不同，因为它对这一基本需求（或者说是诱惑物）给予的关注要少了许多。这也表明这个风格独特的改写本属于书写文本的文学传统，其主旨是作为僧侣的讽刺作品。正因为如此，它们才减少了对食物这一主题的描述，而这个主题对于生活简朴的乡下人来说，无疑仍然是一种必要的补偿。

正如B文本所展示的那样，安乐乡最具特色的地方是它的建筑物、围墙和房屋内部的陈设，它们全部是由食物构建的。栅栏是用腊肠扎的；门窗居然是用鲑鱼和鲟鱼做的；房梁就是黄油。家具和家用的器皿则是由肉饼、薄饼干甚至是鳗鱼做成的，而房顶上覆盖的则是奶油蛋饼。篱笆墙是用七鳃鳗鱼编织成的，甚至连街道上铺的都是各种各样的调料。

另一个引人入胜之处是那些美味可口的动物会主动让人来捕捉，比如家兔、野兔、鹿和野猪等。更为美妙的是，那些鹅、鸡和其他家禽，以及鱼和其他肉类动物，似乎都很乐意把自己烘烤熟了让人享用。摆好的桌子上总是堆满食物，而且甚至会像下雨一样一天三次降下鳗鱼和肉做的馅饼。各种各样的饮料源源不断地在一条河里流淌，取之不尽用之不竭，并且人人都可免费从中获取。

L 文本与上述 B 文本的模式并无太大的区别。G 文本也遵循同样的模式，不过在细节上有所不同，描述得更为详细一些。其特别之处是它描写了一座用荞麦粥堆成的山，人们若要到达"悠闲甘美之地"，必须一路吃过去，而那些已烤熟或做好的食物就长在树上——比如肉饼、蛋糕、煎饼、烹调用的梨和白面包等。鱼、家禽和猪都毫不踌躇地将自我准备好，毅然决然、积极主动地为人们献身，供人们享用：已烤熟的猪背上插着刀叉，四处走动。类似这样的细节描写 G 文本中还有许多，但显而易见的情况则是：到处都是食物，一切都是由食物做成的，而且所有这些食物甚至会从天而降，落入人们的口中。

其非凡之处不仅仅是这些食物数量庞大、种类繁多（有些甚至是活的），持续不断地供人们食用；更准确地说，正是字里行间所描写的人们对食物的极度迷恋以及围绕食物而产生的种种难以置信的幻想，才给读者留下了深刻的印象。除了丰富无穷而又会自行补充的食物外，还有各种各样的蔬菜、肉类、鱼和家禽，而人们对那些品质更为奇特的食物也并无任何显著的偏爱。文中一而再、再而三地强调，在这个理想世界里，人们无须为了果腹而进行任何劳作。不仅不需要耕作，而且也不需要饲养耕牛,因为那里所需的东西一应俱全,它们要么是长在树上,要么是烘烤熟了,并四处走动,要么就是从天而降,落入人们的口中。安乐乡的居民甚至住在可以食用的房子里,他们那个有形世界的一切组成部分,都是由即刻可以食用的食物构成的。

"安乐乡"跟昂贵的美味佳肴相关联,这自然会给人一种印象,即那里提供的昂贵食物必定是奢华的食物,普通百姓无论如何是得不到的。然而这一点却是颇有争议的。这些文本无不强调,始终都有食物可供,而且种类繁多,唾手可得;对于大多数人来说,正是这些特点才是安乐乡的魅力所在,而非食物的奇特本质。

在中世纪晚期和现代早期的文学和艺术中有一种倾向,认为农夫的饮食极为简单。这种观念并非含有贬低或者诋毁之意,尽管不是完全没有贬低的意图,而是合乎逻辑的,因为农夫生活的地方更贴近大自然,以四季的节奏为依托,他们的生活必然朴素而又单调。在这种思维框架内产生了两种矛盾的观念:一种认为自然是失去清白单纯的原型,另一种认为自然是极为糟糕、野蛮而又愚蠢的事物。因此,简朴的饮食无疑会象征极致的简约,也会象征昏聩愚蠢。然而,这两种观念都与现实生活的经历不符,因此不能作为证据来看待。

14世纪末有一首 *Kerelslied*(《农夫之歌》),其副歌中反复唱到,农夫花不少时间吃酪乳、面包和奶酪:

> 有一位乡巴佬饱食终日
> 吃面包和酪乳又饮乳汁。
> 他为何似这般呆头呆脑?
> 皆因为饮食上毫无节制。

除了这些抨击农夫的尖刻言辞外,诗歌中还有他们吃黑面包、姜味蛋饼,以及在庙会或集市上喝酒的内容。这种不无讽刺的描写是为了向有教养的城镇居民表明，要不惜一切代价避免此类行为。另有一篇篇幅更长的韵文，叫作 Van den kaerlen（《乡下人》），最起码来说，其刻薄程度与《农夫之歌》一般无二。文中写道，乡下人通常所吃的食物是酪乳粥、鸡蛋、大蒜和啤酒。但在扬·范斯蒂耶福尔特（Jan van Stijevoort）于 1524 年编辑的一卷文稿中发现了一些叠句，叠句中说植物根茎和蔬菜是乡下人的日常食物，黄油和奶酪只是偶尔才有的奢侈品。

　　这一最终形象在从中世纪过渡到早期现代时期的过程中开始处于主导地位，"阶层文学"可资佐证；阶层文学不仅为每个社会阶层描述了正确的饮食习惯，而且指出了应予避免的习惯。乡下人的典型食物应由萝卜、大蒜、洋葱和面包构成；简而言之，就是生活水平低的人所吃的粗茶淡饭。这种生活也在汉斯·魏迪茨（Hans Weiditz）[①] 于 1532 年创作的一幅典型的木版画中记载下来，汉斯被人称作彼特拉客（Petrarch）[②] 大师，他的那幅木版画发行量很大，极具影响力。画中描绘的不是暴饮暴食，而是俭省节约；所画的是一位贫穷的伐木工，以萝卜粥、洋葱和面包果腹，却也感到心满意足。彼得·（老）勃鲁盖尔（Pieter Bruegel the Elder）[③] 在 1565 年创作的《收获》画作，表达了他对田园风光的欣赏和喜爱之情。那幅画描绘了在麦田休息的农民，他们一边吃着面包，一边喝着肉汤和啤酒。1600 年前后，他的儿子扬·（大）勃鲁盖尔（Jan Brueghel the Elder）[④] 在其画作《作客农庄》中，也把重点放在了菜汤的描绘上，画面的正中摆了一口硕大的汤锅。

[①] 汉斯·魏迪茨（Hans Weiditz，1495－1537），文艺复兴时期的德国艺术家，因其用木版画描绘意大利诗人彼特拉克作品中的意境而被人称为"彼特拉克大师"；曾创作了大量有关民众生活的讽刺性木版画。——译注

[②] 弗朗西斯克·彼特拉克（Francesco Petrarca，1304－1374），意大利学者、诗人、早期人文主义者，被认为是人文主义之父。他以其 14 行诗著称于世，为欧洲抒情诗的发展开辟了道路，后世人尊他为"诗圣"。他与但丁、薄伽丘齐名，文学史上称他们为"三颗巨星"。——译注

[③] 彼得·（老）勃鲁盖尔（Pieter Bruegel the Elder，1525？－1569），佛兰德斯画家，善画农村景色，反映农民生活和社会风俗，主要作品有《农民的婚礼》《盲人的寓言》等。——译注

[④] 扬·（大）勃鲁盖尔（Jan Brueghel the Elder，1568－1625），佛兰德斯画家，（老）勃鲁盖尔的次子，以擅长画静物、花卉和风景画知名，主要作品有《蓝色花瓶中的花》等。——译注

这种有营养、高纤维、供民众喝的菜汤出现在狂欢节庆典上表演的讽刺作品中,使其具有一种特别的粗俗幽默。模仿的预言——年年印制出的对未来的预测——沉湎于这一民间传说的污秽之物,声称农夫由于饮食单一,总是吃些豆子、萝卜和葱头之类的东西,所以常常拉肚子,尤其是在冬天,他们经常被派到农庄外的房舍里站岗放哨,更是苦不堪言。

但是,日历和祈祷书中对屠宰月(11月份)的描写,却记述了另外一些饮食习惯,尽管大家公认描述得理想化了,但那些习俗的确在乡间颇为流行。从那些较为可靠的原始资料中可以看出,不管是农夫还是大部分城镇居民,他们的食谱中都不缺少腊肠、肉、家禽和鱼。虽然在1000年至1300年这段时间里,许多人只能靠面包和啤酒来度日,但14世纪,用一位近代历史学家的话来说,"食肉的欧洲"已经开始出现了,而且这一情形一直持续到16世纪晚期。

中世纪留给很多人的印象都是十分伤感的,人们脑海中总会浮现出这样一个画面:在大大小小的道路上,饥民们步履蹒跚,他们来到满口恶言的贵族、大腹便便的修道院院长、冷酷残忍的强取豪夺者的门口,徒劳无益地叩门乞讨。这是一种误解,其根源可以从中世纪的原始资料里找到,而且常常是以《圣经》里的原型为根据,表现出了一种强烈的意识形态上的倾向。值得注意的是,20世纪有一种遏制不住的愿望,就是要提出与现实形成最强烈对照的东西,而不论其现实是受到人们的高度重视,还是遭到人们深切的痛恨;于是在文学和艺术中,人们便继续曲解这种伪现实主义,将其视为一种见证报告,以新闻最高形式呈现的见证报告。而农夫生活的真实情况只能从《农夫之歌》这样的歌曲,或者勃鲁盖尔等人的绘画中提供的"资料"中推断出来,民众饮食习惯的真实情况也只能从那些"资料"里推断出来。

调查结果表明,在15世纪的低地国家以及整个西欧地区,每人每天几乎要吃一磅肉,斋戒日除外,因为在斋戒日是不能吃肉的。这比我们通常吃的量多了许多。就贵族阶层而言，每人每天提供的肉多达三磅或者四磅。因此，当时肉类的巨大消费量，尤其是猪肉、牛肉以及腊肠，是颇为平常的情况。当然，这种平均值是非常可疑的，尤其是考虑到有据可查的资料都极其随意，而且很不确定。不过，显而易见的是，在中世纪晚期的欧洲，平民百姓倒是经常食用肉类、鱼和禽肉。

因此，文学作品中提出的人们该吃什么不该吃什么的问题，"安乐乡"给出了文学上的回答。不过，假如所有食物很大程度上都属于日常养生之类，那它们也就没什么魅力可言了。此外，安乐乡并非只在仅限于少数人的文学圈子里享有盛名，而是对社会各阶层都具有魅力，因为它直接满足了人们真正需要并感觉到的那种幻想出的精神补偿。这是对普通百姓饮食习惯的艺术形象进行了戏剧性的修改，而比此种修改更为重要的是，安乐乡展示了多种多样、经久不变的富足，这与现实形成了一种令人愉快的对比。换句话说，食物本身并没有那么重要，因为任何时候都可以获得。

可无论怎么说，安乐乡的饮食在很大程度上缺乏典型的贵族餐桌上高雅的美味佳肴。贵族们的主要食物是野味，而在这个梦幻之乡里，野味的作用却并不起眼。在狼吞虎咽、大吃大喝的背景之外，倒也提到了一些微不足道的野味，比如跳来跳去的家兔和野兔，它们和鹿以及野猪一样驯顺，而且人们想要吃这些动物的话，空手就能将其捉住，不过这一点在文中并未明说。很有可能是需要把安乐乡尽可能装点得像一个人间天堂的模样。但即便如此，潜在的食物消耗在幕后还是有的。亚当给所有动物命名的时候，也获得了对它们的支配权；自那时起，动物的存在就是供人类食用的。这项规定至少是在大洪水之后做出的——洪水已使人类受到了如此严厉的惩罚和贬斥，于是上帝对其动了恻隐之心，允许他们吃一点肉食。

更让人惊讶的是，安乐乡里居然没有任何水果。在这个享有天堂美誉的理想世界里，这是一个触人痛处的问题，但安乐乡倒也提供了一个解决办法，它用一些听起来大有亵渎神明之意的玩笑来描述众所周知的大洪水所反映的主题。就这点而言，水果当然不该被略去，但在这个放荡堕落的欢娱之地，显然出于某种原因，水果成了不受欢迎的东西。这种故意的省略必定跟以下情况有关，即水果关系到高雅的饮食习惯。

那些想使宾客感到惊奇的贵族们，无不对水果偏爱有加，不过他们与其说是喜欢吃水果，不如说是拿水果来做展示。在西欧有一部卓越超凡的有关礼仪的著作，书名叫作《玫瑰恋史》①，书中描述了对性爱应持的正确而高雅的态度，以及其他的行为规范。书中列出了一长串女人们十分喜爱的夏日水果：苹果、梨子、樱桃、草莓、李子、榅桲果、无花果、桃子、橘子、葡萄、布拉斯李子、甜瓜、桑葚、黑莓和树莓等。这些水果也以令人眼花缭乱的美味佳肴的形式，毫不意外地出现在那些不断试图展示其权力的人的餐桌上。用各种野味组合成菜肴在当时是一种颇为流行的技艺。野味受到人们的青睐，并非因为其味道独特，而是因为人们可以用富有想象力的奇特方式将它们装饰出来。

1468 年在布鲁日举行的庆祝大胆的查理（Charles the Bold）② 和玛格丽特的结婚宴席便是一个例证，体现了一种超越一切界限而又十分庄严的倾向。安东尼斯·德罗弗尔，布鲁日城里这位享有声望的雄辩家参与了这场庆典的组织，其具体职责是布置装点婚礼队伍的经由之路。他一进宫殿，目光迅即就落在了所有美味佳肴上；当他意识到那天才是星

---

① 《玫瑰恋史》（*The Romance of Rose*），原是一部用古法语创作的有关爱情的诗歌体著作，成书分为两个阶段。第一阶段大约是在 1230 年，写出了 4058 行，作者为 Guillaume de Lorris；第二阶段在 1275 年前后，由 Jean de Meun 写出了 17724 行。当初的目的有二：一是娱乐读者，二是向人们讲述爱的艺术。书中人物的名字均具有象征意义，如书名中的"玫瑰"（"Rose"）是一位夫人，象征女性。该书在西欧至少盛行了几个世纪，并被翻译成古英语等其他文字。——译注

② 大胆的查理（Charles the Bold），是欧洲历史上勃艮第公国的第四代、亦是最后一代公爵，于 1467—1477 年执政，当时该公国的势力达到顶峰，堪与法国争雄。大胆的查理是一位军事家，他领导的军事改革对欧洲的军事体制产生了数百年的影响。其惊世之举是在 1465 年率诸公爵讨伐路易十一世，迫使法国国王签订合约。但在 1477 年的南锡战役中战败并战死。随后勃艮第公国被法国和哈布斯堡王朝瓜分。当今法国布洛涅行政区大部分地区便是当年勃艮第公国属地。——译注

期一，还有好几天享受盛宴的时间，就更加觉得感人至深了。以下是他所做的描述："宴席上有24道烧烤野味，装饰得格外精致；还有36种甜点，由各种果酱制成树的形状，如苹果、梨、李子和樱桃等。每道菜旁边都站有两男两女四个矮人，他们捧着筐子、带盖的篮子、桶子、碗和草编的袋子，里面装着从各种果树上采摘的水果。这些水果都在糖里浸泡过，甘甜可口。"

一般来讲，调味品是美味珍馐中的一种成分，这在安乐乡里也不缺乏。那里的道路就是用姜和肉豆蔻铺成的。荷兰的"悠闲甘美之地"没有这样的道路，但那儿的狗却能拉出肉豆蔻，驴能拉出甜甜的无花果，牛也能拉出硕大的薄烤饼。虽然调味品起的作用并不明显，但在人们看来也是不可或缺的，它们尽管不是宫廷御菜的特定成分，但也是一般昂贵食物中少不了的佐料。香草和调味品都是从近东地区进口的，而且数量很大。近东事实上距离安乐乡十分遥远，人们认为那地方与人间天堂相毗邻，是一个让人眼花缭乱、令人惊叹的宝库，藏有从伊甸园流出的各种醉人的东西，包括被冲到天堂四大河流及其支流岸边的调味品。

雅各布·范·马尔兰特曾把调味品称作高贵者和世间达人的特别食物，不适合牧师或其他教徒，他们不应该吃"姜、艾菊、肉豆蔻和其他调味品"。另有一位名叫埃基迪斯（Egidius）的人，这个名字比较奇特，可能是一位诗人的艺名，而非他的真名，他这样提醒道，身份高贵者的餐桌上如果提供了掺有姜和肉豆蔻之类佐料的利口酒，桌上的食物会被吃得精光；倘若他无力这样做了，他的那些意气相投的宾客肯定会离他而去。显然，调味品是最高社会地位的象征。16世纪时，大斋节和狂欢节的参加者就食品问题举行了一场辩论，狂欢节打出的王牌就是人们所能想象出的最为独特而又奢华的菜肴，也就是"所有的食品都是用调味品烹制的"。

在安乐乡里，人们用调味品烹制食物时，无疑采纳了一些建议，诸如富裕人家应该吃些什么，不应该吃什么等。在这个梦想之地，人们的需求一直不断地得到满足，因为安乐乡自身会提供富人餐桌上常见的食物。16世纪有一首歌，歌词中说到了贵族们享用的美味，如大枣、杏、肉豆蔻，以及许多当地的奢侈食物，诸如白面包、羊肉、鹅肉、鸡肉、阉鸡肉、乳鸽、山鹑和鹬等。上文中说到的那位雄辩家，其文章也证明当地的食物是以量大著称，而非以精致闻名。在此前的数百年里，这些幻想出的富人的食物也只是安乐乡所渴望的东西，而并非派头十足的贵族们摆出的奢华景象。《玫瑰恋史》里也描述了这种区别。富人的食物虽然不是特别典雅，却也包含了梭子鱼、鲑鱼、七鳃鳗、鳗鱼、甜点、果馅饼、奶酪、加调料的梨、乳鹅肉和鸡肉、山羊肉、兔肉和猪肉。

就安乐乡里食物的质量而论，可以从毗邻城乡的富裕家庭中找寻线索，而不是在贵族家中寻找。甚至还有过一种文学倾向，专门描写农夫们奢侈的饭食，那种描写应该是让市镇居民垂涎欲滴的。我们是不是距离安乐乡和"悠闲甘美之地"更近了呢？安特卫普极负盛名的雄辩家扬·范·登贝格（Jan van den Berghe），著有一部滑稽剧，叫作 *Hanneken Leckertant*（《爱吃甜食的汉斯》）。该剧在佛兰德的迪斯特城①1541年举行的戏剧节中获得了"最高奖"。剧中描绘了一个名叫汉斯的胖子，他深受宠爱，又爱吃甜食。他有一个骨瘦如柴的朋友，对他颇为嫉妒。这位朋友因为太瘦而不受人待见，汉斯就唆使他装病，那样便会得到宠爱，也会胖起来："你必须多吃肉和点心，多吃果酱、馅饼，吃出精神，吃出元气。"于是就出现了这样一幕：这个装病的孩子也得到了甘甜的牛奶、米饭、烤鸡、山鹑、蛋糕、奶油蛋羹、肉馅饼、白面包、蛋奶酒、啤酒、白葡萄酒和粥等。这部滑稽剧的背景要么是乡村，要么是城镇中住有新近从乡村移居而来的乡民的地方，他们显然恪守着乡村

---

① 佛兰德的迪斯特城（Diest in Flanders），佛兰德是中世纪时欧洲西北部一块历史上有名的地区，原是一位伯爵的领地，包括今日法国北部的部分地区、比利时西部地区和北海沿岸荷兰西南部的部分地带。——译注

的习俗。

关于内容方面,安乐乡和"悠闲甘美之地"梦幻般的饮食实现了大多数城乡居民对奢华食品的幻想。但这些美梦和幻想,却是在经常庆祝的节日和家庭庆典活动中实现的,而这些节庆日也几乎自动地填补了当权者规定的同样频繁的斋戒日之间的空余时间。那么,到底是什么引发了所有这些令人兴奋的东西呢?那必定是因为这些食物是现成的,又是唾手可得的,既不用花钱,又不用费力,而且如此之多,还会荒谬地移动;也必定因为那些奇特而又可食用的建筑物(不过你真的会把它们吃掉吗),以及永恒供应的食物和饮料,当然还有它们不计其数的类别。

我要用扬·德韦尔特(Jan de Weert)的话来强调最后一点。德韦尔特是 14 世纪上半叶的一位医生和伦理学家,他在所著的 *Nieuwe Doctrinael*(《新课本》)一书中,为城市生活提出了严格的指导方针,其中有些内容对很多人来说都是颇为新颖的,因此他为这本指导手册题写了这样的书名。他无疑警告读者暴饮暴食不仅是一种罪恶,而且是万恶之源。然而,与人们的期待恰恰相反的是,他主要关注的并非暴饮暴食的邪恶之处,而是奢华的与不那么奢华的食物之间持续不断的转换,并且被人们不停地、不加选择地吞食。下面这段话是他对"美味可口"类别的描述,而"美味可口"则是暴饮暴食者挂在嘴边的口头禅:

> 肉馅饼、油酥糕、果馅饼和奶油冻,
> 　有时烤来有时烹;
> 啤酒、红酒、白葡萄酒,
> 　姜和调料样样有。

人们一会儿吃这,一会儿吃那。不论是在安乐乡还是在"悠闲甘美之地",所有可以想象出的美味珍馐,随时随地供应不断,取之不尽,食之不竭。

第十一章

饥饿与匮乏

人们对实际的或者想象中的食物短缺有一种周期性的，甚或是永久性的补偿需求，而这些令人着迷的幻想似乎首先会自然而然地与这种需求联系在一起。此种补偿呈现的方式是躲进一个幻想世界，那里拥有充足的现实生活中缺少的，或者怕是很快就会短缺的所有事物，而人们经历的这种匮乏已经威胁到了人的生存。此类幻想世界也是一个出路，能够使人们产生出丰富的、奇怪而又荒谬的想法，从而将实际发生的或者别的食物短缺所引起的忧虑宣泄出去。

这些设想假定，最初存在一个农耕社会，后来，又有城市加入进来；在这个社会里，人们为了谋生而需要每日辛苦劳作。这种艰辛使人发出了强烈的祈祷："今天就赐予我们一些日常食物吧。"这便立刻解释了安乐乡里所提供的始终存在的各种食物与那个农耕社会的差异。向上帝的祷告一定不提别的，只提面包。按照这样的推理线路，安乐乡文本就只能发挥精神良药的作用，只是一种手段，以祛除人们经历的以及谣传的饥荒所带来的恐惧。毕竟说来，人们普遍认为，生活在中世纪的每一个人，在其短暂的一生中都必定会经历一个或两个艰难时期。

尽管有些编年史家竭力强调这种概念，但中世纪出现的情况却是，真正发生饥荒的次数并不很多。不过，周期性的食物短缺现象则反复出现，使得大多数人，包括社会的上层人士，都经受了不少磨难。直到进入中世纪中后期，食物的供应还主要依靠当地的物产。一旦当地种植的农作物歉收，便没有任何别的直接选择。此外，当时一英亩土地的产量，只有现在一英亩标准产量的四分之一。

人们甚至认为，春夏两季中发生的食物短缺是一种正常现象。从这方面来讲，大斋节①期间所要求的斋戒恰恰是一种比较世俗的养生之道，力劝（如果不是强迫）人们经受一段净化身心的时期，而这个时期恰好是冬季食物供应将要消耗殆尽之时。如果教会在大斋节期间没有要求斋戒，那么这一要求也会被人提出来。当然，处于新的收获季节之前的夏季，不仅是食物短缺的时候，而且是饮食单一的季节，因此，许多人都把这一点看作夏季的一部分。无论如何，夏季无疑是一年当中比较好过的一个时期。

然而，中世纪编年史和现代人所描述的饿死的人数，无论是直接饿死的还是间接饿死的，只是让我们相信的一小部分。人们可以设想，有些文献也不明就里地帮助造成了这种强烈的对比。从当今的观点来看，西方的繁荣，最终以福利国家的形式呈现出来，而且至少从理想上说，是由和平、秩序以及井然有序的消费占主导地位。对比法似乎应该是理所当然的，因此才被人创造出来，不论是在第三世界还是在遥远的、昔日的中世纪，它都能够与现在直接地联系起来。如果我们假设，现在是建立在与其相对的过去的废墟之上，那么显而易见，我们就能够更好地理解现在。或者说，这不过是令人信服的辩证法的规律吗？在西方世界，每一个饮食过度的人都会想到与其相反的第三世界中饱受饥饿之苦的人，不论是过去的第三世界还是现在的第三世界。

这也许就是为什么自从第二次世界大战以来，现代的中世纪研究者

---

① 大斋节，又被称作四旬斋，是基督教的一个节日，指复活节前为期 40 天的斋戒和忏悔，以纪念耶稣在荒野禁食。——译注

认为，中世纪到处都有邪恶之人、异教徒、麻风病人、流浪者、感染瘟疫的人、巫婆，以及众多的普通妇女和路边成群结队忍饥挨饿、日渐衰弱的人。就此而言，他们几乎不需要偏离事实，因为有大量的文献资料证明这种牺牲品的存在，而其数量事实上也大得惊人。这一景象如今得到了强化，尤其是在食品短缺的情况下，人们看到，发展中国家几乎每天都有不计其数的人遭受饥饿和饥荒的画面。这些画面与中世纪形成了对照，也向我们可怕地展示了世界上可能会发生的事情以及的确发生的事情。

然而，这个问题不仅仅是与讨论的现代福利如此相关的这些主题的选择，也是对中世纪的一些概念的任意利用，而中世纪的那些概念实际上代表并且提出了完全不同的东西。意识形态对许多东西都进行了粉饰；很少有东西以其本来面目流传下来，在文学和艺术方面尤其如此，因为文学和艺术以其特性重塑了它们反映的主题，那也许会让它们更为深入地洞察人们行为背后的原因。

事实上，中世纪时期的饥荒并不是什么了不起的问题。当今第三世界国家的饥饿问题或许更加广泛，无疑发生得也更为频繁，伴随而来的死亡率也高得不可思议。中世纪时期的饥荒本来就难以查证。那时的饥荒几乎总是与洪水和流行性瘟疫之类的自然灾害形影不离，因此很难确定引起许多人死亡的真正原因。

饥饿会导致身体衰弱，智力减退，并且会增加患病的可能性，从而为流行病的发生制造了温床。虽然饥饿和食物匮乏会有许多原因，但只有疾病或自然灾害肆虐之时，似乎才会导致死亡率升高。当时记载的大多数史料并没有留下这样的印象，倒是描绘了一幅幅可怕的画面：瘦弱的饥民在饥饿的驱使下，在断气之前做出了各种绝望的举动，他们的尸体被清扫干净，扔进了乱坟之中。

饥饿和食物匮乏几乎总是由极其恶劣的天气情况造成的。旷日持久的寒霜或者连绵不断的阴雨、洪水和暴风雨雪，都会导致作物歉收。公元873年所记载的西欧那场蝗灾似乎跟《圣经》中的描述太过近似,以致没有人相信那是真的,但其中必定有一些真实的东西。但凡这样的记载都清楚地表明,自然灾害在社会的各个阶层都被解释为上帝对人进行的公正惩罚,因为上帝在抛出并创造完万物之前已经发出了无数次的警告。

这些自然原因往往又因各种暴利和高利盘剥行为而变得更加加重。最能揭示粮食短缺和即将发生饥荒的迹象就是粮价的大幅波动,这也表明有人在牟取暴利。低地国家的城市里有过无数这样的记载。面包师和粮商始终是造成食物短缺的主要原因,虽然并不清楚他们要受到多大的谴责。在粮食供应中,再短暂的中断也会造成很大混乱,引发非难和投机倒把的恶性循环,并且会使整个社会陷入动荡不安的状态。例如,1532年,布鲁塞尔曾传出流言,说是一位名叫扬·莫尔(Jan Morre)的人,将粮价哄抬到了极高的水平。随后,他的房子便被夷为平地,他和其他一些粮商也不光彩地被人们拖出来游街示众。

这种情况只是成千上万种情况当中的一个。很能说明问题的是布道词和文学作品对基本罪恶所做的处理。这些布道词代表了家境富裕者对15世纪初的威廉·范·希尔德斯伯格(Willem van Hildegaersberch)和16世纪末哈勒姆[1]城的劳里斯·扬森(Lauris Janszoon)之类备受争议的作家所渲染出的一种担忧。传教士迪尔克·范·明斯特尔(Dirk van Munster)备受教徒的欢迎,听他布道的会众挤满了整个教堂和村上的广场。他把放高利贷者看作"盼望艰难时世"的人,他们违反了第五条戒律,即"不可杀人",[2] 因此他诅咒说,放高利贷者应当受地狱之火

---

[1] 哈勒姆,荷兰西部一城市,位于阿姆斯特丹西部,靠近北海。1245年经特许设立。现为工业城市,以花卉中心和根茎植物,特别是郁金香的集散地而闻名于世。人口15万余人。——译注

[2] 此处指《圣经》旧约第二篇"出埃及记"第20章所记述的"十诫"中的其中一诫。十诫的内容为:第一条诫:除了我以外,你不可有别的神。第二条诫:不可拜偶像。第三条诫:不可妄称耶和华你 神的名。第四条诫:当守安息日。第五条诫:当孝敬父母。第六条诫:不可杀人。第七条诫:不可奸淫。第八条诫:不可偷盗。第九条诫:不可作假见证陷害人。第十条诫:不可起贪心。这里原作者错把第六条诫当做第五条诫了。——译注

的惩罚。听到他在布道坛上讲出这番话的时候，会众一定会感到震撼，他们绝不再信任面包师和粮商这些靠粮食牟取暴利的人。

不论这些布道词的意图有多好（信众对它们的拥护是不可否认的），比如供人诵读的文本 Van den corencopers（《论粮商》）以及剧本 Van't coren（《论粮食》），其中都潜移默化地在人们内心灌输了一种难以理解的恐惧，一种对日常生活中发生的哪怕是微不足道的骚动而感到的恐惧。这种集体的恐惧不仅激起了人们的报复欲望，而且使人们感到了逃避和宣泄的必要性。一看到邻近地区出现了抢劫，或是一听到敌军封锁了重要补给线的消息，人们内心的忧虑就会加重；而战争的威胁或是战争的爆发，也会大大加剧这种恐惧。此外，此类事件产生的持续威胁，就如同实际发生了一样，在人们当中引起混乱。

在中世纪和现代早期，总有一些地方发生战争，这会导致巨大的恐惧，尽管真正出现的饥荒和艰难境况往往是局部的，而且持续时间也比较短暂。那时候发动一场战争，多是一连串闹闹嚷嚷但持续时间不长的动乱，而非旷日持久的战事。因此，对食物供应产生的实际影响往往非常有限，而且总是发生在某些地区。然而，民众始终把战争，尤其是遭受围攻或者被敌人占领的威胁，跟可怕的饥饿场面联系起来。而那样的场面在编年史、新闻通讯和其他与历史有关的著述中都不断有记载。

关于人们对饥荒的恐惧所做的报道，要比实际发生的饥荒还要多。公元 1000 年到 1300 年这个众所周知的艰难时期，许多人都是以面包凑合着果腹度日，但这期间实际上只发生了三次饥荒。也就是说，在这三个真正的饥荒时期，由于粮食严重短缺，相当广泛的区域里大部分人被饿死。三百年之后，即 14 世纪期间，部分上由于农业耕作方式的改进和城市化的推进，尤其是贸易的迅猛发展，食肉的欧洲随之而来。然而，西欧这一个相对繁荣的时期，却是由一场看上去似乎是整个中世纪最严重的饥荒引来的，也就是 1315 年到 1317 年发生的那场饥荒。

据某些资料所言，那场饥荒是唯一真正的饥荒，而且是唯一一场袭击整个欧洲的饥荒。发生饥荒的主要原因之一，当代人也这么认为，是之前出现的连年累月的恶劣天气。这不仅导致了粮食歉收，而且给农作物的播种带来困难，甚至连播种的可能都不存在。不过，这样的天气倒也频繁出现，尽管通常不会带来如此深重的灾难。因此，其中必定还有某些意想不到、引起不幸的复杂因素，而其后果确是毁灭性的。其中一个因素无疑是经济的猛然增长；如果没有任何经济衰退时期所需的保障机制，更不用说发生自然灾害时所需的保障机制，经济猛增就会导致遏制不住的经济膨胀。自然灾害的确发生了，此时已云集到迅速发展的城市中的民众则蒙受了打击，而此前他们都分散在广袤的乡村，那里地广人稀，这种威胁生命的境况通常会逐渐消失，灾害的打击也会被慢慢化解。

那时的情况一定特别可怕。来自各方面的报告讲述了许多情况，汇聚成一声悠长的痛苦哀叹。当时安特卫普城地方长官属下一位职员，名叫扬·范·伯恩德勒（Jan van Boendale），是一位作家，写过有关道德教化的文章，对那场灾难做了记述。他当时还年轻，但一定目睹了那场灾难。他用这样的词语写道："人们从那些可怜之人口中所听到的，全是呻吟和哀号；即便是铁石心肠，也会为之动容。"这些充满情感的词语，记录在他那篇有关荷兰历史的不朽作品中，即 *Brabantsche Yeesten*（《布拉班特的英雄事迹》）。他曾亲耳听到过那些悲痛的呻吟，就像他亲眼看到人们忍受饥饿一样。据说整整三分之一的人都死去了，不过这些统计数字被中世纪的人做了渲染，并不是那么准确。无论如何，确有许多人死亡，可以说是不计其数，前所未有。

下面这个故事，也同样强调了那场饥荒的严重性，无疑给当时的人们留下了更为深刻的印象。食品短缺事实上特别严重，以至于法国国王路易十世在图尔内（在今天的比利时）的圣马丁修道院逗留的四天时间里，也因食物供应短缺而被迫忍饥挨饿。贵为一国之君，享有皇权，却没有受到隆重接待，连吃的都没有供应，实乃闻所未闻。

1315 年至 1317 年的那场饥荒，为许多人目睹，在人们心中产生了一种对食物匮乏所感到的持续不断而又无法抗拒的恐惧。显而易见，城市尤其容易受到食物匮乏的影响，而此时人们心中的这种恐惧会更加强烈。然而，没有任何退路；于是，人们不得不想出一些紧急措施，制定出更加有效的食物供应的规章制度，并设想出精神上的逃避途径，以抵御其内心的恐惧。1316年，布鲁日和伊普尔城街道上成千上万的死者尸体被清扫进乱坟岗这一情景，深深地铭刻在人们的集体记忆中。在乡村，人们开始对一些情况警惕起来，以确保牧场的牧草不被牲畜啃光，土壤不被过度耕作而变衰竭。可耕地的过度耕作会受到严惩，并对局域内的人口过剩保持警惕。

然而，这种恐惧感还在加剧。1315年那场可怕的饥荒，意味着很长一个时期的全面衰弱，也为14世纪中叶各个时段发生的瘟疫埋下了祸根。此外，可耕地生产出的粮食完全不能满足翻了三番的人口的需求，也不能应对中世纪晚期发生的向市场经济过渡的局面。这两种情况造成了极不稳定的社会局势。然而，对食物匮乏的巨大恐惧多是基于记忆，而不是基于实际情况；这一点让人百思不得其解，因为不论欧洲前进的步伐有多不稳健，但它在此后的岁月里都设法屹立于世界之林，甚至还避免了另一场大规模的饥荒。

然而，局部的混乱仍在强化人们对艰辛生活的可怕记忆。一代人经历了严重的食物匮乏，无疑会给一个家庭，甚至是最显赫的家庭，带来浩劫，而这样的事情不止发生过一次。当所有的财产被变卖之后，剩下的就只有乞丐的家当了；而到了那时，每个人也只能自己照顾自己了。长期的贫困可能意味着家庭的破裂和友情的终止。可怕的传说一遍又一遍地流传，说是人们不得不吃最令人恶心的动物和人的尸体。在所谓的忏悔录中曾记载有这些证据：在中世纪早期的忏悔录中，列举了人吃老鼠、昆虫，甚至还有人吃从坟墓中挖出的、部分已经腐烂的尸体的事例。最后，人们还担心自己会孤独地死去，曝尸于荒野，得不到埋葬，被那些吃腐肉的野兽吃掉。而这种担心非常强烈，尤其是在人们觉得这种陈尸荒野、任其腐烂的状态将意味着不会有复生的来世，也得不到神的最后审判之时。

即便饿死的可能性没有那么大，人们还是对最起码的安全保障充满信心。大家都听说过这样的故事，就是自己认识的人被迫成了流浪汉。晚在1492年，布鲁日的龙布·德多佩尔（Romboudt de Doppere）在其日记中写到，在食物匮乏期间，许多家庭突然间流离失所，沦落为流浪者。他们大多数人都选择了著名的朝圣之路，比如通往圣地亚哥德孔波斯代拉①或者罗马的路线，因为在那里他们最有可能得到施舍。从这方面来说，人们做出这样的选择，也是很符合逻辑的。而其中唯一的问题是，另有许多人也都想那么干。

除了饥饿的痛苦之外，人们对发怒的上帝也感到恐惧，因为上帝发出的食物匮乏的威胁，或许就是真正饥荒的前兆。人人皆知，饥饿的蹂躏是上帝最推崇的武器；每当上帝想提醒他原来缔造的业已堕落的生灵时，就会挥舞这个武器。《圣经》中许多此类惩罚的例子，难道不是显而易见的吗？有人认为，饥饿就是对原罪的终极惩罚，而学者和编年史学家也往往把饥饿置于上天发出的一长串警告的首位。

布鲁日的加尔贝（Galbert）就把1124年至1125年发生的饥荒看作一个例证。首先，上帝以日食的形式向人类发出预兆，召唤人类要忏悔并偿还自己犯下的罪孽。而当这一招不起作用时，上帝便继续采取行动，动用了食物短缺的手段。此招的灾难性影响逐渐呈现出来，而上帝打算一直持续到人类为其罪孽忏悔之时。当这种忏悔没有如期而至时，上帝便以大规模死亡来惩罚人类。中世纪时期对于食物短缺的大多数议论，无不走的是这一路子。那些议论通常还会频繁地引用《圣经》中的相关章节，以示上帝早已发出了预兆。尤其是其中的《福音书》，更是把饥荒看作即将到来的最终审判日的一个标志。

---

① 圣地亚哥德孔波斯代拉（Santiago de Compostela），西班牙一城市，是历史上的朝圣之地。——译注

第十二章

传统主题——饥饿

所有这些物质和精神上的因素激发并形成了人们对食物匮乏的看法，或者仅仅是其带来的威胁，并使人们亲身经历了食物匮乏。食物匮乏在人们内心产生了对饥饿的巨大恐惧，而这种恐惧给许多人的生活带来了挥之不去的影响。人们首先要在这个背景下看待安乐乡和"悠闲甘美之地"。设想一个完全没有饥饿之虞的境况，会让人感到心旷神怡。说饥荒实际上并不是什么严重的威胁，也没有什么差别。按照上一章提到的布鲁日的加尔贝所编著的编年史中的说法，1124年至1125年发生的饥荒并不是多么严重的问题。虽然如此，但随后也发生了动乱，不过引起动乱的原因则是，人们对上帝发怒感到极度恐惧，还有他们无法理解经济是如何发生了剧变。

对饥饿怀有的这种恐惧既是真实的，也是超然的。不仅编年史中有关饥饿的传统主题渲染了这种恐惧，而且编年史实际上首先在人们心中制造了这种恐惧。文学和记忆与上帝所展示的现实有所不同。上帝可以按照自己的意愿随时改变这个现实，他将人们视为无可救药的罪人，就跟他们最初时一样。也没有任何迹象表明人类在做什么悔过自新的事情，这便意味着通往天堂的道路必定布满了最可怕的饥荒。

公元 70 年，罗马人摧毁了耶路撒冷，古罗马的史学家弗莱维厄斯·约瑟夫斯（Flavius Josephus）目睹了这一事件，并对此做了引人注目的记述。或许中世纪史学家关于饥饿这一传统主题最重要的资料来源，就是约瑟夫斯的这一记载。当然也有其他的资料源，尤其是《圣经》中列举的典型，比如《耶利米书》里讲述的预言，编年史学家托克罗的约翰（John of Trokelowe）在描述 1315—1316 年发生在英格兰的大灾难时就作为例证加以引用。不过，弗莱维厄斯的记述则是最全面、最详细、最骇人听闻的。

持续不停的围攻迫使饥肠辘辘的犹太人犯下了各种暴行，而让犹太人忍饥挨饿则被视为上帝严惩他们的例证，因为他们谋害了上帝的儿子。这一事例在中世纪时期被人们广为引用。据 *Boec van Der Wraken* （《复仇记》）这本书中所述，基督被谋杀之后，上帝足足等了四十余年，让谋杀者忏悔自己的罪过。在等待无果之后，上帝便下了毒手。犹太人的残暴行为只能证明，异教徒多么缺乏基督教的理性，他们只知道肆意妄为。

公元 70 年发生在耶路撒冷的可怕故事似乎已经非常流行了。这些故事以各种可以想象到的语言和形式传播，从布道词到史诗，从大幅印刷品到忏悔录，无不含有此类故事，可谓广为流传，直到中世纪晚期，而且在社会各个阶层都拥有热心的听众。在 15 世纪和 16 世纪编织的挂毯中所表现的最流行主题，也不乏这些可怕的故事。1525 年，德尔夫特①的理发师阿伦特·威廉姆佐恩（Arent Willemszoon）在完成了最令人激动的朝圣之后，从耶路撒冷周围的一座小山丘上最终看到了这座圣城。他首先想到了耶稣，想必耶稣也是从这个有利的位置观察了这座城市；而后他的思绪立刻转到了公元 70 年发生的那些可怕故事：一个家庭中的成员之间，相互偷吃面包，男人吃掉了自己的妻子，做母亲的用

---

① 德尔夫特（Delft），荷兰西南部一城市，位于海牙东南部。16 世纪以来，该市一直生产精陶。人口 8 万余人。——译注

烤肉叉将自己的孩子烤熟了吃。

这些故事在中世纪荷兰的两大文学传统中被人们所讲述、表演并吟唱。第一个传统是根据弗莱维厄斯所著的 *Bellum Judaicum*（《犹太人战争史》）翻译并改编的，其中最为精彩的是雅各布·范·马尔兰特所写的 *Wrake van Jerusalem*（《耶路撒冷复仇记》）。第二个传统则用作新改编文本的基础，比如 1482 年由出版商和印刷商盖拉特·莱乌（Gheraert Leeu）在高达①推出的散文版本。其他传统文本的来源都很模糊不清，倒也有数量繁多的伪作，这些作品可以追溯到公元后的前几个世纪。它们还引发出了许多民歌、民谣、史诗歌曲和散文文本。所有这些作品无不让人时常想起马尔兰特所提及的那场历史上最为严重的饥荒。

当时的编年史以及那个阶段的调查史料中，无不记载有以下几点内容。在被围困的城市里，人们先是吃树叶、野草，甚至吃墙上的青苔。年轻人开始咀嚼盾牌和鞋子上的皮革；之后他们开始偷窃他人的食物。饥饿确实极为严重，以至于某些人为了吃的东西，会毫不犹豫地杀死自己的家人。凡是可以吃的东西都会被立即生吞下去，否则就会被别人偷去。没过多久，人们便开始谋害那些刚刚吃过食物的人，将他们的肚子剖开，然后吞吃他们还没有完全消化的食物。人们也会吃下彼此的呕吐物，甚至连人类的粪便都不会在地上存留多长时间。最糟糕的是，做母亲的会把自己的孩子杀掉，把一半尸体放在烤肉叉上烤着吃，然后将另一半用盐腌上，留下来供以后食用。

这些细节被人以各种方式和形式成千上万遍地讲述和记载，其中以史诗呈现的部分的确吸引住了各种听众。每当要创造性地设法强调当前发生的事件时，说书大师都会以令人信服的叙事技巧，并用类比的手法

---

① 高达（Gouda），又译作"豪达"，荷兰西部一古老城镇，以盛产奶酪和蜡烛而闻名于世。荷兰 60% 的奶酪来自该城。每年 12 月中旬，该城会在市政厅前的广场上举行烛光晚会。——译注

来讲述上帝降罪于人间的最严重的饥荒。母亲吃掉自己的亲生孩子就是一个很好的例证。但凡说起耶路撒冷的骇人故事时，这一细节都必定会提及，而且也是一种较为流行的方式，来引起人们关注其他地方发生的严重饥荒。母食子肉，世上再没有比这更糟糕的事情了。

这个故事的原型可以在《圣经》中找到（见旧约《列王纪下》篇中的6：24—30节），然而，使这个故事在中世纪得以栩栩如生地传播的却是约瑟夫斯的改编文本。从那时起，这个故事也已经出现在关于其他饥荒的记述之中，并且作为一个传统的主题反复出现在民间故事和传说当中，不过较为普遍的还是出现在这类故事里：父母饥饿难耐，几乎到了要屠杀并吃掉亲生孩子的地步。但在此类故事里，真正惊世骇俗、夺人眼目的还是母亲这个角色。经教皇依诺森特八世（Pope Innocent Ⅷ）[①] 授权并认可的多明我会，主张根除巫术。约翰·施普伦格（Johann Sprenger）和海因里希·克雷默（Heinrich Kraemer）[②] 就用洛桑[③]女人烹饪并吞吃亲生孩子的故事来渲染他们在1487年首次出版的猎巫手册 *Malleus Maleficarum*（《女巫之槌》）[④]。这两个文学传统在一开始也许并没有什么直接的联系，但在中世纪时却相互汲取了一些东西。

马尔兰特在其有关世界历史的著作 *Spiegel Historiael*（《史鉴》）一书

[①] 教皇依诺森特八世（Pope Innocent Ⅷ，1432-1492），原名 Giovanni Battista Cibo，意大利人，在位时间为1484年8月29日—1492年7月25日。——译注

[②] 约翰·施普伦格（Johann Sprenger）和海因里希·克雷默（Heinrich Kraemer），均为德国天主教多明我教会修道士兼宗教裁判官，两人合著了臭名昭著的猎巫手册《女巫之槌》。——译注

[③] 洛桑，瑞士西部一城市，位于日内瓦湖北岸。最初是一个凯尔特人的住宅区。16世纪30年代后成为加尔文教的一个中心。现有人口12.6万人。——译注

[④] 《女巫之槌》是一部有关女巫的条约的书，第一版于1487年在德国出版。主要内容分为三部分。第一部分论述巫术的必要条件；第二部分论述"辅助和引导巫术生效的方法以及如何成功破解"；第三部分主要讲述关于在基督教和世俗法庭起诉女巫的诉讼程序以及审判过程、方式等。此书的出版加剧了当时欧洲社会对女巫的偏见与迫害，标志着宗教迫害的正式开始。实际上这是一本教导女巫猎人和法官如何识别巫术，检验女巫与怎样对女巫施行酷刑的书。——译注

中，根据他的原始资料，即博韦的樊尚（Vincent）[①]，命名了两个这样的案例。一是在公元542年的罗马，饥饿已经到了相当严重的程度，以至于做母亲的几乎难以控制自己，要吃掉自己的孩子。二是在公元851年的"德国国土"，一位忍不住饥饿的父亲也想将自己的孩子吃掉。马尔兰特在列举这两个例子时，都只说到了两地父母的意图，而没有说到他们的行动，这岂不是他叙事简洁的一个典型例证吗？无论如何，他给人们留下了这么一个印象，即两地父母的打算都没有被付诸实施。

其他的历史记载倒没有这么含蓄。关于1315年到1317年那场席卷欧洲的骇人听闻的饥荒（在某些地方持续的时间更长），许多地方都传出孩子被父母吞吃的故事。不论是在爱尔兰、波兰、西里西亚[②]，还是在欧洲东北部和西部，到处都有父母在饥饿的驱使下吃掉自己孩子的事情发生。有时候，还会补充一些细节，而那些细节不是为了增强故事的真实性，而是为了激起公众的情绪。在1437年到1440年，发生了严重的食物匮乏。其间一位女子因屠杀幼儿被捕——是她自己的亲生孩子吗——她将孩子们的肉用盐腌上，并且拿到阿布维尔[③]的集市上出售。因此，她在作案现场被绑在火刑柱上处以极刑。

用弗莱维厄斯比较武断的话来说，一旦城市被围攻，城中忍饥挨饿的人就会有惊恐之举，特别是那些应受谴责的异教徒。这一模型一直沿用到1535年。当时，基督教世界试图要清除德国蒙斯特城再浸礼派教

[①] 博韦，法国北部一古老城镇，位于巴黎西北，以其花毯作坊而闻名。现有人口5万余人。樊尚（Vincent，1190-1264?），法国修道士、学者，因其1244年至1260年编著的百科全书《大宝鉴》而名垂青史。该书是西方18世纪前最大的一部百科全书，共32卷，3718章，分为《自然宝鉴》《学理宝鉴》和《历史宝鉴》三部分，以上帝创世的故事介绍物理、地理、地质、农业、炼金术、植物、天文、气象、动物、人类；《学理宝鉴》17卷，包括语言学、政治、法律、手工艺、建筑、航海、打猎、医学、数学、神学；《历史宝鉴》31卷，包括1250年前的所有历史，尤以1226—1250年的历史最为详尽。补编的《道德宝鉴》讲述伦理学问题。——译注

[②] 西里西亚，中欧一地区，位于中欧东部。——译注

[③] 阿布维尔（Abbeville），法国一城市。——译注

徒^①。同年1月，明斯特城遭到围攻，到了四月，城中的饥饿已经变得无法忍受了。人们开始吃野草、苔藓和白墙上的粉灰，还吃狗、猫、老鼠和青蛙等动物。他们也啃旧皮鞋上的皮革，最后竟然到了吃人尸体的地步。毫无疑问，其中某些细节都是真实的；不过，这类记载也不可避免地带有渲染的成分，因为数百年来，人们一直对记述围城所引发的饥荒有这样的期待。如果将这些具体细节删去，编年史家将很可能会失去人们的信任，也无法向人们传达饥荒的严重情况。

弗莱维厄斯精心叙述的故事中所指定的那几个要点已经巧妙地呈现在中世纪编年史著作中，并加强了饥饿这一传统话题。一些作者有时会抓住后来发生的类似事件加以描述，使人们重新感受这些常常提及的可怕情景，并对其进行渲染。法国编年史学家和空想家拉杜弗斯·格拉贝（Radulfus Glaber）不是一个传播流言的人，他坚信1033年的那场饥荒并非想象出来的，而且进一步证实了他的这一观点。在饥荒故事这件织物的结构中，上帝在编织时显然遗漏了一针，而拉杜弗斯便拿起针线补上了这一针。毕竟说来，他可以引为自豪的，是他根据自己的童年经历给人们留下了直接印象。在上帝之子死去整整一千年后，上帝本该让整个世界毁灭，因为《忏悔录》中所描述的千年和谐与富足那时就应该终结。事件发生二十年之后，格拉贝讲述了一个世界几近毁灭的故事，而这个故事持续流传了数百年之久。直到19世纪，法国一些中世纪研究家仍然报告说，1033年时人类曾几近消亡。

梅茨^②的阿尔佩图斯（Alpertus）说起了1006年发生的饥荒，据说那场饥荒吞噬了全世界许多人的生命，其结果是尸横遍野，满目疮痍，到处都在随便地清理尸体。由于清理得过于马虎，以至于那些"一息

---

① 再浸礼派教徒，16世纪宗教改革激进运动的成员，相信《圣经》的权威性，洗礼是对教徒内心信仰个人契约的外部证明，相信政教分离、信徒和非信徒分离。——译注

② 梅茨（Metz），法国东北部城市，位于摩泽尔河上，早在罗马时代前就已建立。现有人口11.4万余人。——译注

尚存的人，尽管拼尽余力来反抗，仍被当做死人与其他尸体一起埋掉了"。格拉贝提到了一个生活在丛林中尚未开化的野人——最普遍的野蛮的象征——他在勃艮第的马松有间小屋，冒险来到他小屋附近的过客均被他杀害，并被他吃掉了。最终，在他居住的屋子里找到的被害者的头颅不下48个。这个野蛮人被处以火焚之刑。拉杜弗斯·格拉贝目睹了这一幕。还有一个有关1033年那场灾难性饥荒的故事，可谓更加广为人知。那是一个与狼有关的故事。由于当时许多尸体没有被掩埋，它们就成了动物的食物，而且不仅仅是一些食肉动物的食物。大概就是在那个时候，狼才有了吃人肉的嗜好，并且从那时候狼才开始捕食人类。

不仅是历史记述和编年史，而且还有布道词、歌曲、骑士传奇以及各种各样的文学形式，在单调的饥荒描述路线中，都或多或少成功地采取了一种中庸之道，即我们现在所说的传统主题。它们描述的那些饥荒与历史上某一时间、某一地点发生的真实情况之间的关系，一般说来都是难以确定的，尽管所描述的各种行为，其形式无疑都发生过多次。然而，任何一个例证中细节的组合，目的似乎都是要激起人们的情感，而非批判性地进行真实可靠的报道。这一过程在当时要比起现在更容易被人认可，因为当时的历史编纂是为了揭示事实本身，事件的外在形式则是次要的。而事实总是神圣而又可怕，但只有有罪之人和人类才应受到那样的惩罚。

在几乎每一次有关饥荒的描述中所表现的饥饿这一传统主题，都勾画有一系列如下的情形。人们长期以来根据自己的判断，不断地试图用沙子、豆子、秸秆、杂草、酒糟，甚至猪粪，通过稀释的方法来制造面粉。当吃完最后一粒小麦、玉米或者大麦时，人们就会将这些辅助配料吞噬下去。他们开始像食草动物那样，将从地上所能找到和地下所能挖出的任何东西吃掉，其中包括胡萝卜、药草、杂草、苔藓、树皮、野生块茎、嫩玉米芽和水生植物等。此种行为看上去是那么自然，以至于产生了各种各样的谚语格言。例如，1485 年至 1490 年前后出现的一册法国谚语集中，就有"饥饿使人机敏"、"需求乃创造之母"等说法，其中还配有一幅插图，图上画的是一人在吃胡萝卜，另一人在吃草。

情况进一步恶化时，人就得吃不干净的东西和死掉的动物了，有时甚至还吃已经开始腐烂的东西或是感染上瘟疫的动物。这里所说的动物包括狗、猫、驴、狼，还有青蛙和蛇。从牛身上抽血来吸取营养，是经常发生的另一件事情，而这种营养资源具有额外的优势，那就是它不会马上枯竭。

外国民族常常受到诟病，说他们吃不洁净的动物和死掉的动物；正如他们常常在信仰基督教的西方世界受到指责一样，因为他们做出了犯忌的事情，而且他们甚至没有食物匮乏这种借口。只有迫切的需求才会驱使人们在世界的这一地区干出此种不正当的事情；这一点不断地被人强调，也绝非偶然，因为野蛮行为在任何情况下都是不可取的，而对此种行为的描述始终传达一种寓意，即野蛮行为就是犯罪。此外，沉湎于野蛮行为的饥饿之人，会进一步加深他们的罪孽，从而也暴露了邪恶的证据，而这些证据显然提醒了上帝，首先要对他们进行惩罚。

但愿任何人都不要怀疑，在地狱里，贪吃的人会受到惩罚，而惩罚的方式就是要他们吃掉一切肮脏的畜生。首先，坐在一张空桌子前的有罪之人——而那张桌子是炽热难耐的——要遭受极其可怕的饥渴之苦，直至他们乞求干草和酒糟，到了最后，他们甚至还会要求粪便和尿液。但对他们来说，这些已经算是很好的东西了，因为此刻地狱里的魔鬼摆在桌上的是："活生生的癞蛤蟆、蛇、蜥蜴以及其他的不洁野物。他们尽管不想吃，但也必须得吃，因为凶残的魔鬼就站在他们上方。有的还手拿大钳子和烧红的铁棒坐在桌上，强迫他们这些可怜的人吃掉这些不适合人吃的东西。" *Back van der Voirsienicheit Godes*（《上帝的旨意》）一书中这样说道，该书是一本有关美德与罪恶的问答和忏悔的手册；耶罗尼米斯·博斯（Hieronymus Bosch）①无疑对这本书早已烂熟于心，他对地狱的描述便是证据，而他的描述似乎直接取自这些罪行，并将这些罪行转化成最可怕的、当时任何一个画家所创作出来的形象。

人们不仅害怕现世的死亡和时间的终结，而且要面临灵魂被永远抛弃的危险；此时，对饥饿的恐惧达到了新的高度。饥饿会在不知不觉间迅速让人变成魔鬼，驱使他们走上邪路，干出备受谴责的事来。最有说服力的证据就是嗜食同类；人们用不同的烹饪方式，将同类烹制成许多种样式的菜肴，作为抵挡饥饿的最后一招。

嗜食同类在其他非基督教文化中也被看作一种堕落的标记，与本土文化是格格不入的。李维（Livy）②在描述酒神节仪式的时候就提到了这一点。酒神节是一个乾坤颠倒的节日，其间人们会喝得神志不清，会吃昆虫和粪便，沉溺于淫乱以及其他形式的性放荡之中。所有的秩序都被打乱，彻底的混乱驱使参与者拿人来当祭品，并且吃起了人肉。后来，到了中世纪，这种行为被不断地转嫁到外国人身上。在基督教文明的领域内，外国人所起的作用就像照相的底片一样，以对比的方式将基督教的理想鲜明地凸显出来。又如说，在一些人自己的圈子里，他们将这种行为归属于巫婆和异教徒的行为，换句话说，就是被魔鬼附身或为魔鬼效劳的人的行为。

尽管上苍已对人类发出了各种警告，并对人类实施了各种惩罚，但如果上帝不再继续进行干预，人类将会不可避免地陷入最邪恶的深渊和极度的混乱，并将普遍地进行自相残杀，嗜食同类。上帝在 *Elckerlijc*（《凡人》）这部道德剧的开头宣示了这一点，并用精确而又令人信服的话语接着表明，人类怎样才能获得来世：

---

① 耶罗尼米斯·博斯（Hieronymus Bosch, 1450 – 1561），荷兰尼德兰派画家，作品主要为复杂而独具风格的圣化像，多数画作描绘了罪恶与人类道德的沉沦，以恶魔、半人半兽甚至是机械的形象来表现人的邪恶。传世之作有《天堂的乐园》、《圣安东尼的诱惑》等。——译注

② 李维（Livy, 59. B. C. – AD. 17），罗马历史学家，著有142卷本的罗马历史，现存35卷。——译注

> 倘若我对尘世撒手不管
> 任凭其悲惨状长期蔓延
> 我至少会担心人变禽兽
> 食同类自相残情何以堪

每当受到食物匮乏的威胁时，任何人都有可能做出这种最邪恶的事情。报道出的许多人吃人的事例无疑意味着，在环境所迫的情形下，人很快就会干出这样的事来。尘世上的男男女女仍在不断地吃掉自己的孩子，甚至吃掉别人的孩子；也时常有人报道与此相反的情况，即儿女为了果腹杀死自己的父母。从坟墓里挖出尸体以汲取营养，这种事也经常发生。为了充饥，也有人将处死的囚犯从绞架和行刑台上抢去。囚犯得到的食物比一般挨饿者弄到的还要少，因此，许多新入监的犯人会很快遭到谋杀，以供其他囚徒下顿饭食用。的确有许多文献记载，孩子们遭到拐骗和绑架，旅途之人被劫杀，由于人肉交易繁荣兴盛，为满足需求，屠宰场也应运而生，它们把烤熟的人肉充作猪肉。

固定模式中也包括对腐烂尸体这种可怕景象的描述，而这种描述很有说服力。尸体如此之多，以至于难以将他们全部埋葬。不少穷人和病人横尸于路边，活着的人当中，也不再有人有足够的力气将他们体面地埋葬。关于这方面的情况，曾提到了许多数字：在城市和乡村，三成以上的人死于饥馑；1316 年，仅在梅茨这座城市，因饥饿而死者据说不下五十余万人。中世纪所记载的数字往往有夸大其词的倾向，这一点人所共知。但无论如何，死于饥馑者为数众多，其数量之大，可谓前所未有，骇人听闻。

生活在中世纪的人绝不会看不出这些故事的真相，因为他们深信，此种事情可能发生过，也的确发生过，而且总是要发生的。对饥饿的恐惧赋予了这些传统话题生命力，而这些传统话题反过来又滋养了此种恐惧；某些令人担忧的事情似乎总会发生，而且有可能破坏食物的供应，这一简单情况也在不断地加剧此类恐惧。到了中世纪之后，食物有了比较稳定的库存，其分配也得到了较好的调节；只是在取得此种重大成就之后，这些由来已久的恐惧才最终得以消除。从那时起，人们再也不必为日常食品而祈祷，仿佛所祈祷的食物是上苍的恩赐，随时都会被收回一样。

第十三章

令人心醉的禁食

只要对饥饿的深切恐惧持续存在，人们就特别需要得到慰藉和精神上的支持。仅仅填饱肚子是不能缓解这一恐惧的，因为这跟可以感知的饥饿无关，倒是跟对饥荒越来越失去理智、难以理解的恐惧有关。当然，幻想踏上前往安乐乡或者"悠闲甘美之地"的旅程并不是唯一的答案。人们想出了许许多多的办法。事实上，这些办法从某种程度上证明，社会各阶层都对饥饿感到恐惧。

最奇怪的是，不吃饭竟是战胜饥饿，也是战胜对饥饿的恐惧感的一个办法。实施严格禁食的方式为数众多。而另外一个充满魅力的方式，在人们看来则最为美妙，那便是在一种完全克己忘我的状态下进行。在这方面，无与伦比的实践者是公元后头几个世纪的那些沙漠教父①，他们的英雄事迹被人们一而再再而三地效仿。这些沙漠教父也为许多人提供了丰富的灵感源泉，尤其是那些努力过圣洁生活的虔诚的妇女。

沙漠教父长于淡定和节欲，这为他们进入天堂的候选资格提供了支

---

① 沙漠教父，指公元第三至四世纪时期教会中一批甘愿离开繁华闹世，退居于埃及的沙漠之中，过极度克己的苦修生活的僧侣和教徒。其目的是要净化心灵，寻求神的教化。其中最著名者是圣安东尼，是迄今所知最早的一位苦行者，被称为隐修士之父。——译注

撑。毕竟说来，暴饮暴食始终都被视为人类的原罪。人们认为，要赎此原罪，就要坚决禁食，甚至要在竞争性的情况下进行。吃东西是人类在堕落之后养成的一种嗜好，会导致灾难性的精力过剩，从而促使人们吃得更多，这反过来又会使人们产生愤怒感和性冲动。尤其是肉类，人们认为肉食能够激发肉欲。另外，有这样一种信念，根据科学观察，食肉动物吃什么动物，就会变成什么动物，意思是说，它们会呈现出被猎食动物的特点。鉴于这个原因，一位3世纪时期的教父就曾禁止人们吃野兔和鬣狗的肉，因为这些动物性交极为混乱。

在亚当生活的那个时代，即便是在人类堕落之后，人们一直都是吃素的。亚当是在舒适安逸的环境下树立了榜样。在其最初状态下，亚当具有天赋的、能使自己活下去的热度，他只是偶尔才需要摄取一些食物。自从堕落之后，人类受到了应得的可怕的惩罚；因此，上帝就允许人类少吃一些肉食以表安慰。然而，从那时起，人类日益增多的罪恶使得吃肉吃到了失控的地步，并且已然成为人类衰败的驱动力。众所周知，贪食肉类的人死后在坟墓里发出的臭味要比有节制的素食者发出的大。

因此，沙漠教父的苦修行为就是要努力回到亚当那种天然状态。天主教方济会的托钵行乞运动中的成员里不乏一些有名的追随者，他们效仿自己的先师（虽然他们以耶稣为榜样），苦修禁欲，拒绝摄取一切营养。雅各布·范·马尔兰特曾在1275年前后将苦行僧创始人的生活，以韵文形式为乌得勒支①的小修道士书写出来，给他们描绘了一幅响应天命、决意忍受饥馑苦苦修行者的画面：每当圣弗朗西斯得到煮熟的食物时，他都会把灰烬或者水掺进去，将食物弄得索然无味。

当然，过度禁食不啻一种疯狂行为。食物短缺会反复发生，而人们对此又极为恐惧；考虑到这一点，长期而又认真的禁食倒也是一种真正

---

① 乌得勒支，荷兰中部城市，位于阿姆斯特丹的东南偏南方向。在罗马人入侵之前的中世纪这里曾是重要的纺织业和商业中心。现有人口23万余人。——译注

的勇敢行为，而只有那些有望成为圣徒的人，才会鼓起必要的勇气来实施这种行为。一些隐修士经常不断地节制饮食，甚至到了死亡的边缘。他们有时会在大庭广众面前大吃一通，向公众表明他们的吃喝能力并未受到任何损伤；与此同时，他们这样做也只是要表明他们是自愿禁食，否则，其禁食行为就毫无意义了。

作为一种被认可的标志，那些过着圣洁生活的人，直接从天堂得到食物，公元9世纪凯尔特游记中的一个故事就证明了这一点。故事讲述的是，一个名叫马埃尔·迪安（Mael Dúin）的隐士，居住在一座岛上。这位隐士每天都能得到半个面包，还有一些鱼和水。在人们记忆之中，这方面的许多故事都可在广为流传的游记传说里找到，它们可能都是以马埃尔·迪安以及心存疑窦的僧人圣徒布伦丹（Saint Brendan）[①]的故事为依据的。

人们需要辛苦劳作来获取日常食物，这种情况源自人类堕落之后所处的原罪状态。从那时起，世间的男女便注定要为生计而艰辛劳作。那些高尚的原始人，其天真无邪的品质能够使他们依赖天堂般的纯洁，毫不费力地获得食物，或者仅仅通过吮吸香料或甘美水果的气味就可以生存。在所有百科全书式的作品中，都含有与异族人有关的内容，而在那部分内容里，都会出现吮吸苹果气味的人。就连皮特拉克（Petrarch）[②]也认为，在恒河的源头生活着一个民族，他们通过吮吸野苹果的气味而获取营养，任何污秽肮脏的气味他们都忍受不了。

有时候，一些不可思议的食物赐予方式明显是来自《圣经》，这让大家都清楚地意识到，到哪种地步人才能实现天堂般美好的状态，并且

[①] 圣徒布伦丹（Saint Brendan），亦被称为"航海者"，"旅行家"，或"莽夫"，爱尔兰早期的一位圣徒，是大西洋探险故事的英雄。曾在爱尔兰西南部学习，后成为僧侣和牧师。在8世纪问世的《布伦丹游记》中，记载了他和其他几位修士航行大西洋，并到达"上帝应许给圣徒之地"的航海冒险故事。该部爱尔兰史诗于10世纪初译成拉丁文。许多探险家至今仍在寻找圣布伦丹岛。他亦因质疑所谓的"快乐岛"而名垂青史。——译注

[②] 皮特拉克（Petrarch, 1304-1374），意大利诗人、学者和人文主义者，著有爱情诗《抒情诗集》（Canzoniere）及描述第二次布匿战争的史诗《非洲》等。——译注

明白追求那种状态是值得的。毕竟说来，大家所知的卡梅里尼（Camerini）人，他们的日常食物就像下雨一样从天而降，难道不是吗？甚至一天闻一闻苹果的气味来代替吃面包，也会在人们心里幻想出天堂的画面——诚然，无可否认的是，这种画面多少有一点勉强，但是只要想到苹果本身不会带来损害，这种方法就是可行的。

禁食得到了神圣化的认可，这种认可在紧急情况下表现得更为明显，即给实施禁食者提供定量的食物。比如严格实施禁食的修女最后都是靠供应的圣饼维持生计。然而，尘世间克己苦修的极致形式是自我禁欲，强迫自己从病人伤口处吸食脓液。而反过来说，一个人的体液也可作为营养提供给他人，像药物一样增强他人的身体。斯希丹[①]的李维娜（Lidwina，1380－1433）[②]所经受的磨难就是一个痴迷于禁食的奇特例子，而她只是众多因禁食而变得憔悴衰弱者中的一员，还有许多女圣徒参与禁食，遭受过类似的磨难。若将范围适度放宽一点，在荷兰艾塞尔河流域的现代虔敬派中，还有许多平信徒修女实施过禁食。

食用神圣化的身体的某些部分和分泌物，以及让伤者和虚弱者吃这些东西，都不可避免地与圣餐有关联。基督教造就了神圣不可侵犯的同类相食，这在《福音》中最终表达了出来。据《约翰福音》中说："我就是生命的粮。你们的祖宗在旷野吃过吗哪[③]，还是死了。这是从天上降下来的粮，叫人吃了就不死。我是从天上降下来生命的粮；人若吃这粮，就必永远活着。我所要赐的粮，就是我的肉，为世人生命所赐的。"在圣餐中，救世主会不断地将其身躯以饼和酒的形式赐予世人。当人们达到完美状态之时，即其他所有营养都是多余之时，更进一步说，就是把自己的肉身献给病者和弱者，效仿基督这一至高无上的榜

[①] 斯希丹，荷兰西部城市和港口，离鹿特丹约5公里，在新马斯河畔。人口7万余人。——译注
[②] 李维娜（Lidwina，1380－1433），又译作利德维娜，荷兰天主教圣徒。——译注
[③] 吗哪（manna），据《圣经》所述，从埃及逃出的以色列人经过荒凉的沙漠时奇迹般出现的天赐食物。——译注

样，给他们提供营养之时，这个食物链就会周而复始。

中世纪晚期的文学和绘画作品中，都表现有吃耶稣肉这种毫无限制的行为。塑造出的形象通常会令人想起备办食物者的天堂。那些作品表明，绝大多数人在专心寻找解决食物短缺问题的方法时，都达到了何种程度。备受争议的世俗传教士约翰尼斯·布吕格曼（Johannes Brugman）最懂得怎样在他的布道词中激发人们的情绪：他在一个突出的例子中，谈论了神圣的食物分配方式及其最精彩之处，即《最后的晚餐》。在那种场合下，耶稣提供了"最佳品质的小麦，就是他的圣体"。然后，用这些小麦做成了饼——圣餐——次日"他就被绑在十字架上烘烤了"。

那些觉得此情太过粗俗的人应该记得，奥古斯丁（Augustine）[①] 也曾利用过这一形象，他在布道时宣讲道，神的身体"播种于圣母玛利亚的身体中，在肉中发酵，在坟墓的烤炉上烘烤，在教堂里加入调料，然后每天将其神圣的营养分给那些虔诚之人"。14 世纪的扬·范·鲁斯布罗克（Jan van Ruusbroec）[②] 也步其后尘，这样说道："翌日，因了我们的罪孽，这神圣的羔羊被折磨、处死，并被钉在十字架上烘烤，所以，我们得以尝到他的肉。"

由于上帝自己已成为食物，所以食物就以这种或者那种方式呈现出了一种特殊的意义。人们将上帝吃掉，也吃掉了上帝之肉体在十字加上所遭受的痛苦，也就除去了自己在尘世中的一切烦恼。这种完美的超脱状态在最早的文本中都表达过，15 世纪的一首复活节赞美诗便是一例。依照现在人们熟悉的语言来评判，那首赞美诗表达得十分直接："（我

[①] 奥古斯丁（Augustine, 354 – 430），早期基督教教父及哲学家，曾任罗马帝国北非领地希波勒吉勒斯地区（今阿尔及利亚的安纳巴）主教（396—430 年）。著有自传体作品《忏悔录》（397 年）及长篇作品《神之城市》（413—426 年）。——译注

[②] 扬·范·鲁斯布罗克（Jan van Ruusbroec, 1293 – 1381），是基督教神秘体验论传统中最重要的代表之一，出生于比利时，著有 11 部著作，最主要的著作是《精神的婚恋》，该书以第三人称的口吻，生动地描述了神人之爱的神秘体验历程，已被译成多种文字。——译注

们）一直期待着晚餐上的羔羊……他神圣的躯体正在十字架的祭坛上烘烤。饮下他那殷红的血，我们就与上帝同在。"

在基督教史上的最初几百年里，基督教信徒备受罗马人的指责。罗马人故意误解基督教的祭祀仪式以及人吃人和性事过多方面的清晰表述。罗马人声称，基督教徒在其地下墓穴里吃人肉，喝人血。据说，妇女怀孕后，基督教徒就会等着胎儿长得足够大时，将孕妇堕胎，把胎儿吃掉，当然先要用蜂蜜、胡椒、没药等佐料调味，使其美味可口。此类故事是反基督教宣传的一部分；后来，基督教对此也稍稍有所认识，便开始以此攻击那些所谓的异教民族，诸如犹太人和穆斯林等。

与此同时，出现了罗马宴会传统的精神化现象，这也有助于解释此种观念和做法何以如此迅速地引起了西方人的想象。普利阿普斯（Priapus）① 这一古罗马神话中的男性生殖神，经常有人将餐后的甜点做成他的形状。有时候，他那令人印象深刻的生殖器官足以激发人们的想象力，按其形状做出赏心悦目的美味糕点。马蒂亚尔（Martial）在一篇讽刺短诗中描述道："如果你想止住饥饿，可以吃我的普利阿普斯；你也许会啃咬其腹股沟，但你仍然是冰清玉洁。"因此便产生了一种文化，它不仅用非常生动清晰的语言表达并描述了吃掉耶稣的情形——这是一种获得安慰、保护、认同和神圣的尽善尽美的方式——而且还将圣人的各部分肉体变成了美味佳肴。在尼科西亚②的方济各会修道院中，安放着十字军战士扬·范·蒙特福特（Jan van Montfoort）的遗体；蒙特福特是基督教界最伟大的万世英雄——布永的戈弗雷的追随者。他的遗体不会腐烂，据说还带来了奇迹，因此，每天都有人前来拜谒。然而，

---

① 普利阿普斯（Priapus），希腊和罗马神话中的生殖之神，酒神和爱神之子，园艺和葡萄种植业的保护神，是勃起的阴茎的象征。——译注

② 尼科西亚，塞浦路斯首都及最大城市，位于该岛的中北部。该城大约建立于公元前 7 世纪前，1489 年被威尼斯人掌控，1571 年又落入土耳其人手中。1960 年塞浦路斯获得独立时被确立为首都。人口近 5 万人。——译注

1481 年，在从根特①到圣城的途中，约斯·范·吉斯泰勒（Joos van Ghistele）②沮丧地发现，那具百年老尸手臂上的一小块肉不见了。经询问得知，一位后人在被剥夺了其神圣祖先的遗物后，便从其先人的尸身手臂上挖走了一块肉。

圣劳伦斯（Saint Lawrence）③也曾做这样的尝试，直到生命的最后一刻，他还将其祝福赐予了异教徒。他被判处以火刑，躺在炽热的圆烤盘上，身体一边流着血，一边发出嗞嗞之声；尽管如此，他仍试图说服折磨他的人皈依真正的宗教。最后，他唯一能奉献的只有他那被烘烤的肉身，此时"他问暴君是否想要吃他的肉，因为他已经几乎被烤透了，肉已开始从骨头上脱落下来"。

人们对遗物的强烈渴望，或许得从约翰·曼德维尔爵士（Sir John Mandeville）④所讲述的故事来体会。故事讲的是生活在祭祀王约翰（Prester John）⑤所统治的国土附近的一座岛屿上的一个奇特民族，他们有自己独特的埋葬习俗：

> 在这座岛上有这么一种风俗。一个人的父亲死后，如果儿子想对亡父表示敬意，就要把所有的亲朋好友、本族宗教的祭司、吟游诗人和其他人全都召来；他们将逝者的尸体极为庄重

---

① 根特，比利时西部布鲁塞尔西北偏西的一个城市，建于 7 世纪。该城市在中世纪时便是羊毛生产中心，现有人口 23.6 万余人。——译注

② 约斯·范·吉斯泰勒（Joos van Ghistele, 1446？-1525），佛兰德的贵族，旅行家。1481—1485 年，曾在中东及南欧地区游历，足迹遍布意大利、希腊、巴尔干半岛、突尼斯、埃及、地中海东部地区、红海和亚丁等地。其游记经 Ambrosius Zeebout Priestre 编辑整理，在其死后的 1557 年出版，之后又多次再版，深受佛兰德人的青睐。——译注

③ 圣劳伦斯（Saint Lawrence, 225-258），基督教极负盛名的殉教者。——译注

④ 约翰·曼德维尔爵士（Sir John Mandeville），是《约翰·曼德维尔爵士游记》一书中的主人公，该部游记成书于 14 世纪后半叶，在 1357 年至 1371 年流行于盎格鲁-罗马时期的法国，后被翻译成多种文字。尽管游记中的内容被认为是编撰者杜撰的，却在当时备受欢迎，并对后世的游记类著作影响重大。——译注

⑤ 祭祀王约翰（Prester John），传说中的中世纪基督教牧师兼国王，据传他在远东或埃塞俄比亚地区统治着一个基督教王国。该传说从 12 世纪到 17 世纪一直在欧洲颇为流行。——译注

第十三章 令人心醉的禁食

而又喜悦地抬到一座小山上。当所有人都到达之后，德高望重的祭司就会砍掉死者的头颅，将它放在一个硕大的银盘上；倘若死者是一个富人，其头颅就被放在一个金盘上，然后将它交给死者的儿子。随后，所有宾朋都为其歌唱和祈祷一番。之后，祭司和信徒们就将死者的尸体砍成碎块，并再做一番祈祷。当地的鸟类都很熟悉这个风俗，它们就在人们上空盘旋，有秃鹫、老鹰、乌鸦和其他猛禽；祭司就把肉块扔向它们，它们将肉块叼到不远处吃掉……然后，死者的儿子将父亲的头颅烹煮，把上面的肉分给他的挚友，每人分得一点，当作一种美味。儿子要将父亲的头颅做成一个杯子，一生就用这个杯子喝水，以此纪念他的父亲。

如果充满热情的禁食并没有让人们直接进入天堂，如果人们怀疑这条自讨苦吃的道路只是今后永无休止的禁食的一个预兆，那么，在禁食期间倒也会有暂时的令人满足而且可以预见到的景象，一种十分圆满的愿景。那种愿景只是供人们期待的一种念想，通常是期盼今后生活中有享不尽的美味佳肴。倘若推测一下，当时那些人是否以为，似这样幻想出的天国美食是精神和身体相结合的产物，那将是颇为有趣的。持续不断的食物短缺，长时间缺乏维生素、葡萄糖和酶，容易使人产生幻觉，导致人体失调，推理和识别能力急剧减弱。简而言之，饥饿会很快导致意识狭隘。又因为俗世的节食，人就极度渴望超凡的酬报；于是，大盘大盘热气腾腾的食物即刻就浮现在人们眼前——获取食物或者自我禁食不再是问题了。

然而，在这里不需要用现代的眼光看待此类东西。即便是那些沙漠教父、纤弱的修女和消瘦的僧人，都受到了应有的惩罚。修道院院长阿波罗尼俄斯（Apollonius）以及他的同伴便是证据，因为天使光顾了他们的房间，让他们品尝了天堂里才有的欢乐的味道，不然他们就会默默无闻。在幻想的情景中，他们看到了硕大的苹果、大串大串的葡萄、奇异的水果和热乎乎的白面包。那里没有酷暑和严寒，和煦的微风吹拂着果树，风中散发着阵阵香气。禁食不仅消除了人们对饥饿的恐惧，简直达到了无须吃饭的程度，而且还给人们带来了精神奖励，即用恰当的方式将美食装点得更加美好，换句话说，就是上帝所认可的安乐乡。

在比较自然的情景下产生的幻想世界更具有即兴的性质。欧洲尚未进入工业化之前，大部分人在大部分时间里都处于浑浑噩噩的状态。这不仅是因为食物匮乏会导致人们出现幻觉，而且因为人们不得不吃的营养替代品具有令人发昏的效果。过量食用变质的食物、树叶、麸皮和发酸的饮料，容易使人长时间地处于幻想之中。

而食用蘑菇、伞菌和各种野草——完全是迫不得已——又加快了这一进程。为了寻找更好的东西吃，全社会都跑到了罂粟地里；这一景象定然是难以置信。据传此种行为出现在现代早期的意大利。那儿的人故意吸闻药膏和清洗液的气味，希望能有一种腾云驾雾的幸福感觉。在欧洲的其他国家也有过类似的报道，在过去的几百年里，人们从罂粟中提取一些东西来制作面包，甚至直接把大麻籽磨成面来做面包。

这种饮食难免会让人产生幻觉，现实在幻觉中被扭曲，变成一种极为可怕的景象，而那些饿得发昏的人，会很容易把那些东西看成极乐世界里的美味佳肴，尽管此类经历后来看上去只适合作为一种谈资，供人消遣罢了。即便如此，梦想作为一种补偿行为仍在继续。此种生理上导致的梦工厂，在食物匮乏时期，会在人们内心产生幻觉和幻影，梦工厂带来的这些影响在当时是人所共知的。伊拉斯谟（Erasmus）[①] 在其著作《愚人颂》中对世态进行了辛辣讽刺，而他的讽刺是以这样的假定

[①] 伊拉斯谟（Erasmus, 1469？—1536），荷兰人文主义学者，文艺复兴运动中的重要人物，罗马天主教神学家，奥斯定会神父；首次编订附拉丁文译文的希腊文版《新约圣经》，试图复兴古典经文，恢复朴素的基督教信仰，消除中世纪教会的一些不当行为，对宗教改革领袖马丁·路德的思想有巨大影响。其主要作品有《基督教骑士手册》《论儿童的教养》《愚人颂》（1509 年）等。——译注

为基础的，即读者对麻醉药品都比较熟悉，即便他们在这方面的知识是通过道听途说获取的。他书中的主人公"愚夫人"（Folly）出生在幸运岛上（有人认为那个地方类似于希腊神话中的"极乐岛"，也有人认为那是一个完全不同的地方），一个梦幻中天堂般的古代遗址；那地方很容易为中世纪的人所接纳，他们认为那地方就坐落在加那利群岛[①]之上。愚夫人在婴儿时，就有人教她去闻一些药草的气味，那些药草具有催眠的功效，会使她变得疯狂和健忘。她会放声大笑，也会忘记所有的烦恼，而且觉得自己又返老还童了；不过令人遗憾的是，闻那些药草的气味也会产生副作用，比如胡言乱语，不断地发疯发狂。当然，这也恰恰是愚夫人所有故事的根源。

在西方世界，人们还听到过有关可怕的土耳其人的传言。土耳其人由于吸食鸦片而变得狂妄鲁莽，鸦片"能让他们感到快乐，也不惧怕死亡，似乎还会让他们变得癫狂，或者像是喝得半醉一样"。对土耳其人行为所做的这些生动描述在1542年印刷的黄色报刊上刊登了。而这段文字几乎被湮没在了大量类似的蛊惑人心、煽动情绪的诵读之中；在整个欧洲，这段文字所迷惑的人数要比毒草所能迷惑的人数还要多。

关于反复发生的营养不良、使用其他食物以及故意使用致人昏醉的东西所产生的幻觉效应的传言，一般来说都是负面的。只有虔诚的禁食和随之出现的幻景才值得羡慕和效仿，它们与荒唐和愚蠢形成了对比，给人们提供了一个可以到达的完美境界。此外，人们幻想出了奢华的环境，那里有丰富的肉食，不过却不能以任何物质的手段得到那些肉食，因此，人们只能忍着饥饿坐在那里等待，别无他法；而这样的幻想倒也可能具有神圣的特点。

[①] 加那利群岛，是西班牙的飞地和自由港，位于非洲西北部的大西洋上的火山群岛。东距非洲西海岸约130公里，东北距西班牙约1100公里。距摩洛哥西南部海岸100—120公里，分东、西两个岛群。东部岛群包括兰萨罗特岛、富埃特文图拉岛等6个小岛屿；西部岛群包括特内里费岛、大加那利岛、帕尔马岛、戈梅拉岛和费罗岛（又称耶罗岛）。面积7273平方公里，人口约136万人。——译注

约翰·曼德维尔爵士这位旅行故事的杰出讲述者，发现了一个引人入胜的方式，就是通过令人惊讶但又不会引起反感的原始的基督教形式，讲述发生在一些地方的前所未闻的欢乐故事，以此来弥补适当白日梦和不适当白日梦之间的差距。在通往埃塞俄比亚的半路上，是约伯①生活的地方，那儿的人所吃的日常食物都是从天上掉下来的，就像从天而降的吗哪一样。这种食物类似露水，人们可以从植物和灌木上将其刮下来，吃过之后，它似乎能产生催眠的效果，并且能排忧解愁。每天服用这种神圣的令人沉醉的食物，可以降服魔鬼，不然的话，魔鬼就会用忧愁来折磨人类，甚至将人类毁灭。在那个国度里，神赐的致幻药品为人们缔造了一个人间天堂：不仅恶魔被永远驱逐，而且劳作也被禁止，因为人们所需的一切都会像雨水一样从天而降。

中世纪不计其数的幻想以及其他精神上的追求都让后人感到惊讶，因为它们赋予了俗世生活另外一个层面。许多人从神学和救赎角度对此做出解释，这些解释本身也有一定价值，尽管没有说清为什么有那么多人经常会鼓起勇气踏上虔诚的梦幻旅程。或者我们应该说，他们将自身奉献给了梦幻旅程吗？而魔鬼为了达到自己的目的，将人们的梦幻旅程引向了邪路，在这种情况下，问题就越发显得紧迫了；不过倒也提供了更多证据，证明这种梦幻之旅颇为流行，尽管旅途有危险，但人们也没有受到什么惩罚。

虽然所有的圣徒和隐士，包括数量庞大、充满热情的修士和修女，都想让人们相信梦幻旅程是会有好结果的，但人们必须谨记，梦幻旅程的结果却是无法预测的。严格禁食可能是有意做出的选择，但其结果难以预料。近些年来，对于造成妇女饮食极度混乱的可能原因和结果已有不少论述。人们普遍认为，这跟必须经受苦难这一根深蒂固的信念有关；一些人将此信念与神经性厌食症之类的综合病症联系起来，这种信

---

① 约伯（Job），《旧约》中一个诚实正直的人物，虽备历危难，仍坚信上帝。——译注

念也可用来解释过去发生的事件。斯希丹城的李维娜故意禁食挨饿,再加上1395年滑冰时发生事故而多处受伤,已到了死亡的边缘。她最终看到了一批意趣相投的追随者,并且看到了圣徒在神圣天堂中那种激发食欲的就餐场面,这于她而言不啻是一种奖赏——实际上也是她始终不肯汲取任何营养的必然结果。

食物匮乏时,粮食替代品便应运而生,那些渴望心醉效果的人也会有意识地寻找粮食替代品。这种物质因素在研究中世纪精神时通常应予多加关注。如若不然,神秘主义倾向从何而来呢?与上帝的交流似乎只能在令人兴奋的梦境中进行,而在交流中对尘世之缺陷所秉持的不耐烦和强烈的鄙视态度,可以产生难以置信的优秀文学作品。中世纪人类的生活状况取决于食物的供应,而食物供应又极不稳定,变化无常,人们便不由地幻想出一个较为美好的世界。当然,并不仅仅是幻想一下,而且是在虔诚的年轻妇女、实行禁食的神职人员以及深受可怕饥饿煎熬之人的脑海里所激发出的幻想中一次又一次地缔造了安乐之乡。

第十四章

自卫求生中的暴饮暴食

与禁食及其伴随的梦幻之旅这一策略相对照的抵御饥饿之法，就是在有食物的时候较为世俗的暴饮暴食。这两种策略都可以消除对饥饿的茫然恐惧，或者至少可以暂时将其消除。有句谚语说道："肚子饱，心情好。"这句谚语有各种各样的版本，为许多手稿增添了色彩。肚子崇拜显然已大行其道，教会被迫发起了一场反暴饮暴食的攻势。扬·德韦尔特（Jan de Weert）是位医师和伦理学家——这样的身份在此种情况下倒是一种恰当结合——他宣称，许多人所知晓的唯一上帝就是"他们那个发臭的肚子"。他的这番话是在解释伪福音传道者托马斯的观点，托马斯借圣保罗之口向人们提示，中世纪时暴饮贪食者违反了第一条戒律[①]。他们不是在崇拜另一个上帝，即他们的肚子吗？

不少牧师和世俗传教士也在重复扬·德韦尔特的话。你把自己的肚子视为上帝，也就把自家的厨房视为上帝之家。被人们称为"阿尔瑙

[①] 根据《圣经》记载，上帝耶和华借由以色列的先知和首领摩西向以色列民族颁布的律法中首要的十条规定，是犹太人的生活和信仰的准则，在基督教中占有很重要的地位。这十诫分别是：第一，不可拜耶和华以外的上帝；第二，不可制造偶像与拜偶像；第三，不可妄称耶和华的名字；第四，当纪念安息日，守为圣日；第五，应孝敬父母；第六，不可杀人；第七，不可奸淫；第八，不可偷盗；第九，不可作假见证；第十，不可贪心。——译注

特兄弟"（Aernout brothers）的流浪汉当中也有一种具有讽刺意味的准则，就是教导人们崇拜肚子。这条准则在贵族家中遵从得最好。在他们那神圣的厨房里，厨师受到奉承和赞扬，祈祷和歌曲被用作开胃的手段。这帮寄生虫唯一的忧虑就是如何填饱肚子，而他们唯一的神圣职责就是向人们展示自己无所事事。

吃是堕落的标志。罗马基督教徒德尔图良（Tertullian）[1] 就谴责他的同胞，说他们不信上帝，长期沉湎于暴饮暴食，令人恶心。他还将他们跟那些举止有节、与他的宗教信仰相同的人进行对比，以此强调他的谴责："那些贵族、元老院议员和政客打出的饱嗝让空气都变得酸臭。当萨留斯（Salius）一家人坐下吃饭时，他们不得不拿出一笔银行贷款……为了给塞拉皮斯（Serapis）准备晚宴弄得烟雾缭绕，消防队看到后都匆匆赶到了现场。"卢卡斯·范·莱顿（Lucas van Leyden）[2] 在其创作的三联画的中间一幅名为《金牛犊崇拜》中，尤其突出描绘了毫无节制的贪食行为。就是那帮肥头大耳奢靡逸乐的人，尽管一边晃来晃去地跳舞，但似乎沉湎于暴饮暴食。画面正中是一张桌子，桌子腿是由一只硕大的火腿做的，一个身材高大的人用手抓住桌腿，一个胖墩墩的小孩坐在身材匀称的母亲膝盖上，正在咀嚼胖乎乎的小手中拿着的食物。

盛宴欢聚显然带有享乐主义的特点，有悖于基督教的仪式习俗，企图将死亡暂时置之一边。图尔的格列高利（Gregory of Tours）[3] 叙述了6

---

[1] 德尔图良（Tertullian, 160？-220？），迦太基基督教神学家，雄辩家；大约于公元193年皈依基督教，约207年与天主教教会分裂并建立了自己的分裂性教派。他用拉丁语而非希腊语写作，使拉丁语成为教会语言和基督教传播工具。著有《护教篇》《论基督的肉体复活》等；其著作对西方神学影响极大。——译注

[2] 卢卡斯·范·莱顿（Lucas van Leyden, 1494-1533），又名Lucas Hugensz或Lucas Jacobsz，荷兰雕刻家和油画家，亦是第一批荷兰风俗画的大师之一，被广泛视为艺术史上一位杰出的雕刻家。——译注

[3] 图尔的格列高利（Gregory of Tours, 538-594），高卢罗马历史学家，法国图尔的主教，高卢的高级教士；以其著作《法兰克史》而青史留名，该书共计10卷，详述了法国历史上墨洛温王朝（或梅罗文加王朝 Merovingian Dynasty, 481—751年）的历史。——译注

世纪时异教徒的此种习俗。他讲道，奥弗涅①地区的农民在某些特定的日子会来到一个大湖旁，将各种各样的纺织品以及奶酪、蜂蜡和大量形状不一、大小不等的面包扔进湖中。"他们带着一车车的食物、饮料和宰杀的动物祭品来到湖边，在那里大吃大喝整整三天。"通常只派一位牧师去向他们传教。而基督教的朴素真理完全可以与其相匹敌，即使有几十位要求苛刻的神明，也只需一位牧师。

异教徒的信仰中有许多不同的神灵，这些神灵既要求食物，也给人们带去食物。奥弗涅的威廉（William）描述了一位名叫莎蒂亚（Satia）的恶魔，她"会给她所走访的家庭带去充足的食物"。威廉认为恶魔的名字源于 satietas（吃得过饱）这个词，因而她还被人称为"富裕夫人"。她到一些家庭走访时，看到什么就吃什么，不过那些家庭的食物和饮料的数量并未因此而减少，尤其是在锅碗瓢盆刻意为她而敞开的时候。然而，如果哪个家里找不到任何食物，她就会给那个家庭带去厄运。在基督教出现之前，农夫的饮食习惯也不确定，因为食物供应会随时中断。

在整个中世纪都有目击者所写的暴饮暴食的报道，这种惊恐现象到中世纪末似乎愈演愈烈了。人们不失时机地将自己的肚子填饱，好像不这样做就会饿死一样。布鲁日的加尔贝描述道，人们眼里流露出恐惧饥饿的目光，他们一顿吃下的面包相当于平常两天所吃的量。当肉食突然出现而又没有面包时，根特城的斋戒就被打破了。蒂尔·尤林斯皮格尔（Till Eulenspiegel）在 1560 年前后出现的第一个英译本中，恰如其分地描述了这种得过且过的态度。他把偷来的一块面包递给饿得要死的母亲，并对她说，"有得吃时就马上吃，没得吃时就斋戒"。这的确是一种十分明智的做法。

这种态度并非因为缺乏对上帝的虔诚，而是因为对食物的突然短缺

---

① 奥弗涅（Auvergne）是法国中部的一个大区，包括当今的阿列省、康塔尔省、上卢瓦尔省、多姆山省等省，面积约 2.6 万平方公里，人口约 131 万人，首府为克莱蒙费朗（Clermont-Ferrand）。——译注

一直都感到的恐惧所导致的实用主义。人们一有可能就大吃大喝，而且喜欢聚众吃喝，因为那是一种过度饮食的仪式，目的是要消除各种有关食物匮乏的想法。尤其是在中世纪早期，聚众饮宴几乎具有一种神圣的意义，意味着人们之间的友谊和团结，而这种友谊和团结能够抵御一切邪恶。后来，此种饮宴走了样，渐渐被人用来炫耀自己高贵的权力。

在为生存而奋斗的过程中人们团结在一起，而这种团结的原始作用实际上在整个中世纪里一直都在发挥，并在不同的欢庆宴席上以各种名义得到了展示，比如 convivium——冰释前嫌言归于好宴，以前长期不和的双方在宴席上做出让步，并相互示好，以及庙会宴、丰收宴、复活节宴、圣诞节宴和其他庆祝生活中所发生的重要事件的各种宴席，包括每年十一月宰牲后的季节性宴会或者狩猎大获丰收的庆祝宴等。人生中取得的胜利也一次又一次地予以庆祝，因为这种人生不仅没有向死亡屈服，而且通过无与伦比的聚众吃喝向死亡发起了挑战。

在古代法兰克人当中有位食量大的人，是一位真正受人顶礼膜拜的英雄。此公便是法兰克国王查理曼。在中世纪的人看来，查理曼是最有名望的国王。他游离于基督教主张的自我节制和法兰克人传统中暴饮暴食的大男子气概之间，而通常情况下，往往是后者在他身上体现得更多。据雅各布·范·马尔兰特所说，查理曼的日常饮食包括四分之一只羊，或者两只阉鸡、一整只鹅、一大块牛肉、一只孔雀和一只鹤或者一只野兔，取决于他自己的喜好。然而，这一原型来自日耳曼的神话世界；在那个神话世界里，流氓无赖横行霸道，他们会偷窃大量的食物。1222 年到 1223 年，冰岛的诗人、历史学家斯诺里·斯蒂德吕松（Snorri Sturluson）① 撰写了一部名叫《新埃达》的著作（亦被人称作《散文埃

---

① 斯诺里·斯蒂德吕松（Snorri Sturluson，约 1178—1241 年），冰岛诗人、编年史家。出身贵族。主要作品有《新埃达》和《海姆斯克林拉》。《新埃达》是无韵体散文神话故事和英雄传奇，共分三部分，第一部分叙述《圣经》传说和斯堪的纳维亚神话故事，后两部分是关于古代诗歌的理论。《海姆斯克林拉》记述远古时代到 12 世纪挪威历代国王的生平事迹。——译注

达》)。在这部书中，洛基（Loki）①向围观者发起挑战，看谁能吞吃完一大盘子肉。罗技（Loki）接受了挑战，他"很快吃光了所有的肉和骨头，甚至连盘子都吃掉了"，从而赢得了比赛。此类英雄经常出现在日耳曼的神话故事以及属于法国墨洛温王朝史诗的许多传奇故事中。

在 Chanson de Guillaume（《威廉之歌》）里，主人公从冲突中撤出，对结果感到失望，唯一让他欣慰的是一大块野猪肉、一只烤孔雀、一大块面包和两块蛋糕。当时他的妻子说道，任何一个人，假如其体质还能让他吃下这么多食物，都不应该被迫认输。而就在此之前，她还为她丈夫的侄子准备了一顿大餐，那位侄子也不失时机地饱餐了一顿。这一切都表明，其侄子一定会成为一位了不起的勇士，成为她夫君家族中值得钦佩的一员。

与这些在战场上打嗝放屁的彪形大汉形成鲜明对比的是，大不列颠-凯尔特骑士传奇故事中的那些温文尔雅的英雄，他们主张节制食欲。在日耳曼故事《埃里克》（Erec）中，一位骑士来参加比赛，他仅仅吃了三口鸡肉来为自己补充体力。此外，据戈特弗里德·冯·斯特莱斯伯格（Gottfried von Strassburg）所说，在他们的悲剧里，特里斯坦（Tristan）和伊索尔德（Isolde）②只要有爱情就能够生存下去。

盛大宴会以及由此产生的幻想不仅是担心食物短缺、害怕饥荒带来的结果，另一个原因是强制性斋戒所要求的长期苦行修炼和节制饮食与此形成的鲜明对照。教会规定完全戒肉期不得少于140天到160天。而对此斋戒人们则从同样多的全国性、区域性和地方性假日中寻求补偿，这些假日为人们提供了在厨房里大吃大喝的机会，从而使人淡忘所有那些禁食之日的记忆。不管怎样，在那之后人们的饥饿感会比平时更甚。

---

① 洛基（Loki），北欧神话中一个制造混乱的神。——译注
② 特里斯坦（Tristan）和伊索尔德（Isolde）是欧洲著名的爱情悲剧《王者之心》里的主人公，该剧堪与莎士比亚的《罗密欧与朱丽叶》相比肩。——译注

농民的生活节奏也在他们的消费模式方面形成了天然对比。冬季是过量饮食的时候。农活已经干完,牲畜已在十一月份宰杀,粮食也已储存起来。耕种直到春季才会开始,这意味着在隆冬时节,田间的农活已完全停止。人们开始转向吃喝与庆祝,而这几乎又与从冬天向夏天过渡期间的众多节日不谋而合。高潮就在持续多日的狂欢节庆祝,其间不仅会有一顿名副其实的饕餮大餐,而且会有一些幻想出的仪式化活动。之后便迎来了春天和夏天,人们也就进入了洗肠的斋戒期。到那时,食物供应已经枯竭,而且还有繁重的农活要做,这便要求人们静心节制,直到晚秋才会得到回报。

教士的戒律、节日的礼仪和农民的生活这三者处于一种强制性的辩证模式中,一边强迫人们节制、节俭,一边又同样让人们放任、放纵。这并不是说教会要把此种补偿性的庆祝活动拒之门外。自中世纪早期以来,教会就已经有了自己的愚人节①和狂欢节,庆祝时当然会有食物和饮料享用。除此之外,他们还有自己更为独特的庆祝形式,通过节日般的欢聚来加强修道士团体内部的团结。欢聚过程中吃饭是重要的主题,更不必说大吃大喝了。一年之中会找到多次举行这些宴会的理由,通常在基督教的节日里举行宴会,不过在修道院院长的生辰或者某位修道士归天之日也会举行。尤其是圣约翰敬酒日,即6月24日他的生日那天,欢庆活动通常会演变为一场奢侈的宴会,这当然和民间隆重的庆祝活动有关联。

与此相关的习俗有博爱式饮酒,即每一位向圣徒祝酒的人都要将杯中的酒一饮而尽。这些习俗经常被看作让异教徒转变为基督教徒的奠酒祭神仪式,向神灵和死者表示祭奠,并不是没有道理的。一位僧人去世后的饮酒仪式当然也具有缅怀纪念的意义。在收藏于伦敦的文本中有一篇叫作《圣约翰盛宴》的文章,其中第81行结尾处描述了与安乐乡有

---

① 愚人节(Feast of Fools),指中世纪时欧洲神职人员庆祝的节日,最初起源于法国北部的神职人员,后来扩展到了其他地方,与当今4月1日的"愚人节"不同。——译注

关的此种狂欢仪式。这些文字之前的内容都因页角缺失而消失不见了，但是在安乐乡每年一定都会举行四次圣约翰盛宴——至少那个文本中有这样的说法，其上下文中也说到了以下的节日庆典，即复活节、圣灵降临节和圣诞节，这与每一百年才举行一次的禁食节形成了对照。而这些节日则大大增添了人们过度放纵的机会。

除了礼拜和宗教典礼日历上规定的节日宴会外，西欧的传教士也以他们能吃的能力而闻名于世。在教会内部，对完美的基督教徒的典型要求就是要举止有节，甚至是要绝对节制，这大概是众所周知的。据天主教罗马教廷所言，意大利北部的教士，尽管按教规吃饭要吃正常的量，实际上却食量超凡。晚至 1059 年，在罗马拉特兰教堂举行的宗教大会上，对公元 816 年举行的亚琛①教会会议上发生的那场令人难忘的奢华盛宴提出了警示。难道是伟大的查理曼大帝本人和他的法兰克式的饕餮盛宴，或者只是他的灵魂萦绕在与会者的脑海里挥之不去吗？当时教会的教规实在过于放纵，因此，教士们消耗了大量的食物，那样的数量似乎"与希腊神话中独眼巨人的贪婪更为相称，而与基督教徒的节制不相适应"。

然而与贵族相比，教士们则是小巫见大巫了。尽管法兰克人的消耗之冠让我们感受到了一些东西——但真正奢侈的款待（摆满食物的桌子像机场跑道那样长）已经飞走了。不过，到了 13 世纪，艰苦的准备工作已经完成：在王公贵族交际圈中，设宴已经成为显示社会地位的最好手段。此种宴会就像团体聚会一样，带有率直的骑士品位，而这种宴会逐渐演变成了奢华的盛宴，目的在于炫耀财富和权力。有权有势者的后人无不摆出一副骄奢淫逸、不可一世的样子，以示他们不会向任何人低头。皇室之家都装点得格外雄伟气派。还有那些城镇居民，他们也不得不谋求自身的地位，因为他们敢于以人为的虚假浮华来掩饰自己的贪

---

① 亚琛，靠近比利时和荷兰边境的德国西部城市。相传查理曼大帝于 742 年出生于此地；后来他将此地定为他的北都。现有人口近 24 万人。——译注

婪。拥有贵族血统就意味着耽于奢侈和炫富，他们无疑会对资产阶级任何形式的小家子气嗤之以鼻。

令资产阶级感到震惊的这种决心会以非常具体的形式呈现出来。1487年在意大利博洛尼亚举行的一场宴会上，各种菜肴在上桌之前都向外面的平民一一作了展示。这让人想起了1535年上演的一部拉丁语校园剧Aluta序幕中剧中人物所讲的一番玩笑话；那部剧作是学校校长马可罗皮蒂斯（Macropedius），即约里斯·范·朗斯维特（Joris van Lancvelt）为了庆祝狂欢节而写，并打算让他的学生们来表演的。他宣称，最壮观的宴席将会在舞台上看到，但他又马上补充说，野鸡、鹅、鸽子、画眉鸟和肉饼不会飞入你的口中，不过只要看到这些美味佳肴，就足以让你感觉像是饱餐了一顿似的。毫无疑问，马可罗皮蒂斯所提到的就是安乐乡里的情景，而且他也知道他的学生也很有可能会想到安乐乡。此外，他还机敏地指出，美味佳肴可望而不可即，而将它们如此展示出来，让人们饱饱眼福也是一种补偿。

丰盛的食物之中也包括公共喷泉，那些喷泉会喷出各种不同的酒，有时还会喷出啤酒。一切都始于餐桌边，但喷泉这股风气很快蔓延到了控制不住的程度，有时因其喷水的方式稀奇古怪，不得不将其移到宴会厅的其他地方，甚至移到门外去。13世纪时，餐桌喷泉问世，其功能更像是一种游戏，而非一种喷发饮料的实用装置。有时餐桌喷泉仅限于供人洗手之用，但大部分喷泉会喷出各种饮品。有些喷泉还安装有轮子和小铃铛，也有的常常被装点成轮船的模样。

最重要的是，人们用这些喷泉搞一些恶作剧，出人意料地将它们朝着意想不到的方向喷出。另一个乐趣是，有人将喷泉中的酒换作别的东西，由此可能会产生最粗俗的效果。中世纪时期的幽默感也许与我们今天的行为方式大相径庭。当时，若造成重伤，丧失身体功能，则被认为是幽默的最高境界，而今天我们只能惊愕地默默忍受。此外，受教育程度和出身背景也与此类行为毫无关联。相反，正是贵族和高级神职人员才热衷于这种游戏和玩笑。

不过,除了这些令人生疑的用途外,餐桌喷泉还具有象征寓意,它们和永葆青春之泉有着明显的联系。青春永驻这一梦想也出现在安乐乡和收藏于伦敦的手稿之中。

1409年,在勃艮第的安东尼和格尔利茨①的伊丽莎白在布鲁塞尔举行的婚礼上,接待大厅里摆放了一个美人鱼模样的饰物,她的一个乳房喷出红酒,另一个乳房喷出白酒。这个神奇之物也向厅外的人们做了展示,目的是要给他们留下深刻印象,同时也为了赢得他们的效忠。大约从1380年以来,在法国和低地国家,这种会喷出酒的饰物一直都在皇家的凯旋门内和其他贵族的庆典活动中出现,不过,它们所显示的究竟是君主的慷慨还是当地贵族的慷慨,却并非一直都很清楚。

1440年,在好人菲利普(Philip the Good)②凯旋之际,布鲁日城做出了各种安排,其中包括竖起的一根石柱,石柱上雕有一尊撒尿的年轻人的雕像,而他撒出的却是一种芳香四溢的名为hypocras的葡萄酒。集市场上建有一个既能喷出红酒又能喷出白酒的喷泉;此外,还竖有一尊年轻女子的雕像,从她的乳房中不断地流出乳汁。谁还能想象出比这更了不起的施舍的景象呢?在宫廷中,还有一个设计更为巧妙的东西:即一峰仿造的骆驼,上面骑着一位撒拉逊人③,手里握着一只瓶子,从瓶子中不停地流出酒来。

到了1458年,根特城把喷泉建造得更加宏伟气派了,无疑这是故意而为,因为城市之间在这方面展开了竞争。这种努力不仅仅是为了讨好公爵,而且是为了向人们展示城市的气派——这种气派与公爵的一

---

① 格尔利茨,德国最东部的一座城市,位于萨克森州的东端,是古老的、连接法国和俄罗斯的商道和朝圣之路上的一座主要城市。——译注

② 好人菲利普(Philip the Good, 1396 – 1467),自1419年起直至其去世,一直担任勃艮第公爵,任内以其推行的行政改革和对艺术的支持而名垂青史,他使该地区达到了繁荣的巅峰,并成为艺术的中心。——译注

③ 撒拉逊人,古希腊后期和罗马帝国时期叙利亚-阿拉伯沙漠地区的一支阿拉伯游牧民。——译注

样——均会令人肃然起敬。根特城建造了一个巨大的喷泉，能够喷出各种酒来，其目的是让人想起天堂中的生命之泉，有四条河流从那里流出，浇灌着人世间。城里还建有一个大象喷泉（自然要比布鲁日的骆驼喷泉大些），喷嘴做成了象鼻的模样，从里面源源不断地喷出酒来。

然而在1468年，布鲁日城趁勇敢者查理（Charles the Bold）和约克的玛格丽特大婚之际进行了有力的回击，并且在1515年查理五世凯旋之时再次进行了还击。当时建起了三个女人的雕像喷泉，她们背靠背站着，从她们的乳房中分别喷出红酒、白酒和乳汁。旁观者简直不敢相信自己的眼睛，因为那三尊雕像造得十分逼真，人们还以为她们是具有魔法的真人。

无论如何，安乐乡和"悠闲甘美之地"中的某些方面在不断地变为现实。大家知道，在中世纪的节庆日里都有免费的葡萄酒和啤酒，不论是摆在室内还是室外，也不论是由贵族还是由市民来筹备，都是为了给人留下深刻的印象。真实河流中流淌的酒给这些幻想增添了奇异风采，与日常生活则相去甚远，因此，那种现象只有在虚幻世界中存在。

人们以持续不断的盛宴这种方式与饥饿和死亡（事实上也包括尘世间任何一种衰败现象）进行斗争，而这也是一种刻意展现手中权力的方式。到了中世纪末，此种盛宴已变得蔚为壮观，其结果简直令人难以置信。首先，人们吃掉的食物数量之大，几乎让人想象不到。1454年，好人菲利普在里尔[①]举行的那场雉鸡宴——他在宴会上最后一次草率地提出了十字军东征的想法——所吃掉的食物就包括9000块白面包、4800个精致面包、6桶叫做杰莫林（Germolian）的葡萄酒、24桶博恩（Beaune）红葡萄酒、2桶加有香料的葡萄酒、800个鸡肉饼、1600头烤乳猪、1600片烤牛排和1600只羊腿——后面这三个数字给人一种印

---

① 里尔，今法国北部城市，位于比利时边界附近，巴黎东北方向。该城建于1030年，中世纪时曾是佛兰德斯领地的首都；现今是商业、文化及制造业中心。人口约17万人。——译注

象，就是这三种食物每人都要吃一份——另外还有 400 只野禽、600 只山鹑、1400 只兔子、400 只苍鹭、36 只孔雀以及 6 匹马驮来的糖果。毫无疑问，那场盛宴所展示的食物就是要给中产阶级上这么一课：让你大饱眼福，因为这才是一种恰当的吃法。

第十五章

会走动的食物

在这些宴会上，令人兴奋的主要因素并非人们所吃掉的食物数量，而是那些美味佳肴精妙绝伦的陈列方式，其中一些还被装饰得栩栩如生。人们并且借用食物来描绘出整个战斗、绑架、围攻、狩猎和船只失事的场面；还把菜肴的配料做成人们识别不出的样子；菜的味道也加以伪装，把肉做成鱼的模样，把鱼做成家禽的形状，而家禽做得看上去又像是肉一样，以这种特殊的形式来表现餐桌上的幽默。贵族用餐的最精彩之处就是那些装点得令人惊讶的菜肴。用面团做成兔子的形状，尤其是一位饥肠辘辘的骑士咬下一口时，还有比这更有趣的事情吗？端出一个硕大的用猪膀胱做成的"鸡蛋"，也会把客人的兴致激发起来。

有这么一道知名的菜肴，看上去像是一只活生生的孔雀，经烘烤之后又小心翼翼地缝合起来。它嘴里叼着点燃的樟脑和羊毛，以便能够吐出火来。另一道受人欢迎的菜肴是这个主题的变体，用的原料是一头猪：把猪切开后，就会喷出许多根血肠，每根血肠都盘成小香肠，一个挨一个地盘成一圈。在1468年勇敢者查理（Charles the Bold）的婚礼上，有一道菜做成了一头巨鲸的形状，歌唱的美人鱼和跳舞的海洋骑士会出人意料地从其嘴里出现。早在12世纪，就有一些关于巨大蛋糕的传说，蛋糕里裹有许多小鸟，蛋糕一被切开，小鸟就会成群结队、叽叽喳喳地飞出来；但是只要一放出小猎鹰，大厅里很快就会变得秩序井然。

大量的可以食用的建筑物开始陆续出现在宴会餐桌上，为人们奉上了只有在安乐乡里才能见到的景象，好像梦想几乎马上就要实现了一样。在1200年前后，食谱中开始提供一些如何制作可食用建筑物的方法；大家千万不要忘记，那些描述也是要向人们讲述一个故事。例如，有一个食谱描绘了一幅蛇和鸽子在蛋糕上争斗的画面，蛋糕是用填满美味佳肴的肠子围起来的。不过，食谱上并没有说明两个打斗的动物是真的还是用烘焙的食物做成的。

在实践中，有时会出现更为极端的情况。比如在1378年，法国国王查理五世举办的宴会上就上了一些配菜——或者叫中间附加的小菜——其中一道配菜展现的是第一次十字军东征时围攻耶路撒冷的场景。正如我说过的那样，将耶路撒冷和围攻相提并论总是会让人联想到最令人震惊的严重饥荒的场面。这意味着此种富有创意的展示一定带有强烈的讽刺色彩。所展示的主要内容是做成模型的十字军的船只，这些模型船用来盛放银质餐具和品尝用的器皿，供专司检验职责者使用，以确定这道菜吃起来是否安全。

在这些展示出的蔚为壮观的可食用的建筑物中，船只是格外受欢迎的部分。在勇敢者查理举办婚宴的主桌上就展现了6艘船只，每艘船里都摆了一大盘肉菜，每盘菜都以查理所统治的一个区域的地名命名。在这些船只周围还航行着16条小船，每条船都有4条更小的船只伴随，小船上装满了调料和水果。大船都涂成了金黄色和天蓝色，船上甚至还有盾形纹章和其他东西。查理统治下的每个城市都必须配备带有其名字和盾形纹章的蛋糕。

带有故事性元素又可以食用的建筑物中，最令人惊讶的一个例子无疑便是这里所说的婚庆喜宴上所展现的（而且人们希望能吃掉的）那个。那场婚礼庆典为期一周，星期二那天所设的宴席上展现了那一杰作，即霍林赫姆（Gorcum）城的城堡（霍林赫姆位于当今荷兰南部的一个省内，至今仍因有砖建的城堡而闻名）。在前文中我曾提到过布鲁日的雄辩家安东尼斯·德罗弗尔（Anthonis de Roovere）[①]，在这里要请他来讲一讲，因为他对庆典之类的事情无疑懂得很多，尽管他看上去似乎只是一个满怀渴望的市民而已。他自己好像连这样的娱乐活动都敬而远之：

> 有山羊在吹奏叫作"箫姆"的双簧管和喇叭，模仿驴的叫声；野猪吹着硕大的长笛，狗熊在弹奏鲁特琴，它们都在一个接一个地表演。城堡上有一位看守，在节目之间穿插朗诵押韵诗篇。最后出现了一群猴子，它们表演的是莫里斯舞蹈，引起了一片笑声。在城堡上，那群猴子遇到了一个正在打盹的小贩，就抢劫了小贩的镜子、发夹和梳子，把它们送给了一些年轻的夫人。所有这些都给人们营造出了一种十分愚蠢可笑的景象。

人们应该始终记住，贵族们搞的这些五花八门的表演都是用食物做的，以动物表演人类行为，其中一部分也是用食物做成的。将食物转变成戏剧形式的表演，并以戏剧形式将其"消费掉"。直到进入16世纪很长一段时间，餐桌上表现出的景象仍以会动的食物为特点，不过普通人可能都会拒绝吃那些食物，尽管将其消费掉也许已不再是人们的目的了。

如果"堕落"这个字眼此刻突然在脑海里闪现，那么就必须得说，若以蒙骗为衡量厨艺的标准，罗马的烹饪则堕落得更为严重了。其表现

[①] 安东尼斯·德罗弗尔（Anthonis de Roovere，1430－1482），中世纪布鲁日的知名诗人和作家。——译注

形式是用模具仿制肉食，这导致了整个掺假造假业的兴起。这门"艺术"在于利用劣质配料来制作昂贵的食物，至少在形式和味道上与昂贵的食物相似。在这一行业里，调味佐料自然是重要的造假工具。佩特洛尼乌斯（Petronius）①讲述了一个知名厨师如何用猪的各个部位做出一系列菜肴的故事。比如，他用猪的子宫做出一条鱼，用熏猪肉做出一只大鸽子，用猪后腿做出一只斑鸠，用猪前腿做出一只鸡。另一位厨师做了整整一桌饭菜，用的东西没有别的，就是南瓜，做的既有鱼、蘑菇，还有黑布丁和甜点心，不一而足。

罗马的烹饪似乎完全是以仿制为基础的。最著名的厨师无不因为精于仿制食物而赢得声望。人们在庞培②就发现了用青铜制作的烘焙模具，其形状各异，既有家禽、猪的形状，也有兔子的形状。厨艺技能欠佳的厨师也能将原料塞进这些形状上酷似他们想要的动物的模具。至于菜肴的味道，用些辛辣的调料便可弥补一切了。

中世纪时的吃饭情形也以其他方式表现了出来。在一个乾坤颠倒的世界里，由动物来表现人类的行为，是1468年欢闹场面的渊源；在文学作品中，尤其是在装饰华美的手稿的页边空白处，此种情形也被人们一而再、再而三地加以描绘。最重要的是，可食用的建筑物似乎不仅仅局限于梦境和神话故事的世界，在富裕贵族漫长的烹饪传统里，也是一种经常出现的特点。虽然可以食用的建筑物形态多样，但它们在努力抵御对食物短缺所感到的恐惧中都挥舞着相似的武器，即幻想出一幅荒谬而又奇异的富足景象。

---

① 佩特洛尼乌斯（Petronius？前27－公元66），罗马帝国讽刺作家，尼禄（Nero）统治时期的朝臣。公元61年任比苏尼亚总督，公元66年被控叛逆而自杀。著有喜剧故事《萨蒂利卡》（亦称为《萨蒂利孔》(Satyricon)——《萨蒂尔的故事》(Tales of Satyrs)，仅有残篇（第14、15卷和第16卷的部分内容）传世。该书以散文体写成，穿插有诗歌，记述了两个年轻人和一个男孩声名狼藉的冒险经历。——译注

② 庞培，意大利南部的一座古城，位于那不勒斯东南。该城始建于公元前6世纪或前5世纪早期，直到公元前80年，一直是古罗马的殖民地，因许多著名的别墅、庙宇、剧院和浴池而成为一个繁荣的港口城市和度假胜地。公元79年，庞培城在维苏威火山的喷发中被掩埋。1748年，其废墟被人发现，古城内许多遗迹保存之完好，令人难以置信，而后便被人大量挖掘。——译注

安乐乡和"悠闲甘美之地"当然都属于虚构故事中的虚幻世界，而此种可食用的建筑物在那样的虚幻世界里则呈现出了数不胜数的形式，就连武器都是用食物做成的。在 1550 年前后，布鲁日的雄辩家爱德华·德迪恩（Eduard de Dene）在他所著的 *Testament Retoricael* 一书中，用一个诙谐的叠句描述了一帮农夫如何用油酥面团制成的武器向城堡发动进攻的。法国的一个荒诞故事更加离奇，讲述的是"la grande confrarie des sonlx d'ouvrer"（"厌倦劳作者之间伟大的兄弟情谊"），这个故事可以追溯到拉伯雷（Rabelais）①所处的时代。其中的细节与一座奇妙的城堡有关，城堡的墙壁是用含有乳脂的米兰奶酪修建的，上面镶嵌着微小的钻石。城垛和窗户用新鲜的黄油、融化的奶酪和糖果糊成；吊桥上铺的是猪头肉冻，拉起吊桥的锁链用香肠和黑布丁制作而成。

餐桌上的这些猎物与文学作品和视觉艺术中所描述的景象极为相似，尤其是跟其他幻想世界相关的文本中所做的描述极为相似。例如，安乐乡和"悠闲甘美之地"奉献给人们的一些引人注目的食物，也呈现出了其他描绘梦境和福地的悠久传统所具有的特色。那里的动物都将自己烹饪好，以这种可供食用的形式奉献给人们；有时候它们嘴里叼着餐具或背上插着餐刀，鸟儿也很乐意飞入人们的口中。

所有这一切都适用于动物世界，但植物有时也会做出此种奉献，让人们产生更加强烈的与天堂相关的联想。在游记中常常会有这种奇异境况的描写。据《创世记》所述，伊甸园中的食物都是免费提供的，人们无须付出任何努力就能得到。早期那位信奉基督教的作家帕皮亚（Papias）②将这种恩赐转移到了天堂之中，在整个中世纪，此种恩赐越

---

① 拉伯雷（Rabelais, Francois, 1494？－1533），法国人文主义者、讽刺和幽默作家，其作品对中世纪经院哲学和迷信进行了辛辣讽刺，最著名作品有《庞大固埃》（*Pantagruel*）和《卡冈都亚》（*Gargantua*）等。——译注

② 帕皮亚（Papias, 1040s－1060s），意大利作家和拉丁语词典编纂家，较早提出了词典编纂的原则。——译注

来越和美味而又丰富的食物奖赏形式联系在一起。在帕皮亚所描述的天堂里，葡萄会祈祷有人来采摘。

动物愿意自己被人吃掉这种情形不仅仅是异想天开。依据中世纪时期的解释，当上帝允许亚当为动物命名时，亚当便获得了支配它们的权利，这就意味着从那以后，人们可以用自己认为合适的任何方式来利用动物。就连托马斯·阿奎那这种身份的人也认为，这意味着动物之所以存在，主要是为了供人类食用，所以鱼儿会在水里成群结队地游来游去，为的是让人更容易地捕捉到。

重要的是我们要牢记，当消费者知道这些动物、鸟和鱼类之时，它们通常都具有一种可被识别的形态，而且常常都是活的。在当今社会，这种情况却很少见，并且明显存在一种趋势，就是人会避免直接面对它们。你盘中的动物制品，常常是用这里所说的动物的某一识别不出的部位做成的。然而在中世纪，没有人会购买装在口袋里的猪。大多数动物来到屠宰场时都还是活着的，它们是按订单被屠杀的。许多鱼类，如鳗鱼和七鳃鳗，从其生长的渔场到卖鱼的店铺，一路上都是活蹦乱跳的。这种情形，再加上当时普遍流行的思维方式，很容易使人相信并且使人认为，动物都十分了解人类对它们的期待，也就是说，满足人类的需要。

不难想象，在中世纪后期，人们越来越厌恶在公共场合屠杀动物，而这种厌恶激起了人们对动物的梦想，就是梦想它们将自己奉献出来，供人们享用。但实际上靠梦想生活多半是不行的。当第一批屠宰场搬出城镇时，有关安乐乡和"悠闲甘美之地"的文本已经记载下来了吗？事情不会这么简单，虽然这一驱势可以很容易激励人们去做安乐乡的美梦。

最后，还有一个重要因素，就是人们在接受圣餐时享用了耶稣的肉体，耶稣以此将自己完全奉献给了已赎过罪的罪人。中世纪时如何细致生动地描述这一点，对此我已经做了说明，这不仅是为了感动卑微的民众，也是为了触动贵族精英的心弦。除此之外，最具体的烹饪理念也表现了此种最神圣的献身举动。

　　自然展现出的与食物有关的梦是人们对已失乐园的一部分渴望。有句非常著名的谚语让人记起了这一渴望，那句谚语说道，"李子不会落到你的嘴里"，恰如其分地表达了人们对已失乐园的沮丧之感。还有一句谚语跟这句一脉相承，叫作"落下的云燕已经烤熟"。在整个西欧，类似的谚语还有很多，有些甚至可以追溯到古代的经典。许多古典作家也曾梦想到可供人食用的野兽。在特里马尔奇奥（Trimalchio）①的厨师烹制的一道菜里，佩特洛尼乌斯看到了游动的鱼儿："在这道菜的旁边，有四个有嘴的小玩意儿，从它们的嘴里喷出了调味的酱汁，近旁有鱼儿在游动，就像在运河里游动一样，而那酱汁正好喷到了几条鱼儿的身上。看见这道精致的菜肴，这家人都欣喜异常，不由地欢呼起来，我们也在一边随声附和。"在这部关于暴饮暴食的作品（Satyricon）的其他地方，佩特洛尼乌斯提到了许多更加美好的社会，都是人们十分羡慕的地方，因为那里有"已经烤熟了的猪在到处走动"。我们在"悠闲甘美之地"也见到过这种场景，但那里并不是它们到处走动的唯一地方。画家扬·曼迪恩（Jan Mandyn）②曾受教于耶罗尼米斯·博斯，博斯的作品也许要比他的好些。在他看来，这种可以食用的令人惊讶的动物属于幻觉之列，是恶魔撒旦经常利用的东西。为了引诱圣安东尼，撒旦往往会使出浑身解数，这倒给曼迪恩带来了灵感，他画了一幅背上插着餐刀的烤猪的作品。通过这种方式，撒旦试图引诱圣安东尼一举犯下两重罪恶，即贪吃和懒惰。

　　《圣经》中有不少神灵分发食物的例子，不仅在天堂中分发，而且以吗哪的形式从天而降，甚至以鹌鹑的形式出现，它们纷纷飞到以色列

---

①　特里马尔奇奥（Trimalchio）是罗马帝国讽刺作家佩特洛尼乌斯（见本章注释2）的一篇名为《特里马尔奇奥的晚宴》的作品中的人物。该人物是一位获释的奴隶，他在获得自由后艰苦奋斗，从而赢得了地位、权力和财富。——译注
②　扬·曼迪恩（Jan Mandyn，1500–1560），荷兰知名画家。——译注

孩子们的"露营地"。这些表现经常被解释为神灵的干预和上帝的赏赐，意在证明人类并不是要含辛茹苦、忍饥挨饿，而是要为吃苦挨饿这样的状况而谴责自身。

具有天堂征兆的奇怪异世界也保留了这一必不可少的因素，即由神的意旨和自然的手段获得食物。亚历山大大帝沿着从天堂流下的其中一条河流溯流而上，向着天堂而去，他看到了乾坤颠倒的世界，从堕落回复到了清白纯真。他看到水里的鱼儿从火堆中游过，正在烧烤自身，身上的肉都自动地从骨头上脱落下来。

在曼德维尔的著述中，卡拉诺克（Calanok）岛上的情形更加鲜明。在那里，各种各样的鱼都会游到岸上，并一直在海滩躺上整整三天，供当地的人们拾取，他们想取多少就取多少。当地居民将这种奇妙景象归结为上帝恩赐的礼物，上帝用这种方式赐予他们的国王荣誉。国王拥有不计其数的妻室，是世上生儿育女的冠军。为了生育子女，他每晚都跟不同的女人同房，已经养育了成百上千的子女，而且这个数字还在不停地增长。因此，对于那些遵从上帝指令、努力繁衍后代的人来说，那位国王可被当作楷模来效仿。每年出现如此大量自我献身的鱼，这样的奇观只是人们所能期待的最小报答。这个故事是曼德维尔从意大利波德诺内的圣方济各会修士奥多里克（Odoric）[①]那里借来的，奥多里克声称自己目睹了这一场景。数百年来，《圣经》中一直都有相关的注释和人们喜闻乐见的想象。马埃尔·迪安讲述的凯尔特游记故事中也提到了一个梦幻岛屿，那里有大量鲱鱼自己跳到海滩上，其数量远远超过了当地居民的日常需求。显而易见，那些鱼儿也是为让人享用而献身的。

在这个乾坤颠倒的奇异世界里，一切事物都与西方世界认为文明的东西截然相反，其中一个主要的例子就是同类相食。这种野蛮的消费模

[①] 奥多里克（Odoric，1286？-1331），中世纪晚期意大利圣方济各会修士、探险家。1296年，曾作为传教士被教会派遣到巴尔干一带，1318年又被派遣到波斯等地，也曾到访过中国；所著的游记是约翰·曼德维尔著述的重要素材。——译注

式能够迫使白人像安乐乡中的动物那样将自己作为食物奉献出来。有位名叫汉斯·施塔登（Hans Staden）①的德国人就遭遇到了这样的命运。他来自德国北黑森州的霍姆堡，被巴西的印第安人囚禁了好几年。他将自己这种耸人听闻的经历写成了一本书，并于1557年在马尔堡出版，该书在整个欧洲取得了巨大成功。其荷兰语版本早在1558年就已问世，由克里斯托菲尔·普兰提恩（Christoffel Plantijn）在安特卫普城出版。尽管施塔登好几次都几乎要被吃掉，但他每次的拖延请求都最终获得成功。在被囚禁期间，他不断被迫向土著人展示自己是一个潜在的营养源。有一次，他被脱光衣服带到一个村子里，那儿的人要他大声向待在小屋里的妇女呼喊，说他来这里就是要让人吃的。土著人显然很看重这种正式的介绍方式。后来，他的双腿被捆在一起，并且被迫在小屋之间蹦来蹦去。这一举动引来阵阵哄笑，那些土著人不停地说，"瞧！我们的食物跳过去了！"

天堂的发现往往在异国他乡要比在本土来得快些。曼德维尔是最重要的关于无数异邦之地的知识源泉，据他说，在塔拉玛斯岛（Thalamass）[有人称之为帕森岛（Pathen），那座岛一定坐落在婆罗洲附近]，生长着一些能结出面粉而不是水果的树木。这种面粉没有播种小麦的麻烦就可得到，被用来制作美味可口的白面包。葡萄的获取也同样简单，葡萄酒也是由树木直接生产出来的。曼德维尔用以下文字描述了这一简单的生产过程："如果你想要知道树木是怎样长出面粉的，就让我来告诉你。人们用斧头在贴近地面的树干上砍开许多口子，把树皮砍穿，然后就有浓浓的液体流出来。他们再用容器把液体接住，然后放

---

① 汉斯·施塔登（Hans Staden，1525 – 1579），德国士兵、探险家。曾于1547年和1549年两度乘船到南美的巴西探险；1552年，他在一次打猎时被巴西当地的图皮南巴人（印第安人的一个部落）俘获。1555年2月22日他设法搭乘一艘法国轮船回到了欧洲。1557年，他将在巴西被俘的经历写成了一部书出版，书名为 *Warhaftige Historia und beschreibung eyner Landtschafft der Wilden Nacketen, Grimmigen Menschfresser – Leuthen in der Newenwelt America gelegen*（即《美洲新世界里野蛮、赤裸、无情、人吃人之国度的真实故事与记述》）。——译注

在阳光下晒。等晒干之后，再将它们拿到碾磨中磨碎，之后就能做成一顿可口的白饭了。葡萄酒、蜂蜜和毒药也都以同样的方式从树中得到，然后储存在罐子里。"正像曼德维尔和其他旅行家所记述的那样，这些美梦都很有说服力，原因在于它们都跟一种可以感知的现象有关联，而这种现象在后来的旅行家的记述中也得到了证实。故事编造者根据这种情况又编造出了西米棕榈的故事，人们用西米棕榈的木髓可以生产出一种类似于面粉的可以食用的淀粉。

在一些故事中也曾经出现过富有创造力的能够长出飞禽走兽的树木。据曼德维尔所说，在 Cadhilhe（高丽）王国（可能指的是朝鲜），"生长着一种像葫芦那么大的果实，等到成熟时，人们将其切开，发现里面有一只有血有肉有骨头的动物，就像一只没有长毛的小羊羔"。那东西显然吃起来味道鲜美。他还提到一些树结出的"果实会变成飞翔的鸟儿"。另外，你不能小看任何东西，"因为它们身上都有美味可口的肉"。法国博韦的樊尚以及其他人也曾写到类似的东西，叫作"bernakes"，或者叫作白额黑雁，据说是从长有高颈的藤壶中生出来的。

上文提到的法国荒诞故事"厌倦劳作者之间伟大的兄弟情谊"在1540年前就已出版，它嘲弄了在奇异之邦和其他梦幻世界里所见到的一切将自身作为食物而献身的东西。在这里模仿天堂，就是要强调人们可以毫不费力地获取食物。在注重兄弟情义的奇妙城堡里，人们可以坐在餐桌前，会见到各种食物应有尽有，而且分量都恰到好处。在最小的一张餐桌上，肉片甚至会跳进人们的口中。在外面的果园里，随时可吃的飞禽走兽都长在树上。这就是人们所想象的应该呈现的状况，如果这些传说都是真的，那么，在远东和西方，现在仍应该是这样的状况。为了使自己的文明社会里微不足道的食物供应变得更好，最好是要获得有关食物的详尽信息，即要知晓在什么地方食物充裕。梦想也能助一臂之力，就是梦想既不花钱又不费力即可获得美味佳肴。有句谚语道出了这一愿望："猫喜欢吃鱼，但若须下水去捉，也就不吃了。"

第十六章

文学上的复活

人们也可能会对写在羊皮纸和报纸上的内容存有疑窦和忧虑。在这类例证中，愤怒和恐惧、自嘲和讽刺交替呈现，人们常常会在同一个文本中见到此类情景。但是，在这些书面文本中，不论那些经常重复的言语退变成了多么乏味和粗俗的笑话，它们所表现的并不仅仅是幽默。

当然，这些文本往往跟狂欢节中所开展的公共庆典的保留节目相关联。展示出的所有疯狂、滑稽而又变形走样的菜肴都表现出了这种联系，当人们用最大嗓门将这些菜肴叫喊出来时，就会变得格外可笑。此种狂热的表演是狂欢庆祝活动的核心内容，由人们来饰演权威人物，诸如王子、法官、牧师、医生和占星家，他们暂时在模拟王国的虚拟基础设施中各司其职。

那些以幽默方式列举出的菜肴，实际上只是让听众饱了耳福和眼福，听众并没有把它们吃掉。这种幽默事实上与突然发生的食物匮乏一样古老。古典著作中都有属于自己的厨房幽默，本书中也已列举了一些例子。自13世纪始，日耳曼文学就展现出了一种独特的流派，此种流派可被称为吃喝（或饕餮）文学，与上文提到的厨房幽默有关，尽管事实上这种文学更是有过之而无不及。在庄严典雅的史诗构架中，此类文本作为道德教育的宣传手册，旨在教导那些没有受过教育的年轻骑士适当的礼仪，让他们知道什么叫不守规矩。这便连续不断地产生了令人兴奋的烹饪名堂，其中一个很好的例子就是 *Gefraess*（即《狼吞虎咽》），是由日耳曼骑士诗人奈德哈特·冯·鲁恩萨尔（Neidhart von Reuenthal, 1185－1245）撰写的。该文本中罗列的菜肴不少于 42 道。奈德哈特也许是专门为庆祝狂欢节写了这个文本，因为要在厨房里进行有趣的嬉戏，还有比这更好的场合吗？

狂欢节是在冬天行将结束时到来，它为人们傻吃傻喝提供了一个最合适的机会，好像这样的机会再也不会出现似的。从某种意义上说，这倒也不假，因为直到下一个收获季节到来之前，等待人们的将是一段食物匮乏、不得不厉行节俭的时期。爱德华·德迪恩（Eduard de Dene）这位雄辩家，亲自汇编了一部有关狂欢节的文学作品，其中单独收录了一部分，包含各种文本，非常适合参与庆典者在狂欢节使用。他用自己的独特用语"伊比鸠鲁式的游手好闲者、狼吞虎咽的贪吃客"来描述这帮庆祝狂欢节的人。德迪恩认为，伊比鸠鲁手下那帮性格柔弱的仆人和古典哲学家都很善于烹饪之类的乐事。这些仆人擦拭桌子，所谈论的没有别的，只是吃吃喝喝。他们会一直吃到深夜，但却还能在第二天早早起床，而且已做好了吃早饭的准备。人们指责他们太贪吃，这种指责是基于《圣经》而做出的，矛头针对的则是中世纪那些贪吃之人。然而，德迪恩似乎并不那么强烈地反对他们。相反地，他好像是一直在为暂时的性情寻找一种恰当的类别，考虑到他自己的生活方式，他倒是对他们表示了一种完全赞同的态度。

特别是在模拟的布道词中，声称在狂欢王子统治期间取得了乾坤颠倒的道德规范，并对人们的举止行为制定了严格的规则，规定了在厨房烹饪时人们应该和不应该做的事情。一篇布道词详细阐述了无名圣人的美德，那位圣人似乎与圣德林卡提不斯（Sanctus Drincatibus）有关。布道词中说道，"人们若是开怀畅饮，便可到达天国，亦可将灵魂从炼狱中拯救出来"。因此,为了拯救自己和他人的灵魂,能喝多少就喝多少。随后就出现了一系列拟人化的食物,其中一些直到复活节才会出现在餐桌上,还有一些或许会在即将到来的四月斋旬节出现,比如公牛彼得、母牛杰拉德、野兔杰弗里、绵羊保罗、阉鸡约翰等;与之相匹敌的还有大比目鱼哈里、贝类彼得、熏鲑鱼约翰、鲤鱼兰斯和大马哈鱼约瑟夫,以及更具素食意识的橄榄卡尔、苹果格特鲁德、无花果崔西和葡萄干贝弗等。

将饥饿困扰和过度饮食跟有关神圣殉道者的戏剧性叙述结合起来,被人们认为是非常有趣的做法。在一篇模拟的布道词中,有一部分讲述了一只鹅或一条鲱鱼的苦难遭遇,那只鹅或鲱鱼已被烤熟,成为人们的盘中之餐,而这已成为虔诚沉思的主题。这个传统源自拉丁讽刺文学《布兰诗歌》(Carmina Burana)①,例如《烤鹅之歌》:

我就这样为了你在锅中被油煎,
我这只鸟儿已不再能展翅飞翔。
我被放在烤架上,痛苦不堪,
我在熊熊烈火中被烘烤,
浑身上下无不在渐渐变黑!

毫无疑问,此类文本会在宗教性愚人节庆祝期间上演,以上提到的卷册包含许多保留节目的样本。由教会组织的这些节日表演的节目主要

---

① 《布兰诗歌》(Carmina Burana),是指在德国慕尼黑南部阿尔卑斯山谷中上巴伐利亚州的小镇贝内迪克特的一所古老修道院——布兰修道院内发现的诗歌。该修道院始建于公元740年,由于偏僻和隐秘,很少受到战乱和其他天灾人祸的破坏,因而保存着许多具有重要价值的历史文献。1803年,考古学家在这所修道院中发现了大量中世纪诗歌和戏剧古卷,大部分是用拉丁文写成的,显然出自神职人员和落魄文人以及流浪学生的手笔。内容上可以分为宗教和世俗两类,其中蕴含放荡不羁的精神和对放浪形骸的生活方式的赞美以及对封建社会的无情嘲讽。其创作时间在11—13世纪。其中的两百多首作者不详的世俗诗歌经巴伐利亚的学者整理出版,称作 Carmina Burana(《布兰诗歌》)——译注

包括城市里的狂欢节庆祝节目，这些节目都是采用或者改编原来文本素材的。15 世纪有一篇关于阿利特鹅（Alijt the Goose）的模拟布道词，就属于这种模式。这篇布道词可能是专为庆祝 11 月 11 日的圣马丁节而创作的。在传统上它标志着一系列颠倒现象仪式的开始，即表演 mundus inversus 的节日；这一通常是在冬季庆祝，直到来年的大斋节。当然，在圣马丁节当天，人们总是要吃些烤鹅。

16 世纪中叶所记载的《圣鲱鱼的传说》（Legende van Sinte Haryngus）也是遵循这些路线创造出来的。该传说严肃地回顾了那位英雄人物如何在大斋节期间无私地将自己的身体无偿地奉献给民众，让他们果腹充饥。尽管如此，他仍然遭受了最阴险的追击和捕捉，随后又做出了极其可怕的牺牲，当时牧师也曾详细地披露了一些详情。他的咽喉被割开，里面塞满了盐。他被装到一个桶中，害他的人用一根金属丝刺穿他的头颅，将其吊在火上烘烤，在烟火中熏干。似乎这样折磨他还不够，他们甚至还将他的皮剥掉，他的肚子也被剖开，并把内脏取了出来。之后，又在他的体内塞上黄油和芥末，可这样还不算够：他又被放在一个面盆里，并被不停地翻动，直到浑身上下变得比雪还白。最后，这位海中的国王被扔进滚烫的油锅里。直到这时，他才被烹饪好，让众人毫无节制地大吃一通；那帮人就围在他的身旁不停地啃咬，直到最后个个吃得肚子溜圆，又将他那残留的高贵躯体扔给了猫和狗，实在令人作呕。

他到底做了什么竟要遭受如此残忍的折磨？不过，布道的牧师吟诵道，愿他永远善待我们人家，愿他和他的子民继续为我们提供食物（然后牧师就回忆起了一长串子民的名字）。而那些狂欢节的司仪神父——天啊——竟然以子民的名字来滋养自己；于是，牧师就在结尾时为他们祷告，祈求他们都患上天花、疥疮、疖子、胸膜炎和腹泻等疾病。

这个常备的幽默故事在 18 世纪时出现了一个翻版，谈到人们在狂欢节庆祝当中大吃大喝的情景。该翻版保存在三个嘲弄性的文献里，在节日期间使用。种种迹象表明，那三个文献充分反映了中世纪晚期的庆典仪式。整个庆祝活动都深深植根于富饶多产的仪式、净化以及礼仪上的转变，而且已经变为大吃大喝与随后到来的四旬斋节期间虔诚而严苛的斋戒之间的对立。按照古老的习俗惯例，对立的一方由肉和家禽组成，另一方由鱼类组成。四旬斋的代表是"节欲君主"，他在一道模仿的敕令中宣布，他统治渔场和那里所有的鱼，随后便将各种各样的鱼一一列举出来，列出了一个很长很长的清单。它还统治着水果、蔬菜和"用来进行清淡烹饪"的一切东西。

那道敕令的目的就是立即将所有的家禽和肉类从其统治的王国内驱逐出去。敕令宣布之后，又列出了一个很长的清单，全是人们必须当即放弃的以人名命名的美味食物：比如公牛罗兰、其牛叔迪克，其妻子母鸡以及许多别的佳肴。敕令是在"大饥饿城"颁布的，那年似乎举行了一场并不引人注意的比赛，其基础是过节般快乐的数字 11，由一位大腹便便名叫沃尔特（Walter Pompous–Paunch）的教士签署。

此类文本主要涉及四旬斋和狂欢节领导人之间的辩论与争吵，通常包含一个长长的以人名命名的食物清单。在中世纪晚期和现代早期法国北部的文献中保存有大量这样的文本。它们都是供人们表演和朗诵的文本，为富有节奏的诵读和幽默的表演提供充足的机会。其幽默的展现形式主要是用制作出的食物大军，摆出战场上两军对垒的阵势。也有一些文本则以剧本的形式呈现出来。

在荷兰语素材中有足够的迹象表明，此种类型是众所周知的。比如，其中有一场关于狂欢节和四旬斋之间的辩论，以雄辩家上演的滑稽剧形式呈现出来。在剧中狂欢节装扮成一位农夫的模样，而四旬斋则扮作一个世俗修女。狂欢节期间典型的食物也是人们议论的主题："奶油馅饼，华夫烤薄饼"，再加上"鸡蛋、调味品、鸡肉、肉馅饼、山鹑和阉鸡"。在这里我们不难看到安乐乡和"悠闲甘美之地"的许多景象——可以食用的建筑，尤其是那些烤熟的食物，这绝不是什么巧合。人们当然有足够的理由在狂欢节期间再现这些梦幻之地。

然而，当时流行的食物之间的战斗以及与食物自身斗争的最珍贵证据则可以在视觉艺术中找到。当然，跟勃鲁盖尔于1559年创作的《狂欢节大战四旬斋》以及八年后创作的《安乐乡》这两幅画相比，其他一切作品都黯然失色了。在画中，所有的东西都以食物为中心，这种安排我们比较熟悉，因为文献资料中也是这样。一个胖子站在啤酒桶或是葡萄酒桶上，手拿一根烤肉串——上面串的全是可以吃的肉食，诸如烤猪头和烤鸡；他正对着一个女人挥舞，那位女子身材瘦弱，脸色苍白，而她手中的武器只有一块擀面板，上面放着两片鳕鱼干、一些薄饼和面包圈。其他可吃的东西都一路小跑地跟着那个贪吃的人，其中就有一根硕大的香肠，诱人的香肠上还插着餐刀，另有鸡蛋、华夫饼、白面包和煎饼等。

这位矮胖子用食物将自己武装到了牙齿，他扮作一个众所周知、大腹便便的骑士模样，这一形象在文献资料、视觉艺术和节日娱乐节目中反复出现。他也经常在印刷品中出现，往往带着他那标志性的武器——致命的烤肉扦——并携带着火腿、烤乳猪和阉鸡等。中世纪晚期，在西佛兰德①的波佩林根（Poperingen）城有一个愚人社团，由一个名叫吉布（Ghybe 或者 Gib）的狂热骑士领导。那个社团大概是一个社会团体，其成员会在狂欢节这样的节日场合扮演愚人的角色。尽管吉布这个名字不会引起人们的注意，但是他在画面中的外在形象无疑表明，他就是这种场合下所提倡的大吃大喝行为的化身。他用烤肉扦武装自己，身着穿锅碗瓢盆，作为盔甲护身；他把勺子当作马刺，倒骑在驴身上，用一个莫名其妙、重达83磅的秤砣击打一块大石头。许多证据表明，这个非正式的组织后来发展成为一座被人叫作"石首"的雄辩会所。

狂欢节的通常象征是一位非常胖的胖子，这一独立的主题形象也出

---

① 佛兰德，欧洲西北部一块历史上名闻遐迩的地区，包括今法国北部的部分地区、比利时西部地区和北海沿岸荷兰西南部的部分地区。——译注

现在另一幅画作中。那幅画属于老彼得·勃鲁盖尔流派，冠以一个十分令人困惑的名字："四旬斋大战狂欢节。"这两幅画都有许多临摹本和改编本，大致在勃鲁盖尔时期以及其后时期内完成。最后提到的那幅画（见图28）展现了一个小男孩圆圆胖胖的脸蛋正被一个瘦弱男人啃咬的情景，那个瘦弱男人的头部被一个面容憔悴的女人的脸遮住了一半。勃鲁盖尔（或者他的的一位学生）想要绘出一幅与荷兰谚语"咬掉人的耳朵"相关联的作品吗？与这两幅画相关的姊妹作品也出现了许多，它们既描绘了简陋贫乏的厨房，也描绘了丰盈富足的厨房。1563年，彼得·范·德尔·海登（Pieter van der Heyden）[①]按照勃鲁盖尔的设计，将这些作品雕刻了出来。这些画作描绘出了相互对立的饮食习惯，尤其是两个厨房所提供的各种食物。

在狂欢节的所有表现形式中，不论是文学还是视觉艺术所展现的，还有另外一个引人注目的要素，就是寻欢作乐者的标准装束。他们喜欢用厨房用具将自己装扮起来，甚至用烤肉扦、烤肉架、分菜叉、拨火棍、长柄勺和锅碗瓢盆来演奏音乐。显然，人们有一种强烈需求，就是在大庭广众前展示食物匮乏和食物充盈之间的天壤之别，这种展示不仅要在狂欢节期间进行，而且要在一年当中的其他时间进行，正如上文提到的波佩林根的愚人社团及其领导者——大腹便便的吉布所见证的那样。在佛兰德的登德尔蒙德城，从1561年开始，即经过了一个艰难时期之后，每年都要举行一次游行，其特色是一场表演节目，主题叫作"利恩先生新的食品搅拌棍"，其表现方式似乎与勃鲁盖尔之后的印刷物有着紧密的联系。

狂欢节完全是关于食物的，甚至连狂欢节赞歌的乐谱都是用食物谱写而成的。1517年，在乌特勒支[②]主教教区的朱特法斯（Jutphaas）上

[①] 彼得·范·德尔·海登（Pieter van der Heyden，1535-1575），中世纪比利时画家。——译注

[②] 乌特勒支（Utrecht），荷兰中部城市，位于阿姆斯特丹东南方向。在罗马人入侵之前的中世纪，这里曾是重要的纺织业和商业中心。现有人口23万余人。——译注

演过一个节日节目，除了模拟的训诫——（此前提到的一位主教向他管辖的神职人员发表的一篇演说）——以及许许多多绘制的模拟统治权的漂亮盾牌之外，节目中还展示了一首狂欢节歌曲，其曲谱里充满了愚人的帽子、火腿、阉鸡、鹅、鸡蛋和一桶啤酒或者葡萄酒。接着便是四旬斋节日之歌，其音调也是由鳕鱼干、比目鱼、贻贝和罐子等音符确定的（罐子里无疑盛满了水）。伴随这些曲调的歌词也展现了类似的食物。以此种方式点缀的节日赞歌无疑十分常见，因为在一幅勃鲁盖尔时期的画作里也描绘了小酒馆中的饮酒狂欢者歌唱的情景，从打开的歌本中可以看到，歌谱中展示的也是可以食用的音符。

要理解所有这些食物的表现形式，其关键是夸张和讽刺这两个概念，因为它们是对抗饥饿最有效的幽默形式。夸张和讽刺这两种典型的艺术形式，就是故意运用脑海中特有的事物来歪曲事实。在涉及食物时，或者在食物匮乏时，运用可以想象到的任何夸张方式来展现食物是最为有效的，而最恰当的表现时机则是四旬斋节到来之前的狂欢节，因为狂欢节将人们的整个身体，尤其是外衣遮蔽下的身体功能，以荒谬可笑的形式展现了出来，并且让人做出了愚蠢荒唐的行为。这是在嘲笑和驱除日常生活中所有那些被认为是不可接受的行为，甚至是恶魔的行为。文学并不是表现此类事情的唯一媒介：勃鲁盖尔也步了文学的后尘。那幅叫作"暴饮暴食"的版画（见图70）便描绘了这一极大的罪恶（在另一幅画作中也有这样的景象）。画面中人物的嘴和肚子几乎都是塞得胀鼓鼓的，这在刻意夸张的画面中能够立即引起人们的注意。上文所提到的丰盈富足和简陋贫乏的厨房的印刷物，同样展示了极度夸张的清瘦和肥胖的画面，其中"列举"的人物如同一个模子铸造出来的，他们和一位来自对立阵营的访客形成了鲜明的对比；而那位访客在门口出现的情景当然不是巧合。

文学作品也乐意做出其自身的贡献。尼瓦多斯大师（Master Nivardus）于1149年前后在根特撰写的拉丁文史诗《伊森格力姆》（*Ysengri-*

mus）① 中着重描写了一匹贪婪得难以置信的叫作"伊森格力姆"（Ysengrim）的狼的故事，他不断提到那匹狼的血盆大口，以表现他们自己的生活状况。当那匹狼合上嘴巴时，发出的声音就像织布机一样吱吱作响，或者像是在砧板上打铁一样。它的牙齿也像在放大镜中放大了一样，看上去就像是一把镐或者镰刀。总之，这匹狼拥有各种破坏性的手段，能够轻而易举地吞下八块蛋糕，并把盛放蛋糕的盘子也一起吞下。不过，就暴饮暴食而言，这个故事中的列那狐可以跟它的叔叔相匹敌。当它们真地吃起东西时，它们的肚子就会像气球一样鼓起来，直到最后，这只狐狸吃得连自己的腿脚也看不到了——更为糟糕的是——它也无法用腿脚走路了，所以它不得不滚动着走，而不是用腿脚来走。简单说来，它最后吃成了一个硕大的圆球，肚子胀得跟身高一样大了。

对食物和人的消化能力的夸张表现有着悠久的历史，这种做法始于凯尔特和日耳曼人的传统习惯。在古代的社会体制中，吃饭对于生存有着多大程度的支配作用是显而易见的；同时，由于缺乏更好的方式，人们常常需要通过想象来获得慰藉，逃避严酷的现实。在凯尔特人的神话中，马克·达特思（Mac Datho）的猪就发挥了很大作用，因为猪肉在中世纪时期是最为重要的肉食来源。这头猪体大无比，用60头牛的奶喂养了七年。当它最终被被人享用时，为它准备装饰菜所动用的牛就有40头之多。

在日耳曼人的传说中有一头硕大的野猪，名叫萨赫利姆尼尔（Saehrimnir）②，它可以为天堂里那些战死于沙场的英雄亡灵提供用之不竭的肉食。斯诺里·斯蒂德吕松撰写的《新埃达》（*Younger Edda*）里就

---

① 尼瓦多斯（Nivardus），中世纪诗人，生卒年月不详；他于1148年至1153年期间在根特以拉丁文撰写了一部长篇嘲讽性史诗，题名为《伊森格力姆》（*Ysengrimus*），诗中的人物均为人格化的动物，比如列那狐（Reynard the Fox）、布鲁因熊（Bruin the? Bear）、鲍德温驴（Baldwin the? Ass）、蒂尔波特猫（Tibert the Cat）、伊森格力姆狼（Ysengrim the wolf）以及国王狮子（King Noble the Lion）等，该部史诗收集了许多列那狐的历险故事，列那狐是平民英雄的象征，而伊森格力姆狼则象征贪婪的贵族和僧侣。——译注

② Saehrimnir，在德语里即为"野猪"之意；在北欧神话里，主神及死亡之神奥丁（Odin）的九个婢女瓦尔基里（Valkyries）用这头野猪为其勇士亡灵烹制佳肴，而这头猪能够在宴后死而复活，又为下一顿饭做好献身的准备。——译注

描写了这头野猪，书中还提到了名叫奥德姆拉（Audhumla）的一头母牛，"从其乳房中流出了四条牛奶河"。与天堂里奖赏的滋养品和人间天堂的四条富饶河流相似的事物，都可以解释为基督教化的例证，也可以解释为真正属于天堂的元素，而这些故事通常是由修道士记载下来，许多文化也都吸收了这些元素，以满足它们自身的需要。无论如何，我们都能从那些暴饮暴食的勇士身上看出这位日耳曼英雄的气概，因为他经常不得不展示他食量极大的威力，以证明自己。

在这里要把中世纪文学中所有那些有关烹饪的杂论无章的描述全都罗列出来未免有些过头。对大吃大喝这一主题的选择以及对主题所做的荒谬滑稽的处理，那时其自身就已经揭示得相当充分了。因此，笔者将仅仅列举在本书中所研究的中世纪晚期和现代早期这两个时期的一些例子。

在16世纪初期意大利的文学作品中，有几篇引人发笑的滑稽对话，里面充满了十分有趣的黑色幽默。为了驱逐饥饿这一令人恐怖的敌人，人们想出了各种各样的办法。例如，有人用塞子将屁股塞住，好让粪便留在体内，填满腹内的肠子。也有人自食己肉，并声称他最终战胜了饥饿，就是死也是吃饱了死的，死也死得心满意足。这种手段并非鲜为人知：人似乎赢得了胜利，即便以自己的生命为代价。

在带有解释的手稿中，人们对首字母做了巧妙的装饰。在那些装点美妙的首字母里，还有那些教堂和修道院柱子上雕刻的有关人物画中，都表现了自食己肉的景象。那些十分可怕的人和动物不仅相互撕咬，而且还自己吃自己的肉。因此，他们这种极其残暴的行为是不再信仰或者从未信仰过上帝的异教徒，以及其他很难被社会接受的人的典型行为。1500年6月24日（即圣约翰日），在布拉班特公国的布雷达城上演了一部名叫 *Van den helighen sacramente van der Nyeuwervaert*（《纽威瓦特的圣餐》）的圣迹剧①。有人在泥土中发现了一块显然在流血的圣饼，这

---

① 圣迹剧，又叫"神迹剧"，是中世纪以《圣经》中圣母及圣徒们的事迹为题材的戏剧。——译注

块圣饼能够创造各种各样的奇迹。一位来自列日教区的老练律师前来测试圣饼的真实性，他将圣饼刺穿了五次，圣饼开始渗出血来。据说，此位律师感到心烦意乱，落荒而逃，并将自己的双手咬掉，吃了下去。

这位律师并非真的蒙受了饥饿之苦。他充其量只是精神上感到饥饿，因为他胆敢怀疑上帝的无限威力。然而，大多数自食己肉的现象都是极端暴饮暴食的反映，在文学作品中，它立刻就变成了一种抵御饥饿的武器，滑稽而又有效。不过，自食己肉的现象并不只在文学作品中出现，因为艺术也能口述事实。的确，艺术似乎为工业化前那个时期有关饥饿这一主题做出了贡献，因为有一位年代史编者在其编撰的史料绪言中，就采用了第一手确凿的报道资料（"如果不是亲眼看到，我们就不敢妄言，因为这种事情已造成了如此的恐慌"），他指出，17世纪时，在法国北部的皮卡迪，一些饥饿的农民"吃掉了自己的手臂和双手，在绝望中死去"。尤其值得注意的是，当时有人亲眼见到一些简直令人难以置信的事情，引起人们极大的猜疑，并让人回想起了饥荒时期的传统景象，饥饿和食物匮乏不仅令人恐惧，而且意味着那种恐惧也是不无道理的。

正是低地国家经历的一次又一次严重的食物短缺，才引起了人们的恐惧之感，而1561年安特卫普城在雄辩家戏剧节期间上演的一部滑稽剧，则抵消并驱除了这种困扰人们的恐惧感。这部剧作出自蒂伦豪特①的雄辩社"Heybloemken"（"石楠花"）中的某个人之手，此人也许还是一位艺术总监，通常还要对公演的文艺节目进行监督指导。演员无疑也是这个雄辩社的成员。该剧旁敲侧击地讽刺了那帮四处游走的雇佣兵，人们都很怕他们，不仅害怕他们抢劫，而且害怕他们没收征用物品。现在回想起来，针对食物匮乏和饥荒的战争并没有产生什么效果，不过当时人们的感受却并非如此。

---

① 蒂伦豪特，(Turnhout) 是位于比利时安特卫普省的一座古城，现有人口近40万人。——译注

在蒂伦豪特上演的滑稽剧里，几乎没有发生什么重大的事情。其中的情节重点是描写一长串虚构的人物，他们的名字和形象都不过是在讽刺各种各样的饮食习惯而已。就此方面而论，该剧的文本与德国在狂欢节上演的 Reihenspiel 剧本非常相似，在德国的那部剧作中，一些人物用嘲弄的言辞来粉饰自己。而在荷兰的狂欢节戏剧里，会有为数众多的演员，其中包括一大群可能充当雇佣军的人物。其情节不过是关于士兵的招募罢了；从表面上来看，那帮人是为了在思科兰（Schockland）伯爵的军中服役，因为在那里人们可以"schokken"，也就是说，可以像一个骑兵那样吃饭。

在办理征兵手续期间，每个应征者似乎都具备保卫国土的资格。名叫"长大肠"（Long Gut）的那个人可以一口气喝掉 12 碗粥；叫"空肚子"（Hollow Belly）的那位刚才吃掉了 15 盘豆子；人称"大盘子"（Big-Plate）的家伙嘴里老是在嚼着东西，一刻也不住嘴，并为此而感到骄傲。他可以一口气吃下 10 盘豆子，必要时还会吃得更多，比如再加几根火腿和 20 磅面包。不久前，名叫"大口吞"（Swallow Chunk）的人吃了整整一只羊和 15 磅面包，之后仍感到腹中饥饿。人称"吃不饱"（Seldom Full）的那位可以把整个酒窖里的酒全都喝掉；而一口气喝下一整槽稀粥在"吃个够"（Make Enough）看来根本算不了什么。

这种狂热的名字游戏是新近一种典型的狂欢节娱乐活动的模仿行为。其实，这些具有讽刺意味的绰号和现代说法之间的差别并不像人们所想象的那么大。人们往往会根据身体或者行为方面最令人尴尬的特征相互起个绰号，而这些绰号在过去很容易就被记载在官方的记录中。例如，在佛兰德斯的特尔·达斯特（Ter Doest）修道院的一份文件中，就记录了一个名叫丹尼尔的人，"绰号贪食客"，他在 1269 年曾充当过证人。

这些意为饥饿和暴饮暴食的绰号以及类似的诨名，还有以故意写错的地名形式呈现的绰号，在 15 世纪的节日保留节目中反复出现。它们不仅通过嘲笑和讥讽的方式减少了人们对饥饿和过度饮食的恐惧,而且通过对这个乾坤颠倒世界的讽刺,给人们一个深刻的教训。人们乘坐"贫困之舟",在前往神圣的"贫穷之国"的朝圣之路上傻吃傻喝。航行途中,"贫困之舟"自然会在"饥饿"、"面包尽头"和"空钱包"这些人们根本不想光顾的地方停靠,因为他们一直在朝着"酒馆"、"啤酒堡"、"湿地"之类的地方行进。

此类游戏永远不会终结,尤其是当人们认为这些文本只是偶尔会被记录下来,供人们在私底下阅读,或者在小圈子里朗诵,甚或只是聊作纪念品而已。它们也有可能以廉价的印刷品形式呈现,在狂欢节庆祝活动中继续为人们所用;16世纪时,此类游戏慢慢地却的的确确转入了地下,最终成为家庭的娱乐活动。与此相关的一些文本讲述了一帮流浪乞丐的故事,他们叫作"阿诺德兄弟"(Arnoutsbroeders)。这个名字似乎来自圣徒阿诺德斯(Saint Arnoldus)①,即啤酒酿造者的守护神,不过还有一位阿诺德,却是以"浪迹天涯客"而出名,此公也有可能是这帮人的鼻祖。这帮"阿诺德兄弟"按照"圣徒瘦子"(Saint Lean)和"神圣穷光蛋"(Holy Have–Not)的法则生活,而他们当中一些人的名字也证实了这一点:比如"空下巴"(Hollow Jaws)、"大饿鬼"(Great Hunger)、"干罐子"(Dry Pot)以及"没肥油"(No Fat)。在旅途中这帮欢乐快活的人遇到了威廉·忧愁(William Worry)、萨姆·无暇(Sam Spotless)和瘦子(Lean Man)等人,而瘦子要么是"饥饿"的化身,要么是"死神"的代表。

这些是抵御饥饿的文本中留下的痕迹,这些文本必定引发了喧闹的表演,而那些表演也一定会引发阵阵欢笑,给人们带来亟须的慰藉,并且会受到演员和观众的欢迎,他们因而会发现自己是幸运地置身一个可

---

① 圣徒阿诺德斯(Saint Arnoldus),生卒年月不详,据说是比利时历史上一位思想进步的修道士,曾鼓励乡民在苦恼时以啤酒代水消愁,因此成为圣徒,后被封为啤酒酿造者的守护神。——译注

以提供保护的社会之中。的确，这种集体仪礼所引发的阵阵笑声可被用来衡量现场的认真程度。考虑到这些文本在表演和人物名称方面所展示的相似性，似乎可以说，大众文化运用这种方式与人们认为的威胁生命的困境作斗争的年头，如果不是更长的话，至少也有一百年之久了。与此相关的文本选择了其他的方式，比如 *Sotte Benedicite*（《醉酒祝福》）和 *Sotte Gratias*（《醉酒祈祷》）等模仿祈祷的文本，其中包含的幽默在于，用祈祷上帝恩赐各种美味佳肴来取代平常的祷告内容。文本中的语气也带有好斗的性质。在《醉酒祈祷》这个文本的结尾，人们做了感恩祈祷，感谢上帝所恩赐的所有食物和饮料，文本中写道："为了这一切烹饪好的、烤制好的以及所有战胜饥饿的食物而鸣谢。"

当现代时期的曙光初露之时，人们对食物天堂里丰富美食的梦想仍然没有消失。相反，人们将这一梦想直接寄托在了新大陆这片土地之上，因为自中世纪末新大陆被发现以来，它就被视为美食的天堂。第二次世界大战之后，在欧洲被占领土上的移民们，其中当然也包括来自荷兰的移民，心中燃起了热切但却渺茫的期望，就是在北美洲发现遍地是牛奶和蜂蜜之地。也就在不久前，那些幸存者经受了一场"中世纪"式的严重饥荒和与之相伴的无情行为的折磨。虽然饥荒很快被遏制住了，但对饥荒的恐惧却仍然存在，于是，许多欧洲人便试图移民到他们认为的乐土福地，以此来消除这一恐惧。

饥饿这种事情，我们只能从第三世界的有关图片中多少了解一点，因为那些图片以人们无法忍受的视觉效果描绘了饥饿带来的可怕后果。其含义在于，那种对饥饿的永久恐惧是我们难以想象的。好在报纸上的图片和电视纪录片所展示的饥饿，或多或少是一种正常现象，似乎饥饿不会令人恐惧，只会致人死亡，而人们对死亡不感兴趣，或者至多会默认死亡是命运的安排。然而，我们的看法却是取决于所得到的消息：在第三世界，我们从未看到过奢华宴会的景象，也从未看到在珍贵的时刻致人于死地的敌人有过暂时的歇息。我们也从不了解任何有关梦幻世界和富有天堂特征的情景——哪怕是缔造出来的情景——无比奇妙的食物，以及收藏的供人们享用的巨大牲畜。试想一下，第三世界的人们有过挑战性的斋戒吗？

虽然这方面的信息并不属于西方世界向我们大肆传播的那些图片中所包含的东西，当然还是可以获得的，这就是为什么我们需要付出很大努力才能理解安乐乡和"悠闲甘美之地"这类形象中所表达的那种严肃性和必要性。我们的不解在增多，因为我们蛊惑自己，自以为明白遭受极端饥饿意味着什么，尽管我们所看到的只是消瘦憔悴的人和苍蝇，而不是饱受饥饿煎熬之人抵抗饥饿时所采取的行为和文化方面的表达方式。我们只有掌握了这样的知识，才能够做出富有启迪性的比较。

匆忙惊慌地强迫自己进食现在被视为饮食紊乱，而不是抵御饥饿的一种武器。这种失常行为是现代社会为数不多的禁忌之一，人们只有在完全孤立无援的时候才会那样做。然而在中世纪，这种进食方式的目的是全面公开地对抗人类最大的、仅次于魔鬼的敌人。如今，愉快的进食是由精湛的烹饪技巧构成的，此类技巧无须寻求传统的集体饮宴或者缓解恐惧那种情景来证明其正当性。现代美食家则希望按照精品菜单的顺序，一一品尝精制的小碟菜肴；而不无荒谬的是，这又导致了一种全新的恐惧，即害怕因吃了过多丰盛的食物会危害健康。

狼吞虎咽地进食以及对暴饮暴食的赞扬，都是在人们害怕饿死的时候才有的现象。然而，严重而广泛的饥荒在中世纪并不经常发生；对饿死的恐惧是没有根据的。因此，这些缺乏根据的恐惧越发让人难以理解，也更需要找到一个借口，或者说一个正当的理由；于是就有了不断重复的千奇百怪的忍饥挨饿的故事。另外，人们也同样需要逃避现实、得到安慰和补偿，而像安乐乡和"悠闲甘美之地"这样的地方则可以为人们提供此类东西。

所有这一切都一直不断地归因于天堂，于是就产生了种种安乐乡的文本：在安乐乡这样的地方，人们注定会过上幸福的生活，也注定会慵懒怠惰。当一次又一次地议论到可以食用的奖赏和明确的食物供应问题的解决办法时，人们立刻就会想象到天堂；在这种情况下，安乐乡似乎只是一个世俗世界的天堂，而不是一个现实世界的天堂。

第四部分

更新的天堂

第十七章

天堂般的安乐乡

安乐乡是人间的天堂。正像真正的人间天堂那样，它是可以在某个地方找得到的。按照 L 和 B 两个文本的说法，这个人间天堂是可以到达的，尽管不是那么容易。不过，这倒也强调了它与俗世天堂的重大差别，因为俗世天堂完全是可望而不可即的。俗世天堂的四周是难以逾越的围墙，只有一个可以进入的大门，一位手持燃着火焰利剑的天使守卫在门口。有些人甚至认为，大门前边有一道由火焰形成的屏障。也有人认为安乐乡为那些能找到它的人敞开大门。然而，安乐乡的大门却是向人们敞开的，凡能找到它的人都可以进入。但荷兰的"悠闲甘美之地"则较为麻烦：你必须要有强烈的意愿，甚至还要乐意完成一件难以置信的壮举才能进入。C 文本里透露，要进入这个福地，你必须一路喝下去，喝下山一样多的荞麦粥。其他文本则讲述道，你必须吃下山一样多的巴尔马干酪，或者越过几乎无法通过的粪便之河。

说法上的这些显著差异直接将安乐乡和荷兰的"悠闲甘美之地"置于一个有益的幻想领域，然而生活在中世纪的人从不怀疑这一人间天堂的存在。这说明为什么安乐乡被人们赋予了当代世俗的东西，而在《创世纪》里对天堂的描述，却令人悲哀地缺少了许多东西。《创世纪》

里描绘的那座天堂，不过是一个相当无聊的地方，因为那里只有一些绿色草木和寥寥几棵果树。在中古荷兰语记述的"伊甸园"里，人们立即可以看到某些单调乏味的东西："天堂里所有的树木都是一样的形状、一样的大小，直立的树枝上没有小枝芽。"书中接着说道，那些树木始终生长得都很茂盛，永远也不会出现什么异常。尽管上帝创造的天堂必然是和谐完美的典范，但不论它有多么惬意，很快就会变得单调乏味，这不仅仅是因为伊甸园是一处禁地，并且很可能永远都是如此。

根据中世纪的观念，天堂的食物也不见得就是好的。当然，人们也都知道，生活在这个幸福乐园中的亚当和夏娃并不为食物犯愁。他们作为素食者，只要有水，芬芳的香味儿，偶尔再有一点水果，就可以轻而易举地生存下去。但是时代已经改变。他们的罪恶便是人们在世间辛苦劳作的原因，而人世也已成为魔鬼的游乐场，人们只有以血、汗和眼泪为代价来换取食物。而那是在好的时代才有的事情，因为情况会很容易变糟，那时上帝就会严加惩罚。不过上帝动了恻隐之心，允许人们吃一点肉，但不是经常都有肉吃。所以人们这时都不得不提心吊胆地生活，一直害怕会遭受自然灾难、恶劣气候、旱涝灾害、疾病、难以耕作的土地，以及各种可能破坏天堂和谐的灾难。但是人们无法摆脱的首要恐惧是饥饿和食物匮乏。

安乐乡这个人间天堂充满了中世纪的魅力。同时，这一理想世界也是对人间社会普遍存在的罪恶和恶习的鞭笞和责难，它集中描绘了人们那些值得想望和赞扬的行为方式。对此我们无须做深入的探究。成书于14世纪之初的《安乐乡》中古英语文本，无疑是所有文本中最具文学性的文本。该文本在开篇便以模仿诗文的形式展示了一个具有鼓动性的类比："在那遥远的大海上，在西班牙的西方，有一个我们称作'安乐乡'的地方。"这篇模仿诗文一开始显然就说得不错，因为人们通常都认为那座人间天堂就在东方。文本的开篇如下：

第十七章 天堂般的安乐乡

Fur in see, bi west spayngne
is a lond ihote cokaygne.
? er nis lond vnder heuen – riche,
of wel, of godnis, hit iliche;
? o3 peradis be miri & brig3t
cokaygn is of fairir si3t.
what is'er in peradis
pot grasse, & flure, & grene ris?
~ o3' er be ioi & gret dute,
pet nis met bote ftute;
per nis halle, bure, no benche;
bot watir, man – is' urst to suenche.

在那遥远的大海上，
在西班牙的西方，
有一个我们称作"安乐乡"的地方。
那是上帝恩赐的乐土，
随处都有财富和善良。
尽管天堂有欢乐和辉煌
可安乐乡却是另一番景象。
天堂里都有些什么东西？
只是些青草、鲜花和绿色稻秧。
虽然有喜悦也有欢乐，
却只有增添食欲的水果；
没有冰雹、长椅和寓所，
只有清水供人解渴。

天堂里所缺乏的东西在中古荷兰语的安乐乡文本中都被充分地提供了。在那些文本里，安乐乡主要是一个吃吃喝喝的天堂，它迎合了中世纪美食家最为奇特的梦想。荷兰的"悠闲甘美之地"则从一个稍微遥远的有利位置描绘了同样的画面，其所以说它遥远，是因为两个押韵文本的开篇都强调了这个天堂的模仿性质，同时又增加了额外的维度。人世上的任何地方，人们要谋生计都必须辛勤劳作；但在某个地方却有这么一个国度，那里的人奉了上帝之命，无须从事任何劳作。那是一个多么美好的地方啊！

在中世纪，就连孩童都明白"人类堕落"所具有的讽刺含义；当时上帝发出了警告，从此以后，人类必须一生辛苦劳作。上帝显然划出了一个例外，而这个例外便是一个非同寻常的消息。L 文本和 B 文本的叙述者就是以这个消息为开端来讲述他们的故事的。人人皆知他们不可以议论天堂，因为叙述者讲述的是他们亲眼见到的地方。然而情况很快就变得清晰明了，他们一定是在讲述一个附属于伊甸园的地方，而那个地方将天堂里所拥有的东西跟人们最奇异的俗世富足生活的梦想结合了起来。

安乐乡和圣经中所说的天堂的相似之处是显而易见的，对每一个听众来说也是十分明了的。在中世纪，对天堂的展现是人类文化遗产的一部分；这些展现常常和亚当与夏娃的诞生或者人类的堕落联系在一起，也常常作为一个部分，（比如说）在系列印刷品中出现，或者在当时的绘画作品中出现（比如活人静画①）。这不仅引发了缩微图形、绘画、雕塑以及应用艺术不同分支所创作的其他作品，也产生了不计其数的以本国语言书写的作品，有的以单行本出现，有的则编卷成册，它们要么是为了让人们诵读或表述，要么是为了供人们表演。最出彩的是在举行宗教游行期间以及以后的时间里，在行进队伍的花车上表演的活人静画和戏剧，当时许多人都觉得自己已经失去了难得的进入天堂的机会，而

---

① 活人静画（tableaux vivants），即由活人展现的画面。该词语来自法语，指的是一些人（多为演员或者艺术模特）身着特定样式的服饰，摆出造型，将某些画作在舞台上展现出来。在展示过程中，他们既不说话，也一动不动，颇具喜剧之幽默特色。——译注

此时一座天堂正从他们身边经过,距离他们如此之近,你甚至可以伸手去触摸它。与此同时,这些活人静画也点燃了他们心中的愿望之火,那就是要体验一下进入圣洁而又崇高的天堂的滋味。这种愿望之火又被一位周游世界的旅行家——约翰·曼德维尔爵士的希望所激励,因为他期望有一天,将会发现通往天堂的道路,而天堂那个地方远比人们自己身边龌龊无聊的环境好多了。

安乐乡和荷兰"悠闲甘美之地"的动物会让人想起它们在天堂的同类:它们的存在是为我人类服务的。《创世纪》中反复宣称,所有的动物、鱼类和家禽都从属于人类,其作用必须是充当人类的食物来源。《圣经》中这些话说的十分抽象,在安乐乡里则要具体得多。那里的家兔、野兔、鹿和野猪都已被驯服,人们徒手便可轻而易举地捉住它们。B文本对这一主题做了进一步叙述,书中的动物都将自己烹饪好,以供人们享用。仅仅把动物看作人类的食物来源,尽管对它们的这一隶属状态所做的说明有失片面,但这一说法在《圣经》中是有根据的。当然,《圣经》里不只是提到了动物的这一种潜在价值。《旧约》的《以赛亚书》中就预言会出现一个新天堂,那里被驯服的动物所发挥的作用不再是人类轻易获得的食物,而是一个和谐相处的标志,即生灵之间的和谐相处。严格说来,L文本并没有详细说明人们对捕获的动物应该怎么处置,但是根据上下文和书中的情况,也包括B文本和C文本中的细节描述,毫无疑问的是:捕获这些动物的目的就是要把它们吃掉。

在《圣经》的不同章节里,冷冰冰的宝石也常常跟天堂联系在一起。尤其是天堂里四条河流之一的比逊河,河水里就携带有一些宝石。[①] B文本中提到,在安乐乡"宽阔河流"的岸边,有"整碗整盘的银子",这也许会让人想起圣经中的例子。此外,零散的红榴石(一种红宝石)突然

---

① 典出圣经旧约《创世纪》第二章,原文如下:"有河从伊甸流出来滋润那园子,从那里分为四道:第一道河名叫比逊,就是环绕哈腓拉全地的,在那里有金子,并且那地的金子是好的;在那里又有珍珠和红玛瑙。第二道河名叫基训,就是环绕古实全地的。第三道河名叫底格里斯,流在亚述的东边。第四道河就是幼发拉底河。"——译注

出现在 B 文本中所描述的可食用的建筑物的门柱上，也可能从圣经中的字里行间找到解释。在圣经《以西结书》中所追忆的天堂和人类之堕落的文字里，也包含了这颗宝石。我很快就会向大家说明，这颗神秘的红榴石的出现，是如何对整个安乐乡神话提供更为准确的解释的。

中世纪对圣经中关于天堂的文字描述进行了大量润色，在对圣经里的天堂故事进行精心解释时也为之赋予了深刻的寓意。然而，安乐乡对这些可能发生的事情则全然不予理会。人们一次又一次做出了安乐乡的美梦，目的是要满足人们更多的物质欲望，这就是为什么安乐乡的字里行间没有明确包含圣经中以下概念的暗示之意：天堂实际上暗指的是教堂，四条河流代表四部福音①，树木象征圣徒，耶稣基督本人则代表生命之树，而辨别善恶的智慧之树所暗示的就是人的自由意志。

天堂里这些物质上的东西，其基础是由现存的圣经注释所提供的，而圣经注释本身就是对人们当代的需要和幻想所做的解释，人们不过是将这些需要和幻想嫁接到了个人心目中所想象的天堂之上罢了。然而最重要的是，旧约里《雅歌》的作者将那座与世隔绝的伊甸园中具有魅力的东西比作所爱之人的身体，它们的作用就像人们用来掩饰自己所需的各种要素，并为人们提供果实、香料、沁人心脾的香味以及蜂蜜、牛奶和酒。与之相关的 locus amoenus，或者说古典寓言作品中描述的"乐土胜地"，以及其他文化中描写的梦幻世界和具有田园风光的地方，也产生了令人瞩目的影响。

当然，"乐土胜地"之说源远流长，古已有之。在这一传统影响下，正如维埃纳主教阿维图斯（Avitus）（约公元 460—518 年）所展现的那样，早期的基督教将天堂转变成了完美无瑕的"乐土胜地"。在这座天堂里，既没有严寒，也没有酷暑，只有永恒的春天，而且从不下雨，只有晶莹的露珠，小草长青，树木常绿，鲜花遍地。除此之外，奔

---

① 四部福音，即圣经新约中的《马太福音》、《马可福音》、《路加福音》和《约翰福音》。——译注

流的河水里都携带有珠宝。

以此方式来创建天堂是由一位假冒的巴泽尔（Pseudo-Basil）在4世纪开始的。在他缔造的天堂里，柔风轻拂，气候宜人，从没有什么雷雨、冰雹、霜雪和旱灾。花儿永不凋谢，牛奶和蜂蜜始终流淌不止。草地永远郁郁葱葱，连玫瑰都不长刺。最重要的是，人们从没有一丝的忧虑和悲伤。显然，除了《雅歌》之外，《旧约》全书中的预言在此起到了一定作用，它向犹太人部落做出承诺，答应给他们一个更好的世界。而这个更好的世界在早期的描述中经常出现，就是在天堂开了一个果园，为人们供应美味的食物和饮料。尤其是叙利亚的基督教徒，他们弘扬了这一传统，以物质和感官上的形式将天堂的美好事物展示出来，而那种形式必定是伊斯兰教天堂的灵感之源，他们的天堂一定会给人带来感官上的享受。

关于天堂的这些记述贯穿了古老的黄金时代（aurea aetas），而关于文明的类似幻想在过去却几乎没有。其中的自然原因似乎是人们被迫生活在无法接受的环境之中。在此期间的某个时候一定出现了某种致命的错误，甚至是一系列的错误，这些错误导致人们失去了那样的黄金时代或者天堂。经典的天堂也会指向某些地方，大多都是在某个海岛上，那里曾经有过黄金时代，据说至今仍然存在，尽管有时候还呈现出初级的尚未发展完全的形式。

人们不要忘记，希腊人、罗马人和基督徒有很多共同之处，而全世界人们在俗世间所遭受的苦难也大同小异。因此，在耶稣基督对黄金时代做了描述之后最初的几个世纪里，人们很难将黄金时代和天堂的相关描述区别开来。换言之，美好的过去都被人们赋予了身边的时代特征。例如，圣徒约翰·科里索斯托（Saint John Chrysostom）[①]就以典型的

[①] 圣徒约翰·科里索斯托（Saint John Chrysostom, 347？—407），希腊教父，君士坦丁堡牧首（398—404年），擅长辞令和雄辩，被人誉为"约翰·金口"。在牧首任上因急于改革而触犯富豪权门而遭禁闭，后死于流放途中。——译注

aurea aetas（黄金时代）的观念谈及天堂。他说道，天堂位于东方，具体说来就是在印度，这一点不可否认（自亚历山大大帝时代以来，印度就被公认为是一个乐园），但不同的是，在他所说的天堂里，locus amoenus（乐土胜地）的要素占主导地位，而这些要素在黄金时代的描述中也十分显著。

在科里索斯托所描述的天堂里没有疾病和贫穷，人人年轻貌美（但仍能至少活到 400 岁），而且没有劳作的必要，那里压根就不存在狡猾和欺骗。人们天天在欢声笑语中生活，在鲜花盛开的草地上玩耍，聆听着鸣鸟婉转动听的歌唱。果树会主动弯下树枝，仿佛是要让路人采摘上面的果子。在这里，神圣天堂的描述的确呈现了出来。另一个世界的欢乐与幸福——无论是天堂里的还是人间的，无论是仍待获取的还是过去曾经有过的——都在中世纪的一杯充满幻想的鸡尾酒里呈现出来，而那杯鸡尾酒汲取了多种文化的涌流，但由于人们要忍受恶劣环境的折磨，而且每天还要辛苦劳作，因此会产生沮丧，而这些沮丧最终会处于支配地位。

然而，在第一个千禧年的最初几个世纪里，人们坚持不懈对天堂所做的这些幻想造成了太多混乱，最后教会不得不重建秩序，并取得了一些成果，其中一项就是编纂了一部有关天堂的百科全书，叫作《语源学》，由塞维利亚主教伊西多尔（Isidore）[①] 在 7 世纪初执笔完成。他以两百年前奥古斯丁的权威著述为基础，确立了人间天堂的实际性质。首先，人间天堂坐落在东方，其名字带有花园之意，在希伯来语里叫作"eden"（在伊西多尔看来，知识就是根据词源学为事物确立定义）。这座花园里生长着各种各样的灌木和果树，其中包括生命之树。花园里始终都是春天。除了四条河之外，里面还有泉水。自人类犯下原罪之后，这片土地就成了禁地，因为有一个天使守卫在入口处，天使手里举着一把

[①] 伊西多尔（Isidore, 560？－636），西班牙基督教神学家、西方拉丁教父、大主教、百科全书编纂者，主要著作有《教父生平始末》和《语源学》等。——译注

喷着火焰的利剑。据伊西多尔所言，这是不可逃避的事实，每一个正直的基督教徒都必须承认这一点。的确，伊西多尔之后的中世纪百科全书编纂家都对这一基本方案给予了认真关注，但他们也感到有必要对其详做阐述，于是便怀着一番好意和满腔的热情进行了润色，以便使其锦上添花。然而，古代那片 locus amoenus（乐土胜地）和圣经中描述的天堂在中世纪时却交织在一起了，其交织的程度和范围在伊西多尔所编纂的那部很有影响的百科全书中显现了出来：一言以蔽之，他将天堂描述成了一个"可爱的地方"。

第二个关于天堂的重要衡量标准是由圣方济各会的学者巴托洛梅乌斯·安格利柯斯（Bartholomaeus Anglicus）（即英国人巴塞罗缪 Bartholomew）于13世纪提供的。此公曾在巴黎大学讲授神学。他编纂的著名百科全书 *Deproprietatibus Rerum*（《物性本源》）在荷兰也为人所知，因为哈勒姆的雅各布·贝拉尔特（Jacob Bellaert）[1] 于1485年将该部巨著的荷兰语版推了出来。这部19卷的百科全书在中世纪被翻译成多国语言，广为流传，具有无与伦比的权威。巴托洛梅乌斯是一位真正的学者。他认为自己从事的事业不仅是要确定俗世天堂的特性，而且要对现存的以及以前有关天堂的概念进行衡量，同时还要具体说明这些概念的出处，以及应如何对其做出评价。中世纪其中一个最早具有学者风范的论述就这样开始了。他的论述首先涉及伊西多尔，之后便是某个叫作彼得吕斯·达玛森纳斯（Petrus Damascenus）的人［这里或许涉及的是彼得·达米安（Peter Damian）[2]］，然后是奥古斯丁、尊者彼得、圣巴西

---

[1] 雅各布·贝拉尔特（Jacob Bellaert），中世纪荷兰知名出版商，生于齐里克泽，生卒年月不详。有史料表明他曾在1483年至1486年在荷兰的哈勒姆出版了17部书，其中包括荷兰语版的《物性本源》，他并且在该百科全书中印上了自己的名字，故为后人所知。——译注

[2] 彼得·达米安（Peter Damian, 1007？-1072），又被译作圣伯多禄·达弥盎，生于意大利拉温那城，家道贫寒，自幼父母双亡，由其任神职人员的一位兄长抚养成人。他立志入本笃会隐修，后成为修士、主教，一生致力于宣扬圣道，整顿教会，后被封为圣师。其著述多以信函形式呈现，计有180封之多。——译注

勒大师（Saint Basil the Great）①、圣安布罗斯（Ambrose）② 以及一些匿名的作家。他引述了伊西多尔的原话作为其论述的出发点："这是一个消遣娱乐的乐园。"这也是伊西多尔对天堂的最主要描述。

这足以使中世纪的人们生活下去。显然，这个观点在本地树立了普遍的权威，也成为人们追求安乐乡和荷兰的"悠闲甘美之地"梦想的出发点。巴托洛梅乌斯遵循伊西多尔所言，在其作品中加入了平常内容，他写道，伊利亚（Elijah）③ 和伊诺克（Enoch）④ 生活在俗世的天堂里，他们在那里发生了转变，能够长生不老，因为他们要在最后审判日那天进行布道宣讲，与基督的敌人斗争。后来到了中世纪，俗世天堂被认为是一个等候室，在最后审判日之后，获准直接进入天堂的人们，可以在那里等候。附带说一下，也有人并不赞同这一观点。巴托洛梅乌斯对此观点就有不同意见，他列举了普林尼（Pliny）⑤ 的推测，那是伊西多尔所赞同的推测——俗世天堂坐落在上帝护佑的岛屿之上。显然，他从不相信这个，但作为一个成熟的学者，也出于对过去那些大学者的尊敬，他不允许自己公开质疑这个观点。

伊西多尔和巴托洛梅乌斯两人，都为中世纪的人描绘出了天堂应该有的样子，但是以本土语言对这个失去的天堂所做的充满感情的描述，显然表达了一种需求，就是要粉饰并澄清事实。树木、水果、鲜花，鸟儿，所有这些都做了详细描述，并且描述了沁人心脾的香味、泉水、河流等诸如此类的事物。在这种背景下，散文文本 Dit is't bescrive van den eertschen paradijs（此乃现世天堂之状也）原本是供人们诵读的文本，增加了富有启

---

① 圣巴西勒大师（Saint Basil the Great, 329－379），基督教希腊教父，反对阿里马教派，制定隐修院制度，被尊称为大师。——译注
② 圣安布罗斯（Ambrose, Saint, 339？－397），意大利米兰主教（374—397年），在职期间竭力维护基督教会的权力，在文学、音乐方面亦造诣颇深。12月7日是他的纪念节。——译注
③ 伊利亚（Elijah），公元前9世纪希伯来和以色列的先知，寻求废除偶像崇拜和重建公平。据旧约全书《列王记》一篇所载，他并没有死，而是乘着燃烧的马车上了天。——译注
④ 伊诺克（Enoch），圣经中人物，见《圣经》中的《创世纪》。——译注
⑤ 普林尼（Pliny, 23－79），古罗马作家，写有7部作品，现仅存百科全书式著作《博物志》37卷。——译注

迪意义的内容；不仅清楚地说明人们可以在某种情况下住进天堂，而且指出天堂为大家都准备了一些东西。人们不应该认为天堂是神的慷慨恩赐，因为人们似乎可以用自己的选择来装饰天堂。比如，喷泉和四条河应该是"服从于天堂的居民，根据居民的个人愿望来呈现自身的份量和流速，所以河流既可以满足集体的愿望，也可以满足个人的需求"。

人们可以住进天堂，并且可以按照自己合意的方式在那里生活，中世纪晚期许多有关俗世天堂的作品都有这样的描述。其特点是越来越将天上的天堂和俗世的天堂交织在一起，有时甚至将两个天堂完全融为一体了。这里必须再次强调，这些观念使人想象出一个可以到达的、完全是由人们自己创造出来的天堂。每个人的愿望都可以实现，因为在那个令人愉快、乾坤颠倒的真实世界里，按照易于轻信的基督教徒的说法，从来不会受到相互冲突的利益的困扰。在寻求安乐乡和"悠闲甘美之地"的梦想过程中一定要记住这一点。梦想并不仅仅是由食物引发的。在中世纪，俗世的天堂更加贴近人们的生活，与人们生活的联系也更加密切，有时它是那样的魅力无穷，令人神往，不免会呈现出安乐乡的景象。

两个天堂之间自然会有一些密切相关的东西。另外一个中古荷兰语文本就提到每年有两个夏天和两个冬天，并不是因为气候的缘故（气候始终是温和的），而是因为一年可以有两次收成。黄金时代就有关于此类梦想的传说，这表明这些天堂幻想的目光短浅，其性质没有摆脱世俗的利益。一年两次收成几乎没有什么魅力，因为在天堂里人们不需要去谋任何生计，而且树上始终都结有果子。但追求充裕富足的梦想是无止境的，而这也许跟现实生活的凄惨可怕有关联。此种向往富足的殷切渴望在安乐乡里彻底实现了，因为那里每月有五周，每年有四个复活节，还有圣灵降临节①和圣诞节，并且减少了斋戒日，每一百年才斋戒

---

① 圣灵降临节（Whitsuns），亦称五旬节。据《圣经·新约全书》载：耶稣复活后第50天差遣圣灵降临，门徒领受圣灵后开始向世界各地传布福音。教会规定每年复活节后第50天为圣灵降临节。基督教多数教派不守此节。——译注

一次。L 文本甚至增加了好几次圣约翰节①。

上文中提到的中古荷兰语文本对第一个天堂的描述，其中说到住在天堂的人有伊利亚和伊诺克，文中还说他们两人很想用引人入胜的新奇东西来装点天堂，就是用他们所找到的众多鸟儿来为天堂增光添彩。美丽的天鹅在泉水里游弋，成群的鹳鸟站立在河边，周围还有其他漂亮的鸟儿，比如艳丽的孔雀"展开了它们的尾巴，在阳光下闪闪发光，煞是好看，可说是一道亮丽的景观"。栖息于喷泉旁边树枝上的夜莺正在动人的歌唱。该文本的作者显然意识到了天堂那死一般的单调，于是便急忙做了补充：尽管天堂的地上只长有同一种植物，但幸运的是，"它们彼此各不相同，而且差异颇大，所以地上处处景色迷人，值得一观"。

这话听起来依然稀松平常，但是作者显然不敢打破人间天堂的精华所在，即它的完美和谐。半个世纪之后，耶罗尼米斯·博斯对此种正统却毫不理会，他在自己的画作《天堂的乐园》中，以最平实的见识给所有的传统东西添加了新的真正幻想，作品中描绘的天堂适用于任何天堂，甚至跟安乐乡中所描述的天堂也很相符。

有关俗世天堂的位置前文已经有过一两种说法。没有人怀疑它是在世上某个确切的地方。《创世记》中毕竟已对此说得十分清楚了。此外，不论人们怎样以寓言的方式对此种说法说长道短，其出发点仍然不外乎一点，即天堂就在世间的某个地方。据某些人说，那是一个很大的地方，那里仍然保留着上帝创世时的风貌。因此，继续寻找这个地方就成为一种可能。

尽管约翰·曼德维尔爵士不愿承认俗世天堂，但它却是他未能造访的为数不多的地方之一。当然，他组织编写的地理书着实带领读者领略了许多异国他乡的风土人情。却没有人能够进入天堂的土地，即使是曼

---

① 圣约翰节，又称仲夏节，在每年的 6 月 24 日，在北欧是一个重要的传统节日，亦是夏至来临时的庆祝活动日。——译注

德维尔本人也未能做到。因此，他只能依赖自己的断言：据说，他不无谨慎地指出，人间天堂位于东方的一座大山上，那里是"尘世的发祥地"。事实上，它是"如此之高，连诺亚的洪水都不可即，尽管那洪水淹没了尘世上其余的所有地方"。

曼德维尔对天堂进行了仔细的精确描述：

> 天堂有一堵围墙，但却无人知道那墙是用什么造的。墙上长满了苔藓和灌木，所以看不到一块石头，也看不到任何别的可以造墙的东西。那道墙贯穿南北，没有可以进入的通道，因为墙上是永不熄灭的火焰，那是上帝在入口前设置的火焰之剑，所以没有人可以进去。天堂的中心有一眼泉水，是四条河流的发源地，它们流经不同的地域。这几条河流渗入天堂的土地深处，在地下绵延许多里长，之后又在远方的土地上冒了出来。

遗憾的是，曼德维尔必须承认，也许没有任何活着的人进入这座人间天堂：

> 没有人能够从陆地进入那个地方，因为荒野中有野兽出没；也因为山石险峻，而且有不少黑暗的地方，所以没有人能够从中穿过。也没人能够从水上进入，因为那些河的水流湍急，波涛汹涌，任何舟船都无法在里面航行……有许多王公显贵在不同时期都曾做过尝试，试图从那几条河上到达天堂，但他们的旅程都没有获得成功。一些人划船划得精疲力竭，因劳累过度而丢了性命；一些人因为水声巨大而失聪失明；还有一些人葬身于汹涌的波涛之中。因此，如我所言，没有人能够到达那里，除非得到上帝的特别眷顾。

曼德维尔沮丧地结束了他的那座人间天堂的故事，很不情愿地转向"小岛和陆地"的描写，因为那些地方他享有特权，可以看到。反正他是这样说的。

对人间天堂的这一描述以及类似的描述，经过伊西多尔和巴托洛梅乌斯的斟酌之后，不断在当地语言的文本中出现。其中一些文本表现了一种倾向，就是对人间天堂的具体位置和大小做了更加详细的描述。于是，东方的大山高耸云天，甚至触到了月亮，同时也对那儿的理想天气做出了气象学的解释：在那样的高度，不再会有寒冷冰霜，也没有云和雨。最为牵强的描述来自于一种幻想——是由一位名叫佩特丽莎（Petrissa）的处女领悟到的——在她的幻想里什么事情都有可能发生，她曾目睹并体验到了天堂的广袤无垠和难以接近性。据她所说，有一块大约两百英里宽的不可逾越的狭长土地，将天堂和世界上其他地方分隔开来。当然，人也不可能越过沙漠、高山、嶙峋的岩石、深深的山谷、长满荆棘的灌木丛、难以进入的森林和深不可测的河水。对她来说，通往天堂的道路实际上只剩下幻想了。

人们全然无法进入天堂这一问题在安乐乡里是首先要解决的问题。安乐乡这个理想世界人们很容易到达：叙述者刚从安乐乡造访归来，他可以证明这一点。两个韵文文本的结尾处都有这样的暗示：任何人都可以自由地到安乐乡拜访。甚至在提及"悠闲甘美之地"的位置之前，中古荷兰语文本就对竭力开展的中产阶级道德教育进行了讽刺性的评论。"迄今为止，除了那伙首先发现它的流氓和无赖之外，这片土地仍然不为人知。"接下来，文本中便提到了"悠闲甘美之地"在地图上所处的荒诞位置，说它的入口处是一座荞麦粥堆成的大山，那座粥山少说也有三英里宽。凡是设法克服这一障碍，一路吃下去的人，将会真的找到面包，而那面包的两面都涂有黄油。因此，"悠闲甘美之地"可以自由进入，只要你胆大勇猛——更别说很贪食——举止行为像是一个真正目光短浅的鼹鼠一样。

关于天堂里的食物要说的话并不太多。在这方面不存在任何真正的问题：这里的重点与其说是食物持久的丰盛充裕，不如说是对任何食物的需求，更不用说种类的繁多了。在中世纪的社会上，对食物要求过多被认为是堕落的表现，而人类的堕落始自亚当和夏娃。如我之前提到的，即使在被驱逐出天堂之后，亚当和夏娃也是素食者，他们的后代亦吃素，直到那场洪水之灾发生时都是如此。他们对食物几乎没有任何需求，只要一些水，也许是一些水果就足够了。有一本针对普通信徒的说教手册颇为流行，叫作《西德拉克》（Sidrac），其中说道当时只有水果，但这种水果具有非同寻常的多功能特点。比如，它可以抵御疾病，谁吃了它就能长生不老，甚至保证你永远不会有饥饿之感。

《圣经》中几乎没有提到俗世天堂的食物这一主题，其含义就在于此。这和天堂里所有那些单调乏味的事物一样，对人的胃口来说都是难以忍受的。不过在中世纪，这些很快就被来自其他幻想世界的元素取而代之了，而那些元素也反映了当时人们的梦想。在处女佩特丽莎的梦幻中，她看到了成筐成筐的水果，里面有苹果、梨、无花果以及许多别的果实，全都美味可口，当然，也都营养丰富。吃下一些水果后，她立刻就感到自己变得强壮多了。而且幸运的是，这些幻想中的水果都能永远保持新鲜。

怕是没有比这更好的了。树上总是挂满了成熟的果实，那些果实可以祛除各种邪恶。那里没有饥饿，几乎也没有吃东西的必要。因对饥饿和食物匮乏所感到的持久恐惧而引起的大吃大喝的幻想，在具有圣经性质的俗世天堂里很难处理。对此做出的学术性解释是，在理想的黄金国里不允许有任何大吃大喝的现象。在天国的天堂里，则呈现出了许许多多的可能性，圣经对这方面的描述比较含糊。无论如何，在中世纪那种情况下，要提出一个更为妥善的解决方案都是莫大的挑战。显而易见，安乐乡和荷兰的"悠闲甘美之地"欣然接受了这一挑战。圣经中这方面的缺失甚至可能起到了重要的激励作用，促使人们在现存的古典幻想世界的素材基础上，发展出生气勃勃的安乐乡来。

天堂里普遍的天气状况在中世纪当然不会引发任何争议。《圣经》中对此没有评说，显然是因为几乎每一个有关天堂的描述都是那么说的——天堂的天气始终温和宜人，好得简直无以言表——人们也觉得这是理所当然。其含义在于，低地国家的天气状况普遍不够稳定，常常给人们的生存带来威胁。旷日持久的炎热和干旱就已经够糟糕了，而连绵不断的阴雨和凛冽的霜冻则更具破坏性，这些都会不断地干扰许多人的正常生活。如果一个人的正常收入来源长期被剥夺，那就意味着他要依赖家庭或者慈善机构来过活，而往往家庭也会失去，那情况就变得十分严重了。但最重要的是，天气状况会对食物供应产生深远影响，人们对饥饿的长期恐惧自然会因对恶劣天气的恐惧而滋长。

这就是天堂的气候何以永远温和宜人的原因：既不太热也不太冷，既不太干燥也不太潮湿。在文艺复兴时期，天堂被人们重新描述，呈现出了乐园的面貌，带有"乐土胜地"常见的特点，其天气具有永恒春天的性质。黄金时代的气候也是如此，和煦的春风轻轻吹拂着极乐岛。天堂气候的典型代表就是春天，但这一点在最早期的基督徒作家的作品中就已出现过了。在一些以当地语言讲述天堂故事的版本中，有时会进行反面的对比，试图制造一点紧张气氛：不是说天堂的天气有多好，而是说天气不是多么恶劣，至少它不会发生意想不到的变化。

社会持续不断地发生变化是一种威胁，在这样的社会里，始终如一、稳定与和谐这几种特性对于过去的人们来说比对现在的人更为重要。尽管这些感觉源于实际经历，但仍然是建立在"人类堕落"的神学基础上。当然，变化无常和转瞬即逝就是在那时来到了尘世间。披着中世纪外衣的天堂十分单调乏味：它所表现的和谐与稳定仍然显得相当无聊。新的外衣只是想让它看起来不那么令人生厌，显得更有时代气息罢了。

具有反差很大特点的气候在中世纪的人们看来是人类的灾祸。曼德维尔就曾用令人恐怖的言辞描述了鞑靼①（Tartary）地区的天气："那地方经常有暴风雨。夏天有雷暴，吞噬了许多动物和人的生命。气温也说变就变，一会儿炎热，一会儿冰冷——所以，真不是个适宜人居住的地方。"显然，这样的地方一点儿都不好，其缺陷也在居民身上产生了不良影响："他们都是些十分邪恶、残忍的人，充满了恶意。"天堂当然是另一个极端，那里没有四季，没有风卷乌云的现象，也没有灼热的太阳和寒冬的冰冷。显而易见，此种恒久不变的景象正是造物主的初衷。

确保稳定的天气有何等重要，从上界天堂的天气预报中可见一斑。天气就像饥饿一样，也会在人们当中产生难以估量的恐惧，因此需要有所保障。1491 年的 *Sterfboeck*（《死亡之书》），与其书名恰恰相反，是一部指引人们行为举止、很有可能获得来世的实用之书。毫无疑问，此书也描述了天堂里绝对理想的环境："那里没有热冷，没有水火，没有风雨，没有雪和闪电，没有雷和冰雹，也没有风暴。那里永远只有美好晴朗的天气，比学者们所能想象到的还要美好惬意得多，始终都是极其宜人的五月天。"哥伦布在其三次航海旅程中，从来都不怀疑自己曾多次走到天堂近旁，而且总是用描述安达卢西亚②或者西班牙其他地方的春天的言辞来叙述那理想的天气。对他来说，最重要的也是气候温和，始终如一。

在中世纪末，天堂的天气越来越像五月份的天气，万物都呈现出最理想的状态，稳定而又温和，至少在西欧是这样的。随着人们对大自然的日益喜爱以及庄严狂欢的发展，五月成了开展文化娱乐的理想月份。此种娱乐简直成了一种规范，于是便产生了一句荷兰谚语："并不总是

---

① 鞑靼（Tartary）地区指 13 世纪和 14 世纪被蒙古人统治的东欧和北亚的广大地区。在成吉思汗统治时期这一地区向东一直延伸到太平洋。——译注

② 安达卢西亚（Andalusia），西班牙南部一地区，位于地中海、直布罗陀海峡和大西洋交界处。该地区有壮观的摩尔式建筑，包括塞维利亚、格拉纳达和科尔多瓦等一些历史名城。——译注

五月的夜晚",意思当然是说,世间要像天堂那样,充其量很久才会有一次。

因而在L文本中,直接将天堂中盛行的平常天气借鉴过来,始终是五月的天气,倒也并不令人惊讶。B文本中"永恒的夏季"——仿佛"全年都是四月的天气"——隐约暗示了理想的夏天气温实际上就是典型春天的气温,跟低地国家的夏天颇为相似。此外,L文本中做了一些细微的改变,再次表明它以直接的方式表现了安乐乡的主要内容,而B文本则展示了若干精心安排的东西。

安乐乡的降雨降下的多是食物,有奶油馅饼、薄煎饼、肉馅饼,据B文本所言,甚至还有鳗鱼。在大吃大喝的天堂里,这是一个不可错过的机会。人们对灾难性天气的恐惧自然导致人们害怕食物匮乏,因此,安乐乡里的降雨会降下食物,这样倒也一举两得,消除了人们的两种恐惧。散文体的荷兰"悠闲甘美之地"在这方面描述的并不那么生动。那里的天气与此不同,天上下的雨却只是些甜食。C文本中提到,雪就像粉末状的糖,而冰雹似乎就是裹着糖的杏仁。即使有了此类详细情况,但该文本还是流露出了趋向年轻人的迹象;在文本的结尾处,年轻人受到了严厉的斥责,因为他们表现出了懒惰和痴迷糖果的行为。

安乐乡里也有一条不可思议的河流,里面流淌着啤酒和各种不同的酒。这一灵感无须费很大周折从远方获得,因为《圣经》中说每一处乐土福地都有牛奶、蜂蜜和酒这样的基本物产,其中包括《雅歌》中那座封闭的园子。古代的黄金时代以及穆斯林的天堂,也都不乏这些营养丰富而又尊贵高雅的饮品。

人们对未来酬报所做的这些预言有一种倾向,就是要改变它们流淌出的东西。心存疑窦的圣徒布伦丹曾造访过俗世天堂,亲眼见到了《圣经》中所描述的真实情况。也许出于这一原因,他见过的俗世天堂具有更多引人入胜的东西。毕竟说来,他的描述听上去更有说服力。无论如何,在中古荷兰语版本所记述的有关他的航海旅程中,说到那里有很多香膏、糖浆、橄榄油和蜂蜜。凯尔特的旅行家马埃尔·迪安到访过的理想世界，很可能就是圣徒布伦丹所言的俗世天堂的本源，那里展示了多种独具特性的东西。比如，有一眼泉水，平时涌出的是水，但到了周日涌出的却是牛奶，而在重要的基督教节日就会涌出啤酒和其他酒。在安乐乡，人们可以永远免费享用葡萄酒和啤酒，而且是质量最好的酒。在描述安乐乡的文本里，这方面并未做过多的渲染，荷兰的"悠闲甘美之地"的相关描述中对这一引人入胜之处根本就未做任何强调。实这方面的渲染际上不会增光添彩，因为所有为人所知的天堂和幻想世界都有最美味可口的佳酿。安乐乡当然可以与它们相媲美，但是安乐乡里可能提供的饮品却恰恰反映了中世纪晚期人们的嗜好。

第十八章

绝不言死

在 L 文本中还有另外一条河,毫不含糊地叫作"约旦",能使人返老还童;"当河水碰到人的舌头时,老年人全都开始变得年轻起来。"这意味着在安乐乡就如同在天堂里一样,长生不老是一个常规,衰老只不过是一种可以治愈的疾病而已。这其实就是将安乐乡等同于圣地了,因为二者都有一条可以任人支配的神奇河流。

就真正的约旦河而论,其神奇的性质是毋庸置疑的。圣约翰·克里索斯托这位古代晚期的基督徒已经注意到了此河之水的治疗功效,而朝圣者们早在 6 世纪时就曾前往约旦河边,以便利用河水的治疗特性。此类圣徒传记的文本有过详细的记载,确认了河水的治疗性能,比如 15 世纪初期的《三圣王纪》。有跛子、盲人和病人赤身在约旦河里沐浴洗澡,之后很多人都恢复了健康。朝圣者也都会带一瓶水回家,有时还会带回一桶水来。病人喝了水后也往往会痊愈。安乐乡的约旦河比这还要厉害,也就是说,天堂的生命之泉所能做的它也能做:可以让人长生不老。

所有文化中都有关于泉水、喷泉、湖泊和河流的传说,都说它们对人的健康会产生神奇的影响。它们的神奇特性归结起来往往是预防疾病和死亡，并能使人返老还童。这个没有疾病的年龄常常被认为是耶稣基督被钉上十字架的年龄：当时他是 32 岁或 33 岁。约翰·曼德维尔爵士声称自己不仅在铅（Polumbum）山脚下见过这种永葆青春的泉水，而且还喝过那里的水，但有不少人不相信他说的话。他说道："我，约翰·曼德维尔，看见过这样的水井，还喝了三次井里的水，我所有的同伴也都见过喝过。自那以后，我感觉身体比以前好，也比以前健康了；我心想仁慈的上帝会让我长生不老。有些人把那口井叫做 fons iuventutis，即'青春之井'，因为谁要是喝了那口井的水，看上去总是显得年轻。他们说那井水来自人间天堂，井水里全是精华。"

尤其是前往圣地的朝圣者记述和指南，都指出泉水和喷泉具有惊人的治疗功效，而且往往以《圣经》为背景。几乎所有人都提到了耶路撒冷羊市上的公共浴池，是福音传道者约翰说的。在这个浴池的五个门廊内"躺了很多虚弱无力的人，有盲人、瘸子和满脸皱纹的老人，等待着池水的流动，因为天使会在某个季节下凡，进入浴池里，搅动池中的水；之后，无论是谁第一个进入池子，他所患的任何疾病都会被治愈"。

然而，在所有其他幻想中，首屈一指的则是仅仅喝一口水就能长生不老。其根源当然是因在伊甸园犯下的罪过而不得永生，上帝在伊甸园里恩赐给人类生命之树和生命之泉，这两种东西可以使人长生不老。然而俗世的天堂遥不可及，天国的天堂也不一定能够进入。在天国的天堂里也有使人永生的东西，即一条流淌着生命之水的河流，它发源于上帝和他儿子的宝座之下，之后沿着天堂之城的主要街道的中央流淌。两岸都是生命之树，它们也具有很强的治疗功能。此外，这个梦想自有生命以来就已存在了，因为在巴比伦的传说中就有这样神奇的泉水，坐落在河流的源头，其水可以治疗一切疾病。

人们无不渴望长生不老，因此，在中世纪到现代早期的过渡阶段，产生了许许多多的幻想。但人们并不清楚该如何确切地看待这些十分有趣的延长生命的方法。而此类幻想倒也十分严肃认真。死亡变成了无法忍受的景象,而医治死亡的方法也多种多样。事实上,想象出的医治死亡的方法不胜枚举,以至于人们觉得,只要有奇思妙想,好像就能够战胜死亡。此外,最重要的是速度。自从人类堕落以来,就持续不断地造孽犯罪,这似乎导致人的生命状况恶化。人的寿命也一直在缩短。以前人往往能够活到 800 岁或 900 岁。据那部包含有 L 文本的《卢西达留斯》(*Lucidarius*)手稿所载,亚当这个有罪之人,活了 980 岁。在亚伯拉罕(Abraham)①时期,人的寿命已经缩短到 200 岁左右。自那以后,由于人们执意造孽犯罪,其寿命也开始走下坡路。大卫(David)在其圣歌中说,在他所处的时代,人只能活到 80 岁。14 世纪晚期的散文体说教性手册 *Ridderboek*(《骑士指南》)的作者,不无沮丧地在文中写道,人的寿命已经减少到 60 岁,而且很多人死的更早。

显而易见,时不我待。用不了多久,人们都将会夭折于摇篮之中。中世纪时有位名叫维尔基尔(Virgil)的男巫师,他不信上帝,却博学多识,曾发现了一种延年益寿的方法。或者看起来是这样的情况。1525 年前后,一家流行的出版机构刊印了一则故事,这则在国际上传播的新闻故事还出了一个荷兰语版本,其中讲道,维尔基尔吩咐仆人将自己的身体切成四块,放入桶中,心脏放在最上面,洒上盐腌上,像腌制鲱鱼一样。在接下来的九天里,他叫仆人每天往他身上滴油灯中的油。不幸的是,到第七天头上,仆人正滴油时受到了干扰,整个实验产生了适得其反的效果,故事也即告结束。

返老还童的知名方法是基于以下理念的,即把造人比作烤制面包。失去活力的疲软面团完全可以再次揉制成形,从烤炉里取出来就是一块烤好的再生面包,而最重要的是,人也可以像面包一样恢复青春活力。

---

① 亚伯拉罕(Abraham),据旧约《圣经》所载,是犹太教、基督教和伊斯兰教的先知,是上帝从地上众生中所捡选并给予祝福的人,同时也是传说中希伯来民族和阿拉伯民族的共同祖先。——译注

16世纪德国的大幅印刷品中就曾提及此类事情，东佛兰德的埃克洛（Eeklo）民间传说中也有记载；根据传说，在重新造人过程中，人头可以用花椰菜暂时代替。

五百年前，这一幻想听起来并不像今天那么荒谬可笑，也不像今天那样幼稚。奇迹般的圣餐难道不是暗示神的身体可以不断地变作面团，恢复原样吗？面包师在谈论这一现象时，言谈话语中也不闪烁其词。获得重生、最终返老还童以及恢复永生，是许多人的现实期望。教会也说了这些话，说是真正的生命只会在死后开始。

后来，这些永生之术也出现在其他手工艺当中。比如，在磨坊中碾磨，或者在铁匠的铁砧上敲打得以重生等。之所以选择这些手工艺，是因为它们能够将粗糙的原料转变成崭新的形状。就这一点而言，荷兰代芬特尔（Deventer）城的年轻铁匠将他们自己比作造物主。1546年——设想出荷兰的"悠闲甘美之地"的年份——在忏悔星期二①那天，他们在市政厅前面的广场上演了一出滑稽剧。在剧中他们展示了如何"将老妇人铸造成年轻女人"。当年的剧本没有保存下来，但是广场周围响起的阵阵笑声是很容易想象得到的。许多印刷品和绘画作品都展现了无精打采的妇女的模样，她们的身体看上去亟须获得新生。

越来越多的人目睹了真实的返老还童，这当然不会消除那些难以置信的幻想。显然，人们需要梦想一种不存在死亡的境遇，至少偶尔能够梦想一下这样的情形。与此同时，科学也在发挥作用，因为返老还童或者长生不老的信念不仅仅是令大众自身失去理智的问题。著名的探险家声称看到了永葆青春之泉，还看到了成功返老还童、活到极大岁数，甚至选择死亡的方法。正如一个岛上的居民所证明的那样，人们不一定非死不可；根据凯尔特人的传统，人们完全可以决定自己已经活够了。到了那时，他们就要乘船到另一个可以死亡的岛上去。通常，通过这个故

---

① 忏悔星期二（Shrove Tuesday），又叫"薄烤饼日"（Pancake Day），是基督教的大斋节首日的前一日，按传统人们会在当日做薄烤饼吃。——译注

事的情节可以隐约看出基督教的天堂，因为在基督教的天堂里，人们过去是，现在也是不会死的。

从炼金术这一完全不同的领域也传来了报道——当时有少数时髦的科学家在从事这一活动——说是在生产 quinta essential（金塔精华素）方面取得了稳步进展。据说金塔精华素里含有人类生命的秘密，喝下一口这样的重要液体，就足以使老人再回到 40 岁的年纪。因此，在现代时代即将来临时，人们可以有望在各个方面取得突破——如果最后由上帝恩准——人类就可以最终逆转自堕落以来所遭受的惩罚。

然而，大部分希望还是寄托于来自天堂的神奇之水，那水发源于生命之泉，并通过四条大河流入人间。返老还童与永葆青春密切相关：人们所要做的只是溯流而上即可。这些河流有无穷的分支，给人世间的每一个地方带去丰富而又具治疗功能的水。而且，人们越是接近源头，水的效果就越大。从理论上说，任何溪流都可以通到源头。法国有一部关于骑士的史诗，叫作 *Huon de bordeaux*（《波尔多的休恩》），其中讲述了巴比伦埃米尔花园里的一条小溪的故事，据推测，那条小溪是直接从天堂的一条河流流出的。无论其源头在何处，它确能让病人痊愈，使老者还童。

另有许多文本歌颂了世界上其他地方的此类福祉。最著名的当然是祭司王约翰[1]所辖之地的故事，据说那是最早的一个基督教国家，毗邻埃塞俄比亚。在这片土地上保留着纯粹的基督教，从附近天堂流出的河水给这个国家带来了相当多的好处。那里不再有死亡。人在小时候都要喝三次具有治疗功用的河水，之后就绝不会生病，到了 32 岁这个吉祥年龄时就会停止衰老。

不过，最让人浮想联翩的却是发生在尼罗河周围的故事。人们认为

---

[1] 祭司王约翰（Prester John），又称长老约翰，于 12—17 世纪盛行于欧洲的传说人物，据传他是基督教牧师兼国王，拥有不老不死之身，在远东或埃塞俄比亚地区统治着一个神秘的基督教王国，国内充满了财宝和珍禽异兽以及"不老之泉"等胜地。——译注

尼罗河是从天堂流出的四条河流之一，也是中世纪朝圣者、商人和探险家当中最有名的河流。让·德·儒安维尔（Jean de Joinville）[1]记述了1306年第七次十字军东征的情况，其中描写了他所做出的寻找尼罗河源头的尝试，目的是要证明，人们若溯流而上必将会到达天堂。不过在那时，尚无人能够设法越过埃及边境而走得更远。在尼罗河流入埃及的地方，人们纷纷撒网捕捞从天堂流出来的名贵物品，特别是大黄、姜、肉桂和其他香料。就连尼罗河两岸的泥浆也因肥沃多产而闻名，据说还能够将其生产力传给动物，尤其是妇女，她们可以用泥浆治疗自己的不孕不育症。

来自德国南部的多明我会修道士费利克斯·法布里（Felix Fabri）[2]，曾于1483—1484年在埃及周围旅行，他在日记里写到，尼罗河两岸的淤泥导致当地的人口和动物激增。布鲁日的阿多尔尼斯（Adornes）是个开明人士，喜爱旅行，他也证实尼罗河的水非常柔和宜人，并带有芳香，无疑是源自天堂。河水营养丰富，有助于消化；最后一点，也是很重要的一点，就是具有治疗的功效。人若喝了它，就会出很多汗，体内的所有疾病便被祛除掉了。

必须制止死亡，如果没有这种可能，至少也要对寿命不断减少的问题采取某种措施。这只能通过科学的手段，或者依赖幻想。在中世纪晚期，这两种方法都很盛行。每个人都在争取活在永恒不变的33岁的年纪里，之后就不会再发生任何变化，人们将进入永生。俗世天堂里就应该是这样，天上的天堂里也是如此。当时流行的说教手册提供了这样的保障，比如 *Sterfboeck*（《死亡之书》）和 *Boeck van der Voirsienicheit Godes*

---

[1] 让·德·儒安维尔（Jean de Joinville，1224 – 1317），法国中世纪最伟大的一位编年史家，曾随国王路易九世参加第7次十字军东侵，以其撰写的路易九世的传记《圣路易史》而名垂青史。——译注

[2] 费利克斯·法布里（Felix Fabri，1441？– 1502），德国神学家，出生于瑞士的苏黎世，早年在瑞士的巴塞尔和德国的乌尔姆研修神学，给后人留下了生动而又详尽的前往巴勒斯坦朝圣的记述，并有一部名为《斯瓦比亚史》的史书存世。——译注

(《上帝天意之书》)。

第一阶段的 33 年是一个过渡期，人们不得不用一种方法来达到之后确立的静止状态。救赎的消息随时都可能到来，为人们带来永葆青春之泉，或是带来一个兜售草药之人，带给大家都能买得起的炼制长生不老之药的仙方。也许约翰·曼德维尔爵士已经发现了救赎的方法。那么人们对伟大的航海家克里斯多弗·哥伦布带回家的消息该怎样看待呢？无论如何，自从他的书信在 1493 年面世之后，他的旅行便呈现出了更加真实可信的性质。据说他总能看到地平线上的天堂。

同时，梦想和幻想会给人们带来愉悦和好处。在安乐乡，人们可以尽情地吃喝，还可以喝长生不老和返老还童的圣水。这和修行的隐士通过严苛的禁欲苦修而追求的永生完全不同。在安乐乡，人们吃喝是为了永葆青春。安乐乡就应该是这个样子，这也是安乐乡之所以存在的原因。正如已经提到的，文学和视觉艺术也开辟了许多别的途径：各种文本、绘画、微型画、印刷品、挂毯、镜子、象牙雕像、彩色玻璃画窗无不证明，通过返老还童的疗法以及其他方法，人们可以实现俗世的永生。就连狂欢节的游行也参与进来：在纽伦堡，大斋节前的游行队伍里总会包括一眼永葆青春之泉，这种做法十分适宜，因为人世间的生命更新以大扫除的形式呈现，这是中世纪晚期大斋节仪式的主旨之一。

中世纪表现出的天堂有一种倾向，就是将它变为药剂师的药店，里面有治愈各种常见疾病，包括死亡的灵丹妙药。天堂里还配备有各种设施，可以终结饥、渴、疾病等日常麻烦以及对这些麻烦的恐惧。12 世纪欧坦的奥诺雷（Honoré d'Autun）① 撰写的《释义》（*Elucidarium*）一书，毫不含糊地回答了天堂到底是什么这一问题："它是一个种有各种各样树木的地方，那些树木可以抵御一切可能的病痛。"这个文本还有一个针对俗人的押韵改编本，以免误解其中的含义，该版本叫作 Di-

---

① 欧坦的奥诺雷（Honoré d'Autun），欧坦是一法国城镇，奥诺雷（1180—1154）以其存世的基督教百科全书《释义》（又译作《诠释之书》）而为世人所铭记。——译注

etsche Lucidarius，其中写道：

> 在天堂中央
> 有上帝栽种的生命树
> 还有上帝赐予的力量和权力
> 那树能结出上等的果实
> 会让人长生不老，青春永驻。

这些药物所含的显然不是别的，只是水果，可以治疗一切疾病，而生命之树则专门治疗衰老、疾病和死亡。

在中世纪晚期，这个文本作为俗人的一部最佳手册，在教育方面得到了广泛应用。几乎所有的地方语言都出了该部手册的版本，其中包括几个中古荷兰语版本。《西德拉克》（*Sidrac*）一书也是如此，该书源自法国的王室阶层，但后来也像《释义》一书那样成为广大民众的读物。有关 ars vivendi（生活之艺术）的各种文本出现在伦敦的手稿中，其中包括 L 文本；这些文本甚至在学校里传授给了学生，所揭示的是此种实用主义的天堂幻想和安乐乡极为相近。这种密切关系在《西德拉克》一书中显然是作为重点被摆了出来。天堂里"有各种各样治疗任何疾病的树木；另有一种水果，人吃了后就不会再有饥饿之感；还有一种叫做'生命之果'的果实，可以防止人变老、患病和死亡"。

架子上总是摆满了各种水果，大小不一，其味道、气味和颜色也是应有尽有。人间天堂倒也不敢比这更好。一切都以水果为中心，所提供的饮品通常只限于水，但偶尔也会有上帝所赐乐土中普遍提供的牛奶和蜂蜜。安乐乡却没有用这些业已丧失的福祉去换取更多世俗而直接的期望，因为天上也有一座天堂，而那座天堂很可能提供世俗的物品。

第十九章

上天的奖励

上天掌握着来世。从理论上说，每个人都会有来世，尽管不幸的是要等到死后才有。然而基督教教义的核心思想却是，人生直到死亡才真正开始，人们能够从这一思想中得到鼓舞。在人的短暂一生中，最重要的是不要丧失享受永恒福祉的权利。即使人们能够平安到达死亡之门，依然要经历漫长的等待才能接受最后的审判并复活，也只有在复活之后，才最终可能品尝到天堂的快乐。

在此期间发生的一切皆为中世纪巨大争执的根源。善良和正直之人得到一时的回报了吗？庸碌无为之人受到些许折磨了吗？正直之人暂时栖身俗世的天堂，等待上帝的宣判，这样想倒也不错，但在1329年，教皇约翰22世[①]宣称这一观念为异端邪说，不过这丝毫没有动摇民众对此的信念。

[①] 教皇约翰22世（Pope John XXII, 1249？—1334），又译作教宗若望22世，是教廷被迫迁往法兰西南部阿维尼翁后的第二代教皇（1316—1334年在位）。原名雅克·杜埃兹（Jacques Duèze），生于卡奥尔（今法国境内）。在任时他同方济各会及罗马帝国皇帝路易四世发生争执，并将路易四世逐出教会，后来路易四世试图在罗马设立敌对教皇尼古拉五世，但以失败告终。他在神学上持非正统观点，为教廷聚敛大量财富并对教会加强集中管理。他鼓励在亚洲的传教事业，在安那托利亚、亚美尼亚、伊朗和印度设立主教座。他在阿维尼翁建有图书馆，并在卡奥尔开办大学。像驻在阿维尼翁的大多数教皇一样，他任人唯亲，而且偏惠本国人士。——译注

无论如何，正派人在死后应该得到某种回报，但这一回报只有当他们最终到达天堂之后才能完全而永恒地享受。不完全值得尊敬的人也不被排除在外，但他们进入天堂要稍晚一些，还必须先在炼狱里得到净化。一个人的污点的性质，以及下界以做弥撒形式为死者提供的帮助，决定他在炼狱里的接受处理的时间。不过炼狱只有一个出口，直接通往天堂。

如果人们普遍认为俗世天堂的本质没有被破坏，那么天国的天堂则更像一座城市。这一差异主要源自《圣经》中的两个地方，在《圣经》里，这两个地方的外观是有差别的。天国天堂像是一座城市——而新耶路撒冷则是出于基督教徒的一种强烈需求，他们想看到一个真正复兴的耶路撒冷，彻底抹去犹太人那种恶行所玷污的土地留给他们的可恶记忆。尘世间耶路撒冷的城墙和房屋难道不是一次又一次被毁为一片瓦砾吗？实际意义上的重建也是十字军东征的精神支柱，常常引发一些跟新耶路撒冷相关联的幻想，甚至将尘世上的新耶路撒冷跟天上的天堂相提并论。1095 年，在克莱蒙的宗教会议上，教皇乌尔班二世（Pope Urban Ⅱ）[①] 不是发出了十字军东征的呼吁，宣称耶路撒冷是世界的中心，位于无比富饶的地方吗？

天堂和耶路撒冷的融合，最直接的原因是犹太人的信仰；耶和华在《圣经》旧约《以赛亚书》中的不同地方证明了这一信仰。书中说到新耶路撒冷时，称之为上帝允许给亚伯拉罕的地方，是用令人眼花缭乱的珍宝建造的地方："看呐，我必以彩色安置你的石头，以蓝宝石立定你的根基。我将用玛瑙做窗户，以红宝石为你做门，以宝石造你四围的边界。"在《以赛亚书》的其他地方，耶路撒冷被誉为尘世间悲惨生活的终结地，耶路撒冷一定会达到难以想象的荣耀的巅峰。这里所强调的是

[①] 教皇乌尔班二世（Pope Urban Ⅱ，1042？－1099），法兰西籍教皇，在位时期为 1088—1099 年；1095 年他主持通过了关于整顿教会的法规，并于同年召开克莱蒙会议，号召发动第一次十字军东证，重振了教皇的权威，但在十字军攻占耶路撒冷的消息到达前去世。——译注

给人以慰藉的食物,如同母性丰富的乳汁一样永远流淌:"你们应和耶路撒冷一起欢喜,所有喜爱她的人,应乐意和她在一起;和她一起欢喜,一起忧伤;你们可以吮吸她的乳汁,因她的乳房带给你们的安慰而感到满足;你们可以挤奶,为她的无尽荣耀而欣喜——就像母亲安慰儿女一样,我将安慰你们;你们将会在耶路撒冷得到安慰。当你们看到这个时,心里就会觉得欢喜,你们的骨骼将会像芳草一样繁茂。"

但是在中世纪时期,天堂形象的最重要作用则是由《以赛亚书》中所预言的耶路撒冷发挥的。《以赛亚书》改变了耶路撒冷的形状,改变后的形状在《新约全书》的《启示录》(亦称为《天启》)中得到了证实。在整个中世纪乃至以后的岁月里,这两篇最具隐晦含义的《圣经》书对救世主降临的信念及其在尘世的宣告引发了各种不同的阐释。书中描述了圣约翰神明从一座高山山顶上如何向世人展示圣城耶路撒冷从天而降时的胜景。它是用珍贵的宝石建成的,煜煜生辉。它的城廓围有高墙,有12座城门,由12位天使守护,天使的名字即以色列12个支派的名字。城墙的根基上有耶稣的12个使徒的名字。

这座天堂般的城市是按照理想的蓝图建的,其长、宽、高始终相等,一切都以数字12为基础。城墙是碧玉造的,城门是珍珠造的,城的根基是由12种珍贵的宝石构成,皆有名字。① 城市本身是精金的。黑夜永远不会降临,因为上帝的光辉永远照耀着。一条充满生命之水的河流穿城而过,河水是从圣父的宝座下流出的,宝座的旁边坐着他的儿子。河两岸种着生命树,年结12回果子,树上的叶子有治疗的功用。"将不再会有死亡,也不再会有悲伤和哭泣,不再会有痛苦。"

天堂般的耶路撒冷是人间天堂的升华,具有人间天堂的一切特点。这些特点后来又有所扩大,包含了各种各样的报答,比如中世纪社会各

---

① 据新约《启示录》所载,"城墙的根基是用各样的宝石修饰的:第一根基是碧玉,第二是蓝宝石,第三是绿玛瑙,第四是绿宝石,第五是红玛瑙,第六是红宝石,第七是黄碧玺,第八是水苍玉,第九是红碧玺,第十是翡翠,第十一是紫玛瑙,第十二是紫晶"。——译注

个阶层翘首以盼的那些报答。最为重要者是和谐。人们坚信在不久的将来有望得到这些报答，而安乐乡正是将这些报答融入自己更加世俗化的梦想中，即梦想在一片具有天堂般规模的土地上奉献出这些福祉。永葆青春泉、源源不断的食物供给、充满美味饮品的河流、布满两岸的银制器皿以及更多别的东西，无不与那些美好报答的标准相符。

B文本中描述的可食用的建筑物上有零散的红宝石，这些红宝石甚至会从新耶路撒冷的宝石造的建筑上掉下来。无论如何，B文本中那句多少有几分隐晦的话——"这片又长又宽的土地"——现在更易于理解了。该句话也许应该这样来解释：这片土地的长宽一样，跟天堂般的耶路撒冷的完美尺寸十分对应。

天堂中令人羡慕的和谐已被转移到俗世的安乐乡里。在安乐乡，人与人之间的友好关系人所公认，大家互相帮助。仇敌已不复存在。两性间相敬如宾，相濡以沫，偕老白头。此外，依照奥古斯丁的观念，若非亚当和夏娃在天堂那么快就犯下罪过——他们在那里仅仅住了七个小时——之后就被逐出伊甸园，在俗世天堂里当然也有性爱。如果一切都按计划进行，他们也会在伊甸园里生儿育女，根本不用担心魔鬼的干扰，因为直到人类堕落之后，恶魔才将人类的生殖器官变成了纯粹的寻欢工具。当然，此类天堂的性爱观念会被安乐乡欣然采纳。

B文本中的"与另一人温柔地睡觉"难道不是在说没有激情的性交形式吗？安乐乡的性爱是一种温柔行为，性爱也应该是这样，并不带有魔鬼所倡导的畜生般的狂暴。再者说，人们也只应该跟友人发生性爱。况且，只有情投意合的人才居住在天堂或安乐乡里。有人认为这些媾合性交的景象带有某些现代的色彩——也就是说，男女相互尊重；这些人将会感到高兴，因为他们的看法得到了布鲁日的雄辩家安东尼斯·德·罗弗尔的支持。大约在安乐乡文本为人们所记载时，他就描述了人们应如何温柔体贴地进行交媾，并且用了"友好"这个字眼来形容性交的过程。不过，他倒也没有这样的意图，就是将性事活动置于一个更加神圣、更让人接受的领域。他奉劝男人在床上要对女人温柔些，那样就一定会大大增加男人的快感。显然，这使友好性交成为安乐乡里一个有趣的选择。

中世纪描绘的上界天堂的蓝图，兼有人间天堂和新耶路撒冷的成分，《圣经》中对这两者都做了描述和预言。关于天堂里的安排，当务之急是要迅速得到，因为人们认为，人间天堂也必然会衰败，不可避免地成为世俗生活的一部分。

在这些描述中，人们喜欢用反面对比的方法，实际上就是列举一串天堂里没有的人间苦难："那里既没有虚伪和伪装，也没有欺骗、奉承、争斗、不和、憎恨、敌意和嫉妒。没有人忍饥受渴，没有人遭受严寒酷热，也没有人被疾病和疼痛所折磨；没有人感到恐惧、担心、沮丧和痛苦。"这是一本流行的叫作 Somme le roi 说教手册中的话，这本手册为人们提供了行为准则，威廉·卡克斯顿（William Caxton）① 于1484年将其翻译为《皇家之书》，后来又被一个翻译家译作《恶行与德行之书》。类似的描述随处可见，有时描写得简直令人叹为观止，比如1491年问世的 Sterfboeck（《死亡之书》），其中写道："那里没有瘸子、瞎子、斜视者和哑巴，没有人长疥疮或丘疹，没有畸形人。所有人各个部分都长得完美无瑕。"

上界天堂和人间天堂的混合在犹太人的启示性文学里就已发生过，此种现象可以上溯至公元前200年。从犹太人的启示性文学里产生了这样一种观念，即人间天堂应当成为正直之人死后的栖息地，要么作为他们等待复活的休息室，要么作为永生之人的休息所。在其他文化里也有相似的混合，将允诺的来世和已失的乐园混在一起。在埃及人的死者王

---

① 威廉·卡克斯顿（William Caxton, 1422?－1491），英国第一个印刷商，创办英国第一家印刷所（1476年），出版第一部英文百科全书《世界镜鉴》及其他各类书籍近100部；他是在莎士比亚之前对英语影响最大的人，亦是翻译家，到1491年去世时，他翻译并出版了24本译作。他印刷的书中包括《坎特伯雷故事集》、《特洛伊勒斯与克里希达》、《罗宾汉故事小唱》、《伊索寓言》、《列那狐的历史》和马洛里的《亚瑟王之死》等。——译注

国里，灵魂将会在银河中徘徊，那里日月同辉，将光芒撒向万物；另有微风吹拂，人们可以有最丰硕的收成，而这最后一个特征，则更具人间天堂的特点。另外，死者王国的建筑也类似于人间天堂的建筑：厚厚的墙壁保护死者不受邪恶幽灵的侵害，一座宫殿坐落在银河的正中央。

《圣经》中也有多处描述了这样的混合现象。《以西结书》提醒我们，人曾经在伊甸园居住，并向人解释说："你一直住在伊甸园这座上帝的花园，每一种宝石都是你的遮蔽物，有肉红玉髓、黄宝石、钻石、绿宝石、缟玛瑙、碧玉，蓝宝石、翡翠、红宝石和黄金。"正是所列举的这些宝石将在后来决定耶路撒冷那天堂般的外观。

一些以当地语言撰写的文本在描述这两个天堂时，将它们完全混为一谈了，有时是故意为之。天堂的城里长有郁郁葱葱的草木，约翰尼斯·布吕格曼在 1470 年前后所做的一篇布道词中说，这种景象是他亲眼所见，他自己俨然像是一名记者，详细描绘了天堂的各个角落。在寻找已故僧侣和修女的灵魂时，他最终在大自然中找到了他们："我当时看到他们坐在那边的一座美丽果园里，那里可以看到各种各样的花，还有最可爱的耧斗菜。语言无法形容它们的美艳，其中最漂亮的莫过于百合花。"1491 年问世的 *Sterfboeck*（《死亡之书》）将天堂描绘成一个自然保护区，里面充满了芳草和鲜花、永远成熟的果实、永恒存在的绿色植物。与其相对应的事物也有可能。在此类描述中，伊甸园中央的那一眼井成了一个喷泉；到了中世纪晚期，这眼井又给人们带来了灵感，使人们想象出了宏伟的建筑，而那些建筑又日益演变成了都市的高楼大厦。散文式文本 *Dit is't bescrive van den eertschen paradijs*（《这是对人间天堂的描述》）呈现的景象是，花园中央有一座巨大的带有喷泉的殿堂，是用宝石建成的，足以容纳过去、现在和未来的所有的人。喷泉是四条河流的源头，宝石从那四条河中流出，天堂下面的土地是由最纯的金粉构成。

在别的地方，来世的城市设计也对天堂的生活安排产生了一些影响。人们设想了各种建筑物的形状，正如中古荷兰语版《圣徒布伦丹游记》中的僧侣们所发现的那样。圣徒布伦丹和他的同伴奉命漂洋过海，亲眼看一看上帝在人间的非凡创举。旅程中的一站便是人间天堂，他们在一处海滩登陆，那里满是金色的鹅卵石和闪闪发光的红宝石。首先映入他们眼帘的是一座城堡，城墙是用金子砌的，门柱用的是红宝石。在其他方面，这个地方堪与通常描述的伊甸园相媲美。然而，他们又看到了第二座城堡，比第一座还要漂亮。最后他们才知道这是人间天堂，尽管它的外观会让人更加想起天堂般的耶路撒冷。

在古代和中世纪，城市的形象是负面的。人世间第一个城市以诺（Enoch）的缔造者是杀死自己兄弟的该隐（Cain）①；还有建造罗马城的罗穆卢斯（Romulus），他杀死了自己的孪生兄弟瑞摩斯（Remus）②。城市往往被看作充满罪恶的肮脏地方，到处是狭窄的街道，人们躲在里面，连上帝都观察不到。塔西佗（Tacitus）③ 也曾诅咒城市，说城市向世界上的一切罪恶敞开了大门。但颇具讽刺意味的是，他的这一判断的基础却是，越来越多的人接受基督教，是人类之邪恶日益增多的证据。

沙漠教父④和隐士逃离了城市，因为他们害怕城市会使他们看不到上帝。中世纪晚期，布鲁日有一个韵文体的文本，其中有一段隐士和年轻人的对话，直接表露了这种恐惧。那位年轻人热切地大声嚷道：

---

① 该典故出自旧约《圣经》的《创世记》："该隐建造了一座城，就按着他儿子的名，将那城叫作以诺。"——译注

② 该典故出自古罗马神话，罗穆卢斯是战神（Mars）之子，罗马城的创建者，"王政时代"的第一个国王。他和他的孪生兄弟瑞摩斯由母狼哺育养大，因在修筑城墙时二人发生争执，遂将其兄弟杀害。——译注

③ 塔西佗（Tacitus, Publius Cornellus, 55？-120？），古罗马元老院议员，历史学家，曾任行政长官（88 年），执政官（97 年）、亚细亚行省总督（112—113 年）。主要著作有《历史》、《编年史》，分别记述了 68—96 年和 14—68 年的史实，现仅有残篇存世。——译注

④ 沙漠教父一般指的是那些为了净化心灵而逃离无信仰的文明社会，寻求神的教化的僧侣和教徒。此处指 3—4 世纪，早期教会的一批信徒，他们离开"异教世界的城市"，隐居在埃及沙漠，过着极度克己的苦修生活。其中最著名的沙漠教父是圣安东尼，是迄今所知最早的一位苦行者，被称为隐修士之父。——译注

> 我没有留心斋戒禁食，
> 也没有心思读书习文；
> 只想狂欢交友饮酒作乐，
> 让我东游西逛好不快活。
> ……
> 神父啊，我是在城内生活，
> 若像你一样住在城外，
> 我定然会倍加谨慎，一点不错。

此外，12世纪多依茨的修道院院长鲁伯特（Rupert）[①]亦毫不含糊地宣称，"上帝不喜欢城市和城堡"。

然而，这便是天堂般耶路撒冷的确切模样。再者说，人类获准在人间建造的只不过是些暂时的居所，而不是此等经久耐用的宏伟建筑。《圣经》中难道不是充满了这种倒霉的城市吗？诸如以诺、耶利哥（Jericho）、巴比伦（Babylon）、阿舒尔（Assur）、尼尼微（Nineveh）、所多玛（Sodom）和蛾摩拉（Gomorrah）[②]。前文提到的鲁伯特就曾解释说，1128年多依茨城发生的大火，就是上帝发怒的标志，因为那个地方不仅发展成为一个贸易中心，而且该城还欢迎这种变化，并采取措施容纳了这样的变化。

在天堂般的耶路撒冷栽种有各种绿色植物，有果园、开满鲜花的草地、茂盛的树木、水果等植物，这也是该城未被毁灭的一部分原因。用城堡之类的氛围来取代天堂的城镇特征倒是一个引人入胜的主意，因为

[①] 鲁伯特（Rupert，亦称作Rupertus Tuitiensis，1075？－1129），颇有影响的本笃会神学家、宗教仪礼及音乐方面的评注家与作家。来自比利时列日城，后来成为德国多依茨修道院院长，有多部著作存世。——译注

[②] 此处提及的几座城市，或被毁灭，或遭破坏，比如巴勒斯坦古城耶利哥，被约书亚征服，城墙塌陷，城被毁灭；巴比伦被亚述人毁灭；亚述帝国的都城尼尼微城在公元前612年被巴比伦尼亚及其盟国占领并毁坏；古代巴勒斯坦的所多玛城和蛾摩拉城因其居民罪恶深重而一起被毁灭。——译注

在那个时代，人们的想象力和浪漫情怀是和城堡要塞紧密联系在一起的。城堡或要塞的出现常常是城镇形成的原因，因为城镇往往围绕城堡或要塞而建，但这一原因似乎被忽略了。另一种模糊城镇轮廓的方法是通过礼拜堂或大教堂来表现天堂般美好的蓝图，由此可将一切拿来跟天堂般的耶路撒冷的理想要素进行比较。这些要素成为令人惊愕的细节所表现出的象征主义的基础：墙上和柱子上画有逼真的极富立体感的错视画，以此来模仿黄金和宝石的光泽；而透过窗户上镶嵌的彩色玻璃照射进来的阳光，自然会在地板上投射出宝石般五光十色的图案。

这样天堂便被带到了人间，而人间也同样决定了天堂的摸样。如果人们把幻想中的天堂描述也包括在内，那么安乐乡就更接近这些天堂了。这些富有启示性的经历在整个中世纪都有记载，好奇心和追求轰动的欲望使这些记载被翻译成了西方的各种语言，也使它们得到了广泛的传播。这些幻想出的事物随后都以单独的文本出现，有的也被卷帙浩繁的文集收录，在大众文化和高雅雅文学里都能看到它们，可谓雅俗共赏。此类作品中的出类拔萃者当属但丁的《神曲》。

幻想方面的传说常常叙述那些受到上帝恩宠者或是享有特权之人的经历，他们在睡梦中被带去巡视亡故后灵魂的生活。巡视归来后，这些人便可描述地狱和炼狱中令人恐怖的景象以及天堂里的酬报。整体内容以警戒性的故事形式呈现给世上的凡人，但他们读得却很上瘾。既然最终的归宿，也包括中途在炼狱的停留，已被生动地、一而再再而三地向世间的罪人展示出来，你就不能说你不知道这种情况。人们终于弄清了自己所处的位置。

这些广为流传的叙述又引发了更为感人的细节。《圣经》描述上界天堂时所用的词语远不如描述俗世天堂时用的那么易于让人接受并为人们所公认，这也就留下了使之充实完善的余地。为了这个目标，俗世天堂的绿色植物首先被移植到了上界天堂。郁郁葱葱的草地和清香怡人的花朵成为天堂的标准特征，当然还有音乐和舞蹈。那里不再只有两个人，而是有不计其数的民众，并且新的居民还在一直不断地到来。这些人必须得有一些事情要做，用中世纪的标准来衡量，都是最为愉快的事情。处于这一原因，人们吃饭时会伴有颇为讲究的娱乐活动，由音乐艺人以极为优美的天使唱诗班的形式奉献出来。

谁有可能去天堂这一问题，尤其激发了人们的想象，这也是在幻想中乐于详述的东西。天堂里的每一个人都身着光灿灿的白衣。圣徒、使徒和殉教者均依次排列，通常都坐在桌子边。桌子的上首坐着上帝这位圣父和圣子。地位较低的灵魂坐在等级低下的位置，他们最大的快乐就是亲眼看到上帝以及他的家人和圣徒。普通的正直民众实际上住在类似于休息室的地方，那里像是一个集市广场，他们要一直住到最后审判日，才会获准进入永生的天堂。这个地方看起来并不舒服，但丝毫没有减少他们观察天堂中永久居民时所感受到的快乐。

在早期，毫不奇怪的是，参加不甚奢华的宴会已在很大程度上成为神圣天堂里最受欢迎的一种消遣活动。正如我在此前章节中提到的那样，对食物的过度迷恋（或者食物匮乏）会影响中世纪社会的各个阶层，在谈论幻想世界和酬报一类的话题时尤其如此。这也解释了天堂何以这么快就获得了农耕特征的原因，比如在天堂里会迅速而又连续不断地获得大丰收。弗里吉亚①希拉波利斯②的主教帕皮亚（Papias）开了这一倾向的先河。他在公元130年至140年的著述中，大大充实了死后灵魂的生活，说那里有前所未有的丰富食物和佳酿。

斯希丹的李维娜也曾有过幻想。她卧病在床，食不果腹，在获得圣徒称号的道路上，她的伤口还一直在化脓。事实上，她的日常养生之道

---

① 弗里吉亚（Phrygia）是小亚细亚中部一古代地区，位于今天的土耳其中部。从公元前1200年起就有人在那里定居，并从公元前8世纪到公元前6世纪曾繁荣一时，之后受到吕底亚古国、波斯、希腊、罗马和拜占庭的统治。——译注

② 希拉波利斯（Hierapolis）古城，是一著名古罗马的遗迹，于公元前190年前后建造，在公元2—3世纪发展至鼎盛时期，成为古罗马浴场的中心，现仍存有大浴场、大剧院的遗迹。特别值得一提的是，这里是古代丝绸之路的重要站点，1988年被列为世界文化遗产。——译注

从医学上讲可能会使她产生这些幻想。根据一篇讲述她的生活的知名文章，她有幸看到了人间天堂，不过那篇文章中说，她的灵魂暂时被带到了天堂里。她描述了众人聚餐的场面，宴席上的食物极不寻常，倒不是因为其丰富充裕，而是因为其供给源源不断。人们只能梦想在人间发生这样的奇迹，而这种梦想当然也在不断地发生。

李维娜看到桌子上摆满了她要慷慨捐给穷人的救济物品，感到心满意足。而且，所有的食物和酒都在不断地增加，不过啤酒已不再用陶罐来装，而是盛放在水晶瓶里，跟她要送给穷人的炸鱼存放在一起。在别的地方，她看到圣徒都坐在桌边，而此刻她在梦幻中仿佛看到了未来：圣徒由她自己来服侍，然后，她亦获准和圣徒一起吃饭饮酒。

就连极为节制的李维娜也不能避免和中世纪的饮食迷恋发生联系。她绝不吃一切营养物品，这种奇怪的自我禁欲跟天堂截然相反的馈赠形成了强烈对比，但也表明人们热切向往用之不竭又能自我补充的食物供给。在人们看来，天堂一定是按照这些路线安排组织的。实际上，约翰尼斯·布吕格曼在他的一篇布道词中就对天堂的饮食习惯做了全面总结：每一类居民都被安排到各自的饭厅，年高德劭的元老在主餐厅，先知被安排在酒窖里。然而，各个地方明显都在大吃大喝："我当时看见一个极好的酒窖……里面摆了一张堆满食物的桌子！那里有整桶整桶的雪莉酒和白葡萄酒。耶稣就坐在众人之中，他是先知中的先知。他开始用餐并倒酒喝，于是他们也都又吃又喝，直到吃饱喝足。"当布鲁格曼问他们是谁，从哪里来时，他们说作为先知，他们正受益于耶稣在他的山顶布道词中的教诲："饥渴慕义的人有福了，因为他们必得饱足。"①

在中世纪晚期的文学作品中，常有在天堂大吃大喝的描述。正像形象细致的圣餐描述那样，此类生动的描述源于神秘主义，尤其源于它的民主化形式。荷兰博学的宫廷牧师迪尔克·范·德尔夫（Dirk van

---

① 引自《圣经》旧约《马太福音》。——译注

Delf），从学者的角度对此做了补充，认为应该以寓言的方式解释这些事实。在他看来，上帝在天堂摆放了一张德行的桌子，上面有恩赐的食物和福祉。绝没有关于真正食物的议论，当然，在上界天堂也没必要发此议论。

在民众崇拜这一层面，人们对天堂和上帝家族的关系有着自己更为广阔而又神秘的想象空间，对盛宴的偏爱有增无减。这里举一个著名的例子，一位仍然活在世上的表弟去冥间探望已经亡故的骑士表兄。此例要说明的似乎是，俗世的天堂指的就是上界天堂的各种各样的情状。无论如何，其唯一的魅力便是丰盛的宴会，那位骑士也获准参加了。他享受了精致的美食，后来承认他一生中从未吃过这么好的东西。这样的例子到处都有，不仅仅是因为它们被人们一而再再而三地作为布道词中的素材加以讲述，也因为它们引发了质量极高的文学作品。

天堂所具有的一种恒久不变的魅力是音乐和歌舞。天使应该是音乐新风的开创者，不过在死去的人中也有著名的音乐家，他们也发挥了重要作用。布吕格曼在一篇布道词中就曾描述大卫王在一次先知的宴会上引起轰动的场面："大卫抱着他的竖琴跳到桌子前面，仿佛像个宫廷弄臣一样。"据其他文本所言，大卫弹奏的声音传得很远，人们无论在哪里都能听到。

圣波拿文彻（Bonaventure）[①] 于13世纪晚期用拉丁语撰写的《基督生平之冥想》是篇著名的祈祷文章，该文又一次使大卫的名声大噪。当耶稣带着解脱的灵魂从地狱之门来到天堂时，所有的灵魂都开始歌唱。大卫用竖琴给他们伴奏，其他人也演奏竖琴，或是敲着周边镶有铃铛的小手鼓。然后，大卫又开始跳舞；到了最后，歌声、音乐、掌声和喝彩声交织在一起，像是一场美妙的即兴演奏会。

[①] 圣波拿文彻（Bonaventure，1217－1274），意大利神学家、经院哲学家、方济各会会长、枢机主教，他教导说一切艺术和科学的目标都是对上帝的直接反思，而上帝的存在无须理性来论证，上帝的意志是万物的"原因"和"形式"。——译注

在所有关于天堂的长篇描述中，都详细列举了在天堂演奏的各种乐器，这已成为标准的做法。据 1491 年的 *Sterfboeck*（《死亡之书》）所言，天使就演奏了风琴、管乐器、琵琶、小提琴、竖琴、索尔特里琴①、钹、齐特琴②、小号和长号；他们也知道怎样演奏出其他悦耳动听的声音。在大画家的作品中，也都描绘有这支天堂的管弦乐队，比如汉斯·梅姆灵（Hans Memling）③、扬·范·艾克（Jan van Eyck）④以及罗吉尔·范·德·韦登（Rogier van der Weyden）⑤。

假如俗世天堂必须被视为前往上界天堂的休息室，那么来到此地的人也必须受到某种方式的款待。在这里，两个天堂不知不觉地涌流到一起。某些描述中说，在天堂的四角各有一个天使，他们鼓动起翅膀，发出无比甜美的声音，奏出悦耳的四重奏；另有两个天使吹起长号，与其融为一体。据迪尔克·范·德尔夫所言，在俗世天堂里也有音乐。生命树上的叶子很硬，当风吹动树叶时，叶子就会发出琴弦一般的声音。在这种艺术熏陶下的天使，就把生命树当作乐器来把玩。

这种幻想离现实似乎并不像看起来那么遥远。在迪尔克所处的时代，法国北部的一些地方和其他地方，都有贵族修建的娱乐公园。公园里的标准配备有金属做的树木，树枝和树叶在风箱的吹拂下能够机械地移动，结果就会发出奇妙的叮当声，听上去像是优美的音乐一样。毫无

---

① 索尔特里琴是中世纪的一种拨弦乐器，用手指或用一个拨片拨弦演奏。——译注

② 齐特琴是一种由扁形音箱和 30—40 根弦组成的乐器，平放着用指尖或拔子来演奏，类似于筝。——译注

③ 汉斯·梅姆灵（Hans Memling, 1430？－1494），文艺复兴时期佛兰德斯画派画家，主要画祭坛画和肖像画，画风柔润、和缓，主要作品有《基督受难三联画》等。——译注

④ 扬·凡·艾克（Jan Van Eyck, 1385－1441），文艺复兴时期尼德兰画家，是早期尼德兰画派最伟大的画家之一，也是 15 世纪北欧后哥德式绘画的创始人，油画形成时期的关键性人物，因其对油画艺术技巧的纵深发展做出了独特的贡献，被誉为"油画之父"。与其兄休伯特（Hubert）合作的根特祭坛组画是欧洲油画史上第一件重要作品。——译注

⑤ 罗吉尔·范·德·韦登（Rogier van der Weyden, 1399？－1464），佛兰德斯画家，15 世纪北欧有影响的艺术家之一，作品有油画《耶稣下十字架》、《圣母圣子》等。——译注

疑问迪尔克知道这些音乐树，并且可以想象得出，他实际上曾经造访过这样的公园——比如爱司丹城（Hesdin）的公园——是作为扈从跟随其雇主荷兰伯爵一同前往的。

《圣经》中经常提及这样的音乐背景。《以赛亚书》就把时间的终结和在毁灭的耶路撒冷城内天堂的重建联系起来："上帝也要安慰锡安，要安慰锡安所有的废墟；他要使锡安的荒野变得像伊甸一样，使沙漠变成上帝的花园，里面充满欢喜、快乐、感谢和歌声。"① 此外，众所周知的是，天使也喜欢奏乐，他们还是天堂的永久居民。根据《雅歌》和 Locus Amoenus（即《乐土胜地》）中的模型建造的乐园，若没有音乐也就无法存在了，只不过是那里的天使当然已被职业音乐人取而代之了。安德里亚斯·卡佩拉纳斯（Andreas Capellanus）② 是一部关于典雅爱情指南的作者，他把乐手安排在爱情花园里，让他们演奏各种可能想象出来的乐器。另外，在《玫瑰恋史》一书中，人物的名字在此种背景下就叫作长笛手、鼓手、歌手、舞者和响板手。

音乐和舞蹈至少在尘世间是备受质疑的，因为人们普遍认为音乐舞蹈是魔鬼最常使用的工具，用来诱惑人们走向懒惰，尤其是在他们应当履行宗教义务之时。代尔夫特城的朝圣者阿伦特·威廉姆佐恩在前往圣地的路上，经过瑞士的一个村庄，或者至少说是一个村庄的废墟。那个村庄在 1517 年被上帝毁灭，"因为村民在圣诞节前夜跳舞。那么发生了什么事情呢？上帝命令一座山朝村庄压来，对此谁也没有预料到，全村的人都被掩埋在了山下面。只留下了一所房屋，至今还屹立在那里，所以人们可以清晰地看到，只有一户人家活了下来"。

---

① 引自《圣经》旧约《以赛亚书》第 51 章第 3 节，译文略有改动。——译注
② 安德里亚斯·卡佩拉纳斯（Andreas Capellanus），生卒年月不详，亦被人称为 Andrew the Chaplain（牧师安德鲁），是 12 世纪一部有关爱情论著的作者，书名叫作《典雅爱情之艺术》。——译注

跳舞尤其被看作诸多罪恶的根源。犹太人曾围着金牛犊跳舞①，文学和视觉艺术就利用这个例子来强调它们的告诫要素。另一个例子也同样引人入胜，讲的是抹大拉的玛利亚（Mary Magdalene）②的世俗生活，在有关她的画像里，背景中总有一些乐手和鼓手，还有许多舞者。在涉及七宗应遭永劫之大罪③的文学和艺术里，也始终会有音乐和舞蹈方面的描绘，例如，耶罗尼米斯·博思在其作品里就用一帮吵吵闹闹真正恶魔般的人物来表演这七宗大罪。与这些恶魔相对应的是由身着白袍的天使演奏的优美动听的音乐。

然而，中世纪有关善恶的争论从来没有达到白热化的程度。就像中世纪晚期所发生的情况那样，人们乐意承认，而且是高调、经常、洒脱地承认，他们已从忏悔书、文学和绘画作品中清楚地了解到如何完美地规范自己的行为，不料竟会走向反面，沉湎于自己就觉得十分讨厌的行为之中。这种双重标准就允许贵族、市民和乡村民众极度地跳舞狂欢，不仅是在节日期间跳，而且是一有机会就跳。

不用说在安乐乡也会有音乐和舞蹈，不仅仅是在特殊的场合有，而且是始终都有。这不可能是在安乐乡永久扎根的习俗，而是从上界天堂借鉴的习俗，借此习俗将死后之灵魂生活的快乐加以放大，并为尘世提供了相应的快乐。这是不断发生的事情：乐器（小号和管乐器）和措辞（即跳舞）都指向天堂中上演的景象，因为这些景象一再被人们描

---

① 据《圣经》旧约《出埃及记》记载，当摩西上西奈山领受十诫时，他离开以色列人40昼夜。以色列人担心他不再回来，要求亚伦为他们制造神像，亚伦就为他们造了金牛犊，以取悦他们，于是以色列人便对金牛犊顶礼膜拜。而在埃及和希伯来人的近邻，古代近东和爱琴海地区，野牛受到广泛的崇拜。——译注

② 抹大拉的玛利亚（Mary Magdalene）是基督教界的一个宗教性人物，在新约《圣经》的《马可福音》、《马太福音》和《路加福音》都有记载，说耶稣医治了她的病，驱赶走了附在她身上的7个鬼，她信基督教后，奉献自己的财物，供给耶稣和门徒。亦说她第一个见证了耶稣的复活，被尊为圣徒。——译注

③ 七宗罪——贪食、贪婪、懒惰、淫欲、傲慢、嫉妒和暴怒——被天主教认为是遭永劫的七种大罪，曾屡次出现在《圣经》、著名绘画作品及中世纪教会人士布道的题目中，尤其是在托马斯·阿奎那的宗教著作、但丁的《神曲》和乔叟的《坎特伯雷故事集》中的论述犹为著名。——译注

述和描绘。比如，当流行的善恶百科全书 Somme le roi 说到天堂的舞蹈时，总是用"在中央的圆形舞台上跳舞"这样的词语来表述。

另外，荷兰的"悠闲甘美之地"倒很安静：根本没有谈论音乐和舞蹈。G 文本源于另一个传统，跟激发出安乐乡的天堂幻想相距甚远。以汉斯·萨克斯的例子为基础的散文体文本，也没有直接提到失去的乐园，而失乐园则是两个安乐乡文本的开篇内容。那个天堂在 G 文本中已不再起任何作用，虽然说孩子似乎连同洗澡水被一起扔掉了，但在"悠闲甘美之地"也不该缺少音乐和舞蹈。看起来将音乐删除很有可能是一个错误。无论 G 文本多么像是一个书面传统的产物，但作者无疑没有进行认真思考，也没有参考其他原始资料，就对自己的素材自以为是地做了改编。这种自发行为在两个安乐乡版本的誊写者身上也有所体现，他们对自己正在做的事情也没有多加思考，结果不是丢了这个就是忘了那个，比如在每个天堂里飘荡的香甜气味。不过在荷兰的"悠闲甘美之地"，这些香甜气味并没有被略去。

令人愉快的是，安乐乡的假日是人间的四倍，而斋戒每 100 年才有一次。这似乎是天堂计时的延长。时间在天堂是不存在的，因此，一天也许看起来有 1000 年那样长，而 1000 年看起来就像一天似的。圣经中就是这么说的。中世纪一些作家便以此为基础进行了渲染。包含 B 文本的布鲁塞尔手稿中也有几句押韵文，是根据《圣经》中的一段文字改写的，描述了我们将会有的不可思议的经历：

啊，我们该有多么快乐，
一千年也只有一天！
我们没理由悲伤流泪，
因为一天就等于一千年！

在这种框架里，夏天和冬天都翻了一倍（而且冬天还很温暖），收成也翻了一番,并不是因为这种情形在神圣的天堂里是必须的,而是要表明快速的重复如何能够抹去人们对尘世贫困的记忆。荷兰的"悠闲甘美之地"没有这方面的描写,也许是它和中世纪的天堂梦想相去甚远的缘故。

其他较为次要的细节也提供了上界天堂和人间安乐乡的直接联系。B文本中就说到成堆成堆的漂亮衣服,包括马裤和鞋子,堆在每家的房前,并且说"你若想穿就可以穿"。这无疑让人想起那些天使,他们给复活的灵魂穿上最好看的衣服。

一个相似的关联看起来不太可能,就是"悠闲甘美之地"的靴子都摆在树下,等待生长在树上的农夫掉进去。因为只提到了靴子,似乎更像是基督教诞生以前亡故之人上路时必备的旅行装备,其中包括最重要的鞋子,以确保他们能地成功到达来世。这种习惯在人们的幻想和说教性故事中被部分保留下来,并被其他文化的民间传统所改变。1189年,一位名叫戈特沙尔克(Gottschalk)的农夫产生了幻想,他要踏上穿越死亡王国的旅程,途中得翻过布满荆棘的高原。但幸运的是,他看到就在高原前方有一棵菩提树,树枝上结满了鞋子。不过,人们若是在世间做了足够多的善事,才能摘取一双鞋子。

"悠闲甘美之地"的农夫未必是因为这个缘故才得到了靴子。他们作为一种免费的劳工资源在树上生长,"出生"时会落入必要的工作服里。尽管如此,这和戈特沙尔特幻想的鞋子仍有些许相似之处。如同布满荆棘的高原一样,荷兰的"悠闲甘美之地"是一个麻烦丛生的罪恶之地,那里的纨绔子弟似乎应该学一学如何不守规矩。而人们则希望这些任性的年轻人像"悠闲甘美之地"的农夫一样,会找到在这一险恶之地得以立足的手段。

第二十章

另外的天堂

每一种文化都有自己因幼稚而又傲慢的行为而失去的天堂。早在公元前七八世纪之交时，希腊诗人赫西奥德（Hesiod）①曾讲述了一个重要事件，该事件使人类丧失了在理想世界所处的地位，而且从那时起，宙斯（Zeus）②便把美好生命的秘密藏匿起来。他的愤怒是因为普罗米修斯（Prometheus）③从天神那里偷火给人类。宙斯为了惩罚这种傲慢行为，便将人间的生活贬低，使之变得痛苦不堪，充满了忧虑和苦痛。而在这之前，人间没有辛勤劳作和疾病，只有快乐，做一天工就足以提供一年的食物。

同样的古老故事始终在流传。所有这种痛苦不可能是生命的意义。

---

① 赫西奥德（Hesiod），故希腊诗人，生卒年月不详；以其长诗《工作与时日》和《神谱》闻名于后世，被称为"希腊训谕诗之父"。前者叙述人类生活的艰辛，记载每月的吉凶日，反映了自由小农的道德观念和复古怀旧的社会心理，把劳动列为最高的美德，为农牧、持家及娶妻等提供了建议。后者对世界的起源及诸神的诞生进行了记述，是早期希腊神话的渊源之一。——译注

② 宙斯（Zeus）是古希腊神话中统领宇宙的至高无上的天神，罗马神话中称作朱庇特，是奥林匹斯十二神之首，人们常用"神人之父"，"神人之王"，"天父"来称呼他。现代的奥林匹克运动会即起源于为纪念他而举行的体育竞技。——译注

③ 普罗米修斯（Prometheus），希腊神话中的人物，因从奥林匹斯盗取天火给人类而触怒宙斯，被罚锁于高加索山崖一块巨石上，宙斯派一只神鹰去吃他的肝，而他的肝每天又重新长上。后被宙斯之子大力神赫拉克勒斯（Hercules）所救。——译注

一定是有人在某些地方犯了错误,惹怒了统治者,而这些错误必须得到纠正。也许通过忏悔苦修人们能够重新获得理想的生活,不再遭受痛苦、辛劳和死亡的折磨。希腊地理学家斯特拉博(Strabo)①说,这一失去的乐园位于印度,在他那个时代那地方已经是一个奇妙的乐园,亚历山大大帝有幸成为第一个看到它的人。整个地区曾一度是提供食物的天堂:田野里永远都是成熟的大麦和小麦。除了从清泉里流出的泉水外,还有许多流淌着大量牛奶、蜂蜜、酒和橄榄油的溪流。然而此种富足却让人们变得自负,对神明也不再敬仰,于是便引发宙斯收回了他们所享有的好处。其结果是,自那以后,那里的生活便充满了痛苦和艰辛。

此种关于罪恶、惩罚、忏悔苦修和回报的观念是普遍存在的,和某一个时间、地点或环境毫无关联。这些观念属于每个社会的文化习俗,未必非要为它们建立相互影响的联系而假定一个共同渊源。另外,相互影响当然是存在的,尤其是考虑到这些幻想的外在形式。然而在这个领域,即便是在从未有过任何接触的两种文化之间也会出现类似的现象。对饥荒和无意义苦工的恐惧是永恒的,这种恐惧不断使人幻想出一些补救办法,也许会是稳定可靠的春天天气、具有治疗功用的水、自发长出的食物,或是供人饮用的饮品,都和人类生活完美和谐的福祉有关,或者是完全没有痛苦磨难。

以口头或书面形式表达对美好生活向往的人,心目中不可避免地会相互影响,也会自然而然地借鉴他人的东西。生活在几个世纪之后的局外人当然不能将这二者区分开来。不能因为早在基督教时代之前希腊喜

---

① 斯特拉博(Strabo,前63?—公元24),古希腊地理学家、历史学家、旅行家、作家;出生于现在土耳其的阿马西亚(Amaseia,当时属于罗马帝国)的一个富有家庭;先后从师于多位地理学家和哲学家,在哲学上他属于斯多葛派,在政治上他是罗马帝国的支持者。他的17卷的《地理学》是现存的唯一一部描绘奥古斯都统治时期已知的世界各地的人文地理情况的伟大著作,对区域地理和希腊文化传统的研究有突出贡献。另有47卷本的《历史概览》,可惜已散佚。——译注

剧中呈现出自我烹饪好的鹅和自我烤熟的猪，就意味着这些主题在过了2000年后，为了在一个记录安乐乡版本的文员脑海里扎根，经历了复杂的口头或书面传播。也没有必要去寻找更为久远的印度民间传说，来解释希腊喜剧作家受到了什么影响，从而创造出如此有趣的情节。这些神话故事很有可能是自然而然流传下来的，人们将其作为普通要素本能地加以采用，也是所有文化最主要的一种传承策略。

无论如何，欧亚大陆的印度日耳曼文化创造了数量惊人的天堂、黄金时代和幸福岛，它们无论是在外表还是内含动机上，相互都有显著的相似之处。研究者总是宣称他们发现了此类材料里各种要素之间的联系，而且是极具说服力的决定性的联系。比如，一直有人热切主张，穆斯林的天堂是西方安乐乡产生的直接灵感之源。穆斯林天堂展示了一种确实无疑的世俗世界的特点，似乎填补了基督徒的天堂和安乐乡之间的空白。不过，虽然穆斯林的田园生活从此以后确实对西方安乐乡的实现产生了激励作用，但它既不是安乐乡的源头，也没有为安乐乡的创立铺平道路。

在穆斯林的天堂里，性爱发挥着重要作用，这无疑证明上述结论是正确的。而在安乐乡和荷兰的悠闲甘美之地，性爱只发挥了微不足道的作用，加进性爱的内容更像是一种让步，是对与时间和环境相关的困扰所做的让步，不属于安乐乡素材的主体部分。无论如何，性爱在西方的理想世界里所起的作用非常微小。在基督徒的天堂里也是如此，不论《雅歌》中有多少性爱内容供人猎取。基督徒的禁欲主义和原罪意识不允许对性爱表示任何正面的评价。自由性爱情和乱交属于其他文化的天堂，尽管其中一些文化和基督教教义十分接近，甚至属于基督教的早期阶段。

凯尔特人的冥界的确提供了自由性爱的环境，不然的话，那种环境很容易使人想起天堂般的耶路撒冷。例如，在马埃尔·迪安的旅程中出现的梦幻小岛上，似乎只有女人居住，在那里过夜的每一个旅人都会有一个女人陪伴。古代的黄金时代也展示了自然的乱交行为,让·德·默恩(Jean de Meung)①忠实地在《玫瑰恋史》中曾有所提及。这部书的中古荷兰语版本删去了这一节内容,仿佛古代的天堂仍然在污染他们自己的伊甸园似的——不过这一点尚不能确定,因为只有一个版本,而且是一个不完整的版本。但是,在两性关系中存在嫉妒和渴望,男性还梦想和女人进行不受任何约束的性交,女人又永远心甘情愿;人类盼望对此嫉妒和渴望有一个明确的解决办法,这就足够了。在基督教徒的来世里,这些愿望得到了满足;基督教断言,任何肉体的欲望在来世都不再让灵魂受到折磨。而天堂并不提供实现这些欲望的方法。《君王大全》(Somme Le Roi)这部颇为流行的论美德与罪恶的百科全书,是不是曾一度戏弄这个观念呢?在这部书里,有不少关于天堂欢娱的内容,其中说道:"人们看到情人之间在传递爱的目光。"这一定指的是两性之间世俗的行为模式,在天堂是极不寻常的事情。说也奇怪,这一内容似乎是荷兰的改编者从原来的法语文本中添加的。这岂不是一种逆向的轻佻举动吗?

从一开始,穆斯林的天堂通过拉丁语的翻译,在西方就已广为人知。与此同时,越来越多的人前往东方旅行,他们又发回国内不少相关的报道。另有商人、朝圣者以及十字军将士,他们也都听到和读到过一些令人高兴的事情,并将他们的有趣见闻记录下来,回到故乡后又将他们的故事反反复复地讲给别人听。少数幸运之人甚至获准一睹东方统治者仿造的天堂的风采,那些景象给他们的宫廷平添了光彩。

古兰经中所表现的天堂受到了最初几个世纪叙利亚基督教的深刻影响。十分世俗的天堂观念最重要的倡导者是埃弗来姆·塞勒斯

---

① 让·德·默恩(Jean de Meung, 1240—1305),法国民间诗人,早年就读于巴黎大学,以其续写的下卷《玫瑰恋史》(又译作《玫瑰传奇》)而名垂青史。该部长诗叙述诗人在理性和自然的帮助下,终于获得玫瑰,并以理性和自然的名义批判了当时社会的不平等和天主教会的伪善,表达了下层市民的社会政治观念。——译注

(Ephraem Syrus)①，他是一位神学家，也是一位诗人和教会医生，著有《天堂颂歌》。在穆罕默德看来，超度救赎就是无限地实现了非常原始和世俗的愿望，他因此而常常受到指责。然而，此类观念却是源自东方的基督教。东方基督教在说服其信众方面鲜有建树，但在周边地区却产生了很大影响。

1106年前后，拜占庭一位名叫佩德罗·阿方索（Pedro Alfonso）的犹太皈依者，第一次用拉丁语描述了穆斯林的乐园。那里的生活充满了无尽而又自由的欢乐，始终都有大量的成熟水果供人们采摘，而且人们的每一个愿望都得到了满足。这些愿望主要是感官上的，这从1143年尊者彼得授权翻译的《古兰经》里看得十分清楚，尊者彼得发现这个文本完全缺乏基督教的精神。但给人们印象最深的是 Liber Scalae（《梯子之书》），讲的是穆罕默德前往神圣天堂的旅程。这个故事源于1264年的法语版本。天堂的围墙显然是用红宝石砌成，门是用珍珠造的。等在那里的可爱少女，一个个漂亮得难以形容，一边还唱着动听的歌曲。那里也有用宝石建成的楼阁，比如红宝石、珍珠和绿宝石。喷泉喷出的水无疑也是珍贵的饮品，还喷出美酒。处处都有挂满果实的果树，那果子伸手便可采摘下来。桌上摆的美味佳肴，可以说是应有尽有。

穆斯林的天堂以鸡尾酒的形式进入了西方世界，它既有安乐乡的成分，也有基督教天堂的元素，还添加有压倒一切的自由性爱的风味。在这座天堂里，随叫随到的处女被分配给忠诚的男性灵魂。而且，这座乐园不像西方的天堂那样，无论其受到东方天堂多大的影响，它都能完全满足所有世俗和物资上的愿望，并能提供美食方面的愉悦、昂贵的服饰、自由的性爱以及其他肉体上的欢乐。

法国博韦的樊尚于1245年编撰的《大宝鉴》（Speculum Historiale）也对这一情景进行了宣传。性爱方面又成为书中最受关注的内容，这一

---

① 埃弗来姆·塞勒斯（Ephraem Syrus, 306–373），叙利亚诗人、神学家，被天主教及东正教奉为圣人，故而在宗教界又译作圣厄弗冷。——译注

点并不令人惊讶。约翰·曼德维尔爵士毫不含糊地将此点看作穆斯林天堂的最主要特点："每个男人都将拥有 80 位妻子，这些妻子都是美丽的年轻女子，男的无论何时想和她们睡，就可以跟她们躺在一起，而且她们永远都是处女。"那里不仅有充余的处女，而且将她们全都占有的能力也一直是契约的一部分；除此之外，女性还可以使自己永葆处女之身。

其他信奉基督教的旅行作家往往以私下的窃笑聊作应付，通过暗讽撒拉逊人①天堂里的性爱来寻求自我满足。不过，他们通常所描述的情况，往往会让人想起安乐乡里流行的景象。这里再次提醒人们不要仓促下结论。这些作者对穆斯林天堂的描述，是以其他文本和传闻为基础的。他们的描述无不强调满足世俗的愿望，不可避免地会受到他们自身所掌握的安乐乡素材的影响。稍后我还将论述，西方的新世界发现者，如何根据他们透过安乐乡这块玫瑰色玻璃看到的景象，兴高采烈地描述新世界的气候和丰富的物产。依据两个或更多天堂间存在的相似之处，这也很难得出结论。而只要日常生活中的痛苦和艰辛继续存在，这些旅行者以及他们的读者，实际上都想不断地发现同样的天堂。

1486 年，一位名叫格吕内贝格（Gruenemberg）的骑士从德国南部的康斯坦茨②出发，前往圣地朝圣。在其朝圣记述的最后，他谈到了伊斯兰教徒的一些信仰，用他自己的话阐释了穆罕默德所说的天堂：那是一个很大很大的地方，到处绿草茵茵，鲜花盛开。这种丰盛景象留给东方的印象一定比留给西欧低地国家的印象更为深刻。基督教徒的人间天堂，尽管郁郁葱葱，也只不过是爱尔兰、低地国家、法国诺曼底及其布列塔尼半岛的灌木丛和田野的升华而已。因此，披上此种外衣的天堂一定是身居沙漠的居民臆造出来的，因为他们只知道稀稀疏疏的绿

---

① 撒拉逊人，阿拉伯人的古称，是古代叙利亚、阿拉伯沙漠地区的的一支游牧民族。——译注

② 康斯坦茨，德国西南一城市，位于康斯坦茨湖沿岸、斯图加特以南。该城始建立于公元 300 年，现为拥有多种工业的旅游中心。人口约 7 万人。——译注

洲模样。

根据吕内贝格的记述，穆斯林的天堂也有这种郁郁葱葱的景象。有大量的牛奶和美酒在流淌，湖里充满了鱼儿，成熟的葡萄和苹果等待着人们来采摘。野生动物就像驯服的牛一样很容易被人捉到。鸟儿既可以为人们供应肉食，也可以为人们歌唱。此外，城市里的食物十分丰富，餐桌就摆在树底下，桌上摆放着金子做的酒具，酒具上还镶嵌着宝石。美酒从岩石中涌出，蜂蜜从蜂窝里滴下来，甘蔗充满了甜汁，调味的香料直接就从树上落下，还有成堆成堆的大量金、银和宝石。年轻的姑娘和小伙子随着各种音乐翩翩起舞。最后，还要提一下过度的性满足情况，因为每个人始终都愿意将任何一个人作为自己的伴侣。

伊斯兰教徒的这一天堂引发了一个声名狼藉的赝品，不少旅行者都很愿意谈论它。马可波罗率先详细报导了一位山中老人的故事，那位老人住在里海以南一座山上的大城堡里。他是11世纪创立的一个异端穆斯林教派的首领，其信徒将他视为上帝的代表。为了扩大并巩固权力，他挑选了一批盲目忠于他的年轻人；为实现他的目标，他命那帮年轻人去执行自杀式的任务。为了让他们心甘情愿地做这种事情，他建造了一个天堂般的花园，里面有复杂奥妙的管道和喷泉，可以提供极为奇妙的东西。到处都流淌着泉水、牛奶、蜂蜜和美酒。手头还有不少美女，随时满足年轻人的性欲。

曼德维尔也曾描述过那位老人的伎俩：

> 当时，这位富翁给这些年轻人一种酒（实际上是麻醉剂），很快就会让他们醉倒；于是他们就变得更为盲目，以为自己真的得到了福佑。然后他就告诉他们，如果他们愿为他去冒生命之险，死后可以来到他的天堂，而且永远处于少女一样的年纪，永远和美丽的少女住在一起，跟她们寻欢作乐，而那些少女始终都保持处女之身……因此，他想让他们做什么，他

们也都愿意去做。

这些被误导的凶残的年轻人引发了一个法语词汇，即 assassin，其最初的意思是"使用从大麻中提取出的麻药的人"，他们会在极度兴奋的状态下，去干那些残害人命的勾当。

对于穆斯林教徒的天堂也有各种各样更为天真的模仿，那些模仿完全可以和西方贵族的乐园相媲美。根特的朝圣者约斯·范·吉斯泰勒（Joos van Ghistele）从 1481 年开始进行漫长的朝圣之旅，他穿过了中东和北非，也曾描述了各种各样的乐园。那些乐园总让他想起人间的天堂。有时他把未曾遭到破坏的天然之地当作花园，比如伯利恒①附近的山谷，那里总是绿树成荫，树上始终硕果累累。范·吉斯泰勒以及其他人所观察到的此类景象，再次表明我们又回到了原地：基督教徒的伊甸园受到了山谷和绿洲的影响，比如中东一带的山谷和绿洲。

范·吉斯泰勒在埃及的 Boulac 附近看到了一些果园和避暑别墅，有富商和其他位高权重的人在那里消遣。有时他们的娱乐活动会在帐篷、亭阁或是别的特别建筑中一连进行 10—12 天。他们举行放荡不羁的宴会，跟成群的女人厮混行乐。范·吉斯泰勒慨叹，那场面看起来就像世俗天堂和上界天堂融合在一起似的，简直就是他自己所见到的最美的天堂。

代尔夫特②的朝圣者阿伦特·威廉姆佐恩在离家不远的威尼斯碰到了一处模仿伊甸园的所在，坐落在一片翠绿之中，颇具娱乐场和妓院的特色。他和随行的旅行者拜访了一座宫廷般壮丽的花园，那里可以看到世间的一切娱乐活动，而且那些活动都是在树木和散发着芳香的香草中进行的。在那些充满魅力的活动中，还有一些撞大运的游戏，为人们提

---

① 伯利恒，位于耶路撒冷城南面 6 英里的一座市镇，传说中的耶稣诞生地。——译注
② 代尔夫特，荷兰西南部一城市，位于海牙东南部。中世纪以来，该市一直以生产精陶而闻名，现有人口约 9 万人。——译注

供了赢取珍贵奖品的机会，奖品包括天鹅绒、锦缎和丝绸等物。这些游戏中包括撞柱游戏、保龄球和掷骰子等。而那几位朝圣者运气不佳，身上的钱全都输掉了，不过他们倒也很开心，因为有一帮子年轻男女跟他们一起饮宴，那些少男少女还演奏弦乐、小号，雷鼓助兴。他们也追求肉体上的快乐，阿伦特·威廉姆佐恩隐晦地（也许是羞怯地）补充说道。许多人在跳舞，他们在黑暗的角落里利用一切可以利用的机会行乐。此刻作者的意思是不言而喻的。他并不想略去任何东西，但对令人愉快的细节却没有给予清晰的描写。另外，也没有任何文字表明，不许他和他的同伴亲眼看到那些娱乐活动。这一点在他那充满激情的描述的结论部分表现得十分清楚："我简直想把称作维纳斯的花园，因为之前我从未见过类似的景象。"

西方和近东的其他梦想之地、梦幻时代和天堂都已顺便提及过了。凯尔特人的天堂，由于基督教传统中拥有这一主题的丰富素材资源，几乎以很难察觉地方式渗入了基督教徒的天堂，中古荷兰语版的《布伦丹游记》一书中所列举的例子已经证明了这一点。不论是在马尔托姆美好之地（Multum Bona Terra）的大陆还是在锡安山（Mount Zion）上，旅行者都能碰到丰富的食物，而且毫不费力便可得到，也会碰到喷泉和宝石建造的奇妙城堡。

凯尔特人的天堂神话和航海英雄们的旅程紧密相连。这些在广阔无垠的大海上航行的豪杰引发了这一天堂神话。他们在西方的岛屿上不断地碰到各种天堂。中古英语版《安乐乡》的开篇就点明了安乐乡的位置，说它坐落在西班牙以西某个地方的一座海岛上。自问世之后，这个文本便成了凯尔特人表现天堂的一个传统。据他们所说，天堂就分散在各个海岛上。那里每个人都永葆青春，并且永不生病。人们从未听说什么叫嫉妒、憎恨和羡慕；大家都过着安宁祥和的生活。他们在花丛和果树中载歌载舞，还可以无拘无束地享受性生活。凯尔特人的天堂也包含一些自身的独特景象：那儿的奶牛是白色的，长有红耳朵，马是天蓝色的。

巴托洛梅乌斯·安格利柯斯显然就住在附近——不过按照中世纪的标准,他距离那些岛屿就像欧洲其他国家距离边缘国家爱尔兰一样遥远——他根据科学猜测,补充了一些细节。他说道,在那里人们想要死去是件非常困难的事,回归于"尘土"几乎是不可能的。在他看来,整个爱尔兰就是一个充满魔力的死者的世界,活人和死人的界限十分模糊。比如,人们都知道,"在海伯尼亚(Hybernia 即爱尔兰),死人既不会腐烂,也不会化掉"。而且,人们猜测附近还有一座海岛,具有天堂一样的特点,那上面的人即便是想死也死不了。

维特尔博(Viterbo)①的戈弗雷(Godfrey, 1125-1192)在其游记中写道,在西方的一个岛上,存在一座像天堂般的耶路撒冷一样的人间天堂。这清晰地表明,在中世纪早期基督教思想逐渐处于统治地位的欧洲,上界天堂和人间天堂相互影响的程度。在戈弗雷讲述的故事里,英国的僧人漂洋过海向西方航行。在大海的尽头,他们发现了一座金山,山中看上去还有一座城市。城墙和房屋都是用金子做的,圣母玛利亚和圣子的雕像也是用金子做的。伊诺克和伊利亚这两位老者解释说,这座海岛由一队智慧天使和六翼天使守卫着,天使也在那儿唱歌。食物从天而降,那儿的一天等于人世间的一百年。

正如前面已经提到过的,几乎所有中世纪天堂的概念都在《布伦丹游记》中融为一体了。从此以后,爱尔兰-凯尔特人的神话、基督教徒的人间天堂和上界天堂的肖像传统、来自民间传说的神奇景象,都被融入了这一拉丁语文本之中,该文本记述了爱尔兰修道院院长布伦丹的航海经历。在一位同行僧人的建议下,布伦丹前往寻找上帝应许的乐土福地。在荷兰传统中,这一广为人知的故事呈现出了苦行赎罪之旅的特点:布伦丹质疑上帝创造的奇迹,因此而受到惩罚,让他亲眼见到上

---

① 维特尔博是意大利中部拉齐奥(Lazio)地区的首府,是座山城,在罗马以北75公里处,中世纪时就筑有城墙,至今犹存;现有人口约6万人。——译注

帝的奇迹。

在关于这一故事的中古荷兰语版本中，布伦丹和他的同伴行将结束旅程时，来到了一座美丽而又富饶的神秘海岛上。其独具一格的自然形态已透过晶莹透亮的海水在海底呈现出来。这里的海底全是精细的金沙，金沙里的红宝石和其他宝石闪闪发光。另外还有一座城堡，里面有黄金建造的大厅和红宝石柱子。从一个喷泉中生出四条河流，河中流淌的是香膏、糖浆、橄榄油和蜂蜜。到处都是美丽的树木，岛上长满了葡萄藤和香料树。另一座城堡里气候宜人，既没有霜雪，也没有风雨。这个文本的最后一行文字，让所有迷失在迷宫一样的传统和文化中的人们恍然大悟："这便是人间天堂。"

第二十一章

安乐之地，黄金时代

所有这些天堂般的乐园都属于（locus amoenus）安乐之地，或者说"美好之地"的传统。这是古代文学的一个固定主题，通常用来赞美田园生活，或者表达对已失世外桃源的怀恋之情。此种"美好"集中体现在一座花园或果园之上，最古老的范例之一就是《奥德赛》里描述的瑙西卡（Nausicaa）的父亲阿尔喀诺俄斯（Alcinous）的花园。他的花园中有"一个四英亩大的果园，里面的果树枝繁叶茂，梨子、石榴和苹果挂满枝头，无花果散发着香甜的气息，橄榄树硕果累累。各种果子常年不断，冬夏无别。"那里还有菜园和葡萄园，由两眼泉水来浇灌。

此种田园诗般的果园在中世纪的史诗文学中反复出现，营造了完美的交往氛围，男女礼貌相处，举止得体，也时常引发热烈的爱情表白。在中世纪，安乐之地常与花园和《圣经》中的希望之乡，尤其是《雅歌》里描述的那座关锁的花园融为一体。描绘一种理想化的自然状态，为谈情说爱营造背景，不仅是一种传统手法，而且在中世纪诗歌艺术中被正式确立下来。用拉丁语进行文学创作的这些规则，也为处理某些主题提供了范例。该领域最著名的教科书是吐多姆（Vendôme）的马修

（Matthew）所著的《诗歌写作艺术》，成书于1175年前后。书中用了不少于62行的诗句，提供了一个描述安乐之地的范例。不过，其精华部分可以用以下两行文字加以概括："这里百花盛开，芳香怡人。药草茂盛，树木苍翠。水果充裕，鸟鸣啾啾，溪水潺潺，惠风和畅，轻拂万物。"

天堂从一开始就被设想为一座花园，不仅跟《雅歌》里那座与世隔绝的花园有关，而且跟以色列人的避难所有关："那一天，会有新酿的酒从山上流下来，山上也会流出牛奶，犹大王国的所有河流都流着河水，泉水从耶和华的住所发源，浇灌着什亭（Shittim）谷地。"天堂里有着如此丰富的大自然的馈赠，这一妙想必定源自生活在沙漠中的游牧民族对绿洲的向往，尤其是受到了肥沃的美索不达米亚谷地的启发。美索不达米亚谷地位于底格里斯河与幼发拉底河之间。人们认为，这两条河的河水中携带着难以企及的天堂的福祉，正是这些福祉使这片谷地得到了升华。

安乐之地也曾反复出现在修道院的草药园里。正是天然草药的治疗特性才使人们想起了天堂。而且，这样的修道院也被认为是人间的天堂，本笃会的修士修女甚至将修道院看作人生的目标。实现这一目标最为成功的似乎是克鲁尼①的修道院。1063年，彼得·达米安在写给修道院院长修（Hugh）的信中强调，修道院与天堂的相似之处让他感到震惊。他在克鲁尼看到了"一个天堂"，四条福音之河将其滋润，河中流淌着精神上的美德。可他流露出的，远不止赋予寓意的修道士的生活。漂亮的玫瑰和百合竞相开放，迎接他的到来；各种香料的气味令他沉醉。说完这番话，他又陷入了对修道院的肥田沃土富有隐喻的沉思冥想，因为那片土地有着如此好的收成。

正如贵族拥有自己天堂般的乐园和动物园一样，平民百姓也建造了

---

① 克鲁尼（Cluny）乃法国中东部一古镇，位于里昂地区西北部，该镇的修道院建于910年，是具影响力的宗教教团的中心。——译注

休闲娱乐的场所,要将大自然改造成理想的状态,使之具有牧歌田园的特色。平民在城墙外建立起封闭的花园,里面种满了花草树木,郁郁葱葱,宛若天堂,供人们开展各种娱乐活动。一些小巧玲珑的伊甸园式的花园,也可以移置在花车上,当王子凯旋入城时,这些花园样式的花车便加入游行的队伍中,成为欢迎仪式的一大景观。1515 年,年轻的查尔斯五世抵达布鲁日时,就是在一座游乐园里受到迎接的,当时还有奥菲士①一般的乐手在美丽的花草树木间弹奏竖琴,引得群鸟蜂拥飞来。在这种场合下,动用手工技法制作的景观也并没有什么特别之处。

这些供人娱乐的伊甸园式的花园或许源于城堡花园的概念。13 世纪时,博学的阿尔伯图斯·马格努斯(Albertus Magnus)② 详细地描述了城堡花园的理想格局。他保证,开发这些花园,不是为了收获果实,而纯粹是为了寻求欢乐。他的这种担保的确不同凡响。花园里一派葱郁繁茂的景象,就是让人们得到视觉和嗅觉上的享受。人文学者精心构建的这些乐园,或许就是更为直接地继承了中世纪的城堡和修道院花园建筑的传统。伊拉斯谟在 1522 年所著的《宗教盛宴》(Convivium religiousm)是一部长篇的对话体文学作品,其中就描绘了一座高雅花园的典范。总之,郁郁葱葱的花园不仅是欢乐之源,而且是精神寓言之源。

失去的天堂也是人类自身历史的一部分。所有的文化都为自己创造了理想的起点。对希腊和罗马人来说,这个起点就是黄金时代,它不仅是中世纪反复谈论的话题,也给当时人们对安乐之地的幻境增添了色彩,甚至成为其他欧洲文化和朝代鼎盛时期的楷模,它在现代早期正处

---

① 奥菲士(Orpheus),希腊神话中的诗人和歌手,善弹竖琴,弹奏的音乐极为动听,可使猛兽俯首,顽石点头。——译注

② 阿尔伯图斯·马格努斯(Albertus Magnus, 1200? - 1280),德国天主教多明我会主教、哲学家。出身贵族,在巴黎大学求学时开始接触亚里士多德著作新译本以及阿威罗伊的注释。他花费大约 20 年时间完成《物理学》这部巨著,内容包含自然科学、逻辑学、修辞学、数学、天文学、伦理学、经济学、政治学和玄学等。他认为基督教有些教义是信仰和理性都可以承认的。1248 年阿尔伯图斯在科隆建立德国第 1 个多明我会研究院。当时其主要门徒是托马斯·阿奎纳。阿尔伯图斯的著作代表着他那个时代的全部欧洲知识,对自然科学做出了卓越贡献。——译注

于发展中的民族主义框架内已成雏形。过去,一切都曾经十分完美,但是傲慢毁灭了这一切。更为糟糕的是,人类自从第一次犯错之后,几乎没有一点悔改的迹象,导致宇宙万物每况愈下,最后只能陷入痛苦的深渊。

古希腊罗马时代,它在世界某个地方继续存在的可能性,以及神佑之人未来田园诗般的家园,不可避免地交织在一起。这一点在人间天堂和上界天堂的混淆状态中已是显而易见。人们渴望过上无忧无虑更加美好的生活;首先,这种渴望似乎已经超越了梦想背后的实际需要。

黄金时代、极乐岛(往往被认为是加那利群岛)和极乐世界在古时全都融合在一起,构成了一个巨大的乐园,不再受制于俗世的法律。据赫西奥德所言,那时人们都过着神仙般的生活。他们总是精神饱满,朝气蓬勃,死去也是在睡梦中。大地自然会带来丰富的收成,人们的生活安宁而又富足。在极乐岛上,人们认为黄金时代依然处于兴旺时期。在贺拉斯笔下,岛上居住的都是敬畏上帝的虔诚之人。那里的气候无与伦比,万物皆是自发而生:麦子、葡萄、无花果等无须管理,牛羊也无须饲养。与这一古老天堂相关联的是极北乐土之民[①]居住的岛屿。根据推测,那座岛屿应位于高卢以北,岛上居民分外幸福,因为那里的气候温和稳定,一年有两次收成。

在所有这些地方,气候始终温和适宜,人们无须任何劳作便可生活。古代天堂和中世纪基督教团体所描绘的幻想世界在其他方面的相似之处也令人震惊。维尔吉尔在描绘来世,即极乐世界之时,似乎只提到了天堂般的耶路撒冷,他的极乐世界阳光灿烂,幽灵在那里愉快地载歌载舞、娱乐消遣。他提及的娱乐消遣,是为他描述的天堂带来的唯一一丝古代气息。

---

① 极北乐土之民(Hyperboreans),典出希腊神话,据说那里阳光普照,北风不至,四季长春。——译注

事情反过来说会更加清楚。正是天堂般的耶路撒冷在持续不断地给远古的殿堂和幻想世界增添色彩。稍进一步来讲，与极乐岛相关的是那座广袤的亚特兰蒂斯岛①，公元前4世纪时柏拉图曾经提及。古人和凯尔特人都试图在西方寻找他们的天堂，这一点非同寻常。亚特兰蒂斯岛也拥有极为丰富的动物和植物资源，另有两个壮观的喷泉，但还远不止这些。那里还有几座金殿和金山，海神波塞冬的宫殿也为这座岛屿增添了典雅的风光；据说该岛就归属于波塞东。他的那座宫殿有着象牙屋顶和金砌墙壁，其结构中还用到其他珍贵金属，整座建筑因镶嵌有宝石而熠熠生辉。

尽管人们一直宣称所有这些幻想之地都是真实存在的，但实际上在古代就已有人对此提出过质疑。例如，毕达哥拉斯认为，所有关于亚特兰蒂斯岛的说法都不过是一派幻想；后来，卢奇安（Lucian）②也在一部模仿的滑稽作品中对那些盲目轻信此种田园诗一样地方的人进行了无情的抨击。

在中世纪时期这些黄金时代的幻想，自然仍在世间流传。关于人类起源的神话就像一把迷人的钥匙，让人们洞察古典的历史，进而了解随后发生的事件的重要意义。人类仍在犯错，也许还会越犯越多，这些错误渐渐使其丧失了获得永恒幸福的机会。然而由于上帝永恒的仁慈，以及圣母马利亚在法庭上为其子所做的坚定而感人的恳求，人类有可能获得救赎。况且还有命运女神，在上帝的敦促下，她始终在给人类的命运带来新的转变。

将黄金时代这一幻想传播到中世纪的最重要人物，是早期的基督教哲学家波伊提乌（约480—524年）。他呈现了黄金时代这一幻想，自从

---

① 亚特兰蒂斯岛是大西洋中一传说岛屿，位于直布罗陀西部，柏拉图声称在一场地震中沉入海底。——译注

② 卢奇安（Lucian, 120 - 180），又译作琉善，古希腊作家、无神论者，作品多采用戏剧性对话体裁，讽刺和谴责各派哲学的欺骗性及宗教迷信、道德堕落等；著有《神的对话》《冥间的对话》等。——译注

人类堕落之后，人类便没有能力按照基督教的理性进行自我约束；不过，命运女神若是突然降临，黄金时代也许还可以恢复。当然，对此必须做出寓言式的解释。尽管波伊提乌试图将源自尘世的异教徒观念与基督教的救赎教义联系在一起，但他所指的无疑是上界的天堂。许多以当地语言书写的文本，都采纳了他对于黄金时代的幻想，这些文本主要是从历史的角度，将黄金时代看作基督教产生以前古代历史中的一个阶段。特别是扬·范伯恩达勒所著的 *Der leken spieghel*（《平信徒手册》）以及《玫瑰传奇》，这两部写于 14 世纪的著作都传播了此种思想观念，其中既有悲观的一面，也有乐观的一面。

在整个中世纪，波伊提乌的主要著作 *De consolatione philosophiae*（《哲学的慰藉》），多次再版，并有不少评注。例如，1485 年根特城的罗兰·德·凯泽（Roland de Keysere）将原版本出版，附加了大量评注，那些评注出自一位匿名学者，这个版本在其他方面也给人留下了深刻印象。凯泽将波伊提乌的文本译成了韵文，但他同时又添加了很多详细的评注，这些评注大体上借鉴了之前圣特赖登城的雷尼尔（Renier of Sint-Truiden）的评注。

波伊提乌认为，他所写的关于黄金时代的文章是对其所处时代的批判，令人痛心的是，当时他正被关押在狄奥多里克（Theodoric）[①] 国王设在帕维亚城的死囚牢里，并在此从事的写作；524 年，他被处死。

据波伊提乌所言，黄金时代的特点是生活极为简朴。人们仅仅以生的橡树果子和苹果来果腹，酒里不加蜂蜜或者其他带有甜味的物质，日常饮用的就是清清的泉水，穿的衣服也没有染色。晚上人们就睡在深深的草丛中，白天在松树阴下休憩。没有什么商船，也没有战争。然而在金子和宝石发现之后，人们为贪欲驱使，这一幸福的时代结束了。假如

[①] 狄奥多里克（Theodoric，454？—526），意大利东哥德王国的创始者，东哥德王国国王。488 年拜占庭皇帝芝诺令其入侵意大利。493 年，他发动叛变，杀害意大利蛮族统治者奥多亚塞（Odoacer），自己成为国王。之后维持和平统治 33 年。——译注

那些日子没有逝去该有多好！假如那个时代能与今天对换该有多好！

波伊提乌勾勒了一个历史梗概，描述了文明渐渐走向衰落的情形。以简朴为特点的黄金时代之后是白银时代。人们建立了家庭，定居下来，并且开始耕种田地。接下来的是铜器时代，利己主义和冲突与日俱增。最后便是当今的铁器时代——在波伊提乌看来——这个时代既没有法律也没有权利，人们彻头彻尾地堕落了。他在结尾对黄金时代人与动物的和谐相处发出哀叹。人们普遍认为，这种理想状态只是在苏格兰和爱尔兰的某些地区得以保存下来，因为这些地区在当时处于世界的偏僻角落，而作为边缘地区，所呈现的是乾坤颠倒的社会秩序。与理想的文明社会相比，这些偏远地区通常比较糟糕。可是在波伊提乌看来，社会已经彻底腐败，原始的纯洁只有在那些从未受到或者是几乎没有受到社会影响的地方才能找到。

整部文本充满了对美好生活的热切渴望，而这种渴望似乎曾有实现的可能。对于身处死刑威胁之下的波伊提乌来说，这一愿望可能要在来生实现了。中世纪后期的评注强调了波伊提乌非凡的自我克制力。评注的作者还谈论了新近时代一些令人钦佩的行为范例，将其视为原始情形的翻版。例如，他提到了第欧根尼（Diogenes）[①]曾用树皮做的杯子来喝水，直到有一天他看到一个孩子用双手捧起水来喝，便立即扔掉了杯子，"发现大自然已经赋予他双手，可以用作饮水的盘子和杯子。"然而今天，暴饮暴食盛行，引发了另一种深重罪孽，即懒惰。

评注者详细叙述了黄金时代大自然自发为人类提供食物的情景。在那遥远的年代，播种和收割之事闻所未闻，亦无任何耙地耕田之举。另外，那时完全没有个人财产和任何权威。一切都归大家共有："你的"和"我的"这些概念并不存在，也就没有钱财被抢之事。在中世纪，

[①] 第欧根尼（Diogenes, 404？-323？BC），亦译作戴奥真尼斯，古希腊哲学家，哲学犬儒学派奠基人，强调禁欲主义、自我克制，放弃舒适环境，号召人们回复简朴的自然生活，推崇善行。据说他曾提着灯在雅典大街漫步寻找诚实之人；其著作有对话录、戏剧等，现已失传。——译注

上述概念绝不是什么新鲜概念,因为在13世纪,雅各布·范·马尔兰特就满腔热情地以当地语言表达过,他受到了方济各会的启发,完全体现了托钵僧行乞化缘行动的精神。他的作品一直到中世纪末期都深受欢迎,得到了广泛传播,常常被人模仿。

安乐乡则开辟了异想天开的过分放纵的可能性,完全颠覆了黄金时代的简朴生活。在安乐乡,食物也同样会自行提供给人们享用,但其不同之处在于,除了原始的素食之外,这里还提供有适量的肉食。这跟野生动物与人类和平共处的概念是相联系的,这也意味着它们愿意将自己作为食物奉献给人类享用。但更让人惊讶的是,在财产共有这一观念上,尤其是在表达这些观念时所采用的相似方法上,两者是相关联的。在这个方面,同时代还有一个用本地语言写的有关波伊提乌的精深评注,确切地说就是L文本,其中所表达的观点,与安乐乡的观点是一致的——"到处都是不再收回的东西,可以任意获取,无须做任何说明;人们将这些东西当作是自己的财产来对待"。这两个文本都是偶然发现的,其间的关系由此可见一斑。两位作者都用类似的语言表达了同样的愿望,唯一的区别就是框架结构。

这并不是说这些作者之间或者文本之间存在直接联系。在某种意义上,这些幻想世界和黄金年代是欧洲的共同财产,不仅是共同的主题,表达方式也如出一辙。必须强调的是,社会各个阶层都对这些观念充满热情,并且在用各种语言反复重释这些观念。法语版的《玫瑰传奇》详细阐述了波伊提乌的部分章节,又添加了有关黄金时代的另一个细节,即那个时代也曾存在的"自由性爱"。所有的人,不论男女,都可以任意选择自己的伴侣。在两个中古荷兰语版本中均缺少这一细节,但在有关安乐乡的文本中却没有缺失。在安乐乡,公共所有制这一概念得到了延伸,跟《玫瑰传奇》文本中描述的一样,彼此的身体也是公共财产。已经有人指出,与古老的安乐乡核心素材相比,安乐乡文本中的这些章节给人们留下的印象是最后附加上的。这一附加内容源于《玫瑰传奇》的传统，该书以当地语言描述幻想世界时，第一次提到了性爱和性自由。安乐乡仍然是一种开胃品。但是，其他所有文本难道不也是如此吗？

欧洲其他民族亦认为自己历史上曾有过黄金时代。那些讲德语的地区就越来越认同塔西佗所著的《日耳曼尼亚》（*Germania*）中描绘的日耳曼民族。该书展示了一幅进步的原始主义画面，与古罗马文明的衰败形成了鲜明对照。尤其是在 1473 年文稿刊印发行之后，书中描绘的画面受到了日耳曼民族后代的热情拥戴。直到 20 世纪，这些观念依然在产生影响，第三帝国的 *Blut und Boden*（"鲜血与祖国"）[①] 理论便是明证，因为这套理论仍在继续为日耳曼民族的"纯粹"辩护，并且与其他民族的堕落形成了对照。

首先，日耳曼民族喜欢将自己看作居住在森林里的人，与大自然有着紧密的联系。那时，文化和文明还没有播下其毁灭的种子，也就是说，人类还没有脱离大自然。正是文化为了满足其堕落的需要，才使大自然每况愈下。人们最初的饮食十分简单，与野生动物和谐相处。也不存在私人财产。人们可以要求塔西佗，甚至可以给日耳曼人的这些美德赋予一种自然的宜人特性和强烈的意识，而这种意识只能被描述为基督教的博爱精神；此外，日耳曼人信守严格的婚姻准则。

日耳曼人从塔西佗那里借鉴来的这一黄金时代，在中世纪末的低地国家发生了改变。那些国家为昔日这个完美的时代取了一个名字——巴塔维亚（Batavia），16 世纪的历史学家称之为理想社会的典范，主要强调生活的乡村风味，也是对日益崛起的城市采取的一种抑制方式，因为自古以来，人们普遍认为城市是堕落之地。

巴塔维亚人曾给人们留下了粗俗野蛮的形象，正是伊拉斯谟第一次为他们正名。伊拉斯谟认为，巴塔维亚人曾是正直而诚挚的民族，生活

---

① *Blut und Boden*（"鲜血与祖国"）是当年纳粹提出的口号。——译注

在美丽而又繁荣的国度，那里有茂密的森林，郁郁葱葱的牧场，充满鱼儿的河流，还有美丽的村落。后来，人文主义者科尼利厄斯·奥列利厄斯（Cornelius Aurelius）将这个美好的神话改编成了一个具有政治色彩的小册子，他根据当时人们的理想，描绘出了一个模范社会。1517 年，他所著的 *Divisiekroniek*（《区域编年史》）问世，书中描绘了过去的美好时光，那时的巴塔维亚生活着自由的渔夫和农民，是男尊女卑的社会（遗憾的是，到了奥列利乌斯生活的时代，世情已今非昔比，因此他有时会忍不住抨击一番）。那时没有通奸行为，男人会在需要之时成为英勇的战士。他们每个月都要聚集起来（荷兰各邦也会尽力仿效这一做法），掌权的君主会根据他们的建议做出决策。那时根本没有一丝堕落城市的迹象。不用从罗马引进城市那种货色，人们也能相处融洽。

这种理想化的大自然甚至在城墙内也似乎流行开来。1514 年，就有一位意大利的人文主义者将鹿特丹捧到了天上，他似乎要把这个到处都是建筑物的地方变成一座人间天堂。不是吗？那儿的天空极为清澈，始终都有微风吹拂，百花盛开，争奇斗艳，就连柳树都散发出芳香。顺便说一下，之所以激发出这种溢美之词，主要是因为鹿特丹是伊拉斯谟的诞生之地。

不难想象的是，有关安乐乡的这些文本指的就是理想化的巴塔维亚。一开始就把安乐乡的卓越之处与其他两个国度的非凡之处进行了对比，它们都不及安乐乡的一半。如果这两个地方并不为中世纪晚期的读者公认，它们就不能作为比较的基础。西班牙当然不成问题，但另一个国家却不那么令人信服。L 文本里说的是"Betouwen"，而 B 文本里说的则是"Betavien"。两个词的写法看上去都与"Batavia"（巴塔维亚）十分相似，很容易被看作巴塔维亚，而巴塔维亚最初的状态格外悦人心意，正好可以用来进行绝佳的对比。但问题是很难确定巴塔维亚这一概念在 15 世纪后半叶是否已经广为人知，足以发挥这种作用；也不知道巴塔维亚在荷兰东部地区是否是备受人们钟爱的一种传说，两部有关安乐乡的手稿必定是在那里发现的。然而还有另外一种可能：这几个名字也许源于普瓦图（Poitou）①，即低地国家一个种植葡萄、酿造葡萄酒的地区，颇受欢迎的佩滔（*petauw*）（亦称贝滔 *betouw*）葡萄酒就产自这里。

---

① 普瓦图（Poitou），法国中西部一历史地区，濒临比斯开湾。它原是罗马帝国阿奎它尼亚省的一部分，后落入西哥特人（418年）和法兰克人（507年）手中；英法百年战争期间是两国频繁争夺之地。百年战争结束后，该地区被并入法国王室的版图。现在该地区共有9个省、7座人口超过10万的城市，总人口500万。——译注

第二十二章

奇妙之园与欢乐之园

  天堂也是可以模仿的。首先，在礼拜堂和大教堂里也能看到天堂般耶路撒冷的模范建筑；有时候人们也按照同样完美的比例和辉煌气派建起了城市。在 12 世纪，修道院院长菲利普·范·阿尔旺（Philip van Harvengt）将巴黎和耶路撒冷做了对比，人们认为巴黎的神学研究颇为兴盛。大量牧师纷纷涌向该城，"其数量很快就会超过居住在那里的普通俗人……这座城市的确很幸运，因为有如此众多的杰出教师生活在那里，而且神学学问的水平又如此之高，人们确实可以称之为学问之城！"

  法国有一部骑士传奇文学，叫作《纳博讷的 Aymeri》（*Aymeri de Narbonne*），或多或少是古代法国史诗《罗兰之歌》[①] 的续篇。在这部作品中，查理曼大帝对城市做出了更具唯物主义的评价。他从一座山丘上俯瞰纳博讷城[②]："城市被城墙和柱子严严实实地包围着。20 座高耸

  [①] 《罗兰之歌》是一部法国英雄史诗，11 世纪武功歌的代表作品，主要描述查理曼大帝与巴斯克人的战争史实。全诗共分为 291 节，长 4002 行，以当时民间语言罗曼语写成。作者因年代久远已无从查考，目前有众多版本流传。——译注
  [②] 纳博讷，法国南部一座古镇，距离巴黎 849 公里，离地中海岸 15 公里。——译注

的塔楼隐约可见，塔楼是用闪闪发光的宝石建造的。在城的正中，另一座塔楼映入了我的眼帘。楼顶有一个硕大的金球，是从海外运来的。塔楼里面煜煜生辉的红宝石，让人想起了冉冉升起的太阳。"

此种光彩夺目梦幻一般的建筑，以天堂般的耶路撒冷为模型，以黄金和宝石为装饰，在中世纪骑士文学中十分常见。君主的权威和尊贵的高雅可以根据其创造力及其宫廷的奇异来判断。与此颇为近似的是圣布伦丹和他的僧侣们在所谓的锡安山上的要塞（见中古荷兰语版的圣布伦丹游记）。那里有水晶墙壁，墙上有铜和青铜铸造的动物雕像，雕像不仅会动，还会发出声音。一条宽阔的河流从要塞的正中流过。墙上陈列着栩栩如生的狩猎场景。明灯高照，地板由雪白的玻璃铺成，投射出一缕缕金色的光芒。同时还有隐藏在茂密树木中的鸟儿在鸣唱。城内的塔楼至少有六千之多。除此之外，到处都有备好的昂贵而又装饰精美的垫子。在要塞中央的另一座完全由宝石建造的宫殿里，也是这样的情况。

还有一部叫作《威尔温》（Walewein）的传奇文学作品，其中说到身负重伤的威尔温在旺德国王（King Wonder）那座布置得像天堂一样的宫殿里养伤的情景。他躺在一个带有金柱子的金床上，床板是用象牙做的，床边站立着四个金子做的天使，以清亮的声音唱着动听的歌。那声音似乎是由地下的管道风箱构成的机械装置发出的。每个天使一只手里拿着一块蓝宝石，另一只手里拿着一块发光的红宝石，交相辉映。那张床有治疗疾病的功能，威尔温醒来时完全恢复了健康，并且得以报答主人的救命之恩。他打算从邪恶国王阿森廷（Assentijn）的城堡里解救出旺德国王十分钟爱的美丽女郎伊莎贝拉（Ysabele）。她被关在一座小乐园里，备受冷落。园中有一棵金树，每根树枝上都有一只金色小鸟，每片树叶上挂着一个金铃铛。风从树根和树干里吹出，吹得鸟儿鸣唱，金玲也叮当作响。

宫廷牧师迪尔克·范·德尔夫也描述了同样的奇观，不过他提到的则是天堂的美妙音乐，也是由风吹动生命树上的叶子产生的。另有一部传奇文学，叫作《弗洛里斯与布兰切芙乐》（Floris and Blancheflur）①，书中写到，他们的坟墓是一座梦幻般的建筑，里面建有一些自动装置。这座用水晶和大理石修建的坟墓上，有各种宝石做成的鸟、兽和鱼。坟头上是一尊镶嵌有金银的大理石雕像，雕像的一只手具有日晷的功能。墓碑的中间是弗洛里斯和布兰切芙乐两人的黄金雕像。风从隐藏的管道吹出，会使人物雕像活动起来，让这两位相爱的人接吻、拥抱、倾心地相互爱抚——也让他们的设计师感得到了满足。

对《启示录》中所描述的耶路撒冷的世俗模仿并不仅限于文学。现实中人们也按照天堂的式样仿造了乐园和福地，里面亦建有必不可少的自动装置，风和水通过隐蔽的管道驱动那些装置。其目的是要再次保证让世间的上层社会得到慰藉和娱乐，他们也似乎认为这些是上帝的恩赐。

无论如何，对自然现象进行的创造性模仿在中世纪是十分流行的。比如，法国人维拉德·德·亨内考（Villard de Honnecourt）所著的一部模型书得以保存下来，书中含有建造此类自动机的说明，并称之为奇迹（mirabilia）。在这部手册的帮助下，人们可以造出一只小鸟儿，让鸟儿从喷着美酒的喷泉中饮水；也可以造出旋转的天使，并让天使的面部一直朝向太阳。此类自动机的例子实际上并不存在，我们只知道设计方案和使用说明。不过倒也有几个喷火的自动装置留存下来，是通过精巧的管道系统喷出蒸汽。另一个设计与此不同，蒸汽是从一个比真人的生殖器还大的阴茎状喷头喷出的，但是人们知道，这一设计是由古代建筑师

---

① 该部传奇文学在中世纪颇为流行，有多种语言的文本；最初是在1160年前后以古法语本出现，在1200年至1350年，风行于欧洲各国。布兰切芙乐（意为"白花"）是一位信奉基督教的公主，遭到撒拉逊人（即古阿拉伯人）的诱拐，与异教徒王子弗洛里斯一起长大并相爱。两人的爱情历经曲折，最终结为连理。——译注

和工程师维特鲁威（Vitruvius）①做出的，他的比例论和设计在中世纪为人效仿。

显而易见，这些奇观首先是在穆斯林世界设想出来的；文学作品对此给出了充足的理由。《威尔温》中伊莎贝拉的奇妙花园坐落在印度。更为著名的是巴比伦埃米尔的游乐场（见中古荷兰语版的《弗洛里斯与布兰切芙乐》），那里对于宇宙万物皆有描述。前文提到的那座带有神奇自动装置的坟墓也是在东方发现的，即弗洛里斯信奉斯异教的父母的宫廷里。

约翰·曼德维尔爵士也提到了这样巧妙的设计。他谈到了中国的宫廷术士——东方的一切都是奇异而不可思议的——能够诱导人们产生幻想，看到最为奇妙的幻想世界。术士可以制造出太阳和月亮挂在天空的幻象：日月同辉，光芒夺目；他们还知道如何用法术召唤美女，骑马比武和狩猎。

在真实存在的奇妙花园中，最著名的是哈里发哈伦·阿尔－拉希德（Haroun al-Rashid）②的花园，查理曼大帝时期他执政于巴格达城。花园池塘的中央有一棵银树，而树枝是金子的，树枝上卧着镀金的鸟儿，里面的机械装置会使鸟儿跳动并鸣唱。后来，许多十字军战士声称看到过这样的花园。腓特烈二世（Frederick Ⅱ）③在西西里岛的庭院里也有

---

① 维特鲁威（Vitruvius），是公元前1世纪古罗马御用工程师、建筑师，生卒年月不详；约公元前50年—前26年在军中服役。公元前1世纪末叶，他在总结了当时的建筑经验后写成关于建筑和工程的论著《建筑十书》，共十篇，内容包括希腊、罗马早期的建筑创作经验，从一般理论、建筑教育，到城市选址、选择建设地段、各种建筑物设计原理、建筑风格、柱式以及建筑施工和机械等。是世界上遗留至今的第一部完整的建筑学著作，也是现在仅存的罗马技术论著。他最早提出了建筑的三要素"实用、坚固、美观"，首次谈到了把人体的自然比例应用到建筑的丈量上，并总结出了人体结构的比例规律。——译注

② 哈伦·阿尔－拉希德（Haroun al-Rashid, 764？－809），阿拉伯帝国阿拔斯王朝第五代哈里发（786—809），《天方夜谭》中的传奇英雄；爱好诗歌和音乐，以拥有大量财富和骄奢淫逸闻名。曾于807年贡奉给查理（曼）大帝一个精致的水钟，有转动的齿轮、生动的骑士图案，还有一圈铃铛环绕。——译注

③ 腓特烈二世（Frederick Ⅱ, 1090－1147），外号"独眼龙"，霍亨斯陶芬家族第二任施瓦本公爵（1105—1147），是施瓦本公爵腓特烈一世与德意志的阿格尼斯所生的长子。1105年，腓特烈继承了父亲的爵位。在其叔父，即神圣罗马帝国皇帝亨利五世，去世后，在弟弟法兰克尼亚公爵康拉德与施瓦本贵族的支持下，腓特烈参与了德意志国王的竞选，然而最终败给了萨克森公爵洛泰尔，后者于1125年登基，1133年加冕为皇帝。——译注

许多有趣的机械时钟,据说花园里的此类自动机械装置由此传到了西方。

西欧对这样奇妙的天堂花园的首次报道是在1249年1月,当时荷兰的威廉二世伯爵拜访科隆的大学者阿尔伯图斯·马格努斯（Albertus Magnus）①。尊贵的荷兰访客被安排在修道院的会客室里等候。那时正值隆冬,极其寒冷,访客心里颇为不快。之后,了不起的阿尔伯图斯·马格努斯穿着夏天的衣服赤脚出现在他们面前。几位荷兰访客听到他说要在室外进餐时都惊得目瞪口呆。他们感到极为愤懑,因为在他们看来,这一举动是一种不恰当的苦行生活的表现,不仅有失礼节,而且令人讨厌。

然而在修道院的花园里,天气却像夏日一样暖和。鲜花盛开,果树上挂满了成熟的果实,鸟儿也在啾啾鸣唱。在这样的天气里,食物也变得美味可口了。人们精神饱满,神情飞扬,帝王般的款待另他们心满意足。显然,阿尔伯图斯·马格努斯运用了东方技术,这些技术后来在许多贵族的庭院中得到了进一步发展。洛德韦克·范·费尔德姆（Lodewijk van Velthem）对这些发展似乎十分了解,他在半个世纪之后的著述中描写了他经常听说的这类景象,称它们"颇为有趣"。

荷兰附近最著名的乐园是法国北部埃丹（Hesdin）城的城堡,13世纪末以来该城堡就已名闻遐迩。宇宙万物、天堂、耶路撒冷:都拥有精巧的构造,其目的首先是提供娱乐。的确,如此宏伟壮观的景象在欧洲大陆的名望与日俱增,英国印刷商和学者威廉·卡克斯顿要亲自前往观赏。卡克斯顿曾是商人,也是英国的商务代理,先是被派驻科隆,然

---

① 阿尔伯图斯·马格努斯（Albertus Magnus, 1200？-1280）,德国天主教多明我会主教、经院哲学家、神学家。他在巴黎大学开始接触亚里士多德著作新译本以及阿威罗伊的注释,用亚里士多德学说解释神学,其代表作是《亚里士多德哲学注疏》,认为基督教有些教义是信仰和理性都可以承认的。他花费大约20年时间完成了《物理学》这部巨著,内容包含自然科学、逻辑学、修辞学、数学、天文学、伦理学、经济学、政治学和玄学等。1248年阿尔伯图斯·马格努斯在科隆建立德国第1个多明我会研究院。其作品对自然科学贡献卓著。——译注

后又到了布鲁日。他在布鲁日建立了印刷所。他把当时法国贵族阶层的优秀文学作品加以改编并刊印,通过印刷所提供给英国的上流社会。后来他回到了伦敦的威斯敏斯特区,继续经营印刷业。1477 年版的《伊阿宋》(Jason)① 一书,讲述了勃艮第人圈子中十分流行的"金羊毛"的故事。在该书的序言中,卡克斯顿回忆了他拜访埃丹乐园的情景。他目睹了埃丹城堡的胜景,印象深刻的是制造出灯光、太阳、雨雪和暴风雨的机械装置。但在他撰写序言时,埃丹城堡里悬挂的挂毯无疑在他的脑海中浮现,因为挂毯上所描绘的,正是一系列反映伊阿宋骑士精神、夺取金羊毛的壮观场面。

埃丹的建筑奇观最终在 1553 年被查理五世的军队夷为平地,与此相似的是赫内欧文(Henegouwen,即今比利时的埃诺省)的班什(Binche)娱乐城堡内及其周围的奇观,在一年之后也被法国的军队摧毁。1549 年 8 月 30 日至 31 日的夜晚,在城堡里举行了一场盛大的庆典。欢庆活动的重点是在所谓的"魔力大厅"展示一系列奇观,参加庆典者皆是挑选出的贵族人士,由未来的菲利普二世(Philip Ⅱ)② 率领。只见群星在天空移动,拟人化的行星在游行的花车上运行。到处都是散发着香甜气味的油灯。还有一种装置,用隐密的绳索将摆满丰盛食物的餐桌从天花板上徐徐降下。的确,这些食物都是即时供人享用的!之后又模拟了一场暴风雨,一时间电闪雷鸣,下起了冰雹,而冰雹是裹了糖的杏仁,就像在安乐乡一样,下的雨是橙花水和其他各种香水,洒落在宾客身上。餐桌在人们身边缓缓移动,人们可随手从桌上选取食物

---

① 伊阿宋(英文名 Jason、希腊文名 Ιάσων,另译为杰森),古希腊神话人物。希腊神话中夺取金羊毛的主要英雄。金羊毛被看作稀世珍宝,许多英雄和君王都想得到它,因此引发了一系列的纷争。金羊毛,不仅象征着财富,还象征着冒险和不屈不挠的意志,象征着理想和对幸福的追求。——译注

② 菲利普二世(Philip Ⅱ, 1527 - 1598),又译作腓力二世,哈布斯堡王朝的西班牙国王(1556—1598),英国女王玛丽一世的丈夫;1580 年兼并葡萄牙,任葡萄牙国王(称腓力一世,自 1581 年起)。其执政时期是西班牙历史上最强盛的时代,国力达到巅峰,称霸欧洲。他雄心勃勃,反对宗教改革,迫害"异端",加强专制统治;1588 年派无敌舰队远征英国,遭惨败;试图维持一个天主教大帝国,但最终未能成功。——译注

和饮料；酒则从墙上的一块石头和一些喷泉中喷出。

与此相比，中产阶级搞的版本就是小巫见大巫了，比如巴黎那位富有的雅克·迪士（Jacques Duché），在1400年前后为自己建造了一座平民宫邸。书房的墙上镶嵌着宝石和香料，到处铺满毛皮，床单和桌布镶有金边，房间里摆满了镀金的雕像。

他试图与贵族们缔造的奢华景象一决高下，但这一尝试不免让人感到十分可怜，虽然其中也有一些动人之处。无论如何，人们显然不仅在想象中寻找并见到了安乐乡，而且试图在现实中缔造安乐乡。根据天堂般的耶路撒冷这一模型，人们设想出了更具世俗性质的具体形式，力图实现想象中天堂里的那种富足和欢乐。吃喝和奏乐是这些欢乐的主要范例。中产阶级所做的一两个微不足道的尝试外，人世间精英人物举行的无限奢华的庆典无疑为实现这些福祉定下了基调。此种富足与安乐乡和荷兰的"悠闲甘美之地"相去甚远，但是二者本自同源：即已失之乐园。这些人间天堂尽管是在圣经基础上重塑的，但在教会看来，它们皆是魔鬼的作品。

第二十三章

长生不老之梦

天堂并未真的失去。在炼狱中经过净化之后，可以重新在圣城耶路撒冷找到天堂。即便是俗世的天堂也并非像许多人认为的那样难以企及。亚历山大大帝没有撒谎；许多看上去可靠的记述也都说他曾经到过天堂。此外，天堂已被证明不是虚无缥缈的，因为埃诺克和伊利亚曾在那里等候时间的尽头。病入膏肓的亚当命其子赛斯前往天堂寻求治疗药油时，赛斯也曾窥见过天堂。天堂入口处守卫的天使不让他进入，却允许他瞟了一眼。据 *Dat boec van den houte*（《木头之书》）（即耶稣的十字架）记载，赛斯看到并闻到了一切。这部书享有盛名，富有教育意义，据查其作者是雅各布·范·马尔兰特大师。

中世纪许多关于天堂的描述都充满了浓厚的乐观主义色彩，这些描述坚信尘世间的苦难生活绝不是人类真正的命运。此外，俗世的磨难甚至可以从积极的角度来看待。根据一些关于天堂的描述，人在尘世遭受的苦难越多，来世的福祉就越多。因此，现代虔敬派竭力主张其信徒践行默祷，沉思冥想神圣的天堂，将其作为一项预先给予的永恒福祉。14世纪末期，荷兰聚特芬的杰勒德·泽尔博尔特（Gerard Zerbolt of Zutphen, 1376-1398）用拉丁语写了一篇训词（这是一部巨作中的一部分），教人如何实现这一目标。古荷兰语译文得以保留下来，译文的题目概括了训词的内容，即塑造天国形象的一般方法，目的是激发人们实现天堂的渴望。该文描绘了著名的圣城耶路撒冷的景象，并强烈建议人们铭记于心。倘若人们想象到与上帝、上帝之子、圣母马利亚以及天使、先知、主教、使徒和殉教者们永远生活在一起的情景，就会感到极大的快乐。

这篇训词在结尾处充满信心地说，尘世中的一切苦难必将成为过往云烟。任何人都不用再担心会失去登上诺亚方舟的机会：既然继承了天国，就不会遭到遗弃。人们也不会再因肉欲而受折磨，这对那些雄心勃勃的年强群体来说是一种莫大的慰藉。魔鬼及其狡猾的诱惑再也不会来临。在友谊、荣耀和爱之外，还将有完全的自由、纯洁和快乐："你想要什么就会得到什么，你不想要的，也不会让你得到。"在天堂里，人几乎是和上帝平等的。

所有这些中世纪的天堂都是按照当时的口味装点的。食物充足，音乐盈耳，歌舞升平；耶稣担当起主人的职责，慷慨大方地款待来客，又是切肉，又是斟酒，又是切面包；简而言之，这里就是类似于安乐乡的天堂。来世会不可避免地成为一个"悠闲甘美之地"，但在已失却的乐园和应得的来世里，享乐主义的暴饮暴食绝不会占上风。

当然要把孩子们排除在外。16 世纪末，路德教会的牧师约翰内斯·马特修斯（Johannes Mathesius）[①] 建议，在跟孩子谈论来世时，要用那些与安乐乡相关的词语；这无疑是受了路德对其儿子所说的话的启发。向孩子介绍的来世，应该是一幅极其优美的游乐园画面，只有生活虔诚的人才能享有。在孩子们的天堂里，树上结满了甜蜜甘美的杏和各种好吃的小食品，泉中涌流出的只是马姆齐甜酒。房子的屋顶不是用通常的瓦片覆盖，而是用奶油馅饼；孩子们坐在披着金色裙罩的旋转木马

[①] 约翰内斯·马特修斯（Johannes Mathesius, 1504-1565），德国路德派牧师，宗教改革家，以其编撰的马丁·路德的《餐桌谈话》（*Table Talk* 即路德的谈话记录）而闻名于世。——译注

上跳来跳去。

这些是向孩子们讲述来世时的恰当说法。天堂最终与"悠闲甘美之地"融合在一起了，至少对孩子们来说是这样的。然而在此之前，有关"悠闲甘美之地"的传说曾摒弃了旨在教育青少年的说教路线。

不幸的是，魔鬼也利用了这些善良美好的形象。他最狡诈的伎俩之一是由内而外地扰乱人的各种感官，让人们看到、听到、感觉到、闻到、品尝到都是他自己做的、被上帝禁止的东西。奥古斯汀称之为魔鬼的专长。他最狡猾的诡计是潜入人的脑海里，"不管这人是醒着还是睡着"，使人产生"各种奇异的幻象。"

人的感官受到此种蛊惑时，脑海中会出现天堂的幻想，做出寡廉鲜耻的事情。在迷惑之下，他会以为自己已经恢复了原始的纯洁状态，不再会犯下罪过，从而得以长生不老。

《第一戒律》的注评可以被用来警告人们提防此类邪恶的幻想。许多寓言故事也做了详细说明，这些荒诞故事讲述的皆是可以轻易到达的欢乐场所。一些问答式的传道作品只是说上帝禁止人们相信梦境，因为魔鬼很擅于模仿这种梦境。针对这些情况，牧师听到人们忏悔时，就会提出一些问题，让其说出他们是否重视梦境。

人们常常提及维纳斯山，据说人类的每个愿望在那里都会实现，然而后来证明这只是一派谎言，是魔鬼在行骗，目的是要将人类毁灭。而且这一点有一位骑士可以证明。他不止一次登上维纳斯山，因为山上的女人可以满足他的每一个愿望，直到有一次他突然醒来，沮丧地发现自己躺在一个陷阱里，身边横着一具令人作呕的野兽尸体。他立刻意识到被魔鬼欺骗了。

波旁的平信徒传教士斯蒂芬在一个说教性寓言里提醒人们堤防魔鬼及其同伙的骗局，他们自称是某人祖先的亡灵，成群结队地四处游荡，人们觉得他们显然在世间还有很多未了的事情要做。斯蒂芬强烈反对普通百姓所固守的这种观念。他告诉人们，正是这帮自称"亚瑟之扈从"①的魔鬼，宣称伟大的亚瑟王依然活着，就生活在阿瓦隆岛上。这伙人把一个头脑简单的农夫带到了（法国）萨瓦（Savoie）的切特（Chat）山下的洞穴里。这位轻信的农夫发现自己"置身于一座宏伟庄严的宫殿里，有绅士和夫人在跳舞娱乐，并享用着美味佳肴。"当然这一切都只是幻觉。

另一个说教性故事，出自一部名为 Der sielen troest（《灵魂的慰藉》）的大作，讲述了一个隐士与一群魔鬼进行对抗的故事。任何一个克己修行的人都会招来魔鬼，用最阴险狡诈的伎俩来蛊惑他。这些魔鬼决定以性爱来引诱隐士。这位圣洁之人被骗到一座果园里，那里花香扑鼻，夜莺鸣唱，还有一张华丽精致的带罩的大床。隐士被缚在床上后，一个美丽的裸体女人出现了，开始对他极尽挑逗之事。此时隐士方才意识到自己落入了魔爪，他便用尽最后一丝意志力，咬断自己的舌头，朝美女的脸上喷去。

魔鬼最大的成功在于蛊惑人们，使其觉得自己已真的到了天堂。关于此类阴谋诡计有过许多传言，因此其迹象易于人们识别。有位名叫托马斯的多明我教派的道德学家，来自坎蒂姆佩（即 Thomas of Cantimpré）②，编过一部广受欢迎的说教性故事文选，取名 Biënboec，即《蜜蜂之书》，是仿造原来拉丁文版本 Bonum universale de apibus 编撰的。文选中讲了一个多明我会的男修道士的故事。他受邀参加一次短途旅行，觉得事情有点蹊跷。虽然感到不妙，但还是接受了魔鬼的挑战。不过为了保险起见，他带了一块神圣的圣饼，装在贴胸的小盒子里。他来

---

① 亚瑟（Arthur），中世纪英国传奇故事中的英雄人物，传说是公元6世纪时不列颠国王，圆桌骑士团的首领，在卡米洛建有王宫，另有一座叫作"阿瓦隆"的天堂岛，据说亚瑟王及其部下死后尸体被移往该岛。——译注

② 托马斯（Thomas of Cantimpré, 1201 – 1272），中世纪罗马天主教作家、牧师、神学家。出身贵族，做过哲学和神学教授，并在布拉邦特、德国、比利时和法国等地担任过神职。著述颇丰。——译注

到一个山洞内，看到了一座宏伟的宫殿，沐浴在清晰明亮的灯光下，他立刻想到了天堂般的耶路撒冷。宫殿内有纯金打造的家具，高贵之人坐在那里，璀璨的灯光照得一片通亮。然而这位多明我会的修道士起了疑心，并告诉了主人："灯光熄灭了，一下子变得漆黑一团，这位兄弟和他的向导几乎无法找到出山的路径。"

有关骑士的史诗中也充满了这种警告。有部叫作 *Margaieta van Lymborch*（《玛格丽特·范·利姆博奇》）的传奇文学，颇受人们欢迎。在其存世的韵文和散文等各种版本中，魔鬼用魔法变出了一座城堡。这可能是依据《启示录》中所描述的那座自天而降的圣城耶路撒冷。在那座城堡里，玛格丽特的父亲似乎掌握着统治权，但他实际上是一个伪装的恶魔。这个地狱般的王室还试图用音乐会来诱惑玛格丽特，他们用竖琴、琵琶和长笛演奏美妙动听的音乐，意欲将她引诱到城堡里。

玛格丽特正和一个商人一起闲逛，听到了远处传来的悦耳音乐，商人刚开始看到城堡时，不由自主地向后退缩，因为商人们历来不喜欢城堡；之后就不再感到有任何拘谨了。他们连门也没敲，就直接进入了城堡。玛格丽特把魔鬼当作自己的父亲，让他领着参观城堡。在她看来一切都很美好，是真正的"人间天堂。"只是在她和那位商人坐在餐桌旁并开始做饭前祷告时才真相大白："可就在他们在餐桌边这样祷告时，魔鬼群中发生了骚动。每个魔鬼都从城堡里拿出一个火把，有的魔鬼还拿了些食物和饮料。然后他们一起离开，身后留下了一股令人作呕的臭气，那股臭气像是从世间所有的污秽之物发出来似的。"

然而，并非所有的天堂都是一个模样。中世纪许多以当地语言创作的文本都将人间和天上的天堂混为一体，统称为"天堂"。在那里我们会发现梦幻般的自然景观与奇妙的建筑交相辉映，宴会上既有仆人服务，又有素食自助；宾客如云，乐声不绝于耳。一些文本着重那种自封的永恒福祉，幻想的梦景向人们展示该如何实现这种恒久的天赐之福。同时，文本中也有指示说明，教导人们如何为来世做好心理准备。所有这些承诺和诱因都促使人们谋划自己的幸福。将这种幸福之地建在离家近一点的地方也许是个不错的主意。有些人甚至在自家的后院里建造他们的天堂，结果就造出了奇妙的花园和游乐园。缔造安乐乡对人类来说是必须的。而这样做又有何害处呢？天堂里有的是建筑材料。

毫无疑问，这种对人间天堂的渴望是一种无意识的人类行为，而不论人们在建造这些幻想世界时如何有意识地将建筑元素与时间和地点联系在一起。唯一的变量是它们的外形。现代社会构想的天堂种类繁多，史无前例。其共同特点是可以企及，并具有焕发生机的设施。

另外，中世纪时已丧失的乐园和上帝应诺的理想世界相对说来都很单调，人们对此感到震惊。大体上说，理想世界仅有截然相反的两个类别，这也并非巧合。这两类都不纯洁完美，但它们的概念可以澄清我们对于理想世界的看法。首先，人们有一种完全脱离尘世污秽的精神梦想，这一梦想试图将人们的生存变为永恒的无思想的顺从状态，即供人效仿的极大的苦行修炼。这样做的奖赏是进入天堂，那里绝不会受到魔鬼的任何侵扰。与此截然相反的是幻想实现一切荒唐无度的俗世欲望，这显然是对苦难的尘世日常生活进行的强烈抗议。处于这两种极端之间的，是无穷无尽的特别阐释，这些阐释利用了欧亚人的素材，表现出了非同寻常的相似之处，时间上跨越了25个世纪。

直到现代早期，工业福利国家出现，才终结了这些相对一成不变的执着梦想。如今的天堂是为个人量身打造的。这一理念似乎潜藏在中世纪某些对于神圣天堂的描绘之中：长生不老的生活应该在人们自己选择的环境中度过。然而，上界天堂遥不可及，飘忽不定，所以，人们才需要发现俗世的天堂，在自身和远方文明边缘的黄金时代里徜徉。勇敢无畏的旅行者在曼德维尔爵士的激励下，成群结队地踏上了旅途，有时甚至手里还拿着他写的书，当然，是要去寻找他们出发时就已决定要找的地方。

第五部分

前进中的想象旅程

第二十四章

地理意义上的沉思

　　作品中描绘的安乐乡，就在地球上某个地方。L 文本和 B 文本中的叙述者都以第一人称的口吻宣称去过一个闻所未闻的国度。那里充满了奇迹，他们亲眼见到，切身体验。正是"奇迹"才确立了安乐乡和东方 *mirabilia*（奇妙事物）的联系，而那些奇妙事物经过不断宣扬和详尽描述，到中世纪晚期，已是众人皆知的常识了。

　　只有 B 文本在结尾提出了再次旅行的建议，该文本力劝游手好闲者到"那个富庶之国"走一遭。散文体的 G 文本在"小道消息"内进行了模仿旅行，"小道消息"是报纸的先驱，当时还处于雏形，但事实证明它为西欧的印刷业者带来了丰厚的收入。顺便提一下，荷兰的"悠闲甘美之地"于 1546 年被人发现，这个日子是以典型杜撰故事的方式说出的。当时的杜撰故事很多，就像开胃食品一样丰富多彩。杜撰故事这个流派所具有的此种类型特点是模仿手法的指导方针，这一点在该文本的其余部分同样明显。

　　小道消息和杜撰故事这两个框架在该文本的开篇之句里一起出现了，这表示在这个报道虚构的旅行者的故事的理想媒介里，在始终标榜自身是绝对真实的地方，其本身是"不真实的消息"。为了与传统保持一致，接下来便是旅行路线的描述，以及人们到达目的地之前必须经历的磨难。在结尾处提出了一个建议，力劝那些"浪荡子弟"赶快到这个国度去——这与 B 文本的结尾别无二致。

迄今探讨的诸多幻想世界，包括俗世和上界的天堂在内，都具有一个地理方位。即便是基督教徒幻想的天堂，也以一种生动的方式创造了此种地理方面的联系，将人类的生存描述为从伊甸园到圣城耶路撒冷的朝圣之旅。无论你是被赶出了天堂，正在竭力重新发现天堂，还是以为自己应该到达天堂，结果都是一样的，即前往某个热切期望的目的地旅行，而人们认为这个目的地有其具体的位置，这一旅行也或多或少涉及一条路线。这种信念在以拉丁文和本地语言叙述的受人欢迎的幻想中得到了强化。人们在幻想中造访了天堂、地狱和炼狱，这方面的叙述与一种特殊的游记文学十分相似，而那些地方也都具有初期耶路撒冷的特点。

更为特别的是，通往来世之路就像是一次旅程，死者的亲人不仅可以通过祈祷，而且可以靠在坟墓里放置鞋子和其他旅行必需品来加快这一旅程。此类陪葬祭品来自基督以前和非基督徒的传统，却不加置疑地被基督徒吸收，变成了世俗的虔诚形式，比如说教故事中所表述的那些形式。

游记里描述的世界和上述的幻想世界之间的任何差异，都或多或少不可避免地带有武断的色彩，在一定程度上也是现代人对久远的过去猜测的结果。这个问题在审视俗世天堂的时候就变得十分尖锐了。即便是俗世的天堂——上帝造物的开端和终结之地——其时已经封闭并将亚当和夏娃的子孙拒于园外，但确定无疑的是，伊甸园仍以其原来的形式在地球上的某个地方继续存在。因此，从理论上说，人们一定有可能来到这个地方，哪怕只是从远处看上一眼。

然而，如果你想更加仔细地观察这些幻想世界和乐园，沿着历史线路进行某种实际分组则被证明是正当的。它们中有相当数量都呈现了真

第二十四章 地理意义上的沉思

实的地方，那些地方都是由某个人在某个时间发现或者描述过的。这些情况表明，那些地方以及它们的假定发现者事实上都是真实存在的，这意味着田园牧歌般的地方不仅仅是在这里探讨的唯一类别。带有异域情调的地方也许会从或正或反的角度展示出来，并且常常会在同一个文本中从正反两个方面加以观察。而另一方面，不带偏见的描述则很不常见。

目睹者的报道中的事实以及披露的生动情景是这些令人惊异的游记故事的特点，它们本身表明了一种怀疑——不论是有理由还是没有理由，即怀疑这些作者可能会使自身陷入其中。无论如何，在中世纪时期，人们并非按照表面价值来看待每一部游记，而且这些怀疑在古代的典籍中也已表现出来，当时出现的嘲笑这一流派的趋势就是见证。其中一个例子就是卢奇安的经典著作《真实历史》，该部书于公元1世纪问世，对奇幻文学中所有荒谬的人物描述进行了恰当而又彻底的嘲弄，其后的游记小说都似乎是他的模仿作品。

此种讽刺的例证尽管不那么壮观，但在中世纪也是可以见到的。不难想象，安乐乡和荷兰的"悠闲甘美之地"方面的材料也是一种模仿，或者是对某些极其荒谬的游记进行的讽刺。同时，我们知道的不少东西，如果不是彻头彻尾的谎言，无疑都是一些幻想，但在中世纪却被人们当作世界的真情实况，而那个世界的边界日益模糊不清，令人困惑。于是，越来越多的人便热切地抓住约翰·曼德维尔爵士那详细而又令人激动的游记不放（曼德维尔在其游记中详细记述了前往圣地及非洲旅行的情况，而非洲在当时则被看作某个环绕亚洲的东方国家的名称），将其作为一种难得的尚未知晓的地球维度的资料（当时人们认为，地球有一个平平的表面，人会从上面掉下去，而今几乎没有人再相信这一说法了）。

现在我们可以确定，曼德维尔不可能进行他声称的旅行。有些人甚至认为，他的名字是某个狡猾的编撰者的笔名，将许多流行的旅行故事串在一起并扩展成为令人惊讶的传说，以极端的行为方式在遥远的国度展现出来。另外，曼德维尔迎合了14世纪的市场需求，即与当时人们日常生活不同的读者向往的生活，换句话说，就是一种有着多种说明性目的的强烈对照。然而有一点可以确定，即曼德维尔的写作能力。他的写作方式，使得任何翻译和改编都无法减损其作品所具有的重要意义。自14世纪始，曼德维尔的文本便受到了广泛欢迎，定期再版，一直到16世纪。

　　曼德维尔的文本属于幻想世界方面的文本，有即席拼成的大杂烩之嫌，虽然他的作品实际上应该从不同的角度来看待。也可能是我们对他这种介乎于两者之间的文本理解不多，一种文本是源自个人观察，另一种文本是暗自模仿或抄袭他人之作以及利用道听途说；现在人们倾向于所谓的真实报道，以此来看，后一种文本是不可接受的，而对于曼德维尔时代的人来说，他的文本代表了引人入胜的新流派，即建立在部分模仿旅行基础上的地理书。现代研究已经做出了这样一种评价，并和但丁在其《神曲》中所采用的手法做了无可非议的比较。在《神曲》中，作者领略了来世的风光。但丁对那次旅行的记述让读者彻底了解了另一世界的快乐、痛苦和样貌。对于预期的读者和听众来说，虽然这个世界很大程度上代表了一种事实——确切意义上说代表了最高层次的秩序，但也清晰地表明，诗人只能是在其梦幻中进行这次旅行。

　　根据这一令人着迷的观点，曼德维尔（或者无论哪位盗用这一名字的人）围绕第一人称叙述者的经历，描绘出了一幅真实的世界画面，而叙述者的经历并不一定在各个方面都与作者相同。首先，曼德维尔根据许多口头和书面的材料，为人们提供了世界概况，其中第一部分（即他穿越中东到达圣地的旅行）是以个人经历为根据的。第二部分的"非洲"之行，其根据也是个人经历，但大多是别人的经历，而且个人的实地观察资料不是很多，文学性旅行材料倒是不少。

　　然而整体上仍不失为一部个人旅行的游记，根据作者的说法，记述时怀着莫大的忧虑，就是对基督教过失的忧虑，因为在人类堕落之后，基督教偏离正确道路，未能成功地追溯自身的足迹。更为糟糕的是，西方人似乎越发偏离正道了。曼德维尔对已失的圣地和世界的其他地方进行了认真比较，用意是奉劝人们认识到所犯的错误。

大体上说，这些对照表现了两种生活方式。首先，由于基督教未能使有些人改变信仰，他们的沉沦越来越深，呈现出无法控制的野性和兽性，最终不可避免地成为反基督者的帮凶。其次，曼德维尔遇到了另外一些人，他们保持了上帝造物以来的原始纯洁。他们不曾或者说还没有被书本知识腐蚀，而傲慢和书本知识却使基督教世界沉沦到了罪恶的沼泽。不知何故，他们知道如何避免一切罪恶，虽然他们只是很自然地在吃喝与情感表达以及其他所有人类行为方面也实行最大的节制。在曼德维尔看来，人类那些行为会很容易蜕变成放肆的举止。他再三将这些人描述为婆罗门人（Brahmans）："在这个国家，绝没有盗贼、杀人犯、妓女、说谎者和乞丐。他们言谈纯朴，生活清白，好似信教之人。由于他们都是这样诚实善良的人，所以在他们的国家里，从未有过雷电、冰雹和霜雪；也不曾有过任何其他的暴风雨和恶劣的天气。没有饥饿、瘟疫、战争以及其他的常见苦难，而由于我们罪恶的深重，这些东西我们样样都有。"此外，这些婆罗门人每天都进行斋戒，恪守"十戒"，因为他们根本不知七大罪[1]为何物。人人平等，对世俗的财产漠不关心。最值得称道的是，他们皆高龄而寿终正寝，无因病而亡。

这个集西方天堂和黄金时代为一身的国度被投放到了地球的一个偏远角落，并被作为绝对真实的东西展现出来。在中世纪，人们认为天地紧密相连，不可分割，就像有限和永生、生与死一样。曼德维尔以地理为基础写了一本教科书，提出了必要的行为举止，人类若要拯救自己，就需要如此。书中的一切都是"真实的"，不过俗世的现实更易于理

---

[1] 七大罪，即致使灵魂死亡的七条重罪，包括骄傲、贪婪、淫邪、忿怒、贪食、嫉妒和懒惰。——译注

解，因为它们在俗世的环境中，凭人的感觉是可以理解的。因此，当我们关心中世纪时期人们认为可以发现的地方时，那么，将那些地方与天界那种具有永恒性质的实体（包括天堂似的区域）区别开来不仅是可能的，而且是有理由的。

源自半书面传统的祭司王约翰的文本适合这个模式吗？自 12 世纪以来，这个故事以多种语言广泛传播，同时作为一个单独的文本，一直流行到印刷机问世的时代。但是这一文本源自何种资料，还是它本身就是一个想象出来的幻想世界呢？据说这个理想的基督教王国就坐落在天堂的下方，对它的存在也极少有人表示怀疑。当然，在这个根据少量个人世界地理知识编撰的具有道德规范的教科书里，有许多详尽的描述。在这种情况下，所有的怀疑都必定会被打消了。

然而，曼德维尔有时也未能给人留下印象，或者至少在威廉·范·卢布鲁克（Willem van Rubruck）[①]看来，他做得太过分了。卢布鲁克是位圣方济各会的修道士，在 1252 年至 1255 年，他从巴勒斯坦出发，开始了围绕中东地区的旅行。他认为，有关祭司王约翰的故事言过其实。但也有许多同等地位的支持者不同意他的看法。比如热衷于旅行的贵族范·吉斯泰勒·约斯，在 1481 年晚些时候从根特出发，造访过圣地之后，就决心要去寻找祭司王约翰统治的国家。他那记载详细的游记于 1557 年首次印刷出版，取得了很大成功，但并没有减少这一鲁莽计划的可疑之处。

范·吉斯泰勒和他的游伴并不是一时冲动才决定去寻找祭司王约翰

[①] 威廉·范·卢布鲁克（Willem van Rubruck, 1210? – 1290?），圣方济各会士，法国人，法国国王路易九世的亲信。1253 年，奉路易九世之命前往蒙古人处传教。卢布鲁克从地中海东岸阿克拉城（今海法北）出发，渡过黑海，于同年秋到达伏尔加河畔，谒见拔都汗。1255 年，他用拉丁文写成了给路易九世的出使报告，即《东方行记》。他根据耳闻目睹，生动具体地记述了 13 世纪蒙古人的衣食住行、风俗习惯、宗教等情况，还仔细记述了所经山川湖泊、各地、各城以及各族的情况，是研究早期蒙古史、中世纪历史地理及中西交通史的重要原始资料。——译注

的王国的。带着这样一个冒险目的,这帮朝圣者随身携带昂贵的戒指和宝石,用保存在科隆的遗物(这里指的是三王①的骨骸)来摩擦戒指和宝石,好给他们个人带来运气。巧合的是,范·吉斯泰勒认为,所有来自低地国家并带有这种合法财宝的人,在祭司王约翰的国度里都将成为特别受欢迎的客人。唯一的问题是如何找到这个大祭司和原始基督教捍卫者的王国,这个王国以某种方式设法保持了自身的纯洁——人们以为它就在赤道附近。

旅行者只知道祭司王约翰居住在非洲某个地方,也许就在埃塞俄比亚附近。令事情变得复杂的是,埃塞俄比亚也被称为阿比西尼亚,据一些人所说,这指的就是非洲,而大多数人还是习惯性地将亚洲也包括了进去。中世纪末期,由于缺乏地形学方面的资料和标准化地名,旅行者有可能会把他们所处的整个大陆的位置弄错。然而,只有哥伦布的差错众所周知,他错把美洲当作印度,吃惊地发现那里居住的竟然是赤褐色皮肤的土著人。哥伦布不止一次地发出慨叹,因为那些土著人至少没有想象中的那么黑。不过,这一误解也给混乱的术语学增加了另一个因素。1525年荷兰德尔福特城的理发师阿伦特·威廉姆佐恩描述他的朝圣之旅时,就是因为这个缘故才陷入了懵懂不解的境地。当他给圣墓教堂②中的7个基督教教派命名时,就把最后一个定为"印度或者阿比西尼亚人……而这些印度人全都跟摩尔人一样黑"。

从地理学的观点上讲,祭司王约翰的王国确切地说是一个"颠倒"的世界。至少在曼德维尔看来,它就位于西方基督教徒的脚下方:

---

① 三王是《圣经》中的人物,据《新约全书》的《马太福音》中记载,在耶稣诞生时,有三个天文学家按照星星的指引从东方来跪拜耶稣,并且献上黄金、乳香和没药。在公元9世纪,这三个天文学家(也有说是三个智者)被传为三个国王,即白脸国王、黄脸国王和黑脸国王,共同向耶稣圣婴献礼。——译注

② 圣墓教堂,又称"复活大堂",位于以色列东耶路撒冷旧城,是耶稣坟墓所在地,基督教圣地。许多基督徒因而对此地顶礼膜拜。教堂建筑本身则由三个教会(拉丁礼罗马天主教会、亚美尼亚使徒教会、希腊正教会),六个宗派(罗马天主教会、希腊正教会、亚美尼亚使徒教会、叙利亚正教会、埃塞俄比亚正教会、科普特正教会)共同管理。——译注

我认为，祭司王约翰、印度皇帝的国家正好坐落在我们的下方，因为如果从苏格兰或者英格兰出发，前往耶路撒冷，将会一路往上走。我们的国家位于西方最低的地方，祭司王约翰的国家位于东方最低的地方。我们这里是黑夜时，他们那里是白天。我们是白天时，他们是黑夜。从我们国家前往耶路撒冷时，不论向上攀登多高，走到祭司王约翰的国度时，必定要往下走同样的高度，因为地球和大海（原文如此）是圆的。

所以，到达耶路撒冷后，只得继续走下去。但是，人们真的会注意到何时结束向上攀登，何时开始向下走吗？

范·吉斯泰勒和他的旅伴到达美索不达米亚后，向一位来自东方的商人咨询通往阿比西尼亚的最佳道路和祭司王约翰的统治区域。商人向他们详细描述了路线，但遗憾的是他们并没有取得期望的结果。不过，范·吉斯泰勒并没有指责他们的目的地的虚幻性质。不和与挫折导致这帮朝圣者未能实现目标，有人认为，负罪感也妨碍了他们去寻求清白无暇的基督教世界。

对此类游记描述中目的地的真实性提出质疑只是当代现实主义的一种表现，其本身令人怀疑地抛开了日益变得难以理解、带有伦理道德目的的精神旅行。马可波罗的旅行是史上最伟大的探险之一，即便如此，仍有人对其真实性深表怀疑。的确，这些怀疑都是有根据的。不仅在于他的报道方式极为可疑（据推测，游记中的事件是一位坐牢的文书记录下来的），而且还有一个重要因素也令人生疑，即这些文本在当时就已开始流行起来，从而引发出了数十种基于此种模式的叙述。

这种文学产品的装配线所利用的与幻想世界有关的传统材料，比人们现实生活中的经历还要多，因为生活经历难以证实，而且跟先前的模式也相距甚远。另外，游历世界的旅行者观察到的东西，在记录的过程

第二十四章 地理意义上的沉思

中往往都经过了文学处理，报道出来的新奇事物也都跟引人入胜的幻想和文化上的理想目标相一致。进一步来讲，西方理想生活的信条可以说已经丧失殆尽，而将来则是可以赎回的；这些信条给旅行者的观察增添了色彩，他们深信，纯洁生活的踪迹仍会在世界的某个地方找到。对于天堂、黄金时代、幻想世界以及异国他乡的描绘对此提供了最佳证据，它们既有许多相似之处，又相互影响。

安乐乡也参与了这种竞争，因为她的迷人之处在世界各地的报道中都是天天发生的事情。任何生活在前工业化时代的欧洲人，在国外旅行时突然感到有微风拂面，看到被果实压弯的果树，听到奇异的鸟儿在鸣唱，闻到香料的芳香，或者第一次品尝到不同寻常而又鲜美可口的饭菜，就会想起安乐乡和荷兰的"悠闲甘美之地"。在许多游记里，安乐乡似乎就是一种现实，虽然有时显得颇为勉强。

在观察到的新奇事物（或者有关它们的故事）与描述它们的出版物之间，有许多可供改编或者重写的机会。此种旅行故事的产生过程始终是不确定的。而描述这些奇迹的其他原始资料往往缺失，至少当代的资料源不是出自同样的传统。如果我们相信别人讲述的东西，那些传说通常都是基于探险者写给其赞助人的信件，先前刊印的他的日记或者航行日志的选段，或者只是他口述内容的记录文本。因此，原始资料的可靠性十分可疑；同时，带有偏见的改编似乎也在发表改编者的意见。自15世纪晚期，印刷的"消息通报"开始出现，也提到了同一的原始资料，以证实其真实性。当整个欧洲的新闻界都在利用这些旅行传说或者游记时，是无法停止的；那些文本也会演变成为引人入胜、引起轰动的故事，里面木刻插图也同样引人入胜。

第二十五章

真正的幻想世界

　　旅行者的游记中出现的幻想世界和田园诗般的地方，与其他幻想世界相比多多少少是有差别的，其差别在于它们都有一个俗世的时间和地点。它们先是被某个人发现，然后由那个人将其报告给西方世界，从而为其他人寻找所描述的地点铺平道路。本书前文提到的理想之地和黄金时代，无论如何都是不大真实的，不是很容易就能去造访的（或者说是根本无法造访的），其时代也是十分久远的。

　　然而，却也有人经常踏上旅途，前往俗世的天堂，甚至在中世纪之后也是如此。之所以激励人们从事这样的旅行，不仅是因为人们深信世上一定存在这种地方，尤其是因为人们日益确信，在某个地方一定有通往此地的入口；鉴于埃诺克和伊利亚二者的存在，人们坚信，他二人被安置在天界天堂的大门口，在最终时刻帮助抗击基督的敌人；这座天堂还具有人们推测的另一功能，就是作为一个非同寻常的等候室，供那些期待进入天界天堂的诚实正直的灵魂所用。

　　中世纪出现过各种各样的旅行者，比如荷兰乌得勒支城的牧师扬·维特·范·黑斯（Jan Witte van Hese），据报道，他于1339年动身前往圣地朝觐，并站到了布满苔藓但却高耸云天的天堂的围墙之上。甚至还

第二十五章 真正的幻想世界

有一个传说,叙述了一次单调乏味但却获得成功的前往天堂的旅程。这部叫作 Iter ad Paradisum(《天堂之旅》)的传说讲述的是亚历山大大帝所做的旅行,轻而易举地成为中世纪有关亚历山大的经典之作,被译成了多种文字,得到了广泛传播。传说中,亚历山大要越过天堂中四条极大的河流,不得不逆流而上,几乎丢了性命,最终实现了自己的目标。为了证明这一点,亚历山大从那之后始终随身携带一颗光彩夺目的宝石,那颗宝石分量很重,无论哪条河流都无法将其冲走。

通往天堂之路也是由精神奖励铺就的。传说中,紧靠天堂的地方充满了天堂般的慰藉,这自然会使人想到天堂已近在咫尺了。四条河流及其分支浇灌着整个世界,确保土地肥沃,繁荣昌盛。河水中还携带有宝石、种子,尤其是香料,大家也都将其视为当然,而且那些东西据说都在岸边,供人们拿取。底格里斯河、幼发拉底河、尼罗河与恒河(有时也说是多瑙河)代表了天堂的那四条大河。人们距离这些河流的源头越近,距离天堂也就越近,香料、宝石和黄金的收获也会越加丰富。在《创世记》里不是这样写着吗:"有河从伊甸流出来滋润那园子,从那里分为四道:第一道名叫比逊,就是环绕哈腓拉全地的。在那里有金子,并且那地的金子是好的;在那里又有珍珠和红玛瑙。"[①]

知识渊博的荷兰海牙的宫廷牧师德尔夫·范·迪尔卡,向普通信众解释说,除了宝石外,比逊河与幼发拉底河以及后者的支流还携带有来自天堂的药草。幼发拉底河还有芦荟,人们知道芦荟是一种药材,既具有医疗功效,又可使人兴奋陶醉。将这种植物的汁液注射到体内,会让人进入安眠状态,令人产生长生不老的感觉;因此,行将死亡的亚当就命他的儿子塞斯从天堂大门口弄些这样鼓舞人心的香液来。《圣经》向人们保证,天堂里没有死亡和濒临死亡的事情发生,并经常向普通信众指出,世上存在这种药草和其他从天堂河流的源头直接带来的具有医疗

[①] 译文出自中国基督教三自爱国运动委员会和中国基督教协会编辑出版的简化字和合本《圣经》。——译注

功效、让人返老还童的物质，以证明这一点。

因此对许多人来说，以下情形就是简单的事实：天堂将其温和的气候、丰富而又适应各种气候的水果，甚至还有天堂那未曾遭到破坏的纯洁，都馈赠给了与其接壤的地方，因为那里有文明社会的各种腐败堕落的影响，没有上述东西的立足之地。这一点甚至引发出了以下观念，即通往东方之路（也可以从西方、南方或者北方到达那里）通向富裕、和谐和永恒的春天，而当人们走近天堂时，所有这些就会渐渐地呈现出来。

难以想象的是，哥伦布的脑海里老是萦绕着这样一个念头，即在印度发现天堂，或者一个近似于天堂的地方。这是他坚定不移的目标，他坚持认为自己寻求的秩序直接来自上帝。在1498年进行的航海旅行中，他沿着奥里诺科河溯河而上，直接进入了亚马孙森林，并确信是航行在俗世天堂流出的四条河流当中的一条河上。当他看到森林中居住着裸着身子、尚未开化的人时，便脱口吟唱了一首赞歌，称赞这些天真无邪、生性善良的人，他们看上去还没有被文明所腐蚀，很容易受到引导，成为基督教信徒。同时哥伦布还认为，他们的出现是一个象征，表明天堂就在附近。

哥伦布认为，在时间结束之前只剩大约150年了，另有三个条件要满足：一是经过西方去发现印度，二是要把所有未开化的人和不信上帝的人皈依为基督教徒，三是要征服耶路撒冷。他还相信自己受了天命，上帝派遣他来实现这些目标。他深信在圣灵的帮助下，已经发现了印度，为给不信上帝的野蛮人宣讲福音书铺平了道路。他之所以将土著人的转化看得如此之高，原因就在于此。他反复说到他遇到的土著人天性善良，尽管他们看上去不信仰任何宗教。因此，他们的皈依转化将会易如反掌。

必须聚集大量财富来进行新的也即最后一次十字军东征，目的是将耶路撒冷从异教徒那里解放出来。他认为那里有实现这一目标所需的财富等待提取，而现在他已经抵达距离天堂很近的印度。这便是促使他追求其目标的另一个原因：距离那些宝石之源越近，获取它们就越容易。这一十分诱人的幻想最终会引发一次淘金热，因为人们想当然地认为世上存在一些全是黄金的地方。

事实上，古代经典中的黄金国在早期现代时期就呈现出了如此具体的形态，于是便引发出了极其狂热的旅行。游记作品充满了这方面的描述。哥伦布关于其首次航海旅行的叙述为此类作品定下了风格，在那部记述中，他几乎将每天寻找黄金的经历都记载了下来。1519年至1522年，安东尼奥·皮加费塔（Antonio Pigafetta）①曾跟随麦哲伦进行首次环球航行；在旅程行将结束时，他们到达了菲律宾群岛，当时他似乎已头脑发昏了："这位酋长告诉我们，在他的海岛上已经发现了大量成块的金子，有核桃那么大，有的甚至像鸡蛋一样大；用筛子就能从土里把金子筛出来。他对我们说，所有饮用的器皿、桶和饰品都是金子做的。"于是，皮加费塔便开始幻想到处都有金子。有人送给他一碗米饭和一些无花果，却拒绝接受他的金币，而是挑选了一把刀子。另一个土著人用一大块金子换了六串玻璃做的珠子。麦哲伦立即终止了这种实物交易，因为不然，土著人很快就会注意到这帮新来的人对于金子觊觎。在婆罗洲②，皮加费塔见到武士用金子和宝石来作身体的饰物，目光无法移开。比如，他们束着金丝腰带，镀金的匕首上镶有珍珠和宝石，几乎每个手指上都戴着金戒指。

早在哥伦布之前，人们认为毗邻天堂最著名的岛屿就是祭司王约翰的王国。那里有一条横贯全境的河流，是从天堂直接流出的，河水里携带有宝石。还有牛奶河和蜂蜜河，这是另一个出自《旧约》有关天堂

---

① 安东尼奥·皮加费塔（Antonio Pigafetta，1491－1534），威尼斯学者、探险家，早年曾在海军服役，也曾奉西班牙国王查理一世委托，跟随葡萄牙探险家斐迪南德·麦哲伦作环游世界的航行，并成为最终回到西班牙的18人之一。——译注
② 婆罗洲是太平洋西部的一座岛屿，位于马来群岛，在菲律宾的西南面，苏禄和爪哇海之间，是世界第三大岛。该岛现被印度尼西亚和马来西亚分占。——译注

预言的例证。另外,伊甸园生产香料的能力也被传到了这个王国,因为那里的森林里生长着很多胡椒。除此之外,王国里也有一眼青春泉,泉水可以抵御百病,让人永葆 32 岁。食物的供应也是无穷无尽,鱼儿会自愿奉献自己,供人享用。罪恶之事闻所未闻,所有人都生活在完美和谐之中。整个国家最高的建筑是一座由金子、水晶、红宝石及其他宝石建造的宏伟宫殿。

中世纪晚期和现代早期开展的所有探险航行——无论是完成的、中断的还是模拟的——都给人们带来了舒适、财富和超度的梦想,其目的要么是重新获得已失去的天堂,要么是为得到天堂般的满足铺平道路。这些愿望常常会融合在一起,就像哥伦布的情形那样。为得到慰藉而采取行动的热望迎合了许多旅行家的幻想。此外,一旦人们为寻求更好的生活而坚定地踏上征途,这种进取精神就会产生富有感染力的乐观主义。除了获得财富外,人们还可以从"野蛮人"那里学到如何规避危险之路。

尤其是在新大陆,天堂已经摆在那里供人观察。天堂的人生活在纯粹的自然状态下,居住在天堂的完美和谐、繁荣富足的环境里。然而,对物质享受的渴望意味着,探险家踏上征途时所怀有的任何高尚思想,会被抛却。因此,16 世纪时期,新大陆所代表的只不过是一座存有不尽财宝的仓库而已,它的存在仅仅是供人们以真正的商业精神加以有效利用罢了。

1519 年由蒙特祖玛(Montezuma)皇帝出示给科尔特斯(Cortez)的一批财宝,翌年又由查理五世在布鲁塞尔展览出来。在荷兰旅行的阿尔布雷希特·丢勒(Albrecht Dürer)① 曾展览,并在日记中做了记载,

---

① 阿尔布勒希特·丢勒(Albrecht Dürer,1427 – 1528),德国画家、版画家和理论家,将意大利文艺复兴精神和哥特式艺术技法相结合,主要作品有油画《四圣图》、铜版画《骑士、死神和魔鬼》等。——译注

称这些财宝"来自新的金色国度"——黄金之国。在安特卫普这座贸易大都市里,特别提出了这样一种观念:此类财宝应由既具崇高精神又有敏锐商业意识的人来保管。在1561年举行的landjuweel,即文艺竞赛期间,来自整个布拉邦特的雄辩协会进行了歌颂商人的歌唱比赛,由(比利时)迪斯特(Diest)城雄辩会呈现的开场表演指出了以前未曾听说过的扩大财富的可能性。韦斯普奇(Vespucci)[①]和哥伦布已经指明了道路,安特卫普的商人步其后尘,所以现在"整个欧洲都闪耀着金银之光。"

所有这些有关财富、期盼和安逸的崇高愿望都意味着,旅行者(及其游记编撰者)所看到的只是这些梦想给他们的东西。人们发现的是他们期望发现的事物,描述的也是他们期望讲述的内容;如有必要的话,誊写者或者出版者就给予适当的扶助,推介这些资料。另外,贫乏而又无保障的食物供应,以及一般形式的性满足方面的缺失——有时会持续数月之久——可能导致人们将朝觐者和船员报道的见闻当作一种精神补偿。例如,这些文本里常常以夸张的方式描写丰盛食物和甘愿献身的女人等内容。

这种幻想地理学的意识形态框架在无数的天堂描述中首次确立下来,其中包括其整个区域的细节和变化。人们的文化素养和程度也会决定他们观察事物的眼光。虽然如此,早期现代时期的许多编年史家用以描绘新世界的色彩,仍和黄金时代的色彩描绘十分接近。

在这一背景下,安乐乡的梦想似乎也发挥了作用。否则就很难解释安乐乡在世界各地不断出现的现象(尽管所用的名字不同)。在确凿无误的细节上始终会找到相似之处。例如,亚历山大大帝在不寻常的旅行中,发现自己来到了一片树林中,一个乾坤颠倒的世界,食物不知从何

[①] 韦斯普奇(Amerigo Vespucci, 1454-1512),意大利商人和航海家,南美海岸的开拓者,确认新发现的大西洋以西的陆地不是亚洲部分,而是一个新大陆,后以其名字命名该大陆为"美洲",来赞美他的功绩。——译注

处会突然出现。这在神话般的天堂或是怀旧的黄金时代的模式里是不会发生的，却会出现在安乐乡之类的理想世界里：人们可以看到鱼儿在火中游，并在水中将自己烹熟。

更为知名也更难追溯始源的是马可·波罗关于一些部族的描述，里面不乏实现世俗愿望的情景，其中还写到部族中的通奸以及乱交的行为。据他所言，世上竟然还有这样一个部落，他们对那些在婚前就精通多种性交方式的新娘给予最高的评价。他甚至还力劝 16—24 岁的年轻小伙到这个地方去看看，并待上一段时间，以利用所提供的大量机会在这方面得到训练。这似乎跟 B 文本和 G 文本的教化性结尾有着直接的联系。尤其是韵文体的文本，本身就是写给年轻的浪荡子弟的，他们痴迷的是"放荡不羁"，显然这里指的是淫乱享乐。

不过，倒也不大可能有直接的影响，也许最好是说没有真正的必要。尽管在 1500 年前后，马可·波罗的文本在欧洲已广为人知——由于荷兰高达城的印刷商盖拉特·莱乌（Cheraert Leeu）出手相助，还刊印了拉丁文本——这样的评论无论是否是故意的讽刺，都属于描述幻想世界及其他无聊事物者惯用的话语。此外，人们几乎总是可以从中发现说教的成分。其要点是，除了作者的意图之外，在这些旅行见闻录里，读者始终能够看出，安乐乡是一切可能存在之愿望的最终目标，即便它们被安排在地图上的不同地方。

在哥伦布于 1498 年至 1500 年进行的第三次旅行中对安乐乡的这种强烈迷恋表现了出来。多亏了他写给国王的一些不为人知的信函（发表在其崇拜者，巴托洛梅·德·拉斯·卡萨斯（Bartolomé de Las Casas）所写的一部书中），使我们得以知晓哥伦布对他曾到过的安乐乡十分担心。拉斯·卡萨斯在他的评论里也提到了这些忧虑。哥伦布在信中恳请国王给予宗教方面的支持，派遣一些专门的传教士。倒不是需要他们给印第安人传教，使其皈依为基督教徒，而是为了让白人恪守教规。他们不是将 imitatio Christi（效仿基督）的信仰强加于土著人，而是开始采纳印第安人的行为举止。而按照欧洲人以及哥伦布的狂热追随者的标准，印第安人的生活既奢靡又充满罪孽。他们显然拥有丰富多样的食物，不仅有肉和面包，而且有谷物、鸡肉和猪肉。唯一缺乏的是酒和衣物："然而在其他方面那可是真正的安乐乡！不过我一点儿也不喜欢当地人的习俗，也不喜欢他们在礼拜六吃肉的做法，还有别的不良习惯，他们不配做善良的基督徒。"

当时，哥伦布一行人中的每个白人都分到了两到三个印第安奴隶和同样多的猎犬。那儿的女人非常漂亮，虽然哥伦布（以及拉斯·卡萨斯）对此没有详细描述，但考虑到他心中的忧虑，不难想象会发生什么样的事情。另外，称她们是漂亮的女人，唯一的依据当然是从哥伦布写给国王的一封信。对于他的一行人来说，印第安女人魔鬼般的美丽显然构成了一种严重的精神威胁。

对于安乐乡的这一负面情况，拉斯·卡萨斯做了补充说明。他说，哥伦布在各种信函中都曾声明发现了世界上最富饶的国度。遗憾的是，这成了无上幸福生活的完美背景，对那些罪人和败家子产生了无法抗拒的魅力。这也表明跟 B 文本以及关于"悠闲甘美之地"的散文文本的教化性结论有着直接的联系：田园牧歌般的地方本来就是陶冶情操、培养品格的处所。

新大陆的北部继续被人们作为"悠闲甘美之地"来描绘，即便它已成为美利坚合众国。这一基调是由第一批来到这个上帝允诺的乐土福地的欧洲移民在西方确立的。在他们看来，这是真正的伊甸园，是一个满足基本需求，实现幻想的地方。据说那里的山鹑养得极好，都不会展翅飞翔了；火鸡也肥得像绵羊一样。

阿美利哥·韦斯普奇内心充满了天堂、黄金时代和一般人类环境的类似观念，他也描述了1499年至1502年在苏里南和巴西海岸探险的经历。在他的描述中依然飘荡着安乐乡的阵阵香气，而这些香气在骚动不安的欧洲也深深地浸入了热心读者的心脾。他在各处都看到了美丽的风景,永不落叶的高大树木,而那些树木总是散发出芳香,挂满了成熟的既具医效又有营养的果实。辽阔的牧草地上点缀着芬芳的鲜花,各种的鸟儿在鸣唱。韦斯普奇认为他一定非常接近天堂了,于是就忠实地将这一切记录了下来。

在这种理想的环境中,人们自然要比在欧洲长寿。韦斯普奇估计土著人的平均寿命在 130—150 岁。生活在新大陆的人很少生病,清新的空气不会携带任何传染病毒。如果偶尔生病,也有上好的草药医治。麦哲伦的随员和誊写员安东尼奥·皮加费塔,对巴西印第安人的寿命也做出了类似的估计:在 125—140 岁。他在解释中强调,这些旅行者的思想受到了限制。皮加费塔是基于以下事实做出估计的,即当地的土著人保存了亚当和夏娃那种天真无邪的初始状态。

第二十六章

东西方的奇迹

不过，已经实现的诺言，其地理形态要经过很长时间才显现出来。第一位在中世纪引起轰动的环球旅行者不是别人，而是亚历山大大帝。他恬不知耻地被奉为发现者和征服者的完美化身，而这个化身后来在现代将会被人们掩盖起来，因为在中世纪，征服者对于转化异教徒这一必要的任务来说是至关重要的，而在亚历山大看来，转化异教徒只是意味着将他们变得文明文雅。通过他的视角我们看到了东方的奇迹，这些奇迹在整个中世纪引发了越来越多有关印度的传说和故事，都把印度作为充满魔力的花园进行描述。

在远东，亚历山大到达了大陆的边缘，那里距他的目的地天堂已经不远了。无论如何，这些世界边缘赋予了大自然更多的自由。正如博学的圣方济各会修士雷纳夫·希格登（Ranulf Higden）[1]在其权威著作《多面编年史》中所说，正是在那些地方，极不寻常的奇妙事物自发地

---

[1] 雷纳夫·希格登（Ranulf Higden，1280-1364），英国著名史学家，以其伟大的《多面编年史》而名垂青史，该部史书以拉丁文写成，模仿圣经《创世记》中上帝在七天里创造世界万物的例证，分为七卷，后被译成了多种文字，影响深远。该书又译作《世界编年史》、《史综》等。——译注

兴盛起来："请注意，在世界最边远的地方常常会发生奇迹，好像大自然在世界的边缘发挥其作用时，要比在世界的中心和我们近旁时享有更大的自由似的。"依照雅各布·马尔兰特这位传播各种有用知识的知名人士所言，印度是第一个有人居住的国家。他这样说无疑指的是亚当和夏娃在被逐出天堂之后，好像就直接去往伊甸园的隔壁生活。无论如何，他还是告诉读者，印度就坐落在天堂的附近。

据马尔兰特所说，印度之大难以测量，其富裕程度无与伦比。印度拥有丰富的金银宝石和大量的动植物群，一年还有两季的收成。但不要以为印度没有城市：恰恰相反，有位专家曾做过统计，那里至少有五千座城市，其中最小的城市也拥有不少于九千居民（与中世纪的标准不相上下）。那地方还有最令人惊奇的野兽，比如长有三百只脚的鳗鱼和巨大的蛇。

中世纪以拉丁文和当地语言撰写的世界百科全书，都含有一节称作"异族事物"或者"奇异民族"的内容，着重描述所谓的怪物类种族。编年史家尤其钟爱这一主题，因为它提供了一个良好机会，可使故事充满悬念，将其推向难以承受的高度。这一节内容通常可以在百科全书的开篇看到，紧挨着上帝造物、洪水过后在诺亚的三个儿子当中划分世界方面的论述。这些描述所展示的怪异民族都没有史料可考，就像对动物的描述一样，动物也没有可考的史料。不知什么原因，它们似乎竭力保持了自然状态，这种状态要么使其罪恶深重难以救赎，要么是捍卫了它们的天真无邪，但无论如何，这一状态使它们完全没有历史的记载。在开始审视历史之时，这也使它们成为一个恰当的静态描述的主题。过去只有欧洲才有历史，而且可以进行深入的阐述；由于超度所具有的深刻寓意，欧洲的罪恶至少表现出了某种减少的迹象，（但是会持续多久呢？）甚至在哥伦布和韦斯普奇开始围绕新大陆漫游之前，人们对西方的奇迹也表现出了浓厚的兴趣。出发地是神秘的亚特兰蒂斯，远在西方大海中的一座很大的岛屿，这是古代就为人所知的"事实"。这座岛屿就像希腊神话中的极乐岛和稍稍偏北一些的西方极乐群岛一样，被上帝慷慨地赋予了黄金时代的各种特征，生活在那里的人幸福地享受。

不过，西方作为一个可能会出现奇迹的地方，更确切地说是罗盘上的一个点，是在凯尔特旅行者讲述的天堂般乐园的故事中初次成形的，它通过圣布伦丹的故事，在整个欧洲可谓家喻户晓了。这导致人们对遥远的爱尔兰重新做出了评价。在中世纪早期之前，爱尔兰一直被当作消极边际主义的范例。例如，希腊地理学家斯特拉博就指责爱尔兰人乱伦，是吃人肉的野蛮人，生活在禽兽不如的环境中。但是，这一形象慢慢地发生了改变。这种改变部分是因为这个国家早期推行的几乎是不可思议的基督教化，以及后来传教士在欧洲其余地方所做的传教工作。于是，爱尔兰就成了乐土福地了。河里流的是牛奶和蜂蜜，气候温和，冬天家畜也无须在厩圈里饲养。

爱尔兰也没有蛇，蛇是伊甸园里最初的蛊惑者的后代。作为天堂的附属地，爱尔兰这一日渐引人瞩目的形象让许多人相信，它甚至还有长生不老泉。这一魅力无穷的光环也被扩展到了爱尔兰沿岸的海岛上，据说在其中一座岛上，人们即便想死都死不了。不过，在古代和早期现代的原始资料的改编本中，其负面含义也保留了下来。

中世纪英文本的《安乐乡》也依西方梦幻海岛的传统将其描述为田园诗般的地方，这种做法不仅仅是在模仿东方著名天堂所在的位置。文本中说到，安乐乡比欧洲最西边的西班牙还要遥远。按照中世纪的观念，西班牙一直延伸到海洋里面，而安乐乡西部的位置则意味着，西班牙也属于西方的奇妙地方，因此必然有其自身的神秘魅力。

英国人巴托洛梅乌斯·安格利柯斯根据西班牙名称的语源学意义，已经对西班牙所处的显著位置做出了解释。据推测，西班牙是以一颗叫作"*Ysperia*"（意为向西）的晚星命名的。另外，按照这位博学的英国人的说法，西班牙在欧洲和非洲之间架起了一座桥梁。也许仅仅是他的这一说法就召来了神的恩赐，那儿的天空永远是清澈的，土地肥沃，蕴藏了丰富的金、银、宝石和矿藏——这些资料部分是巴托洛梅乌斯从普林尼（Pliny）[①]那里收集来的。

在中世纪，西班牙之所以能够与安乐乡进行比照，就是因为这一神话故事般的形象。两个韵文文本在试图勾勒其理想世界的轮廓时均以这样的句子开篇："整个西班牙也不及理想世界的一半好。"其中还暗示，在大家的想象中，西班牙就是一个田园牧歌般的国度。例如，自14世纪以来，经常出现"在西班牙建城堡"的说法，在英语里这种说法指的是心怀梦想，直接涉及人们最终的充满各种魅力的梦幻世界，因此，西班牙适合用与幻想中的安乐乡进行比较。

东方和西方关于奇异事物的这些描述，其含义通常是很明了的：就是要形成鲜明的对照，宣传自己的文化形象，激励人们思考和创新。每当奇异民族被述及，就会给人留下印象，并引发反思。曼德维尔提及，在印度的某个地方生长有大量茂盛的葡萄树，酿制的葡萄酒只给女人喝，男人全都节制自己不去饮酒。这立即引起人们对男女之关系方面的臆测，考虑到中世纪末出现在家庭里的新的劳动分工，这种臆测产生了各种各样的说法。

积极的原始主义也许充当了直接的例证，不过人们自身的理想和意图或许更为清晰地成了重点，因为他们关注的恰恰是和他们相反的事物，比如发生在世界边缘的残暴行为。但是，在所有旅行见闻录和当时所做的其他调查中，却出现了堪为典范的民族。这在中世纪初期就已从卡梅里尼人开始了，卡梅里尼人是生活在非洲某个地方的民族，他们吃的食物皆是从天上掉下来的，他们所需的营养也无须付出任何努力即可获得。他们生活在原始状态下，不知道什么叫罪恶。人人都活到120岁，在死的时候，他们都躺在散发着木材芳香的石棺里，感到十分幸

[①] 普林尼（Pliny, 23-79），即老普林尼（Pliny, the Elder），古罗马作家和博物学家，共写作品7部，现仅存百科全书式著作《博物志》37卷。——译注

福。由于都能活到 120 岁，所以绝没有父母哀悼夭亡儿童的事情。此外，那里遍地都是宝石，这也解释了他们何以如此善良有德：据说宝石可以引发德行。

尤其引起人们产生遐想的是此前提到的生活在印度的婆罗门人。据说亚历山大大帝在其漫长的旅行中，曾经听说过他们的存在，这便促使他跟他们的国王迪迪莫斯（Didimus）进行信函交往。亚历山大要求迪迪莫斯讲一讲婆罗门人的生活方式，但迪迪莫斯强调说，他们不需要亚历山大的"教化"干预。这些广为人知的故事，往往提醒人们注意文化和知识带来的不良影响，因为它们会让人滋生傲慢，而傲慢最终将导致人类的毁灭，这最后一幕已经由亚当和夏娃在人类戏剧的序曲中上演过了。

按照中世纪人们的观念，婆罗门人根本不知道什么叫财富和奢华，他们也不从事贸易或者发动战争。他们贞洁有德，只吃水果和蜂蜜，活到很高的年纪。倘若他们皈依了基督教，就会成为模范的基督教徒。在中世纪，他们是未开化野蛮人的完美而高尚的代表，是最纯洁的原始基督教徒。他们并不从事劳作，因为劳作只会滋生贪婪。他们按照大自然的规律生活，绝不与大自然作对。修辞学、哲学，甚至一般的教育，他们统统不搞，因为这类活动对事物的自然状态会产生有害影响。

从表面上看，这个故事由雅各布·范马尔兰特这样一位知识渊博的中古荷兰语作家来热情地讲述，不免有些奇怪。当这位学究将法国博韦的樊尚以拉丁文撰写的世界史相关内容翻译过来，并将其收入自己的 *Spiegel historiael*（《专门史》）一书中时，他究竟有何想法呢？难道教育是另外一种有害影响吗？也许西方人认为他们已经走得太远——马尔兰特总是不厌其烦地强调这一点——唯一一条回头路就是反思自己以前的错误。对于这些导师来说，知识意味着学会按照上帝的安排生活，那就是要注意过去走过的一切弯路。婆罗门人不需要这种教育，因为他们从未想过利用知识来行使权力，既不相互行使权力，也不对别人行使权力。

每个旅行者或者历史学家都可以列举出此类纯洁而又自然的生活范例，这些范例与母教信徒展示出的行为相比，更具有基督教徒的风范。曼德维尔满怀钦佩地讲述了印度朝圣者的故事，他们"相信，为了崇拜的偶像而在尘世遭受的痛苦越多，在来世得到的快乐也越多，距离上帝也会越近。的确，他们为了偶像，身体遭受了极大的痛苦和束缚，而基督教徒为了热爱耶稣基督所遭受的痛苦和束缚与之相比，连他们的一半，不，连他们的十分之一都不到。"

麦哲伦声称于1511年发现了摩鹿加群岛①，马克西米利安纳斯·特兰西弗纳斯（Maximilanus Transsylvanus）对此做了报道；他在写给萨尔茨堡红衣主教的信中，也表达了同样的钦佩之情。摩鹿加群岛的人民显然只是进行了自卫战，即使在那时，他们也是在恳求和平，此举被人们看作一种可敬的举动。当然，即使无辜遭到攻击，不乞求和平，也被视为可耻。他们拥有的，只是香料，然而他们之间始终和平相处。这种生活方式跟基督教徒的生活方式形成了鲜明对比："在这个不为人知、爱好和平的社会里，我们只受到了贪婪和对珍贵香料的渴望的驱使。"真正的基督精神是由摩鹿加群岛上的人体现出来的，对于邪恶他们生来就是甘受其害。

就连视觉艺术也设法表现了同样的内容。在16世纪中叶，扬·莫斯泰尔特（Jan Mostaert）②创作出了描绘新大陆首批画作中的其中一幅作品。尽管该幅作品表现的内容仍存争议，但它主要描绘的似乎是，基督教士兵残酷破坏了一个原始却纯洁完美的社会。画面上赤身裸体的印第安人被全副武装者攻击。一位妇女试图制止她的丈夫，不让他奋起反抗。牛羊仍在安静地吃草，而其背景则是成排的大炮，这一画面加强了

---

① 摩鹿加群岛（Moluccas），又被称作香料群岛，位于印度尼西亚东部、西里伯斯岛和新几内亚岛之间，是马鲁古群岛的旧称。发现于16世纪初期，葡萄牙人最早定居于此，但在17世纪被荷兰人攻占，并把群岛作为他们垄断香料贸易的基地。——译注

② 扬·莫斯泰尔特（Jan Mostaert, 1475–1555），荷兰中世纪著名画家。——译注

如下一种意识：尚未受损的天堂遭受到被傲慢文明毁灭的威胁。

然而这并不是说生活在世界边缘的人，其消极面就不处于支配地位了。"未开化的人"有一个很大的弱点，就是他们缺乏基督教徒拥有的理性。因此，在他们的社会里，被基督教世界看作缺乏理智的兽性行为是可以接受的，比如嗜食同类、乱伦、吃不洁净的野物、赤身裸体等。14世纪问世的 *Boec van der wraken*（《复仇记》）列举了转嫁到犹太人头上的此种行为的例证。这部论及罪恶和死亡的书告诉读者，尽管亚历山大大帝成功地将这些人封锁起来，他们很快就会设法再次冲破封锁：

> 那么我要对你们说，
> 那些可悲的人已堕落，
> 他们吃人肉、喝兽血，
> 竟还认为蛮不错。
> 他们生性吃蛇、吃蝎、吃腐肉，
> 不论在哪里看到，
> 就会当场将其吃掉。
> 我实话实说，
> 毒蛇还是无毒蛇，
> 一切粗鄙低下的东西，
> 虽然龌龊不堪，
> 他们仍照吃不误。
>
> 怀了孩子的妇女，
> 并不害怕剖腹；
> 还要吃掉未出生的婴儿。
> 他们要掠夺国土，
> 摧毁国家，

>却无神勇之人，
>
>遏制其卑鄙的恶行。

据说这些污秽的人来自歌革（Gog）和玛各（Magog）①，《新约圣经·启示录》里提到了他们的名字，他们是哈米吉多顿（Armageddon）之战②的罪犯。据说他们也吃狗、老鼠、蛇和胎儿的肉。

在中世纪末期，西方世界步哥伦布的后尘，开始对这些处于世界边缘的人采取更有针对性的行动，因为此时基督教徒已经可以接触到他们了。1493年，教皇亚历山大四世公开了世界的秘密，在西班牙和葡萄牙这两个具有影响力的国家之间将世界分割开来，从而表明，在这些新近被认可的边远地区开始建立具有约束性的秩序。他们剥夺了土著人的财产（黄金），迫使土著人沦为奴隶（"仆人"）——哥伦布写道，他们很适合做这样的事情；西班牙征服者使这些尚未开化的人如同再生一样，他们最终会成为自由的基督教徒。在黄金时代，毫无节制的贪婪、贵金属的出现以及引导方面的缺失，共同导致了衰败。只有基督教才能够遏制这一过程。在强制推行奴隶制问题上，实施者的意见并不统一，但此计划的其余部分对于强制实施必要的秩序、施加教化方面的影响来说，似乎成了一个坚实的出发点。

这是一个好与坏、天生纯洁与天生野蛮的两分法框架，在这个阶段，新大陆印第安人方面的信息迅速增多，框架的作用已开始丧失。印第安人看上去像是野兽一样，因为他们完全不把上帝放在眼里，但他们却维持了颇为健全的社会，而且在某些方面，其功能堪为基督教徒的典范。事实上，他们的生活方式至少可被称作一种颇有魅力的选择，即便在基督教世界里，这一选择也被看作可以接受的。

---

① 歌革和玛各是《圣经》中提及的列国的名字，见《新约圣经·启示录》第19节。——译注

② 哈米吉多顿之战，见《新约圣经·启示录》第16节，是世界末日之时善恶对决的最终之战。——译注

第二十六章 东西方的奇迹

说句实话,印第安人的社会在许多方面似乎都优于白人社会。部分是因为人们对欧洲文化感到疑惑,所以在16世纪产生了大量乌托邦式的社会改良计划,其理念是全面根本地革新传统价值观。在这些乌托邦观念的背后有一股强大力量,就是人们日益意识到,在许多场合——无论如何,场合实在太多了——基督教社会引发出了罪孽深重的恶劣行为。让·德·莱里(Jean de Léry)曾于1557年在巴西待过一段时间,他对野蛮人赤裸身体感到恼火;同时他也在扪心自问,欧洲妇女的时髦假发和露肩连衣裙,是否真的会更令人愉快呢?在他看来,嗜食同类也是难以接受的。但是在他的国家,放高利贷的行为不是更加糟糕吗?高利贷者是在吸寡妇、孤儿和穷人的血,像蚂蟥一样慢慢地榨取他们,直到将他们折磨死。他心想,直接把一个人杀死,当场将其吃掉,或许会更好些。

对这些基督教团体以及乌托邦式更好社会蓝图的深切疑惑,跟安乐乡和荷兰的"悠闲甘美之地"关系不大,或者说毫无关系,尽管它们有时会被放在一起。这些幻想世界不仅明显是子虚乌有的,人们也并不热切盼望其存在,每一位读者或者听众都心知肚明。对于饱受苦难的人类来说,安乐乡所提供的只是精神上的补偿;然而,安乐乡也曾带来了某些麻烦。这样的创造物是不可亵渎的,创造物压根儿没有任何错,出错的是人类本身,甚至这一点也是安乐乡和"悠闲甘美之地"在情况需要时,通过讽刺这一武器教给我们的。

在安乐乡和无数的地理书、百科全书、朝圣指南以及游记之间,存在着比较密切的联系。即使在16世纪,这些东西仍被向往更好生活(包括伊甸园里被剥夺的那种生活)的梦想而不是因试图记载第一手观察资料才被激发出来。此类梦幻地理学的真实内容,起初是在信函中叙述的,强调的是异国他乡奇异居民完美的生活状况。这样婆罗门人就可以说出自己的话,祭司王约翰也能够向我们发表演讲,即使他们在自身的恐惧、挫折、梦想和愿望的驱使下，写下的只是欧洲居民口授的东西。

这其中涉及的全是普通的愿望和十分简单的梦想，在梦幻世界里都是可以很容易实现的，那些居民已经完全证实了这一点。在第一批到过新大陆的旅行者所写的游记中，我们再次发现了信函的形式，其中就有哥伦布和韦斯普奇写给国王的信函，他们都是奉了国王之命去航行的。虽然信中记述的情形本身是十分可信的，但他们的原始信函和以多种语言最终出版的信函版本却有着极大的差别。人们从一开始接受最初的报导时，就受到了西方偏见的影响。于是，那些报导便由文职人员、誊写员、排字工、出版商，以及原作者的朋友和后裔进行了加工润色。韦斯普奇的信函无疑经过了这样的处理。1507 年前后由安特卫普的印刷商扬·范·杜斯博希（Jan van Doesborch）出版的荷兰语版本，不仅删除了信函形式，而且删去了韦斯普奇的名字。该书发表时使用了一个简单的书名，叫作 *Van der meuwer werelt*（《来自新大陆》）。

正如已经提及的那样，当人们在海上或者是在草原和沙漠里，长期处于与世隔离的状态时，愿望和挫折会产生一种强大动力。关于不同寻常的性爱方式、对女人的强烈渴望——和对她们的畏惧，这方面的胡思乱想是人们经常书写的内容。或者说，唯利是图的出版商为了给引人入胜的旅行故事开创一个盈利市场，刻意在游记中加入这些情节，还是 1500 年前后出版的游记的鲜明特征呢？上文提到的那部有关新大陆的书多次详述了土著人放荡不羁的强烈性欲。他们沉湎于每一次性冲动，最感兴趣的是满足自己的肉欲，而不是从事一个行业、科学或者艺术。他们总是赤身裸体，经常可以跟任何人进行直截了当的性交，因为他们完全纵容男女乱交和乱伦。尤其是那里的女人，据说她们都有无法控制的性欲，而在这一点上，令作者后悔的是，他讲述的这些事情带有造谣的性质："那里还有一种骇人听闻的污秽习惯，没有一丝人性的东西；因为那里的女人都很风骚淫荡，所以她们都知道一种让男人阴茎变得粗大的诀窍,就是利用毒蛇的毒液。如果男人找不到治疗的方法,他们的性能力就会减退,因而就'没有了男子气'。然而,女人这样做倒不是为了把男人毁掉,而纯粹是要满足她们风骚的天性,也可以说是为了消除她们的性饥渴。"

这位作者并没有就此住笔。他设法给这些可怕的女人赋予某些吸引人的特性,但此时对自己流露出的情怀感到难堪,随后他又试图给予她们些许西方的谦逊和礼节:"这些女人虽然在其风骚淫荡、赤身裸体的状态下到处游荡,但她们的身体却是纯洁干净的。有些人以为她们长得肥胖,一定很丑陋,但这种丰满意味着其女性的私处不那么外露,反倒遮掩得更为严实了。"

她们的身体也不因为怀孕而受影响:"即使她们已生过孩子,她们的乳房也不会松弛下垂,脸上不会有皱纹,身上不会有裂纹和其他瑕疵,或者任何有别于处女的特征。恰恰相反的是,她们身体的每个部位都与处女一模一样,不过出于谦逊谨慎,我不能对此着墨过多。当这些女人能够来到我们基督教徒身边时,她们便把女性的一切羞耻感抛到一边,一有机会就会试图满足她们的欲望。"

与这些反复提及的幻想相比,其他田园诗般的描述似乎就显得索然乏味了,因为它们不过是列举了一些令人愉快的普通现象:温和的气候,丰富的食物,公共拥有的财产,几乎没有疾病以及健康长寿等。

作者以其文字蹂躏土著人的同时,也让我们了解了他本人、他的亲朋好友和抄写员的情况,也了解了西方意识形态上的偏见,其中之一就是西方人坚信未开化的野蛮人可以轻易地皈依基督教。这一点在哥伦布的游记中就已显而易见了。表达这样的愿望也许更多的是为了减少作者自己的恐惧,而不是要确立一种真正的联系。人们观察到的人吃人现象是任何有关原始社会之描述的一个基本部分,这些欧洲人对此现象都用确定的词语进行了谴责;如果我们相信他们的报道,那么他们的谴责就有了直接效果:"我们竭尽全力严肃地警告他们,必须抛弃这些粗鲁野蛮的做法。而他们也答应我们要将之抛弃。"

书中反复暗示，人们不应无节制地谴责尚未开化的野蛮人，而应相信他们也有一些得体的行为。这无疑导致人们去观察他们应有的得体之处，而这些得体之处也强化了西方人的信念。另外，野蛮人道德上的提升使得女人也许还有男人在西方人的眼里更加具有魅力了。1502年至1503年间瓦斯科·达·伽马（Vasco da Gama）① 第二次航行到了印度，此次航海游记的荷兰语版本1504年在安特卫普出版时就受到了热捧，所用的书名是 *Calcoen*（《加尔各答》）。其中描述了他们在非洲沿海不断看到的赤身裸体的景象。但在非洲东海岸的基尔瓦（Quiloa），见到的情景较前有了改善："那儿的国王和所有的人都光着身子走来走去（男的女的都是如此），不过他们倒是用一块布遮住了私处，并且每天都在海里洗澡。"至少这些人的身子是干净的，他们不像很多其他的部落，并不把身体全部暴露出来。至少在西方人看来，裸露得越多，就越原始。在几内亚，人们身上一丝不挂；那里的女人对男人大逞威风，把男人当作宠物（确切地说，就是把他们当猴子看待），因此这种情形受到了谴责。那些赤身裸体尚未开化的人似乎善恶不分，好坏不辨。

当然，这些土人是否连裹一条缠腰带会被看作更为得体这样的道理也不懂仍是一个问题。毕竟说来，他们如果不是完全没有理性，也是极其缺乏理性。不过哥伦布对此的态度倒是积极的："男人和女人都光着身子走来走去，就像他们从娘胎里生出来时一样，但女人都用一块棉布遮住她们的隐私部位，除此之外再没有穿戴别的东西。不过他们的举止行为却很端庄。"然而，安东尼奥·皮加费塔的经历却截然不同。在跟麦哲伦一道进行的一次航行中，他描述了中美洲的一个部落，该部落的人身上只缠着一条鹦鹉羽毛做的带子，身上被遮住的部位也只是臀部，

---

① 瓦斯科·达·伽马（Vasco da Gama, 1460？－1524），葡萄牙航海家，是第一个航行到印度的欧洲人，也是他首次开辟了由欧洲绕非洲好望角到印度的航道（1497—1499年），使葡萄牙得以在印度洋上建立霸权，并为葡萄牙在东方的贸易和拓展殖民地开了先河。1524年出任葡属印度总督。——译注

"这让我们不免发笑,并嘲笑他们。"他似乎是说,野蛮人就是野蛮人,即便他竭力表现出文明的样子。

然而,这些航海游记中描述的梦幻般的地理学都跟安乐乡和荷兰的"悠闲甘美之地"息息相关。数以千计的旅行者讲述的故事中,都说他们亲眼见到了那些地方的情景,这反过来又激发了人们的幻想。另外,具有数百年历史的安乐乡素材,可以根据对现实生活的观察,以当地语言进行润色。尤其独特的是,东方成了修饰装点安乐乡的资料来源,人们不仅经常提及那里的奇异事物,而且还有详尽的描述,比如用香料铺设的街道,悬挂的动物毛皮等。对于朝圣者和其他旅行者来说,此类详情是中东地区每个城市所具有的典型特点。而且香料往往引发出伊斯兰世界的景象。

值得注意的是,只要一提及香料,就会使人想起安乐乡里可以食用的建筑物,而用兽皮覆盖的街道却根本不会产生这样的联想。事实在这里取得了突破,让人瞥见了东方的景象,而东方本身足以成为一个神话故事,给安乐乡提供了一个背景。在中世纪末期,以拉丁语和许多本地语言行文的"三博士史"① 颇为流行,其中就讲到了伯利恒镇上用兽皮覆盖的此类街道:"因为他们有这么一个习惯,就是把街道覆盖起来,免受太阳的暴晒,至今在那个国度仍有这样的习惯。"

在另外的情况下,东方和安乐乡之间的联系从根本上说是一个单向交往的问题。既有积极典型又有消极典型的边缘世界,在人们的观念和业已实现了安乐乡的代表性地方几乎察觉不到。但在荷兰的"悠闲甘美之地",却对此做出了微弱的响应,加进了一些可与边缘世界进行对比的奇异地方。在 G 文本的开头附近,简要说明了边缘世界的此种

---

① 三博士又被称作东方三贤士、东方三智者,该典故出自《圣经》。据《圣经》马太福音记载,耶稣出生时,几个博士在东方看见伯利恒方向的天空上有一颗大星,于是便跟着它来到了耶稣基督的出生地,朝拜耶稣基督,他们带来了黄金、乳香、没药;但《圣经》中并未具体说出博士的数目,只是有人推测是三个。——译注

"文化形态",将它称作"边区村落"。在该文本的内部结构中,也展现了此种对比,就像在祭司王约翰的王国里一样,也存在着尚未开化的边远角落,人们在那里可以看到已在王国腹地被消除殆尽的所有罪恶。然而在"悠闲甘美之地",其语气仍略略带有讽刺的意味,只是模式做了改变。罪恶深重的人都要被流放到"遥远偏僻的角落",待上一年,之后才被允许回到他们在"王国腹地"的家园。

其他类似之处也都停留在表面上,诸如时常出现的好天气、丰富充裕的食物、得到认可的懒惰和长生不老等。野兽般残忍的罪恶不会出现在安乐乡,纯粹的原始基督教的严格节欲和贞节某种程度来说也是真实的,这一点在某种意义上说,通过乾坤颠倒之世界的说教性原则,实际上已成为基本的东西。

安乐乡是从俗世天堂通往天界天堂之路上一条没有出路的岔路,其中途的站点有黄金时代、极乐岛、印度的奇妙之地和新大陆,所有这些在中世纪都被各行各业的人孜孜不倦地探索过了。也许正是出于这个原因,人们最好是停一停,让想象力也休息一会儿。从这个角度来说,人们渴望的救赎也是显而易见的。有时候,从安乐乡这个有利位置来观察,暗淡无光已经丧失的天堂,还有那些通过梦幻途径重新获得的天堂,似乎可以更加突然地成为人们关注的焦点。

第二十七章

奇特的目的地

中世纪时，出现了不计其数的有关天堂、黄金时代的著述以及游历未知之地的游记，人们有时会认为，安乐乡和荷兰的"悠闲甘美之地"实际上是在嘲笑那些著述和游记。它们之间有着惊人的相似之处，有时似乎可以肯定，那些著述也可被解释为模仿之作。有一点是无可争议的：不管是中世纪的安乐乡，还是16世纪的"悠闲甘美之地"，都跟现实没有任何联系。这跟所有其他文本形成了鲜明的对比，因为那些文本都信誓旦旦地声称所述之事皆为事实，这一点就足以引发出滑稽可笑的模仿作品。它们在关键点上有许多相似之处，面对这种情况，读者和听众可能会认识到其中的讽刺和模仿意味，尤其是散文体的G文本。

这当然不是安乐乡存在的原因。然而，在安乐乡和许多其他的游记以及田园牧歌之地的有关记述之间，存在着不少相似之处，公众已经察觉到了它们当中明显的模仿成分。在这些游记和记述中，虚构出具有讽刺意向的作品似乎具有极其重要的意义。此外，关于幻想世界的三个荷兰语文本展现出了不同文本类型的特点，它们共同建立了古代、中世纪时期乃至后来欧洲文学中的打油诗传统，即 *Fatrasie*（该词源于 *fatras*，意为无聊作品：一种缺乏明确意义的交流沟通，尽管其组成部分是可以理解的)、*ballade à l'impossible*（荒诞叙事诗）、谎言对句；这三者当中有着密切的联系。尤其是那些 *rederijkers*（巧舌如簧的讲演者），特别擅长创作"满纸荒唐言"的文本。这些都跟社会批判的传统有关，在社会批判传统里，人们描述简单明了的事实，宛如说谎一样。此类作品常常演变为韵文或散文的形式，用离奇荒诞的手法发泄作者的情感。

自古以来，欧洲就出现了嘲弄梦幻国度和理想世界的著述，若要对这些著述编辑一个概览，就要从描写安乐乡的著述着手，而安乐乡会以各种各样的名称展示出来；这些著述从一开始似乎就属于文学作品中的模仿和讽刺类别。同时代社会的含蓄批评通常也有所发挥，且不论这是否是文本的初衷。

但是，当我们试图判定一个文本，尤其是古典文学的文本，是否主要是进行讽刺还是在力图描述现实时，问题就出现了。此类问题是由狄奥多罗斯·西库洛斯（Diodorus Siculus）[①]（公元前1世纪）所写的一则故事引发的，该故事收录在他编撰的一部十分严肃的史书 *Bibliotheca historica*（即《历史丛书》）中。故事讲述了主人公亚姆布鲁斯（Iambulus）从埃塞俄比亚旅行到了赤道附近的一座岛屿上，遇到了长有两个舌头的巨人的故事。这使他们可以同时进行两种对话。海岛上的气候温和，温水和冷水充沛，自然资源充裕，岛上的居民从不生病，一直活到150岁。高龄时身体还依然处于极好的状态，然后便在睡梦中平静地死去。乱交是常事。人们轮换食用肉和鱼，一天吃肉一天吃鱼。此等见闻大部分看上去似乎是真实的，不过早在亚姆布鲁斯之前，此类事情就

[①] 狄奥多罗斯·西库洛斯（Diodorus Siculus，生卒年月不详），希腊历史作家，著有世界史 *Bibliotheca historica*（《历史丛书》）四十卷，共三部分。首六卷按国别分别介绍古埃及（卷一）、美索不达米亚、印度、塞西亚、阿拉伯（卷二）、北非（卷三）、希腊及欧洲（卷四至卷六）的历史与文化。第二部分（卷七至卷十七）记述自特洛伊战争以来下至亚历山大大帝的世界历史。第三部分（卷十七以后）记述亚历山大以后的继业者至公元前60年或前45年恺撒发动高卢战争。此书乃是综合各种史料综合而成。——译注

已被人多次讲述和记载过，因此整个故事也就难免带有模仿的色彩。但是这一有趣的见闻只是在故事的开头幽默诙谐地提到了长有两个舌头的人，这也可能是为了引起读者对故事的关注。

无论如何，幻想世界并不存在，而玩弄这种观念则与文学自身一样古老。这必定意味着有关安乐乡的素材属于最古老的口传心授的传统，否则就不会在人类开设挥笔写字时就被记载下来。这方面的证据可以在安乐乡的最早记录中找到，即公元前5世纪时斐勒克拉忒斯（Pherecrates）和泰勒克利底斯（Teleclides）[①]创作的雅典喜剧。存世的一些片段包含了重要主题，确立了安乐乡和"悠闲甘美之地"的形态。古人笔下的幻想世界是一片和平安宁之地，人们既不受恐惧的折磨，也不遭疾病的磨难。

总之，凡是人们可能渴望的东西，这里都有充足的供应。食物会自动出现，酒在小溪中流淌，白面包和黑面包争相进入人们的口中。鱼儿也主动来到人们家里，跃上烧烤架，烤熟的美味供人享用。一条奔流不息的小溪，其流动的粥中漂浮着肉块和长柄勺，方便人们享用。灌渠中供有加了香料的调味品。已烤熟的家禽和甜点会飞入人的口中或者停留在人的下巴上，等待人来享用。连孩子们的玩具都是可以食用的，全都是用美味佳肴精制而成。这里绝不可能出现匮乏现象，因为一切东西都有自动补充的天赋：任何食物都会自动加倍补足。

早期也有很多人对荷兰的"悠闲甘美之地"做过描述。这些描述表明，对富足的渴望属于人类在尘世生活中的幻想。这些幻想的组成部分——包括俗套的元素、独特的主旨以及常见的主题——都属于口头文化的一部分，至今依然十分流行。另外，这种口传文化中的详细资料继续在书面文学中出现，形成了传统，有时候也会——但并非一定会——与同一故事的口头传播相互影响。例如，公元1世纪时罗马的讽刺作家

[①] 斐勒克拉忒斯（Pherecrates）和泰勒克利底斯（Teleclides），均为古希腊喜剧诗人，生卒年月不详。——译注

佩得洛尼乌斯就曾写过乐土福地方面的文章，文中说烤熟的猪在四处走动，这在当时的著述里似乎很常见。

一个世纪后，希腊作家卢奇安的讽刺作品——《真实的历史》，又强化了这一概念。正如书名所言，作品提到了暴饮暴食——此种现象显然已被详尽地描述过——并以虚构的旅行者讲述充满魅力的幻想世界这一故事形式对暴饮暴食进行了谴责。这个内容详细的文本是传统的一部典型之作，这在该书的引言中就已提到，在这部作品中，卢奇安为知识阶层所需要的出版许可辩护。当时，他的文本无疑是一部模仿作品，模仿了无数稀奇古怪的旅行故事，同时又为一般的虚构文学流派树立了典型。后来，像伊拉斯谟这样的人文主义者也都喜欢参阅此种文本，但也可能是自10世纪起，此种文本又重新流行起来。

卢奇安记述的航行目标是神佑岛。航行途中，有怪物企图将船吞掉，但幸运的是，航船驶入了平静的牛奶之海。（这里必须说明，中世纪早期凯尔特人的旅行故事中也有这样的主题，《圣·布伦丹游记》为其巅峰之作。另外，那些故事的讲述者和卢奇安一样，也一定借鉴了同样的口传资料。）岛上，芳香的微风轻轻吹拂着，仿佛是一个天然的游乐场。鲜花点缀的牧场间有片片的树林，树林中有鸟儿在鸣唱。人们可以在喷着水和蜂蜜的泉边解渴，而最后要说的是，这里永远是春天。

在岛的中央，一座黄金之城拔地而起，城墙由绿宝石筑成，街道由象牙和宝石铺成。一年有13次收成，而葡萄除外，因为葡萄每月采摘一次。麦杆上长着面包，水晶树上结着各种各样碗状的果实。人们还可以采摘自动斟满酒的杯子。这里共有365眼泉水、7条牛奶河、8条酒河。人们可以随时随地享受音乐和舞蹈。这里还存在着人们渴望的各种性爱方式，既有同性恋，也有异性恋。

这幅画面包含了几乎一切东西，其中包括任何有识之士都会听到的弦外之音。所展现的黄金时代、极乐岛、上界天堂，都是先受到嘲弄，然后又被诙谐地涂上一层梦想糖霜。令人惊讶的是它们迎合了人们的幻想，而这些幻想也与卢奇安所描述的想象场景相呼应。这也说明了为何大量只含有水（而非其他饮品）的泉眼如此引人入胜，也解释了无拘无束的同性恋何以其乐无穷。

就资料之翔实和丰富度而论，卢奇安的著述在中世纪时一直是最为卓越的。到中世纪时，模仿的游记和梦幻世界的描述已发展成为讽刺文学的一个分支，呈现的一般形式为闹剧、讽刺性布道词和荒诞故事。这个分支直接瞄准虚构的游记文学，曼德维尔的风格，其中含有一个必不可少的部分，即奇闻异事，在编年史和百科全书中都有记载，讲述了一个荒诞故事，叫作 *Farce des coquins à cinq personnes*（《五个恶棍的闹剧》）。其中一个人物讲了一个故事，说是有个生长黄金的山谷，那里的人长有苹果做的眼睑，冰冻甘蓝做的眉毛，剥皮洋葱做的双眼。除了模仿外，这部闹剧还展示了一幅最终画面，就是将人类作为食物链的一部分；这样以来，人们就不再害怕食物短缺。必要的时候，他们总是可以啃自己或者啃别人的身体。阿尔钦博尔多（Arcimboldo）[①] 在他的肖像画中表达了这种想法，他的画作是由食物和其他天然材料构成的。

中世纪晚期，西欧充斥着一些或多或少固定下来的写作程式，所有这些程式中都包含着关于安乐乡的素材，将这些程式的范围确定下来尤为重要。但是，对于这些程式，我们最多可以说它们是"或多或少固定下来的"，因为每个最终成书的版本当然都带有一些地方色彩。例如，每个国家的安乐乡版本中都包含了烤鹅飞入人们口中这一特点，但德国版的烤鹅中加了胡椒，法国版的加了蒜汁，而荷兰版的则只有烤熟的鹅腿。但是主题是一样的，都属于工业化前人们的想象范畴——如奶

[①] 阿尔钦博尔多（Arcimboldo, 1527 – 1593），意大利文艺复兴时期著名肖像画家，1549 年，阿尔钦博托受米兰大教堂的委托，设计过镶嵌玻璃窗。1562 年，他来到维也纳，成为神圣罗马帝国皇帝斐迪南一世的宫廷画家。其作品特点是用水果、蔬菜、花、书、鱼等各种物体来堆砌成人物的肖像。——译注

油蛋糕做的屋顶和香肠编织成的篱笆，可以被不断地挖掘利用、改编和扩展。

在这种情况下，我们必须对如此流行的幻想文学持保留态度。另有一部 15 世纪问世的法国闹剧，叫作 *Farce de Jenin Landore*（《杰宁·兰德的闹剧》），剧中的主人公本已死去，却奇迹般地复活了，而且声称自己去了天堂。接着他又描述了来世，措辞粗俗而野蛮，整个故事荒诞不可信。例如，他说自己看到了圣劳伦斯，只见殉难后的圣劳伦斯被放在一个炽热的平底锅上烘烤。而他在天堂得到的报偿是烧烤瑞士雇佣兵，因为他们曾经威胁要侵占天堂。据杰宁所讲，这就像是在客栈前面观看别人烤香肠一样。一种观念认为，不管是有圣职授予权的权贵，还是代理主教，都擅长忍受苦难，而这一观念在此受到了奚落。但是，这位圣劳伦斯似乎并不善于康复，也不善于医治烧伤，而是善于烘烤自己，他还要报复别人，烘烤别人，并且选择天堂作为这种有损圣洁之行为的背景。

在讲述人间天堂和天堂报偿的故事时有一些限制，但这些限制是因人而异的。普遍的信念是人们一定能得到尘世和上界天堂的快乐，但快乐的形式不同。相反，在这一点上，许多人都深表怀疑。表达疑惑的方式之一就是宗教仪式表演，这里提到的文本在此种表演中起到了重要作用。不管是在过去还是现在，这些表演都有一大好处，就是当涉及微妙主题时，人们为了指出其超然的虚构本质，有可能避开它，也有可能不采取任何行动。人们可以不去理睬这些表演，在经过磨炼和无数次忏悔之后，回归现实的日常生活。

此类表演的一个范例就是 *Aucassin and Nicolette*（《乌加桑和尼科莱特》），这是一个供表演和朗诵的文本，起源于 13 世纪前半叶的法国北部。最重要特点是运用乾坤颠倒的世界这一主题来进行严肃的社会批判。男主人公乌加桑直接宣称，在最后审判日到来之前，他不希望自己在人间天堂里堕落下去，因为到了那时，居住在人间天堂的必然都是年老体弱者。他宁愿进地狱，因为那里必定充满了年轻漂亮、懂得如何快乐生活的人。

乌加桑和尼科莱特一道来到了一个名叫图尔洛尔（Turelure）的国度，那里的一切都是颠倒的。正是这个国度的名称将观众带到了一个狂欢世界，人们可以听到农夫演奏的风笛声，而那些农夫则是最受人爱戴的愚人的化身，在这个临时模仿出的狂欢王国里，他们是最杰出的居民。

> 瞧那些风笛手迈步入场，
> 笛声响直吹到夜幕临降。
> 一阵阵喧闹声震耳欲聋，
> 听他们欢笑语近乎癫狂！
> 庄稼汉美滋滋跳来跳去，
> 胡须飞满脸笑喜气洋洋。
> 又是舞又是喊一刻不停，
> 愿上帝阻止其疯癫之状！

当然，风笛呈放大的阴茎形状，再加上它们发出的声响，风笛就成了粗野疯狂的性爱象征，而这据说是乡巴佬的典型行为。凡是以动听迷人又具暗示性的风笛声命名的地方（在荷兰语里，风笛的声音叫作"turelurureleruut"），必定以混乱的性行为和传统性别角色颠倒为其特征。而事实也似乎确实如此：这里是妇女当家掌权。乌加桑一到图尔洛尔，就被告知国王刚刚生下龙子，而他的妻子正在外征战沙场。这让我们的英雄大为恼火，他将国王狠狠训斥了一番，让他答应纠正错误，整顿秩序，并发誓决不再让男人受此侮辱。

在这一点上其讽刺意味是毫不含糊的。乌加桑当即终止了此种男女角色互换的颠倒状况，这在当时被认为是非常危险的：不管是在古代还是当代的文化里，许多异域民族都经见过这种男女角色互换现象。希腊地理学家斯特拉博不是就曾提到过那些行为举止宛如分娩中的妇女一样的男人吗？这一定是世界走向毁灭的前兆，因为只有反基督者才会干出这种颠覆上帝所创秩序的阴险勾当。

第二十八章

太虚幻境

放开对幻想世界的嘲笑，涌现出了不少旅行传说，幻想世界变得更为真实有形，也较易于地方化。1500年，随着几个法语文本的印刷出版，对幻想世界的嘲笑进入了全盛期。这是通过利用安乐乡的资料才得以实现的。这些文本看起来都是在嘲笑安乐乡和"悠闲甘美之地"的不同版本，尽管这一点容易证明，因为借用安乐乡方面的素材是为了实现其他目的，而且在借用时加进了其他元素。在16世纪的欧洲，安乐乡本身在集体想象中仍然具有很强的活力，已成为故意搞笑、可用于各种目的的讽刺画。情况变得复杂了。幻想世界为人们提供了宣泄情感，得到心理补偿的可能，也提供了道德教化的机会。从表面上看，旅行传说中的一切真实事物也受到了谴责。最后，读者也被嘲笑了一番，因为他们只是囫囵吞枣地读了一遍，而未能从这些辛苦印刷出来的传说中得到足够的领悟。

1538年问世的 *Le Disciple de Pantagruel*（《庞大固埃的门徒》）一书直接引用了拉伯雷的作品[①]，从拉伯雷的作品中人们自然会期望看到有

[①] 此处指的是法国人文主义者拉伯雷（见本书第十五章译注）的名著《巨人传》，庞大固埃是《巨人传》中的主要人物，三大巨人中的一位巨人。——译注

关安乐乡的全面描述，不过拉伯雷并没有这样做。但是作者的确对所引素材了如指掌。他讲述了一个近乎天堂的地方，在那里打鼾和睡觉都会得到报酬。这一主题也多次出现在法语和中古荷兰语的安乐乡版本中，而《庞大固埃的门徒》一书的作者倒也未必知道那些版本的固定形式。这样的分主题在中世纪晚期和早期现代时期却是欧洲人的共同财产。

可是，1538年的文本似乎对一个粗俗幽默的安乐乡署名文本做出了补偿，因为该文本间接提到了拉伯雷的名字。但拉伯雷不大可能是这部书的作者。无论如何，《庞大固埃的门徒》一书未曾直接提到他的名字，书中却描绘了一个巨大的安乐乡。在那个幻想世界里，人们关注的重点从未受到质疑：建筑物都是可以食用的。读者看到一群精疲力竭的英雄坚持不懈地跟怪物战斗，最后得以享受安宁，多亏了这座与外界隔绝的岛屿为他们提供的福祉。

这座岛屿兴盛而不衰败，这样的描述利用了一些众所周知的素材。自曼德维尔以来，广大民众已对处于地球边缘的国家和异域民族有所了解。那些国度很难到达，它们拥有令人惊讶的树木、极其丰富的食物、温和宜人的气候，居民长生不老。作者运用一切可以利用的讽刺手法，祭出了普林尼、卢奇安、斯特拉博和曼德维尔这样的权威大旗，只是为了突出模仿的意图。

该文本讲述的一切事物都跟食物密切相关，到处都有嫩芽萌发，而且长势茂盛，直到"悠闲甘美之地"食物遍地。首先，旅行者来到了极乐岛，看到岛上有一座奶油堆成的山，一条流着牛奶的河。往远处看，还有一座面粉山。除此之外，也有一眼喷泉，喷出了热气腾腾的豌豆、熏肉和腌香肠。河岸上的树木四季常青，结出硕大的豆荚，豆荚里夹有炸好的香肠。牛奶河里，生活着鳗鱼、七鳃鳗等鱼类。岛上的居民称这座岛为 Coquardz（科夸尔兹），这是流浪汉使用的字眼，可能带有安乐乡的含义。

这个文本为后来的描述提供了一个框架。有关安乐乡的一切事物出现得更加频繁，而且出现的形式也比在发源地更加离奇古怪。在其他海岛上，热乎乎的肉馅饼、果馅饼和布丁就生长在灌木丛中；烤熟的鸟雀会飞入人们的口中。在别的地方，完全烤好并且填有熏肉的鹤从人们身边飞过，可以随手抓来享用。树上结有蛋糕、饼干、芽甘蓝和各种奶酪，另外还有瓶子用来舀取河里流淌的酒。天上下的雨、冰雹和雪都是各种糖果、杏仁饼、黄油块、鱼、家禽、肉类和野味。

这已不再是自然而然的记录，也不是对数百年来用笑声缓解恐惧的那种可靠公式的模仿。《庞大固埃的门徒》一书无疑是书写传统的产物，是游记这一流派的开端，其领头人是曼德维尔，其目的是模仿。当前这些安乐乡和"悠闲甘美之地"的代表为人们提供了创作讽刺性夸张故事的工具。《庞大固埃的门徒》一书中所说的梦幻岛屿的土地十分肥沃，一切东西都大得惊人。种植在巴黎中央的莴苣和芽甘蓝，能够遮住整个城市，提供足够的荫凉。

印刷的这些模仿游记形成了一种文学传统，1546 年的安乐乡文本，虽然是通过德国这一渠道，但最终与这一传统联系在一起。其中第一个模仿作品作为可供选择的"消息"率先问世，源自先前创立的 *nouvelles*（中篇小说）流派，该流派适用于短篇娱乐性散文体裁。该书叫作 *Nouvelle admirables*（意为"最佳中篇小说"），于 1495 年问世。书中其余的标题宣称，船上的水手偏离了航线，被风吹到了偏远的岛屿。那些岛屿十分奇特，他们亲眼看到母牛产出了酒，母鸡下出了煮熟的蛋，烤熟的绵羊从天而降，还有其他自然供给的食物。卢奇安的影响也非常明显，为人们提供了另一暗示，表明书面传统与口头传播的安乐乡故事之间并没有确切的联系。

该流派的先驱无疑是薄伽丘[①]，他的《十日谈》（*Decameron*）被大

[①] 薄伽丘（Boccaccio，1313－1375）法裔意大利文艺复兴时期诗人和作家，反对贵族势力，拥护共和政权，作品有传奇、史诗、短篇故事集等，人文主义的重要代表，代表作为《十日谈》（1351—1353 年），其中收集了以逃避黑死病为忧郁背景的 100 个故事。——译注

量印刷，译成了多种语言。薄伽丘以循规蹈矩的方式和修道士弗拉·奇波拉（Fra Cipolla）说教的口吻，展示了一部游记模仿作品。这位修道士为了寻求遗迹，离开威尼斯，朝着印度出发。薄伽丘尤其嘲笑了日益增多的以僧人为主要人物的离奇故事。此类作品在整个 16 世纪（甚至以后）持续流行，尤其是以单独刊印的短篇故事形式流行下来。

与这种新文本有关的是 *La gande confrarie des saulx d' ouvrer et enragez de ren faire*（厌恶劳作、无所事事者的兄弟深情）。这个散文体文本于 1520 年至 1540 年在里昂刊印，源自另一传统，即嘲弄式训诫（主教的演说）和修道士的模仿诗文。该文本以虚假秩序或者模仿的僧人兄弟情谊为特点，揭露教会和社会陋习。暴饮暴食的僧人兄弟的守护神是圣拉克斯（Saint Lax）。这样的表现、表演或者诵读在教会一年一度的愚人盛宴上以及后来的城镇狂欢节庆祝中是颇为流行的。在 12 世纪的 *Carmina Burana*（《布兰诗歌》）和舞台保留剧目 *Van den covente*（《女修道院》）以及有关蓝驳船公会的文本中都可以找到此种流派的例证。

当僧人兄弟们的其他习俗为众人所知时，康弗雷尔（Confrarie）文本同模仿游记的关系也显而易见了。僧人团体常常居住在世界的边远角落，他们旅行的出发点与其他人的有所不同，这一点在中世纪英语《安乐乡》文本中表现了出来。该文本假借生活在边远海岛的僧人团体之口，对 Luilekkerland（字面意义为"悠闲甘美之地"）进行了描绘。

在上述康弗雷尔文本中对荒唐的幻想做了无尽的描述，宝石、绸缎、香水、音乐等其他奇妙的事物都在其中发挥了框架和装饰的作用。此种描述艺术本身已成为一种文学游戏，与所涉及的幻想之外的现实和情感几乎没有什么关系。作者试图在创作精品方面出类拔萃，侧重于选择的主题，但也毫不犹豫地充分利用所掌握的天界天堂、俗世天堂、黄金时代、极乐岛等方面的知识，并加以模仿，创造出了一种盛大的狂欢祭神仪式。这种包罗万象的狂欢宴会充满了奇形怪状的夸张情景，尽管比人们想象的还要少一些。他们幻想的许多内容构成了现存的框架结构。例如，在这座海岛上，当人们聆听由风琴、手鼓、长笛和其他乐器组成的管弦乐队演奏的美妙音乐时，听上一整年就像只过了一天似的。但是这种表达时间的方式却是相当传统的，而且出现在较为严肃的旅行见闻录里。

此种性质的荷兰语材料，虽然没有那么热情洋溢，但也的确存在。曾有一篇模仿性游记，被哈勒姆城信奉新教的雄辩家劳里斯·扬松（Lauris Janszoon）收进了一部朴素的 tafelspel（其字面意义为"餐桌"剧，即演员在观众就餐时表演的戏剧），该剧叫作 Twee bedelaers（《两个乞丐》），说的是两个职业乞丐交流他们在卖力行乞时的情况。第一个乞丐刚从"意大利归来，我真的以为那儿的房子顶上铺的都是热乎乎的薄烤饼，用香肠连在一起"，不过结果证实他上当了。劳里斯·扬松利用了一句众所周知的格言，这个格言在过去几百年里一度是安乐乡素材的一部分。另一部起源较近的讽刺作品将意大利（或者罗马）作为一个游乐场进行了描述，这部作品在伊拉斯谟的追随者以及其他具有反抗精神、喜欢揭露天主教教会欺骗行为的人当中尤其流行（人们一般认为天主教教会擅长欺骗）。乞丐的情绪在观众中引起了共鸣，大家都认为，圣经中承诺的上帝的所有恩赐出了问题。

1597 年刊印了一个文本，题目叫作 Drie Eenlingen（《三个孤独人》），其中一首歌里也提到了意大利：

> 意大利的鹅会说话，
> 所以我们才航行到那儿。
> 曾看见用磨石做的鹦鹉，
> 也曾听到一些传说，
> 说是用赤金做成了鲸鱼。
> 大街上铺的是天然金块，

>而阿姆斯特丹铺的却是泥沙。
>我看见猿猴在那里耕地，
>灌木树篱上还有酒和牛奶，
>人们享用时随手可拿。

这本小册子以约翰·曼德维尔爵士的游记为基础，因为他那始终受人欢迎的作品仍在刊印，不过出版商已把注意力集中在层次较低、范围较广的读者群，而这个群体必须得在乡间寻找；刊印的版本不大讲究，价格也很低。作者在开篇就提到了曼德维尔的这个缩写本，接着就说他自己的游历要广泛得多，而且也更为引人入胜。他曾到过天堂，这一点倒也不会令人惊讶；我们还记得，曼德维尔没有去过天堂，并且为此感到遗憾；作者甚至声称他就出生在天堂，而且是在一只蚱蜢的背上出生的。他在那里遇到了伊诺克和伊利亚，他们给了他热乎乎的全麦面包吃；他甚至还成功地遇到了祭司王约翰，约翰刚刚坐下来，跟一万两千名主教、红衣主教、修道士、牧师和教会的执事一道吃饭。

在安乐乡和16世纪不切实际的政治性社会改良计划（也包括讽刺它们的文学作品）之间，有时存在一些小小的相似之处，这些相似之处具有完全不同的性质。在本书的最后一章我对此做了论述，因为当时我注意到，安乐乡和荷兰的"悠闲甘美之地"，跟那些涉及更加公正美好社会的创造性幻想几乎没有什么关系。在这个可以追溯到柏拉图的传统里，一本正经和轻松欢乐并不总是那么容易区分开来。中世纪末期的情况十分复杂，诙谐幽默也绝不排除严肃认真的目的。恰恰相反，幽默诙谐常常以轻松愉快却令人心悦诚服的方式表达严肃庄重的寓意。

此类文本着重提出一些完全不同的社会组织方面的建议，有时呈现出的是对现存社会秩序的批评或者讽刺，尽管总是以一场不可避免的革命将这样的观点展现出来。安乐乡当然不是这种情况，因为安乐乡没有提出任何新法律或者其他选择方面的建议，有的只是一种企盼，就是盼望在现有体制里能够过上富足安逸的生活。在一个乌托邦式的社会里，这种情形充其量只是其他结构的产物，而要建立这些结构，很可能需要苦行、节制和贞洁。

首先，安乐乡和荷兰的"悠闲甘美之地"所关注的不是讽刺，当然也不是革命，而是一种通肠利便式的补偿，目的是要减少现存社会秩序给人们带来的恐惧，而从来不想去废除那种社会秩序。与此相反的是，人们有可能暂时逃避日常的束缚，也正是这种可能性才使素日的束缚变得可以忍受了，而这也似乎证明，此种解脱是人们继续忍受世间磨难必不可少的。即使安乐乡和"悠闲甘美之地"展现的是一个具有讽刺意味的学习制度，教导人们如何在现实世界里不按规矩行事，结果则是一样的：就是以一种有趣嬉戏的方式描绘出因缺乏秩序而造成的完全混乱的状态，从而证实现存的秩序。其实，乌托邦的一端是竭力营造一个安乐乡，而另一端则是要竭力实现完全不同的目标。

安乐乡和乌托邦之间的确存在着少量相似之处，这是因为在医治同样的病症时碰巧它们运用了同样的补救办法。乌托邦提出用另一种组织结构来纠正邪恶，而安乐乡则采取权宜之计，临时用与邪恶相反的东西来进行补偿。没有私有财产，只有共有财产以及男女乱交便是这方面的例证。在安乐乡，这些都是令人愉快的想法，跟幻想世界盛行的欢乐庆典是一致的。幻想世界的居民可以支配一切人能想象出的东西，包括无限制地实现他们那些最下流的性幻想；而在乌托邦里，新制定的法律打算终止不平等和通奸现象，因为这些现象会使世界日渐走向毁灭。占有就是堕落，即便是占有一个女人也是如此。遗憾的是，在中世纪维系社会的似乎正是嫉妒，而在人们向往的黄金时代，大家都对拥有个人财产没有什么兴趣。

乌托邦属于拉丁语和地方语精英分子的文学。这种文学源自古代一种强有力的传统,因托马斯·莫尔(Thomas More)① 的《乌托邦》一书而无疑得以复兴。该书于 1516 年在卢万②出版,并由此产生了一个流派,而这个流派将会在 18 世纪再次繁荣起来,只是到了现代才从人们的视野中消失,因为它被划归到了科幻小说的范畴。

这一古老传统通过特罗古斯·庞培尤斯(Trogus Pompeius)③、瓦勒留斯·马克西莫斯(Valerius Maximus)④、法国博韦的文森特(Vincent of Beauvais)等人和《古罗马人记事》⑤ 这一作品得以流传下来,至今仍可在 Dat kaestpel ghemoralizeert(说教性猫剧)中包含的例证里见到。这个说教性文本是由法理学家扬·范登贝格在 1431 年写成,文中对当时社会精英们开展的一项颇为知名的运动进行了讽刺。这个文本以早期刊印的版本和多部手稿形式被保存下来。因此,直到 16 世纪中叶它在荷兰可能就很有名。文中还讲述了一位贵族的故事。这位贵族制定了 11 条严厉的法规,自己以身作则,严格服从,可是人们觉得过于苛刻,于是就施加压力,迫使他废除这些法规。这位贵族便想出了一个巧妙的主意。他说这些法规并不是他颁布的,而是由太阳神阿波罗颁布的。但是,他已做好了充分准备,要去特尔斐⑥的神殿询问这些法规是否可以

---

① 托马斯·莫尔(Thomas More, 1477 - 1535),英国人文主义者、天主教圣徒,曾在 1529 年至 1532 年任下院议长、内阁大臣。代表作为《乌托邦》。因对国王亨利八世离婚案和教会政策持异议被诬陷处死,直到 400 年后的 1935 年才被追谥为圣徒。——译注

② 卢万,旧译"勒文"或"勒芬",又被称作"鲁汶"。比利时中部一城市,在迪勒河畔,西距布鲁塞尔约 26 公里。公元 891 年筑城堡。13 世纪因呢绒贸易而兴盛,成为皮毛商业中心,到 14 世纪由于国内纷争而没落。市内有 1425 年建立的比利时第一所大学。现有人口约 8.5 万。地处农业区中心,全国第一个面粉业中心,还有食品、化肥、机械等工业。——译注

③ 特罗古斯·庞培尤斯(Trogus Pompeius),古罗马史学家,生卒年月不详。著有一部名为《腓力史》(Historiae Philippicae)的通史,已散佚。——译注

④ 瓦勒留斯·马克西莫斯(Valerius Maximus),古罗马时期拉丁语作家,生卒年月不详,大约在 14 年至 37 年间著有一部历史故事集。——译注

⑤ 《古罗马人记事》(Gesta Romanorum),又叫作《罗马人传奇》,是中世纪拉丁语文献,约写于 13 世纪末 14 世纪初,以短小故事的形式讲述了罗马时代的风俗和传奇,讲述的并不全是罗马人的故事。该书当时颇为流行,对后来的文学以及乔叟、莎士比亚等文学巨匠都直接和间接地产生了很大影响。——译注

⑥ 特尔斐(Delphi),希腊中部一古城,其年代至少可追溯到公元前 17 世纪。以其著名的太阳神阿波罗的神殿而名闻遐迩。——译注

暂停执行。不过，为了表明他们忠于这位神明颁布的戒律，他不在的期间要严格服从，这一点极其重要。于是，人们也就这样做了；那位贵族一去便从未复返，他甚至还安排好了后事，将自己的遗体抛进大海，那样一来，他的遗体也回不来。自那以后，那些法规就一直在发挥作用。

究竟是些什么法规呢？首先，法规要求人们绝对节俭，还禁止人们赞颂黄金和白银，因为那样可能会引起嫉妒和贪婪。战争和贸易只能由虔诚的信徒和智慧之人从事，他们的审议要以代表为基础，并以议会式的民主形式来进行。出于消除嫉妒这一目的，对所穿衣服的种类也有法规加以限制；同时禁止使用童工，也不得为了获取钱财而嫁女。人们还必须尊敬老人，因为他们有智慧；富人因炫富会遭到抵制。

这样的理想化社会表明，人们要在耶稣基督之后的最初几个世纪里恢复纯粹的基督教，努力在人世间创立一个基督徒的乌托邦，其重要特征是极度节俭和简朴。事实上，这样的乌托邦跟安乐乡都是假想的国度，都是在竭力减少人们对生活的不满情绪；除此之外，两者毫无相似之处。*Kaetspel* 中的例证则是要以真正的基督教精神——假定是纯粹的基督教精神——进行结构变革，力求对一些问题加以补救，而安乐乡却是为立即满足人们最世俗的愿望提供了一个平台。

因此，再跟莫尔的《乌托邦》做进一步的比较便没有任何意义了。莫尔的文本是对古老欧洲发生的一切错误发动的正面抨击。另外，该文本试图用一种全新的政治制度纠正那些错误，并以颇具讽刺意味的方式展示了这种政治制度。难道作者的意思是说，在他内心深处就知道他的建议绝没有实现的希望吗？这里也碰巧跟安乐乡有一些相似之处，比如丰富充裕的食品、无产者的购物和财产的共有等。不同的是，乌托邦以节制和简朴原则为基础，而这就限制人们用物资获得幸福。

充其量可以说存在着某种文学倾向，此种倾向试图在世界的边远角落创造一个想象的奇异国度，然后以那个国度为基础，直接对人们自己的社会进行社会批判或者讽刺。这一文学倾向反过来又成为嘲笑和模仿的对象，1597年问世的德国民间故事集《拉尔堡》（Lalebuch）便是一个例证。这个欢快的散文体文本中有一个充满趣闻轶事的人物，他在开篇就讲述了拉尔堡人的命运，拉尔堡是乌托邦王国的一部分。拉尔堡人最初表现出的智慧最终退化成了导致其毁灭的愚蠢。

在整个16世纪，欧洲实际上都在力图进行社会改造，而这些文本极有可能是对社会改造的反映。这一案头上的乌托邦设想通常是知识分子的一种追求，一种改革的实际尝试，也是针对安乐乡和"悠闲甘美之地"开的一个文学玩笑，它将会使乌托邦这一概念兴盛数百年，并在18世纪达到一个新的高度。这是一条完全不同的道路，即不同于安乐乡和"悠闲甘美之地"所走的道路；它不可避免地指向了乡村生活和孩子们的托儿所。因此，这些想象的国度不像乌托邦那样，从不被人们认真对待。但在这些明确反对革命的文本里，却隐含着某种反抗的东西，事实上，其间隐含的这种东西几乎可被称作异端邪说。

第六部分

异教徒的放肆行为

第二十九章

千年盛世

两个安乐乡文本均多次直接提及上帝和圣灵所做的鼓舞人心的创造工作。这使安乐乡具有了天堂的景象，因为上帝令安乐乡的居民所做之事，与他命亚当和夏娃所做之事大相径庭。上帝不许安乐乡的居民辛苦劳作，这与他在人类堕落之后给予人类的惩罚截然不同。

难道不该将此看作亵渎行为吗？对于多数人来说，整个文本流露出的难道不是应遭谴责的享乐主义吗？难以否认的是，毫无限制的性满足听起来着实诱人。这也或许是一种警示，难道不是吗？人们也可以把这种对上帝旨意的公然嘲弄理解为一种暗示：如此颠三倒四的行为在现实世界中并不存在。像"这方土地为上帝所珍爱"这样一句朴素而平淡的话，是无力唤起至高无上的上帝前来惠顾的。

最后，L 文本提到了一个有返老还童禀赋的"约旦人"，这指的分明就是耶稣基督在圣河中洗礼成就永生这件事。但即便是对此事的嘲弄，人们也不该过于在意，因为在那时存在很多诸如此类的戏谑。这种满怀善意的戏言，定然是在一些节日庆典上表演安乐乡的文本时搞出来的。

不过，当出现有关圣灵的主题时，也有可能失去天真无邪。L 文本说到"这是一片圣灵的国土"，B 文本也说"这片国土由圣灵创造"。这无疑是一个普普通通的表达方式。两个文本的开篇都肯定地宣示了这片充满魅力的国土存在的理由：圣灵对此地全权负责。但是圣灵都做了什么呢？在他管辖的领域里又怎会如此亵渎神灵呢？

人们发现，法语的安乐乡资料与三位一体并无这样的关联，此时这些疑问就变得更加突出了。显而易见，这是中古荷兰语安乐乡文本的特点，尽管不及那两个代表口头传诵传统的韵文体安乐乡文本见解深刻。散文体的 G 文本展现了一个没有任何神灵的"悠闲甘美之地"，于是，那里几乎听不到神圣的赐福之声。这似乎是其根植于书面传统的结果——书面的东西或印刷的文字的流传要更为持久，因此，其潜在的危险也就越大；另外，书面的东西也是时代变化的标志。

由于有人在提及上帝时使用了含糊不清、令人生疑甚至亵渎神明的语言，1546 年便成为一个异常艰难的时期。此时，人们持续不断地努力捕捉异端言行的蛛丝马迹，尤其是在文学领域，这种做法可能会给雄辩家和文字传播者带来深远而危险的后果。1539 年在根特的雄辩家节日期间上演的道德剧里，有一些带有改革性质的坦率言论，这便促使最高当局对言论自由实施了严厉限制。无论是诗人还是浪迹街头的歌手，无不受到警告，他们均不得涉及明显具有宗教性的主题甚至与宗教有间接瓜葛的内容。

在中世纪，只要一说圣灵是世俗享乐的缔造者或者守护人，人们就会在心目中将此说法与最基本的异端邪说联系起来，被统称为千禧年说或锡利亚说[①]。这些说法既不是说发生过一次具体的运动，也不是说存在过一个具有颠覆性的阴险教派，不过中世纪时许多人却认为事实就是这样。更确切地说，它们只是一些便利的标签，泛指当地不计其数的各

---

① 锡利亚说（chiliasm），又叫千禧年说，是基督教神学论学说之一。其概念源于基督教教义。最早的含义可延伸至犹太人对来世的期待。千禧年的教义载于《新约》中《启示录》的第20章：千禧年是基督再度降临，撒旦被打入地狱，而殉道者复活并与基督共同统治千年的许诺，而到了千年的末期，撒旦会再度作乱，但最终归于失败，并接受最后的审判。——译注

类团体，这些团体打着各种各样的名号，狂热地鼓吹千年盛世即将来临之类的虔诚信仰。此类信仰和愿望往往被看作将学说付诸实践的契机，不仅是朝着未来的愿望迈进了一步，而且也是实现此种天国愿望的有效手段。

这些信仰的基础是《启示录》，以及由其引发的许多解读和评注文本，因为《启示录》的内容极为含糊。在以上各种对人世救赎的期望中，肆无忌惮的享乐是主要内容，圣灵的名字也从一开始就与此有着紧密的联系。中世纪时期，直到圣灵在某些领域被指定为千年盛世的统治者，这种联系才得到了加强，而这使得教会产生了极大猜疑。当乐土在一些文本中被置于圣灵的管辖时，这些文本就呈现出异端邪说的色彩，既令人振奋，又充满危险。15世纪，寻求异教徒式的享乐的确曾在荷兰南部风靡一时，于是便产生了一些观念和做法，而这些观念和做法远不只是对神灵的亵渎。或者说，这些嬉戏性的尝试是在嘲笑上述观念吗？

据《启示录》所言，会有一位天使从天而降，将魔鬼囚禁，把它"扔在无底坑里，将无底坑关闭，用印封上，使它不得再迷惑列国。直到一千年完了"①。此时，大地变成了救世主的王国，耶稣将来到殉道者和圣徒当中并统治他们，让他们首次感受永恒的福祉。当"那一千年完了，撒旦必从监牢里被释放，出来要迷惑地上四方的列国。"② 换句话说，魔鬼将会获得最后一次机会，使人类陷入困惑，尽管这会导致魔鬼的最终失败，因为由它召集起来并与它一道战斗的邪恶之人，会被上帝从天降下的大火吞噬。"那迷惑他们的魔鬼被扔在硫磺的火湖里，那是野兽和假先知所在的地方。他们必昼夜受痛苦，直到永永远远。"③

---

① 译文引自简化字现代标点和合本《圣经》"启示录"之第20节。——译注
② 译文出处同上。——译注
③ 译文出处同上。——译注

但是，正直的人们将在新耶路撒冷找到一片永恒的安息地，那里充满了从天而降的爱和欢乐，供他们居住，并由圣灵统治："看呐，神的帐幕在人间。他要与人同住，他们要做他的子民；神要亲自与他们同在，做他们的神。"①

严格来说，这便需要一个暂时的和一个永恒的欢乐王国，而只有后者（即神圣的天堂或者新耶路撒冷）与圣灵相关联。不过，含糊不清的安乐乡文本以及新耶路撒冷从天而降这一令人困惑的事实，使得这两个天堂般的王国混在一起、合二为一。这些景象马上就会营造出人间乌托邦的大致轮廓。此外，人世间这个圣徒王国不仅仅是给殉道者建造的，也是给所有人建造的，而根据某些人的说法，尤其是给穷人建造的。

《旧约》里的先知反复表达了人间天堂有望失而复得的预言。在经历了饥荒、干渴、战乱、瘟疫和囚禁的惩罚与净化之后，人们将会享有一个丰衣足食、充满欢乐、和平与繁荣的时代。有人认为，这是人们不惜一切代价的追求，也就是说，是实现上帝的允诺，获得更加美好的生活。

然而，这绝不意味着《启示录》的作者有意激励人们心怀这种美好生活的崇高愿望。奥古斯丁已经打算遏制人们对上帝的王国要降临尘世之说进行任何字面解读。他也许是很想压制人们对之进行精神上寓言式的解读，因为他本人也在抵制千禧年说，而青年时代的他却对此笃信不疑，而且违心地继续认为此说魅力无穷。奥古斯丁现在认为，千禧年说一定是随着基督教的产生而产生的，其目的也只能是由教会的斗士来弘扬。他认为，基督和圣徒的千年统治一定是指当今的教会，而这种解释一直被奉为一种官方教义，直到中世纪末期才宣告终结。

---

① 译文引自简化字现代标点和合本《圣经》"启示录"之第21节。——译注

可这绝不能阻止那些真正的贫民和甘做贫民的人揭竿而起，他们手捧着《圣经》里的预言，宣称并坚持要在尘世建立天国。他们也不可避免地为一批又一批自称为圣徒和救世主的人铺平了道路。这些人激情四溢、举止狂热，在民众当中具有很强的感召力，常常是一呼百应，从者如云。此外，这些假圣徒也从菲奥雷（Fiore）的约阿基姆（Joachim，1145—1202年）所做的颇具学者风度的自信的预言中汲取营养。约阿基姆是一位来自卡拉布里亚①的僧人，他的著述以及一批据说由他创作的作品，在其死后的数百年里，仍在整个欧洲为人诵读。约阿基姆带着纯正学者的傲慢态度宣称，《圣经》中所包含的有关未来的预言，其解读的钥匙他已找到了。

《旧约》中所宣告的东西后来都在《新约》中实现了。这类象征性模式应当直接而又十分详尽地揭示出未来的样貌。据约阿基姆所言，大体上说，这为三个相继出现的历史时代划出了界限，而这三个时代将由三位一体中的三位神灵分别掌管。第一个时代是圣父时代，即古老法律盛行的时代；随之而来的是圣子时代或者福音时代；最后便是圣灵时代。如果把前两个时代比作冬季和春季，那么圣灵时代就是仲夏了。经过仔细认真的计算后，约阿基姆认为，最后一个时代将在1260年到来。

约阿基姆对这个即将到来的第三时代发出了响亮的欢呼，他认为这个时代将终结第一个时代的黑暗和第二个时代的无常，在第二个时代里，人类仍在实现自我。如果在老的法律统治下，人类有的只是恐惧，处于被奴役的状态；在福音时代，人类有的只是信念和服从；而在即将到来的圣灵时代，将会充满爱和欢乐，并给人类带来应得的休息。整个世界将成为一座巨大的修道院，所有人都沉浸在神秘的极度欢乐中，像冥思默祷的僧人一样生活，吟唱着上帝的赞歌。据约阿基姆所言，这个

---

① 卡拉布里亚（Calabria），意大利南部的一个行政区，古时为希腊的殖民地，公元前268年被罗马人夺取，公元9世纪又被拜占庭帝国夺取。——译注

王国将持续到神的最后审判日。

　　这立刻让人想到了中古英语的《安乐乡》文本。显而易见，该文本再次表明，其作者是一位博学之士，因为他能轻松自如地驾驭凯尔特人的游记、修道士的讽刺作品、滑稽模仿作品以及约阿基姆对欢乐王国所做的预言，并游刃有余地将这些内容和欧洲有关安乐乡的材料融为一体。该文本写道，安乐乡位于一座僧人居住的海岛上，僧人的住所在一座极为漂亮的寺院里。从这个意义上说，该文本与同时代的千禧年梦想也有关联，但它却没用大量篇幅描述圣灵，也没有试图阐述任何别的关联。自从用本土语言讲述《安乐乡》伊始，《安乐乡》就展现出了趣味性；对于知识分子来说，《安乐乡》是十分有趣的拼图游戏。

　　约阿基姆的幻想之所以影响巨大，是因为他成功地将有关未来的乐观预言和自身所处时代的不幸苦难联系了起来。所有的苦难和绝望都被看作千禧年统治有望来临的迹象。按照推测，三个时代中的每一个时代到来之前，全世界都应经历一场大劫难，目的是要进行一次必要的清洗。教会的腐化堕落以及人类对俗世欢乐的不懈追求，均被看作第三个时代即将到来的标志。

　　在低地国家，雅各布·范·马尔兰特是这些思想的阐释者，但这也并不一定就意味着他熟悉约阿基姆的著作，因为源于他的主要思想已经广为传播和接受。也许他需要的只是使徒保罗而已，他曾引用保罗在《提摩太后书》中所说的话："你该知道，末世必有危险的日子来到。因为那时人要专顾自己、贪爱钱财、自夸、狂傲、谤讟、违背父母、忘恩负义、心不圣洁、无亲情、不解怨、好说谗言、不能自约、性情凶暴、不爱良善、卖主卖友、任意妄为、自高自大、爱宴乐、不爱神。"[①]马尔兰特不止一次地把自身时代的野蛮与末世降临联系起来，这在他的著作 Sinte Franciscus leven（《圣徒弗朗西斯传》）一书的序言中体现得尤

---

① 译文引自简化字现代标点和合本《圣经》《新约》"提摩太后书"之第3节。——译注

为明显，他在该书开篇引用了保罗上述的那番话。这部传记是为乌特勒支①城方济各会的托钵小兄弟会撰写的，也顺便影射了千禧年说的狂热信徒，因为他们都是皈依阿西西的圣·弗朗西斯的修士。方济各会的降神论支派信奉和践行极端清贫的生活，而作为回报，他们期待能够最先品味千年统治的福祉。

和方各济会的降神论者一样，马尔兰特将第三个时代看作神圣的和谐时期，人们可在完全忘我和冥思状态下享有。任何欢乐都会成为纯粹的精神上的欢乐。追求俗世的欢乐已经造成了人间浩劫，人类已把世界变成了安乐乡的样子——不过马尔兰特并没有使用安乐乡这个字眼——在这里，令人作呕的肉体需求完全得到了满足，而灵魂则被彻底遗忘了。正因为如此，马尔兰特才在《圣徒弗朗西斯传》的开篇写道："世界末日转瞬将至，在我看来似乎极不光彩"。人们变得如此愚蠢，他们只爱自身，不再爱他人，心中所想的只有聚敛钱财：

> 最爱莫过两件事，
> 说来令人满面羞；
> 一爱穿着和打扮，
> 衣服鞋子皆考究；
> 二爱金钱和财产，
> 魔鬼教唆难辞咎。
> 吃喝睡觉最惬意，
> 农夫牧师无不求；
> 娱乐消遣寻开心，
> 唯我独爱乐悠悠。

---

① 乌特勒支是荷兰中部的一座城市，有近两千年的建城历史，是荷兰基督教的大本营，城内至今仍存留众多教堂及修道院遗迹。自17世纪始，乌特勒支逐渐发展成为商业与工业的中心。——译注

中世纪的赤贫者热切地利用了《启示录》中振奋人心的资料。他们和那些社会渣滓以及乡村下层人的社会地位，在叛逆僧人和落魄学者的支持下得到了提升。如果需要通过政治动乱和革命的方式来实现千年统治，这些贫民还会时不时地揭竿起义。他们中间不断涌现出的领袖和预言家原本是低级神职人员，抵挡不住成为救世主的诱惑。这些人通过布道来激发民众的情绪，声称一个欢乐繁荣的王国即将到来。尽管在王国究竟何时到来这一问题上存在某些争论，但他们却在一件事上达成一致，即这个王国会给人们带来俗世的欢乐。他们会在尘世间被赐予这一切欢乐，而不是在天堂的某个偏僻角落。天堂是人们死亡后的最终归宿，并要在那里永久地生活下去，而那里的生活环境只有上帝才知道。

有一种观念认为，必须不惜一切代价来实现千年统治，必要时甚至可以动用武力；一次又一次出现的暴力行为盖源于此。也有人宣称，财富与富足只能在多灾多难后才能产生，这一说法也许使得暴力行为越发严重了。有位名叫科莫迪亚努斯（Commodianus）的拉丁诗人，大概生活在5世纪，就曾鼓吹拿起武器来建立这个王国。此类自称为救世主和先知的人总是在发生自然灾害、流行性疾病和食物短缺的时候涌现出来，绝不是偶然的。这些人都取得了很大成功，尤其是在莱茵河流域，甚至中世纪之后也是如此。然而，直到进入15世纪很长一个时期后，荷兰南部和法国北部才成为滋生奇妙幻想的肥田沃土。

在法国北部，人口的急剧增长给当时的社会经济秩序带来了彻底变化。经济上的微小衰退就意味着大量民众不得不忍受极端的贫穷和苦难，他们走投无路，只能背井离乡，成为流浪的无产者。这些来自乡下底层的流动民众也聚集到了城市之中。从11世纪到14世纪的几百年里，中世纪社会中形成了一个很不稳定的低级阶层，他们始终处于恐惧不安和饱受挫折的状态。在这种氛围下，每一次骚乱都被人当作进行大规模叛乱造反的机会而紧抓不放。这些反叛行为往往有一群被推选出的所谓的救世主来做领袖，他们将获得拯救的希望寄托于一个实实在在、空前繁荣的王国。

此种情况一般在发生饥荒和瘟疫，或者在发生引起混乱的事件，譬如统治者死亡、号召圣战之后出现。于是，那些自称自许为救世主的人便把目光投向了新耶路撒冷，因为该城不仅可以永久存在，而且有可能会在某个时候从天而降。穷人们深信，这座耶路撒冷城就是为他们准备的：城里充满了和平、平等和富足，换言之，他们生活中紧缺的任何东西，这里一应俱全。他们扮作朝圣者或者士兵的摸样，在巴勒斯坦的这座圣城中寻找一片地方，救世主已经在那里独自承担了所有人类的罪责和苦难。时不我待，只争朝夕，新耶路撒冷的大门随时可能开启。

在心神狂乱的穷人心目中，上帝许诺之城和现存的耶路撒冷往往被混为一谈。尽管教会禁止尘世伊甸园之类的异端邪说，可是在胆大妄为的世俗传教士接连不断发出的预言的怂恿下，背井离乡的穷人仍不断要求进入美好世界的权利。传教士的说教不仅有《圣经》作为根据，还有神学家德尔图良的著述为基础。在3世纪初叶，德尔图良就曾发出了如下传闻：有人一连40天在清晨都看到，朱迪亚①上空的云彩中有一座带有城墙的城市，黎明降临，那座城市消失不见。想必这是一个预兆，预示着天堂般的耶路撒冷将会在那个地方从天而降，大家都相信，这件事情必将发生。

在耶稣基督去世一千年之后——准确地说就是1033年——被认为是天堂有望出现的时间。或者说是组织起一支武装力量的恰当时机吗？欧洲各地的赤贫游民纷纷聚在一起，簇拥着踏上了前往耶路撒冷的征途。这些朝圣者怀着一个坚定的信念，即他们的苦难将得到缓解，他们将会沐浴在难以想象的神赐福祉之中。这支追求财富的队伍既贪得无厌，又争强好斗。他们终于在11世纪末发动了一次真正的解救圣地的

---

① 朱迪亚（Judea），是古代巴勒斯坦南部一地区，包括今以色列南部及约旦西南部。——译注

"十字军东征"。为了在出征前赚得一笔行军的费用，也为了激励他们的战斗精神，这些十字军战士，尤其是来自莱茵河流域的战士，开始大肆屠杀犹太民众，只有那些皈依基督教的人才得以幸免。可是，对于耶稣谋杀者的其他后裔来说，贫困者宣称的新天堂里并没有他们的容身之处。

这些缺乏耐性、鲁莽粗野的穷人在衣袖上缝上一个标志，从一开始就表明自己是被选定的新耶路撒冷的居民。他们要把城内的异教徒驱逐出去，并要亲手缔造这座城市。每当看到地平线上浮现出一座城镇时，他们当中就会有人大叫："这是耶路撒冷吗？"在这支数以万计的大军扬起的云一般的尘埃中，也不断会出现神秘城池的景象。可是，大多数人只走到巴尔干半岛便倒下了，他们在途中或死于精疲力竭，或死于传染性疾病，或死于营养不良，或是被同伴谋杀，亦或是在当地居民的袭击中殒命。而那些最终踏上大漠的十字军战士，最终也以失败而告终，因为他们敌不过统治着这一区域的塞尔柱王朝[①]的土耳其人。这些为数不多的可怜人至死也没能看到耶路撒冷的城墙，尽管如此，他们还是感到喜悦和幸福，因为异教徒的弯刀就在这个地方，送给了他们进入天堂的通行证。

然而，有关神圣耶路撒冷的梦想却仍在继续。人们认为，尘世的耶路撒冷一旦光复，便会成为田园诗般的地方，与罗马人在公元70年围攻下饿殍遍地的骇人境况截然相反。毕竟教皇乌尔班二世曾亲口说过，耶路撒冷是"世界的中心，世上最富饶的地方，就像另一个充满欢乐的天堂一样"。这话是教皇在克莱蒙会议上号召人们加入十字军发动圣

[①] 11世纪塞尔柱（Seldjuk）突厥人在中亚、西亚建立的伊斯兰帝国（1037—1194），亦称塞尔柱王朝。塞尔柱人属突厥乌古斯部落联盟（乌古斯叶护国）4大部族的一支，初居中亚北部的大草原地区，以其酋长塞尔柱克（Saljuq）的名字命名。约于10世纪中期，塞尔柱克因为与叶护发生了不可调和的矛盾，率其部众离开养吉干，西迁至锡尔河下游的毡的地区，成为南方伽色尼王朝的雇佣军与羁縻臣属。后趁伽色尼王朝对外战争和内讧之机，扩大势力，逐渐兴起，极盛时期疆域囊括地中海东岸到中国新疆西部之间的大部分土地。——译注

战时说的，至少是在一个世纪后，由一位僧人在整理他所做的演讲时借他之口说出的。这个名副其实的乐园，不像被封锁的伊甸园那样，是所有值得进入的人随时可以到达的地方。《圣经》本身就是这样说的，而且说过不止一遍。因此，又有谁会肆无忌惮地对此说法表示怀疑呢？

第三十章

"自由精神"之异端邪说

中世纪晚期，在尘世获得拯救这一信念已经牢牢确立，对此种拯救的热切期盼已呈现出了一种形式，人们普遍将其称作"自由精神"的异端邪说。这种信念——也许把它叫作一种心态会更好一些——可被视为一种失控的民主化的神秘主义[①]。这一精神上的修炼本质上旨在寻求与神进行个人交流，而教会提供的传统方法在其中只起到了次要作用，甚至可以说完全没有起任何作用。

所谓"自由精神"运动的拥护者坚信，人们能够达到一种完美的状态。一旦达到这种状态，人就不再会有任何罪孽，实际上就能自由地依着本性行事。而另外，基督教的道德规范就是审判罪人的标准。因此，为了弄清楚一个人是否达到了完美状态，就有必要违犯所有的道德准则，即人们普遍要求的道德规范，尤其是那些严格的有关贞操和性事的基督教教规。此种反律法主义的思潮认为，人们不必遵从道德律条，单靠信念就足以实现救赎，而乱交就是一种依照准则来判定的罪行。

笃信"自由精神"者的处境堪与亚当、夏娃堕落前的处境相比肩：

[①] 此处指中世纪奉行神秘主义的人所说的心灵与神的交流。——译注

因为在那时的伊甸园中，善恶的区别尚未存在。人类这第一对男女可以完全按照他们的本性行事，包括毫不遮掩地性交，当然前提是他们得有时间媾合，因为据中世纪时的估算，他们一起在天堂仅仅待了七个小时。然而，在其堕落之后，他们便永无休止地受到了魔鬼的误导，包括他们的子孙后代，都陷入了诱惑的泥沼。自那时起，人类不得不生活在充满罪恶的世界里，只有靠神的恩泽和基督教倡导的苦修才能解脱。不过，对于那些达到天堂里最初的那种完美状态的人来说，这些都不适用。道德和伦理法则不是为他们制定的，因为无论他们做什么，都不会犯罪。

因此，完美的人等同于上帝，上帝在他们心中。此种无罪状态以及允许按本性行事的依据，信徒们已在《约翰一书》的教义中找到了，其中关键的一句话是："凡从神生的就不犯罪，因神的种子存在他心里。他也不能犯罪，因为他是由神生的。"① 这意味着任何事情都是可以做的，"自由精神"的信徒便将之阐释为进行滥交的权利。因此，让·德·墨恩续写的《玫瑰传奇》不断地出现支持这种观点的论述，它直言不讳地鼓励人们无条件地按照本性的需要，毫无约束地获得性满足，而不受婚姻强加的不自然的限制的束缚。

寻求并达到这样一种完美状态则完全是另外一回事儿。甘愿过清贫生活可以加速这一过程，而清贫生活往往会让你断然放弃俗世的一切事物。这就要求人们实行极端的禁欲苦修，以尽可能少的食物保住性命。鞭笞和自残能够迅速地毁坏身体，使人更易受到幻觉的影响，从而便会幻想自己已达到了所渴望的完美状态。最后，残酷的苦修行为使人陷入赤贫生活，体质恶化，也就不再有犯罪的能力了。人越是贫穷，就越容易肆无忌惮地纵情于性爱，因为他们认为，富人注定将受到永久的惩罚。

---

① 引文出自《新约圣经》"约翰一书"之第五章第19节。——译注

1230年前后，安特卫普城有一位叫作威廉·科内利斯（Willem Cornelis）的人（卒于1245年）在积极地宣传这些思想观念，并努力将其付诸实施。他全身心地"沉湎于肉欲之中"，但他最痴迷的却是理想的贫困状态。他认为自我追求的贫困可以根除一切罪恶。因此，贫穷的娼妇也胜过贞洁的富有女子。穷人纵欲并不是罪过。所以，因贫穷而出卖身体的妓女绝不能被看作有罪之人。

威廉·科内利斯惊世骇俗的邪说在 *Biënboec*（《蜜蜂之书》）中有详细的记述。这是一部由坎蒂姆佩的托马斯汇编的说教性故事集，其手抄本和刊印本都广为流传。这部书将整个"自由精神"的核心教义归结于科内利斯一人身上，因为据说他曾说过："恰如火能除锈一样，在上帝看来，贫穷能涤除一切罪恶。"

格外有趣的是，千禧年的早期传统源自安特卫普，这点可以在一位名叫坦凯尔姆（Tanchelm）的传教士的行为故事中得到印证，他生活在1110年前后。但这里也许仅有一种骚动混乱的传统，因为这些有限的资料往往是与其作对的一派提供的。就此事而言，唯一的根据实际上是乌德勒支教堂全体教士写给科隆大主教的一封信件。除非有极其特别的事情要报告，这些教士是不会写信的。而在这件事上，他们讲述了坦凯尔姆这位擅长雄辩的传教士的情况，说他带领一群门徒周游了佛兰德斯、布拉班特和泽兰德后，最终将安特卫普作为开展宣教活动的大本营。他对神职人员、举行的圣礼乃至整个教会统统进行谴责，宣称自己和耶稣基督一样拥有圣灵，因而就等同于上帝。此外，他还放纵自己，沉湎于肉欲，不过这并未阻止他与圣母玛利亚的雕像订婚。

这种自我形象和所作所为与"自由精神"信徒所拥护的思想主体是一致的，至少在基本形式上是相符的。坦凯尔姆追随者践行的乱交行为也是如此。他最亲密的门徒是位名叫马纳塞斯（Manasses）的铁匠，此人建立了一个自称为"行会"的兄弟会，由12名男子组成，声称代

表十二门徒。当然，他们中间还有一个名叫玛丽的女子，她会轮流同每位行会成员同房共寝。作为他们的上帝，坦凯尔姆备受推崇，这帮人会把他的洗澡水分发给广大信徒，信徒们便一饮而尽，并深信它比圣餐还要神圣。

然而，坦凯尔姆首先是一位千禧年说的信奉者。他的教义在相当长一个时期内颇具影响力，其中宣称千年盛世即将来临。在宣扬这一观念的过程中，他进一步为自己确立了大众救世主的地位，能够将广大穷人纳入他的麾下。

"自由精神"运动的另一魁首是玛格丽特·波雷（Marguerite Porete）①。她是一位来自瓦朗西安②的虔诚慈善修女，1310年在巴黎被当作异教徒以火刑处死。据一位编年史学家所言，玛格丽特坚信，与上帝融为一体的灵魂能够而且应当做肉体所渴望的任何事情。此类人无须受道德戒律的制约，而这一观念再次唤起了"自由精神"的异端邪说。事实上，像玛格丽特·波雷这样的信徒绝不是唯一的，他们反对通过行善和孤傲地修行为而换取救赎。这些实践最终堕落为狂妄自负，且人人竞相为之，其主要目的不过是在天堂里攫取一个显赫的位置。这里有一个重要事实，即讲述玛格丽特被处以火刑的文本，虽在很长一个时期内已为人所知，但其中并没有披露她的名字，不过，此前本书也并非作为异教书籍而引发人们的关注。

另一位主要的神秘主义者是埃克哈特大师（Meister Eckhart）③，德

---

① 玛格丽特·波雷（Marguerite Porete，1248/1250？－1310）是法国历史上一位知名的神秘主义者，著有一部关于神爱的书，书名为《朴素灵魂之镜》（*The Mirror of Simple Souls*）。1310年6月1日因拒绝放弃其恪守的观念并收回其著述而被作为异端分子在巴黎处以火刑。——译注

② 瓦朗西安（Valenciennes），法国北部的一座城市，接近比利时边界处；中世纪时便是一座重镇，以其花边工业而名闻遐迩。现有人口4万余。——译注

③ 埃克哈特大师（Meister Eckhart，约1260—1328），德国神秘主义者、哲学家、神学家。生于图林根霍赫海姆贵族家庭。1275年加入多明我会，先后在许多地区任多明我会会长及大学教授。在神学上主张上帝与万物融合，人为万物之灵，人性是神性的闪光，人不仅能与万物合一，还能与上帝合一。其思想是德国新教、浪漫主义、唯心主义、存在主义的先驱。1326年被指控为异端。著有《德语讲道集》。——译注

国的多明我会修道士。许多布道词和著述据说都出自他的手笔，因此人们也将他视为"自由精神"运动之父。这一主张也得到了扬·范鲁斯布罗克的认同。扬·范鲁斯布罗克有一位勤勉的学生，也是与他同住一室的室友，名叫扬·范·利文（Jan van Leeuwen）。范·利文曾对埃克哈特进行过猛烈抨击，此举也佐证了这一点。不过，许多埃克哈特作品的中古荷兰语译本的来源并不可靠；有鉴于此，对他本人进行如此非难的合理性还是存有疑问的。事实上，他们采取的这种方式倒也为质疑有着深远影响的"自由精神"这一异端邪说找到了理由。

在荷兰流传着不计其数的著述，据说是出自埃克哈特大师之手。这些著述表明，一个人可以通过自愿蒙受最大耻辱这一方式而成为完人。各种各样的事例使这种宗教手法对民众具有很大吸引力。例如，有个文本就讲述了一个凡人修士，他去拜访一位隐士，那位隐士展现出的高度完美状态使凡人修士感到震惊。当修士向他求教如何才能达到这般境界时，他解释说是通过彻底穷困和无限谦卑才取得的。这使他根除了自身的缺点，并让他完全被上帝所吸纳。"我已将自身的意志与上帝的意志融为一体，没有我，上帝也不能而且也不会有效地行事。"正是这样的文本——首先被人用作布道过程中激励人的插曲——才引发了人们对异端邪说的谴责。

教会作为一个社会团体，最难容忍的或许就是对圣礼的全然漠视。此外，尽管神秘主义者的高层次修行一定会实现（并且预示着）精神自由，而精神自由也未必会导致过分下流庸俗的行径，但实行起来结果往往就不一样了。除了为数不多的例外情况外，大部分实践者所强调的看起来都是自我禁欲并拒绝俗世万物。苦修与沉湎于俗世欢乐恰恰相反，是正统神秘主义的标志，它所追求的是精神完美而非无节制的异端邪说。此外，对性行为应更加宽容的主张也有其符合实际的一面，这种主张绝不仅仅出现在《玫瑰传奇》里，也出现在其他文学作品中。绝非巧合的是，12世纪的哲学家，被巴黎主教谴责为异教徒的阿威罗伊（Averroës）①（西班牙裔阿拉伯人）的追随者，也不无理由地断言，在一个罪恶的世界里，对性行为进行全面节制是让人完全无法容忍的，那样做实际上只会败坏美德。

"自由精神"这种异教是一场组织松散的运动，其拥护者遍布欧洲各国。人们相信存在着这样一个团体，此种信念源自一系列所谓的异端邪说，而后来这些异端邪说皆归因于教会内的每一种非正统的异端活动。正因为如此，欧洲不同地区的异教活动才会呈现出极大的相似性。这些看似相近的活动，与其说是不同地区之间存在着协调一致的活动，不如说是追踪那些与综合描述的异教徒相符之人时所取得的结果。而且，此种背景下提到的人和团体是否真的过着这些教义所示的超越道德范畴的生活也是很可疑的。更确切地说，对于任何一种能够威胁其霸权地位的非正统思想，教会都会冠以"自由精神"之异端邪说这样的标签。对玛格丽特·波雷和埃克哈特大师的谴责也是如此，两人都被看作这场"运动"的重要灵感源泉和始作俑者。

这些所谓的拥护者通常被称作贝居安修女②、贝格哈德修士③，或者罗拉德派信徒④，而从本质上说，他们都是半宗教性世俗运动团体的代表。从一开始他们就引发了极大的怀疑，其意图所具有的值得尊敬的性质也受到了的质疑，因为他们没有按照罗马认可的准则生活，也不接

---

① 阿威罗伊（Averroës, 1126－1198），伊斯兰哲学家，阿拉伯名为 Ibn Rushd（伊本·拉什德），生于西班牙，卒于今日摩洛哥的马拉喀什，是中世纪一位饱学之士，对哲学、逻辑学、亚里士多德学说、神学、心理学、地理学、医学、数学以及天文学等均有著述，将伊斯兰传统学说和希腊哲学融为一体，创立阿威罗伊学说，认为物质和运动永恒存在，不为真主所创造；亦对亚里士多德的作品和柏拉图的《共和国》做过评注。——译注
② 贝居安修女（Beguines），又称慈善修女，是12世纪以来荷兰等国的一种半世俗女修道会的成员。——译注
③ 贝格哈德修士（Beghards），即贝格哈德男修会修士，是13—14世纪流行于荷兰、比利时等国的男修会修士，其信条类似于贝居安修女的信条。——译注
④ 罗拉德派信徒（Lollards），英格兰宗教改革派的一个分支的成员，14—15世纪以约翰·韦克利夫（John Wycliffe）的信徒为核心的反天主教会的一个基督教教派的信徒。

受任何监督。人们尤其指责他们无所约束、骚动不安；据说他们在流浪途中，还干出了各种各样的行骗和欺诈勾当。罗拉德派的名字的确源于 *lullen*，意为"吹牛"，这是一个辱骂性词语，代指他们在欺骗善意的市民或农民时使用的话语，他们向城镇和乡村的百姓讲述故事，美化自己宣称的贫困之理想。

特别是1311年，维埃纳①宗教会议颁布了一道名为 *Ad nostrum*（妙策）的教令，不仅对"自由精神"这一异端邪说下了定义，而且将其归于"德国境内一个令人憎恶的教派，由存心不良的贝格哈德修士和不忠实的贝居安会修女组成，"他们被认定为"自由精神"运动团体的核心。该道教令还列举了贝居安修女和贝格哈德修士的八项过错；这几项过错合在一起，便活脱脱地勾勒出了一幅异教徒的画像。其中第一个信条最为重要，即相信完美。这些异教徒认为，他们有可能在俗世生活中达到完美的境界，而到了那种境界，他们将不会犯罪。斋戒和祈祷已不再需要，因为达到完美境界之人所做的任何事情都必然是完美的。因此，这些业已开化的人可以做他们所希望做的任何事情（这一信念便是第二个信条）。

人类无须听从上帝的指令，也不用听从教会的法规。这便是第三个信条，《圣经》证明该信条是正确的——而这当然是错误的。《圣经》中说："主就是那灵。主的灵在哪里，那里就得以自由。"② 有道德的行为适用于不完美的人，一切美德都是罪恶的标志，而那些业已达到完美境界的人只按照本性行事，而这也一直是上帝在天堂里的最初安排。根

---

① 维埃纳（Vienne），法国中部一古城，始建于公元前3世纪，于公元4世纪落入罗马人之手，自此发展成法国境内一个颇具规模的古罗马城。城中遗留的古罗马堡垒、剧场、神庙、教堂等建筑以及古罗马公路、吊桥等依然保存得相当完好。——译注

② 译文引自简化字现代标点和合本《圣经》《新约》之"哥林多后书"第3—17节。——译注

据1317年宗教法庭①在斯特拉斯堡②发布的一项声明，异教徒甚至反对身强力壮的人从事体力劳动，因为在他们看来，劳动是对那些失去升入天堂资格的人所做的惩罚，而对于这些犯有原罪之人，"自由精神"也不再希望会起什么作用。

数百年来，"自由精神"这一异端邪说在整个欧洲产生强烈影响，伴随着维埃纳宗教会议对居安会修女、贝格哈德修士和其他被判为异教分子进行的迫害，这些异端邪说反复引发了公众关注。此外，文学作品，通过对这些可能的异端观点有意无意的支持（《玫瑰传奇》便是证明），以及对贝居安会修女等不断的谴责和嘲讽，利用了这些诽谤诋毁的言论，描绘了这些被玷污的形象。

---

① 宗教法庭（the inquisition），中世纪设于罗马天主教堂的法庭，是天主教审判和压制异教的工具。——译注

② 斯特拉斯堡，法国东北部城市，靠近法德边境。该城自古以来即为战略要地，于1262年成为自治城市，1681年被法国占领，1871年又归于德国统治。法国于1919年收回该城。现有人口约25万。——译注

第三十一章

亚当—夏娃式性爱

世间的确有完人：从理论上讲，任何人都可以达到完美无罪的状态，实际上许多人已经做到了。重要的是我们要意识到，在中世纪，人们以同样不可动摇的信念接受了这一事实；而现在，我们也以同样的信念认为，此类信念仅仅是幻想而已。整个故事与迫害女巫的情形极其相似，这种迫害在15世纪末期是有计划、有步骤地进行的。人们寻找证据来证明所信仰的东西，因为当时女巫几乎存在于社会各个阶层，包括知识阶层。

"自由精神"的行家们并不信奉私有财产，或者更确切地说，所有东西在他们看来都是唾手可得的。他们最喜欢的一句话是："凡是眼睛看到或者心中想到的，就要动手去取。"按照他们对性事的定位，性事是以天堂规则为基础的，他们自然应该特别推崇亚当。几乎到处都有关于裸身仪式的传说，而这些仪式常常又蜕变成了纵欲狂欢的秘密祭神仪式。

显而易见的是，异教徒所谓的完美观念的反对者会四处传播有关异教徒不检点行为的传闻，以此来败坏他们的名声。在这个方面，约翰·曼德维尔爵士那毋庸置疑的描述无疑也起了作用。据说，他在苏门答腊岛西北部一个叫作拉莫瑞（Lamory）的乡村里见到了最纯正的亚当的后裔:"那里天气极热,当地的男女有赤身裸体的习俗,就像上帝创造他们之时那样展现自己的裸体,不感到羞耻。他们鄙视穿着衣服的人,因为他们说,上帝创造出的亚当和夏娃就是赤裸的,人们不应为上帝的创造感到羞耻,因为自然的事物并不丑陋。"

拉莫瑞的居民生性纯良。他们混居。对此他们辩称是上帝的旨意,上帝要他们"生养众多。"曼德维尔描述道:"在那里,根本没有婚姻这一说,女人是公有的……女人生下孩子时,就把孩子交给与其同过房的男子中想要得到孩子的男人。土地也是公共财产。"曼德维尔的这番描述符合尚未开化的野蛮人的形象,这种野蛮人保留着上帝创造时的纯洁,而这种原始的纯洁在欧洲文明的黄金时代仍然存在。然而,在这种情况下,赞美这样的社会也就意味着公开赞美"自由精神"和赤身裸体之人,尤其是曼德维尔也把这些野蛮人描绘成了原始基督教徒,说他们熟知、相信并且遵循圣经中上帝创造万物的故事。所以,在对他们做了这么多的描绘之后,他觉得必须清楚地表明,这些人不是真正的基督教徒。

判定他们具有潜在的非基督教徒本质的决定性因素是他们的一个坏习惯,曼德维尔继续描述道:"可是他们有一个邪恶的习俗,就是他们特别喜欢吃人肉……商人把孩童带到此处出售,当地的人把他们买下。长得胖的会被吃掉;身材瘦弱的,会先将其养肥,然后再杀掉食用。他们认为这是世上最美味可口的肉食。"通过以上叙述,曼德维尔与任何形式的"自由精神"异端邪说拉开了距离,撇清了关系,尽管他的字里行间还明显地透露出,他很向往和怀念那种坦率与开放。

有关裸体人的断言在欧洲也广为流传。自11世纪起,色情刺激、恐惧和刻板的正统观念使有关裸体人的流言到处传播,指责他们的言辞也十分相似。据说他们赤身露体,四处游荡,纵情声色,夜夜狂欢,男女乱交,试图复兴天堂。人们若要识别裸体人,可以读一读奥古斯丁的著述和塞维利亚的伊西多尔的百科全书。这两位权威都条分缕析地描述了这些异教徒的特点，在整个中世纪乃至以后的岁月里，有关裸体人的传说基本上都是基于他们的描绘。

这些赤身裸体的所谓的亚当后裔，受到了思想意识方面的猛烈抨击——有人谴责他们，有人提供活生生的伪证，直到伪证变成自圆其说的预言，也有人把他们当作引人瞩目的文学主题——不过，这些抨击却也导致了如下结论：此种裸露身体的做法在莱茵河流域、法国北部和荷兰南部的确很普遍。布鲁塞尔有一个运动团体，由低级神职人员和贵族阶层组成，他们提供了一个较为直接的证据，证明裸体人果真存在。在1400年前后，这个团体以"聪明人"、"智者"或"有智慧的人"等称号而为人所知；这些称号都是中世纪神秘主义的术语，意为"灵魂的至高能力，可以使人达到神秘的极乐状态。"这些受到启迪的聪明人——其中也包含女人——设立了一个真实的天堂情景，力图再现人类堕落之前、上帝创世之初时的状况。但到了第二轮，重点立刻就转到性行为上去了。

在当地贝居安修女的协助下，这些布鲁塞尔的赤身裸体的亚当后裔，愉快地开始自我修炼，作乐欢娱，扩充他们的成员——我们了解到，他们并不是好色淫乱，而是出于自愿，就像扬起手指一样容易——他们始终让自己的伴侣相信，她们的童贞完好无损。在人类堕落之前，罪恶和欲望是不存在的，而他们也正好舒适地处在人类堕落前的天堂里，不会为媾合产生负罪感。在这类事情上，奥古斯丁继续发出权威的声音，而教会也支持他的观点。1411年，对"聪明人"和"智者"进行了审判，有关此次审判的大量记载都详细记录了这些亚当后裔的信仰以及他们的实践活动，也记录了他们最后的坦白忏悔。尽管这个故事还有很多模糊之处，但是对于许多人来说，此次审判最终提供了确切的证据，证明这样的行为的确存在。被判有罪的人也被从轻发落：主犯被流放，贝居安修女受到公开斥责。

两个中世纪荷兰语《安乐乡》文本，第一句话就提出了这一备受指责的主题，是多么非同寻常啊！在论及安乐乡时，两个文本不仅许诺了一片土地，在那里，上帝命令人们消除劳作的念头；明确提及了安乐乡的领导者，即重要的千福年的捍卫者——圣灵。事实上，安乐乡居民的整个生活方式，似乎与那些不断归罪于"自由精神"异教徒的罪恶完全相符，即暴饮暴食、过度消费、否定私有财产的存在和毫无节制的男女乱交。

从一开始，每个千禧年信徒都梦想能拥有充沛的、自行供人享用的食物。最早一批信徒中有位叫帕皮亚（Papias）的，约生于公元60年，据说他是福音传道者使徒约翰的弟子，总是根据自己收集和保存的第一手资料来宣扬耶稣基督的教义。他利用这种权威，告诉人们耶稣基督做出了以下预言："（主）也说一粒麦子能长出一万个麦穗，一个麦穗能产出一万粒麦子，一粒麦子能做成十磅最好最纯净的面粉；苹果、种子和青草也以类似的比例生长。"另外，食物——在这个例子中是指串串的葡萄——会自动奉献自己，甚至硬把自己塞给人们，这也是千年盛世里一个和平与繁荣的特点："每当一位圣徒拿起一串葡萄时，另一串便会大声嚷道，'我这一串更好，还是把我拿去，用我来赞美主吧。'"

围绕食物和性爱欢娱方面的此类幻想，构成了大多数人在想到耶稣降临开始千年统治时，脑海里浮现的核心画面。而这个画面对于那些生活在贫困中的人来说，是一件非常要紧的事情。1251年，一个运动团体开始形成，并很快发展成为"牧羊人的十字军"。这支军队包含了很多来自皮卡①、佛兰德斯②、布拉班特和埃诺③的农民，但没过不久，一

---

① 皮卡（Picardy），法国北部一个历史上著名的地区，濒临英吉利海峡。此名称最先用于13世纪，代指一些小的封建领地。1477年成为法国王室领地的一部分。——译注

② 佛兰德斯（Flanders），中世纪欧洲一伯爵领地，包括现比利时的东佛兰德省和西佛兰德省以及法国北部部分地区和北海沿岸荷兰西南部的部分地带。——译注

③ 埃诺（Hainaut），历史上位于比利时西南部和法国北部的一个地区，形成于公元9世纪，后通过皇室通婚与佛兰德斯以及荷兰合并，在17世纪该地区的一部分为法国所吞并。——译注

些窃贼、谋杀犯、娼妓、背叛教义的僧人和其他穷困潦倒的流浪汉也加入进来。他们一路向圣地开拔。其中一队的统领是一个叫作雅各布（Jacob）的变节僧人，也被称作"匈牙利大师"。他在布道时，对教会的上层僧人大加痛斥，谴责他们傲慢、虚伪。他声称自己所拥有的救世主能力堪与耶稣基督的相比肩。他向新加入的十字军战士宣称，他们绝不会缺少饮食，因为他们面前摆放的任何食物和酒水，都不会因为他们的吃喝而减少；恰恰相反，这些供给只会增多。这也是他们表达的一种热切愿望，就是在他们很快占领新耶路撒冷后，预先尝试一下将要享用的福祉。

许多自称为先知或代理救世主的人，宣称人类必会从一切苦难中获得拯救，甚至宣称自己就是人类获得拯救的工具。他们给人们描绘出了堆积如山的酒和食品这样的前景，以此来支撑自己的承诺。"自由精神"的兄弟姐妹们不断地要求施舍食物，他们说这些食物正被"转送到来世"，此种强迫的慷慨之举会确保施舍者在来世有一个舒适的地方。而给予他们的任何钱财自然也会沿着同样的通道进入天堂。

可是，安乐乡和信奉千禧年的"自由精神"运动团体之间最重要的相似之处是，他们对自己的领袖圣灵都表现出了虔敬的态度。菲奥雷的约阿基姆将圣灵认定为神灵护佑而又充满幸福的第三个时代的统治者，他在未来数百年的统治将转变为千年统治，而人们认为，千年统治与第三个时代别无二致。从14世纪开始，圣灵的名字便通常跟那些自认为已受到启蒙、被上帝选中并已达到完美境界的教派和社会团体联系在一起。1313年4月教皇克雷芒五世[①]在一封信中告知克雷莫纳（Cremona）主教，在斯波莱托山谷和意大利其他一些地方，有许多依附于"自由精神"运动团体的小修道院，教皇问他是否愿意将它们消灭。这

[①] 教皇克雷芒五世（Pope Clement V，1260—1314），法兰西籍教皇（1305—1314），他于1309年将教廷迁往阿维尼翁，宣布方济各会内严守清贫的唯灵派极端分子为异端，取缔圣殿骑士团，编有《克雷芒教令集》。——译注

些教派的成员有神职人员和一般信徒，他们依据个人喜好为所欲为，宣称圣灵就是他们的领袖，并以此为他们的态度辩护。

圣灵也为上文谈论的布鲁塞尔的"智者"树立了一个光辉榜样。在对他们的审判报告中，圣灵毫无疑问是其领导者。其中一个教派的领袖之一是上了年纪的埃吉迪厄斯·坎托（Aegidius Cantor）。从名字来看，他是一个目不识丁的普通信徒，在教会生活中可能担当领唱人的角色。说他是普通信徒，或许是因为很多人都特别反对异教徒成为神职人员，而且其俗世财产和精神品质已完全被剥夺。埃吉迪厄斯声称自己已受到圣灵的启发，并获准进行最令人激动的性事活动。他认为自己已经生活在千年统治之下，而他又处在完美的无罪状态，在这个新的环境里，他被委派了一项任务，就是宣传有关贫穷、贞洁和顺从的东西，而他所宣传的恰恰与国教的教义截然相反。

布鲁塞尔教派的另一个领袖是希尔德尼森的威廉（Hildernissen of William），起初他不承认与这一教派有关联，可是后来根据事务记录的记载，他似乎对激进神秘主义者使用的语言非常熟悉，而他也坚持说圣灵是他享有教权自由的灵感源泉。

一个叫汉斯·贝克尔的人讲述了他皈依"自由精神"运动团体的惊人性质。那是在1442年圣灵降临节前夕，他正在美因茨①的一个教堂里做祷告，圣灵突然从天而降，然后紧紧地抓住了他，他感到体内一阵剧痛。自那时起，圣灵经常将他带走，对他进行启蒙教化。他现在已修行到可以完全脱离教堂和圣礼的境界。他的教堂就在心里，他还被迫去嘲讽人们的教会："在美因茨大教堂或者其他教堂里，当圣饼被举起时，圣灵就强迫我把舌头伸出来。"1458年，贝克尔被处死，尸体被焚烧。贝克尔审判的一个突出特点是，起诉人从圣灵的行为及其赋予灵感

---

① 美因茨（Mainz），德国中西部一城市，位于法兰克福西南偏西方向，莱茵河和美因河的交汇处。该城是在一个于公元前1世纪建立的罗马军营遗址上建设起来，现在是重要的工业和商业城市。人口18万余。——译注

的能力这两个方面,将圣灵作为一个魔鬼展现出来。他们认为贝克尔是撒旦不齿行为的一个受害者。

  人们绝不能忘记,这些都是野心勃勃、猎杀异教徒的人所做的报复性解释。毕竟,在圣灵降临节,圣灵作为上帝的使者,给世人带来了精神启发和灵感。哥伦布就是首先从圣灵那里获得灵感,实际上圣灵也给了他航海的初始动力,并从千福年的角度来看待新世界的发现。哥伦布的儿子费迪南德(Ferdinand)断言,他父亲的名字表达了这样的情感:他的名字来源于 *columba*,意为"鸽子",而鸽子正是圣灵的象征。

  在低地国家,圣灵被奉为慷慨解囊的送礼者,广受爱戴。1400年前后,著名的说书人威廉·范希尔德格斯博奇,获准使用"大师"的头衔,经常出入皇室宫廷说书。他随身带着自己书写的文本,以适应不同场合的需要。在《一个愿望》的文本中,他说圣灵在复活之后,将被上帝派到人间,给人们带来慰藉。此事已经应验,产生了圣灵降临节的奇迹。在中世纪晚期,人们认为圣灵这个名字当然会带来灵感、慰藉和教化,为人们展现即将并且永远得到的奖赏。同时,这个名字也被用于各种慈善机构,从救济院、养老院到医院,不一而足;它们无不把减轻世间贫困之人的痛苦视为己任。

第三十二章

低地国家的异端邪说

用布拉班特的神秘主义者扬·范鲁斯布罗克的话来说，安乐乡的居民是完美的异教徒。他们完全依照本能行事，满足自己的所有愿望，听从本性的支配。无论是安乐乡文本还是鲁斯布罗克作品的听众和读者，绝不会感到自己处在一个异类的世界。安乐乡可谓人尽皆知，而鲁斯布罗克的观念在15—16世纪也广为流传，不仅出现在世俗的布道词和教义问答手册里，而且出现在各种个人祈祷用的简易读物中。

这些异端思想和安乐乡文本都使用了本土语言。宗教法庭的审判官不断指出在广大民众中开展的这种诡秘的宣传活动，即以当地民众自己的语言发出警告，让普通民众感到震惊。人们也应该铭记，这些文本的传播一般是在公众场合进行的：就是大声地将这些文本向感兴趣的听众背诵出来。本土语言和宗教主题相结合，这意味着上帝的话语在大众中得到传播，但无论如何，这种做法还是令人怀疑。即便是像《圣经》这样的宗教性文本的翻译也引发了极大的怀疑。雅各布·范马尔兰特在将彼得·科梅斯特（Peter Comestor）[①] 有关历史事件的《圣经》改编成

[①] 彼得·科梅斯特（Peter Comestor, 1148？—1178），法国学者，神学作家，出生于塞纳河畔的特鲁瓦城，是圣母教士大会（Chapters of Notre Dame）的成员，曾在教会中担任有俸圣职，并在巴黎发起成立了一个圣母教士大会，任该大会教长，又担任一所神学院的院长职务。一生著述颇多，但公开出版的不多，传世的有《神学史》等。——译注

自己的 *Rijimbijbel*（《韵文圣经》）时，就对此颇有怨言。此外，方济各会修士、图尔内①的吉尔贝塔（Gilbert of Tournai）也曾给教皇写信抱怨说，很多贝居安会的慈善修女歪曲教义，她们以当地语言翻译的《圣经》充斥着异端邪说。

以中古荷兰语书写的安乐乡文本蕴含教化意义，以及各种严肃的目的；然而这些文本对于风头正盛的千禧年说却采取了一种危险的轻浮态度。不过，正是这一说教倾向才使安乐乡的素材以书面形式呈现出来，这表明对圣灵王国采取明确的轻浮态度，与其说是嘲弄和奚落此类观念和做法，不如说是劝告人们接受它们，或者说是试图取笑当时人们感兴趣的热门话题。

13世纪主张禁欲苦行的方济各会修士，人称"方济各会属灵派"，他们那种极其严苛的千福年观点也很有可能受到嘲笑。这些行乞的原教旨主义者②，目的是要成为比赤贫乞丐还要贫穷的人，他们将千年统治视为圣灵的领域。在那里，人类甘愿清贫，祈祷、冥思，完全沉浸在完美的和谐状态之中。相比之下，圣灵缔造的安乐乡却是另一番天地，那里有无限丰富的食物和物资，而这不恰好是对方济各会极端主义者的绝妙嘲讽吗？或许受到嘲弄的还有其追求的虚伪性，因为如果我们相信当时不计其数的原始资料，那么许多行乞修道士的梦想则与现实相去甚远。

人们受到千年统治即将来临这一预言的激励，对黄金时代充满渴望，并要把渴望转变为实际追求，以恢复黄金时代；《安乐乡》文本以及其他未知的对安乐乡素材的认识，也许与这种转变一致而尚未解决的问题是，两者一致的程度有多大呢？尽管将这一思想上的巨变确定于某个确切时期非常可疑，但人们普遍认为，这些发展变化发生在1380年左右，因为那时在佛兰德斯、布拉班特和法国北部许多城市都掀起了持

---

① 图尔奈（Tournai），比利时西南部一古城，现有人口约7万。——译注
② 原教旨主义者（fundamentalists），即信奉正统派基督教的人。——译注

续的暴力浪潮。

显然，安乐乡从未被看作导致剧烈变革的缘由，它也不可能激发民众采取行动。从古至今安乐乡从未存在过，它只不过是一种有趣的幻象而已，出于各种目的生发。此外，它的各种功用——嘲讽当时的习俗制度、减轻人们的恐惧、提供道德教育——或许对于很多人来说可以同时发挥作用，但是它的本质是幽默和虚构的，这便决定了它不可能起到引发剧烈变革的作用。

关于安乐乡的中古荷兰语韵文文本将历史悠久的安乐乡描述为圣灵所辖之地，该文本很有可能通过这种方式引入了一个时下热门的嘲讽话题。从字里行间可以看出，它不但嘲弄了千年统治的一切梦想，还讥讽了极乐的无罪状态，因为那种状态下，任何事情都可能发生。安乐乡文本特意将教化和讽刺摆在首位，对各种不道德行为，也就是把世间的一切欢乐，当作在天堂应得的酬劳提前享受的做法，持坚决反对的立场。

《安乐乡》中的情色幻想有着相同的目标。正如以上所述，这些章节看起来有点不大合适，无疑不是安乐乡素材的核心内容。这些额外内容是附加在暴饮暴食和生活懒散这样一个由来已久而永不过时的主题之上，其中含有与主题相关的补充材料。从安乐乡的受众来看，这个主题尤其涉及贝居安修女、贝格哈德修士和其他"自由精神"兄弟姐妹的乱交行为的流行观点。特别是贝居安修女，或者说半世俗的慈善修女，不需要遵循任何官方认可的宗教誓言，据说她们很喜欢跟任何找上门来的男人发生性关系。

每当谈论过度渴望性行为的女人这一主题时，贝居安修女始终是人们嘲讽的好色对象。其单身女性的身份经常使她们沦为笑柄，并成为寻欢偷情故事的主角。人们推测，享乐主义促使她们在罗马教廷控制之外的地方赢得一席之地，以便更好地满足自身的欲望，而同时看起来她们好像是过着一种神圣贞洁的生活。晚在16世纪，人们仍能经常听到有关贝居安修女的风流韵事。对于这个传统，含有安乐乡 B 文本，现存于布鲁塞尔的那部手稿的编者可谓贡献良多。具有学者风度的这位编者收集了很多谚语和格言，彰显了他的洞明世事，其中有一句是这样说的："一位贝居安修女柔声说道，上帝让我们大家变得更好。此时她头上顶着一条僧人的短裤。"

一般来说，异端邪说往往跟过度而又奇特的性嗜好相关。克莱尔沃的贝尔纳①成功地强化了这种信念，他曾猛烈地抨击过异端邪说。他用其他术语描述道，异教徒声称的完美生活，只不过是用来满足他们最可恶的欲望的幌子而已。此外，在他看来，"自由精神"的信徒通过否定婚姻，为通奸、乱伦、手淫、同性恋以及其他应受谴责的过分行为打开了方便之门。

信奉"自由精神"异端之人对性行为的迷恋，无论是真是假，每当安乐乡的居民有媾合欲望时，就为他们的性事活动提供了现成借口。即便从严格意义上说，安乐乡式的习惯做法在这一点上符合所谓的异端信条。14 世纪时，布伦城有位名叫约翰的（John of Brünn）贝格哈德修士。据他"供认"，那些达到完美状态的人通过一系列信号来表达自己的愿望。想要性交的信号通常都会得到积极的回应，因为迷恋性爱者表明其精神获得了自由，到达了一种完全无罪的状态；因此，无论做什么事情，他们都是清白无罪的。基于这一原因，信奉"自由精神"的善男信女在这一点上始终都愿意满足彼此的要求，即便是一位刚参加完圣餐仪式的信女，善男也可以向她提出性爱要求。而且，他甚至会迫不及待地走到她身边，"威猛无比地满足她两到四次"。

在其他地方，人们认为女人的存在首先是要陪"自由精神"的男信徒同床共枕。他们之间涉及的性爱又是天堂里所遇到的清白无罪的性

---

① 克莱尔沃的贝尔纳，法国教士，详见第二章注释 14。——译注

爱，而且女子仍能保持其处女之身。此外，早已失去童贞的女子，可以靠和达到完美状态的男信徒性交，恢复其处女之身。

安乐乡里有许许多多甘愿献身的美女。此外，在 B 文本中，美女和处女人人都可亲近，而且男女交媾"绝不是什么罪恶"，也"绝没有人感到羞耻"。这表达了"自由精神"运动最本质的东西。女人从其本性上讲是用作性交的，而男人在受到启迪后便处于一种完全无罪的状态，因此就不可能做出任何不道德的事情。简言之，人人都应完全听从其本性的支配。《安乐乡》便以此种方式对这些异端行为的流行看法做出了评述，而这些异端行为尤其来自《安乐乡》受众身边的贝居安修女和贝格哈德修士。

一些人认为，唯有通过严格禁食才能达到完美状态，对于这些人来说，"自由精神"运动团体和安乐乡之间的讽刺性联系似乎更具吸引力。在这方面流传着许多离奇怪诞的故事，大部分都与生活在半宗教性团体中的女性有关。对此，《安乐乡》也进行了嘲讽：其居民享有无与伦比的欢乐，而此种欢乐居然是通过暴饮暴食而获得的。而这种行为与方济各会行乞修道士所嘲讽的理想别无二致，他们也以千禧年即将来临为由，证明自己狂热实施的自我牺牲行为是正当的。

这里也有一些令人惊讶的相似之处。有一篇中古荷兰语布道辞，据说是出自所谓的自由精神运动领袖之一的埃克哈特大师之手，其中说道，"自由精神"的奉行者享有一种特殊待遇，他们可以通过大吃大喝和懒惰接近神灵。在别人斋戒守夜的时候，他们却享有吃喝与睡觉的特权，而吃喝与睡觉正如两篇押韵文本反复强调的那样，正是安乐乡居民沉湎其中的事情。

与自由精神这一异端邪说直接相关的只有以荷兰语行文的安乐乡材料，这似乎是这些异教观念在荷兰南部和莱茵河流域广泛传播的缘故。坦凯尔姆、安特卫普的威廉·科内利斯、布鲁塞尔的布鲁马蒂娜（Bloemardinne)①,特别是那些"智者",也都在布鲁塞尔活动,并在这座城里受到审判;他们几位通常被看作自由精神运动的先锋,不计其数的贝居安修女就更不用说了。

在欧洲,布拉班特有着"滋生异教徒的温床"这样一个名声。瓦尔特·马普(Walter Map)②这位英国人曾提到,英国有一个异教运动团体,该团体在12世纪后半叶曾遭亨利二世驱逐。这个团体由流浪汉、盗贼、骗子和变节僧人组成,他们大多来自布拉班特。此外,那些知名异教分子的反对者也暗示,布拉班特辖区内还存在某种异端教义。大约在1410年,康布雷(Cambrai)③的主教亦曾委派两名宗教法庭审判官到布鲁塞尔,让他们负责剪除布鲁马蒂娜教派的残余成员。无论如何,据后来的一项记载,这确是不争的事实。除此之外,主教的行为最终还引发了前文所述的对"智者"的法律诉讼。

据说布鲁马蒂娜是一位异教徒,是由吕斯布鲁克的一位传记作者指定的,那位作者名叫波梅里叶斯(Pomerius),很不可靠。布鲁马蒂娜出生于布鲁塞尔的名门望族,生活在1260年到1335年间。据波梅里叶斯描述,她提出了很多关于自由精神和性爱的大胆观念,许多狂热的追随者极度崇拜她,给她送了一把银椅子。这只给人们描绘了一幅模糊画面,关于她的许多情况还无从得知,但为人所知的少许情况则明确显示,她与自由精神运动的思想观念有些瓜葛。她显然赢得了布鲁塞尔神职人员的充分信任,因为在1316年前后,她在那里创建了一个济贫院。

---

① 布鲁马蒂娜(Bloemardinne,1265?–1335),亦被人称作 Heilwijch Blomart,是一位信奉基督教的神秘主义者,出身富商之家,与"自由精神"运动有一定联系。她曾写过一部书,遭到吕斯布鲁克的约翰(John of Ruysbroeck)的批判,并因此而闻名于世,但该书并未流传下来。她亦曾提出"天使之爱"的教义,称此爱有可能与上帝融为一体。——译注

② 瓦尔特·马普(Walter Map,1140–1210),中世纪以拉丁文行文的作家,1160年前后曾就读于巴黎大学,做过英王亨利二世的侍臣,并奉命先后出使到法王路易七世和亚历山大三世主教;1196年曾任伦敦圣保罗大教堂的教士和牛津教区的执事。可以肯定有一部作品是出自他的笔下,即 *De Nugis Curialium*(《侍臣轶事》),以讽刺口吻记述了宫廷侍臣的有趣故事。——译注

③ 康布雷(Cambrai),法国一古城,现已发展成为集水路、公路和航空运输为一体的交通枢纽城市。——译注

人们必须铭记，1411年受到迫害的那些自由精神的信徒，也跟当地的名流和神职人员保持着极为密切的关系。不管怎么说，即便在1420年前后波梅里叶斯对她进行描述之前，布鲁马蒂娜已是自由精神的典型修女了。人们由此假定，自由精神运动在布鲁塞尔和布拉班特已存在数百年之久，所以才值得像扬·范吕斯布鲁克这样身份的人与之对抗。

还有其他迹象表明，这些异端邪说在普通百姓中颇为流行。至少在布拉班特，它们在两百多年里受到了许多人的关注。这种关注不仅在1441年对异端分子做出宽容审判之后显现出来，而且在布鲁塞尔民众对审判官的态度上也有表现。其中一名审判官是一次暗杀图谋的受害者，于是，在街头巷尾便有人用当地语言传唱起了一首讽刺他的歌曲。

自由精神在布拉班特大行其道的另一个重要迹象，也可在那本著名的忏悔手册 *Somme le roi*（《王者大全》）附加的一节文章中找到。1408年，扬·范·罗德（Jan van Rode）在天主教加尔都西会一所修道院翻译这本法文原著的手册，当看到其中有关自由意志和真正自由精神的论述时，他万分激动，不能自已。他认为这是一个十分现实的问题。狂怒之下，他对文本进行了拓展，增加了一节内容，抨击那些错误阐释此种自由的人，称他们为"可怜而又受骗的罗拉德派异教徒"。罗拉德派的精神自由所依赖的是否定肮脏下流罪行的存在，同时还以为，他们可以极度纵欲，而又不会使精神受到玷污。

说过这番略带同情的话之后，扬·范罗德便对自由精神进行了猛烈抨击，诋毁辱骂之词溢于言表。他断言这帮白痴所信仰的是一种"邪恶、丑陋、有害的邪说"，此类"卑鄙、奸诈的农夫"居然在一个国家受到宽恕，简直令人震惊。依照上帝的意旨，应将他们在地狱中焚毁，那样一来，纯朴之人就不会再沦为他们罪恶行径的牺牲品。为了使其言辞更具感染力，他以一行诗句结束了自己的激愤抨击："尽管他们声称信奉自由精神，但这些人却是邪恶之徒。"只是在他的激情平息之后，他才重新开始他的翻译工作，继续解释自由精神的真正意义，而他的阐释则是基于法国的范例。

自由精神这一异端邪说在布拉班特引发的骚动，可在扬·范吕斯布鲁克的著作中找到最重要的参考依据。吕斯布鲁克本人在自身的影响范围内，对真实和假定的自由精神观念的信徒，也包括这场运动的权威领袖人物玛格丽特·波雷本人，进行了持久的斗争。但他还是有所保留，因为他没有指名道姓地提到著作人和作品的名称。尽管如此，他反复阐述并抱怨的内容无疑仍与自由精神的主要思想观念特别是波雷所表达的观点相关联。根据他的学生扬·范斯洪霍芬（Jan van Schoonhoven）的看法，吕斯布鲁克尤其想要铲除在布拉班特日益兴盛的"自由精神教派"。

对于不断碰到并予以关注的时代性问题，吕斯布鲁克当然要表明自己的观点。首先，他坚决不同意圣灵是自由精神运动的灵感之源这一观点。而异端分子却声称，只有圣灵，而非上帝，才能影响他们的行为。此外，他还义正词严地谴责了他们的以下断言：精神赤贫的状态下不再会有善恶之类的区分。

在低地国家北部，正是海尔特·格罗特（Geert Grote）才举起了反对异端邪说的火炬，并证明他至少已成为和吕斯布鲁克一样令人敬畏的追杀异端分子的猎手。他也决心要消灭那些经由德国进入低地国家、信奉自由精神，并曾上演过以狂野舞者和自我鞭笞者①为特征的壮观游行的异端分子。吕斯布鲁克和海尔特·格罗特这些精神领袖成为异端邪说的猛烈抨击者绝非巧合，这样做是他们希望赢得声誉的一个主要部分，而在他们死后果然赢得了声誉。重要的是，正是自由精神运动的异端思想观念才促使他们拿起武器，而这也表明此种思想观念——无论是否正当合理——明显扰乱了布拉班特以及其他地方许多民众思想上的安宁。

---

① 此处指那些为奉行宗教规则而鞭笞自己进行苦修的人。——译注

圣灵的王国将会打开富裕和性爱之门，而人们长期以来一直热切地幻想实现圣灵的王国。如果安乐乡真的嘲讽了这种幻想，那么它也必然嘲讽了现代虔敬者所践行的极端自我禁欲行为。两者的背境相同，因为自由精神的信奉者认为，无罪的完美状态只有通过消除肉体和精神上的一切负担方能达到。尽管"普通生活弟兄会"的兄弟姐妹们不愿走这样的极端，但他们那民主化的世俗神秘主义却预示了他们所梦想的酬报，即充满精神财富的天堂般的福祉。

安乐乡文本中说，无罪的人生是通过大吃大喝、暴饮暴食、闲散懒惰和随意的性事而获得的。而现代虔敬者则是通过禁欲和苦修方式达到同样的目标。有关这些善男信女的传记手稿到处流传，其中不乏极其夸张的荒诞行为。女信徒通常践行的苦修活动包括不断的祈求宽恕（特别是受到不实的指控时），亲吻修道院中所有姐妹的脚，赤手清洗公共厕所等。若要做到与众不同，她们还有可能进行定期的忏悔，而且所忏悔的事情极为夸张，甚至需要自己杜撰罪行。

地位高贵之人也可通过从事最粗鄙的工作这一方式让自己有别于他人。比如，马林博恩城的隐修院院长决定帮助修士清理院里的粪池，因此要求在自己干活时不要受到干扰。可是，正在他进行这项肮脏工作时，整个代芬特尔①议会的人却不期而至，当问到他在粪池中寻找什么时，他愉快地高声叫道："天堂王国！天堂王国！"

不过，最令人难忘的精神锻炼是无视身体对食物、水和睡眠的自然需求。基督教界早期的苦行修道者，即被人称为"沙漠教父"的僧侣，认为遵从身体的自然需求意味着将自己置于魔鬼的支配之下，并以此为行事的基础。在他们看来，过度饮食会激发人们的肉欲，这会促使狡猾的撒旦采取行动。早期的隐士和僧侣遵循这一传统，竞相实施最彻底的克己禁欲。这样激动人心的例子在整个中世纪可谓层出不穷，令人眼花

---

① 代芬特尔（Deventer），荷兰中部艾瑟尔省的一座自治市。——译注

缭乱。

例如1442年离世的修女利斯贝特·希斯贝斯（Liesbeth Gisbers），她总是不失时机地攫取最难引起食欲的食物，如果有着相同想法的修女抢先弄到了那种食物，她就像蒙受了很大冤枉一样感到十分沮丧。她在修道院所做的其中一项工作是照看修女们日夜取暖的火堆，在工作过程中，她时常将自己赤裸的双手伸进炽热的余烬中。这种行为总是让其他修女感到震惊不已。而她始终都很虔诚，只是一笑置之，并说她一点感觉也没有，因为长年累月的劳作让她的双手变得十分坚实。还有一个例子是关于托尼斯修士（Brother Thonis）的，他在夜间刻意抵制自己的睡意，睡眠绝不超过两小时。当睡意袭来时，他就站在敞开的窗户边，这样一来，对坠落窗外的恐惧就会使他保持清醒。

斯希丹的里维娜在病床上躺了38年，她对世俗快乐的抵制超越了所有人。她深信，拒绝食物可以让人摆脱对身体的依赖和俗世的连累。最后她的骶骨出现了厌食症的症状，伤口溃烂化脓，蛆虫在她残躯上肆意横行。对自己造成的这种难以想象的折磨达到如此可怕的程度，在中世纪从未有人比她还要严重。公众显然都渴望听到这样的故事。就从里维娜这一极为神圣的受难故事来说，用当地语言讲述并流传下来的就有三个手抄本和四个印刷本，而且全都是在1500年前后不到20年的时间里写成的。

据目击者所述，从1414年到1421年，里维娜已不再进食任何食物，总共睡眠时间也不足两个晚上。她甚至一点一点地呕吐出了自己的肠子、肺和肝，身上也出现了硕大的伤口，只好用绷带敷在伤口上，那绷带是在鳗鱼或家禽油脂、蜂蜜、面粉和奶油和成的糊糊中浸泡过的，以便能吸出她体内的蛆虫，不然的话，她有可能被这些蛆虫活活地吃掉。里维娜将自己呕吐出的肠子挂在床边的架子上，仍不断恳求上帝给予她新的严酷考验。

中世纪末期，像里维娜这样令人激动的故事以多种形式在民众中流传，其英雄主义的献身行为征服了民众。这些故事背后都隐含着这样一种信念，即尘世上的苦难是有意义的，为信仰而做出的自我牺牲是通往永生的正确道路。不过，这种带有禁食和自我禁欲的精神磨炼含有一定程度的傲慢色彩，人们自然对此有所觉察，甚至连禁欲者自己都对此进行了批评，他们终于有了可以忏悔的东西。与这种傲慢形成对照的是，安乐乡文本为人们提供了一种讽刺性的选择，鼓励人们纵情于毫无节制的暴饮暴食，而这正是对两个文本做出的看似合理的解释。

以中古荷兰语行文的安乐乡文本和广大民众怀有的千福年梦想之间有着更为清晰的联系。人们都翘首以盼，希望充满平等、和谐与富足的千福年盛世的降临。安乐乡是圣灵保佑之地，这必然使它成为社会底层之人、牧师和贝居安会修女等人共同祈求的梦想世界，由此会促使安乐乡和千禧年盛世联系起来，并融为一体。根据1411年在布鲁塞尔发生的审判记录，受到惩处的倡导自由精神的老手深信，在他们的管辖范围内，在有关贫穷、戒酒、节欲、克己和顺从等问题上，他们的做法应当跟教会所教导的截然相反。此外，安乐乡这个乾坤颠倒的世界，正是通过对种种俗世之束缚的愉快否定，才成功地进行了无情的嘲讽。

第七部分

事关生存的学习

第三十三章

教化的区别

如前文所述，以中古荷兰语行文的安乐乡文本和散文体"悠闲甘美之地"文本也都带有教化的意图。尤其是 B 文本和 G 文本，两者本身就已清晰地表明了它们的意图，因此，这种教化倾向是不言而喻的。B 文本在结尾处敦促人们赶紧前往安乐乡，不过这一建议并不是针对所有人的。需要遵循这个建议的，也只有那些厌恶劳动、到处鬼混、挥霍钱财之人。除此以外，其他各色人等是不得去的；如若不然，安乐乡就会人满为患。显而易见，文本结尾的这番话带有嘲讽意味，而安乐乡这个乾坤颠倒的世界在此处则扮演了说教性角色。我在前文中已经注意到，这一准则在中世纪后期的文学作品和视觉艺术中非常盛行，在各种节日庆典上也都付诸实施过，其中最热闹的节日便是狂欢节。

在散文体 G 文本中，这一教诲和教化的特点是用更为强烈的措辞表现出来的；G 文本于 1546 年问世，带有比较长的说明性标题，开篇就运用对句形式，作为一句格言向人们发出警告："又吃又喝又懒惰，三桩事情应有度。"如果不是文本结尾处还有几行诗句，明确谴责文本末尾热烈倡导的暴饮暴食，这一对句也许可以作为一种讽刺来解释。这个对句确定了该文本在悠久传统中的地位，也强调了它对那些懒惰放荡的年轻人所起的教化作用：他们在"悠闲甘美之地"应该改掉无所事事的毛病，并应懂得此种举止绝不会有什么好结果的。

G 文本在结尾处的那一部分散文也指出了这一点。这里，作者以近似于 B 文本的风格，号召世间那些"浪子"前往"悠闲甘美之地"：也就是说，如果他们想继续过那方居民一样的生活，绝不在乎什么荣誉、道德、礼貌、智慧以及文化修养，那么他们在那里将备受尊重。

在这些表述中，人们可以看出阶级讽刺的传统，这一传统在许多文本以及这个时期之后的宗教仪式中都出现过。当你赞扬的东西与你希望让人明白的寓意恰恰相反时，你的言行就会显得荒谬可笑。当你不遗余力地想将你的真实意图表达得更为清楚时，除了这种转弯抹角半开玩笑的表达方式外，也就是说，这样的文本，即此种情况下的 B、G 两个文本，如果只是以其被记载的形式呈现出来，它们的寓意将很有可能不会被人注意到。如果人们只是读读文本，将其牢记于心，可以想见得到，读者也许不会读出其中的嘲讽意味，也许会把其中的快乐简单地理解为白日做梦，如同空中建楼一般。但是，对于那些想要减少恐惧和挫折感的人来说，记录下来的种种文本里实际上从未缺少这种补偿性作用，它就像是一股潜流，涌动在文本之中。

除了低地国家外，安乐乡素材在中世纪后期和近代早期也被用来教化世人。法语文本就对喧闹音乐（即人民法庭周围进行的"吵闹"仪式）和乾坤颠倒世界的娱乐活动进行了嘲弄，而这两者都具有强烈的教化倾向，也许更为确切地说，两者都具有强烈的训诫倾向。1520 年前后刊印的一幅德国版画，也表现了此类说教意图。这幅版画甚至比 1530 年问世的汉斯·萨克斯的文本还早，是 G 文本效仿的典范。画中描绘了一个开怀大笑的人，其衣着和气质表明他是一个堕落的浪子，整日在浴池兼妓院的场所跟风骚女人厮混。所附的文字告诉我们，他的名字叫作汉斯·鲁策尔胡希（Hans Lützelhüpsch），又叫"汉斯·俊小伙儿",来自施拉芬兰德①,那里像他这样的人比比皆是。

安乐乡素材中含有的这些教化意图都呈现出嘲讽的形式,这意味着相当大一部分读者一定对乾坤颠倒的世界所做描述的含义有所了解。事实表明,在中世纪后期荷兰南部的城市里,对这种含义一无所知的人是难以找到的。如果偶尔有人心中无数,对文本、表演或者仪式所含的意义不太明了,总会有朗诵者,或者某位听众,或者另一个饮宴狂欢者给他解释清楚,消除他的疑问。

而当读者独自阅读书写或者印刷文本时,这样的氛围就不存在了。在这种情况下,只有靠读者自己来领会手中作品的意义。作者和改编者在表达他们的意义时,只能指望他们写在纸上的文字信号,以及目标读者对其观点和准则做出的判断。目标读者这一可变因素是不会轻易改变的,但写在纸上的信号可以加强,可以做出更为充分的解释。而当安乐乡的素材脱离口述传统,进入文字书写领域,写在纸上并以 B 版本的形式呈现出来时,就发生了这样的情况。

韵文体 L 文本这方面的问题较少。L 文本里,教化含义隐匿于字里行间,只能靠朗诵者、听众或者读者去领会。而另一方面,韵文体 B 文本和散文体 G 文本则对其教化目的表述得一目了然。另外,当 L 文本于 1460 年前后被记录下来时,饮宴狂欢的庆祝活动在城市里正大行其道,而到了 1510 年前后和 1546 年,也就是 B 文本 G 文本分别形成之时,此类欢庆活动已日渐衰落,因为当时出现了精英阶层的打压、法律上的禁令,以及对通俗文化的普遍遏制。换句话说,16 世纪的公众已开始摆脱此类欢庆仪式,而这些欢庆仪式曾经非常有效地探究过安乐乡这个乾坤颠倒之世界的奥妙,强调过带有教化意义的嘲讽,并发出过掩饰的批评。

安乐乡这样的素材,即还未经过朗诵或者表演加工过的原始状态下

---

① 施拉芬兰德(Schlaraffenland),德语中的安乐乡。——译注

的材料，是否具有教化含义，仍是一个悬而未解的问题。此种含义取决于每次表演或者书面记录的内容，以及所处的时代、环境和观众。而无论如何，我们只有依赖记录下来或印刷出来的文本。把某些素材付诸文字时，通常意味着要将它加以改编，以书面形式来满足或者适应环境的需要。实际上，口头材料到头来会与其他想法和观念混为一谈，改编就意味着将旧材料变得对新的观众或读者具有吸引力，而新观众和读者也许生活在别的地方或者以后的年代。尽管如此，许多旧材料在重新利用时，仍然引人注目，而且也明显易于利用。

1546年的散文文本正是这种参杂混合方法带来的结果，这是新兴文学传统中运用中世纪安乐乡素材的一个范例。"悠闲甘美之地"是一个乾坤颠倒的世界，在那里，一切按常理不该发生的事情都会发生，比如暴饮暴食、男女乱交、打嗝放屁也挣钱，还有不干任何有益的工作等。在那里，最大的笨蛋和呆子是国王和君主。最蠢的傻瓜是冠军，因为他们在比赛的最后才入场，而且射箭时不着边际，脱靶到九霄云外。该文本的结论是，年轻人可从中学到如何在现实世界中胡作非为。

但在"悠闲甘美之地"，安乐乡素材的一些元素得到保留，而且可轻而易举地派上其他用场。"悠闲甘美之地"的气候无与伦比：天上下的雪是白砂糖，下的冰雹是糖果，连吹来的暴风都带有香堇菜的芳香味道。这使"悠闲甘美之地"成为贪婪狡诈之徒趋之若鹜的地方，因为这些特点的确很有魅力，即便是对那些觉得打嗝、贪吃、性道德沦丧以及其他一切令人愉悦之事都毫无用处的人也颇具吸引力。

两种截然不同的用法在这里发生了碰撞，在我看来这是一种难以接受的方式。这些讽刺性的夸张旨在引发读者的欢笑，作为一种补偿，以缓解人们对现实生活状况的不满，那么，此种夸张又怎能同时激励人们避免这样的行为呢？然而，在中世纪，这两种相反的功能却十分恰当地共处共存，甚至互为补充。幽默与说教是宗教幽默所具有的两种要素，像润滑剂一样，帮助教会顺利地将其教义传播出去。而将最神圣和最平庸的两种东西随意地混在一起，都应理解为是在采取这种做法，而且自13世纪以来，托钵僧团①的修道士就以此方式取得了极大成功，他们以神圣醉态的语言来描绘天堂般的喜悦，以极端世俗的形式将其表现出来。

尤其是在迦拿②的婚宴上，耶稣将水变成了酒，这为民众提供了充足的洞悉宗教奥秘的机会，而其方式既有教化意义，又幽默诙谐。一位能创造如此奇迹的宾客到哪儿都会受到欢迎，恰如16世纪一首婚礼歌谣吟唱的那样：

> 主耶稣降临到婚宴之上，
> 将清水变美酒盛满石缸，
> 婚庆宴于是就喜气洋洋。
> 有好酒现在就干上一杯，
> 快快来同干杯开心欢畅。

在我们今天看来，用一首饮酒歌来抒发对教会的虔诚有些古怪，其实，13世纪的哈德维奇（Hadewijch）③和14世纪的扬·范鲁斯布罗克都提出了精神之醉的概念，并把精神之醉称作最大喜悦的代表；了解到

---

① 托钵僧团（mendicant orders），又译作"托钵修会"，天主教僧侣团体之一。它以云游布道、托钵乞食的方式区别于其他修道院僧侣组织。主要有方济各会和多米尼克（又叫"多明我会"）两大派，创立于13世纪初叶。——译注

② 迦拿（Cana），又译作迦南，巴勒斯坦北部的一个村庄，靠近纳萨雷特。据《新约》《约翰福音》第2章第1—12节记载，耶稣还有他的母亲以及他的门徒，应邀参加一家娶亲的宴席，等酒用尽时，耶稣对佣人说，把缸倒满水，因为当时那家摆有六口石缸，每口可以盛两三桶水，他们就照办了。耶稣又说，现在可以舀出来，送给管筵席的。结果水就变成了上等好酒。这是耶稣行的第一个神迹。——译注

③ 哈德维奇（Hadewijch），13世纪荷兰女诗人、神秘主义者，生卒年月不详。大概出生于富裕家庭，生活在布拉邦特，曾做过贝居安女修道院的院长，所著的诗和散文信函，对14世纪的扬·范鲁斯布罗克产生了重要影响，但其著述在中世纪后鲜有传世。——译注

这些，你会感到更加匪夷所思。在我们看来，幽默和严肃是风马牛不相及的，尤其是在宗教事务这一方面，否则会产生极大的误解。诚然，严肃有时会略带嘲讽，而幽默有时也别有含义，但是，将粗俗的幽默和具有净化作用的宗教事件混在一起，从而使其互相强化，对我们来说似乎就是纯粹的亵渎行为，实际上也是十足的诋毁之举。

这一奇怪结合的另一种常见形式，也就是以幽默措辞来表达严肃的教义，是由这一教义本身和与之相反的极端言辞组成，因此后者就描绘出一个乾坤颠倒的世界，而这个世界通常被作为一个极乐之地展示出来，在那里，人们可以沉溺于最奇特的罪恶之中。文学、视觉艺术，以及传统节日，比如宗教方面的颠倒调换仪式、生殖仪式、狂欢节庆典等，无不表明这一文化准则已成为一种方法，被越来越多的人所利用，以使他们的生活变得更可忍受一些。

城镇尤其热衷于此类欢庆活动，市民们抓住宗教历法里提供的一切可能的机会，举办各种庆祝活动，他们或戴上面具，或乔装打扮，或者搞些颠倒仪式。这些做法起始于12世纪，在15世纪时达到巅峰，荷兰南部的村落和城镇在这期间多次沉浸在节日庆典中。这些庆典活动乍看上去像是一团混乱，但仔细一看，才明白它们是颇为严肃而又不失幽默的宗教仪式，目的是要净化社会，使之焕然一新。

但是在16世纪时，这些集体庆祝活动大都渐渐止息了。早期现代社会当时正走向分裂，原因是人们在有关社会秩序的思想观念上产生了尖锐分歧，宗教改革也使教会内部出现了分裂，人们对乌托邦社会的兴趣日益增长，而且建立乌托邦社会的小规模尝试随处可见。这些意识形态上的分歧分散了人们的注意力，人们对暂时建立这样一个乾坤颠倒之世界的宗教仪式已不再关注，对建立此种世界的需要也在减少。

然而，在中世纪时期，一种稳定的参照准则支配了大多数人的宗教生活。他们认为，上帝已然在人间创立了固定秩序，这种秩序实际上已经转变为三重的社会模式，由三个阶层组成，即农民、传教士和武士。

这个准则规定，由上述三个阶层协力管理这个世界，这便为"末日审判"带来的共同结局铺平了道路。这还将表明时间的终结和俗世秩序的终结，取而代之的是平等的来世。考虑到这种幻象的性质，11世纪首次出现的对乾坤颠倒世界的嘲讽也绝非偶然了，因为在那个时候，教会也第一次对这种神灵授意的等级秩序发起了进攻。

这种幽默已使人们理解了如此严肃的思想观念，也可能会掩盖我们对这些宗教仪式所具有的深刻含义的看法。中世纪晚期要求建立一种既定的公民秩序，其中带有中产阶级的伦理道德，即努力工作、俭省节约，尤其是个人的自我保护本能；而那些未能达到这种要求的人，就会被当作傻瓜而受到尖刻的嘲笑，并会怂恿他们到一个暂时的模拟王国去，继续过他们那种一无是处、挥霍放荡的生活，而那个王国就是为此目的特意建立的。不过，当欢庆活动结束时，这艘愚人之船便满载"货物"，扬帆起航，其寓意就是让人明白，在正常的社会里，做出此种愚蠢行为的人，是绝无立足之地的。此外，谴责蠢人或者疯子——全然缺乏基督徒理性的人——似乎一直是一种显而易见的嘲讽手段，嘲讽那些毫无产出的社会成员（其中包括年老、体弱和残疾之人），在新秩序中，没有给这些毫无产出者留有一席之地。

一个问题是，中世纪晚期有许多讽刺漫画，描绘了乾坤颠倒世界里流行的野蛮、无度的生活，而这些漫画一直被视为忠实再现了人们一度向往却又厌恶的现实。

有一种持久稳固的流行观念，自今仍给人们描绘出了一幅中世纪的生活画面。这种观念基于如下信念：那时的人愿意让人观察并展示他们的日常生活，而且文学和视觉艺术工作者也决心尽可能真实地描绘他们的生活。由于那些作家和画家在其作品中展现了他们目睹的现象，我们现在才得以判断他们对当时人们真实生活的确切感知程度。

在那个时期，生活似乎要比现在火热得多，因为那时的人们不受什么制约或其他精神上的束缚；他们对大地或者上帝表示绝对服从；他们沉湎于自我鞭笞，或者在泥里交配；每当性情所致，便喝到酩酊大醉，人事不省，并以睡觉来消除醉酒的不适；他们会在痛苦中尖叫，也会放声大笑。然而，我们也极有可能会把这种所谓的中世纪现实主义迹象解释为一种嘲讽模式，目的是嘲弄此类十足的世俗行为。这也的确跟上帝最初打算创造的、人类已证实自身不能实现的那个理想世界形成了对比，而这一对比既生动逼真，又发人深省。

这是一个极度堕落又充满卑鄙欲望的世界，其中的堕落和欲望与本应存在的事物恰恰相反。而所描绘的正是这个世界，那里有醉酒喧闹的农夫，有纵欲过度者，有淫秽的民间传说，有粗笨彪悍的女人，还有举止动作与人一般无二的动物。而且所有这一切描绘时都常常跟那个由爱与和谐主宰的天堂般的完美世界紧密相连。中世纪的人反复地寻求与颠倒世界的差异，其实最好是关注一下他们自己那处于理想状态的世界。

在同一个文本中，这些看起来性质相反的材料发生的冲突确实令人不安。在一本中世纪晚期的祈祷书的页边空白处，紧挨着一节严肃的有关耶稣受难的诗文，出现了一幅雪人图画。按照现代的标准来衡量，这看上去即使不是亵渎神明，也是极不合适的。那雪人坐在一个凳子模样的东西上，背对着读者，扭头注视着我们，神色阴郁，也许是因为他正在火盆上方烤他的屁股。他头上甚至还戴着个可笑的帽子，好像自己那副滑稽的样子在这个地方还不够难看似的。

雪人在中世纪是一种人人皆知的现象，甚至比现在还要有名。一旦下的雪足以堆造什么了，城镇里就堆满了雪人，或者更确切地说，堆满了雪雕。这些雪雕，无论是从技术上还是从主题上，都可跟一般的雕塑相媲美。街道上到处都是表现圣经意象、神话故事、中世纪英雄、动物和民间人物的雪雕，四面八方的人都来参观这些艺术作品。如此壮观的雪雕节例证 1434 年在乌得勒支就已出现，1511 年在布鲁塞尔也举行过这样的庆典。

这种景象究竟有多么出名，从弗朗索瓦·维永（François Villion）[①]的一首有名的歌谣里可见一斑。这是一首关于不久前一群知名女性的歌谣，其副歌写道："那些老雪人都去了何方？"这直接提到了雪雕的人像，它们是在1457—1458年的隆冬时期在布鲁塞尔雕成的。维永曾讴歌过这些雪人，但它们的形象早已融化。

手稿中的那个雪人跟所有那些常常被人说起、美丽却短命的雪雕相比，看起来有些简单粗糙。可是，雪人紧挨着一节宗教性的文字，是在干什么呢？这是一押韵的祈祷文，旨在让人冥思和私下祈祷，内容涉及所谓的 arma christi（耶稣的武器），也就是传说中的耶稣受难的器具。这一页文字还描写了一根放在海绵上的芦苇，以及一个盛有醋的容器，耶稣在死之前就是受到了这样的折磨。文本也有这样的记载："主啊，你在说出'都结束了'这句话后，就咽气了。"在这段文字旁边就坐着那位满脸惊讶正在融化的雪人。

我们在此又一次碰到了这种兼具说教和感情色彩的手法，而对我们来说，这是一种迥异的手法，也就是将最真挚的虔诚和最低俗的幽默结合起来。然而，宗教教诲一般都可通过最粗俗的方式来传达，不过这里并不像看到的那样简单。上帝规划的完美世界甚至以其圣子为代价，而人们一而再再而三地将其与人类堕落后的短暂的俗世生命进行比较，以此来阐释并赞颂它。

按照现代标准，这种性质对立的手法会造成奇异的效果。我们在大大小小的教堂里也能碰到这一现象，君不见教堂那奇形怪状的滴水嘴都被雕刻成邪恶怪物和畸形动物的模样，而它们都篡夺了上帝创造的力量。在教堂内唱诗班所站的地方，有反映各种奇异环境下罪恶行为的装饰，毫不避讳色情和污秽的东西。

与带有解释的手稿中对比性页边插图关系更为密切的是教堂廊柱顶

[①] 弗朗索瓦·维永（François Villion，1431—1474），法国诗人，早年就读于巴黎大学，著有两部诗集。——译注

上的装饰，比如图卢兹一家修道院里保留完好的廊柱。正如《马太福音》中所记载的，基督向其门徒展现他的神力，而那里的一根廊柱顶部三面都描绘了这一情景。另外一根廊柱顶部的连环雕饰与此类似，但其四面描绘的则是不同种类的运动游戏，例如摔跤、奏乐、掷骰子、下棋、跳高等。这些雕塑的姿态也与下面那些拉长的、不大引人注意的塑像形成了尽可能大的对比。这些对比将种种俗世的乐趣和修道院内的理想生活进行对照，完美世界一次又一次地同堕落世界放在一起比较，后者与上帝设想的世界完全相反，是一个乾坤颠倒的世界，由魔鬼统治，而魔鬼总是不厌其烦地给那些意志薄弱、易被愚弄的人设下各种陷阱。

乾坤颠倒的世界和完美世界如此频繁地放在一起加以描述，不禁让人感到困惑。例如，在以祈祷为目的的宗教游行中，用来展现世界的不仅有旋转木马、舞剑者，还有系着长绳的怪物，其状如地狱之犬，尖叫着走在前头，为游行队伍开道。令我们颇感奇怪的是，在这种兼具教化与快乐的消遣活动中，这些怪物竟然也能派上用场。

通过对堕落世界可恶的堕落现象尽可能真实的描述，完美世界的光辉和福祉表现得更加突出了。不过偶尔也有失当之处。距根特不远的圣利芬斯·豪特姆（Sint Lievens Houthem）小镇可谓臭名远扬，因为镇上搞的宗教游行几乎每次都有放荡淫秽的场面。这引起了毗邻的梅赫伦小镇（Mechelen）议会的强烈反应，于是便向"圣十字游行"的组织者发出了严厉警告，直截了当地要求他们"不得再有任何愚蠢举动"。

在上述收录有韵文体祷辞的手稿中，出现了对世间最神圣时刻——超度——的描述，向人们暗示了世上转瞬即逝的事物：一个正在融化的雪人。在文学作品和圣经评注中，也反复提到雪和霜。在中古荷兰语中，另有一个引人瞩目之处，即 dooien（意为"融化"）一词所具有的双关意义。死亡意味着俗世一切事物的"融化"，包括人们的罪孽。因此，布鲁塞尔的雄辩家扬·斯梅肯（Jan Smeken）在 1511 年当地举行的雪节庆典上赋诗一首，其结尾处就用到了雪的消融，预示着雪节的自然结束：

> 蒙上帝赐我等这般故去，
> 造下的种种罪随之消融。
> 愿我们尽享那天国福祉，
> 避腐朽免死亡其乐无穷。

雪人头戴一顶犹太男子常戴的无沿便帽或圆顶小帽，这也许增强了天堂永恒的来世寿命和短暂的俗世寿命之间的对比，也让人想起 ecclesia 和 synagoge 这两种会众①之间的差异，而这种差异在中世纪常常会引发犹太人对所谓的异教信仰的真正信奉。

这一对比手法一直颇为流行，在本手稿的其他页面里也被用到。永恒来世那神圣的最精彩部分与俗世进行最奇特的对比，以反讽方式阐明了来世。在载有押韵祷辞的页面里，这种对比手法最有效力。祷辞描述了精神之爱的精髓，将圣父、圣子和圣灵融为一体，形成"三位一体"。在这段文字下方的页边处，描绘了两个正在交媾的雄性猴子，将至高形式的爱与世间所能见到的截然相反的性爱，即粗野的野兽的同性恋，进行了对比，而世间再没有比后者罪孽更为深重的爱了。

在别处还有一副微型画，描绘了坟墓中基督那拉长了的躯体，在页边与之形成对照的是一个滑稽可笑、身体蜷曲的小家伙，其脑袋夹在了两腿之间。这种身体姿态的对比很容易导致如下的解释：耶稣基督甘愿受人支配，为人献身，与有罪之人俗世的内省形成了对照。此处另有一副微型画，描绘的是神圣的十字架，画框后边有一个滑稽的小人儿，正以惊愕的目光盯着读者。面对耶稣在十字架上受难这样意义重大的事件

---

① 前者 ecclesia 泛指基督教的会众，后者 synagoge 泛指犹太教的会众。——译注

时有此表情，不正最终表明人类缺乏理解吗？

　　这部手稿和其他手稿中的许多旁注，似乎都和它们相伴的文本内容没有那么直接的关联。不过，所有旁注都展现了一个充满粗俗、平庸和夸张景象的乾坤颠倒的世界。这一教化手法在文学作品中则不那么容易把握，因为它对上帝设计的完美世界仅仅给予了含蓄或者粗略的描述；实际上，文学作品要表现的是一个极富诱惑的乾坤颠倒的世界，而人们则将其看作对中世纪生活的真实写照。

第三十四章

乾坤颠倒的世界

中世纪文学艺术体裁上的一个主要准则，是将上帝在创世时有意谋划的世界与魔鬼及其帮凶统治的现存世界进行对比。天堂的理想世界和俗世现实之间的这些对比，其范例是由奥古斯丁开创的。他率先将 civitas terrena（俗世之状态）和 civitas dei（神之状态）进行对比，并指出，只有通过对俗世生活的颓废堕落进行痛心疾首的描绘，才能彰显来世的福祉。上帝早就知道邪恶会在人世间出现，这乃是他谋划的一部分；因此，这一邪恶部分是有意义的。只有将完美世界和邪恶进行比较，才能彰显上帝创世之美。换句话说，没有恶，就看不到善。另据11世纪编年史学家拉杜弗斯·各拉贝所言，《圣经》里甚至说道："为识别真正信奉上帝之人，必须要有异端邪说。"

奥古斯丁的对比效力这一观念是从古典雄辩术中得出的，而雄辩艺术正是其教育的基础。这里也为描绘所有看似真实、毫无节制、粗俗淫秽的行为奠定了基础，而描绘这些行为就是要使与其相对立的行为被更加鲜明地彰显出来。奥古斯丁的原话大意是："语言之美可以通过这样的对比方法来实现，同样，世界进程之美也可以通过某种论辩来实现，但不是言语的论辩，而是事物的论辩，就是运用这一对比之法，将相互对立的事物进行比较。"

奥古斯丁发现了揭示对立事物的模式，并通过这些模式对《圣经》中的创世和永生做出了解释。尤其是《圣经·旧约》的《传道书》，专门说明了尖锐对比的必要性。必死性就是通往永生的路上所要经历的坎坷：

> 凡事都有定期，天下万务都有定时。
> 生有时，死有时。
> 栽种有时，拔出所栽种的也有时。
> 杀戮有时，医治有时。
> 拆毁有时，建造有时。
> 哭有时，笑有时。
> 哀恸有时，跳舞有时。
> 抛掷石头有时，堆聚石头有时。
> 怀抱有时，不怀抱有时。
> 抛掷石头有时，堆聚石头有时。
> 寻找有时，失落有时。
> 保守有时，舍弃有时。
> 撕裂有时，缝补有时。
> 静默有时，言语有时。
> 喜爱有时，恨恶有时。
> 争战有时，和好有时。①

这段内容与古代雄辩艺术中 *concordia discors*（"对立统一"）的概

---

① 译文引自简化字现代标点和合本《圣经·旧约全书》。——译注

念不谋而合。大自然本身造成了对立物，只有通过对立物的比较，美好的事物才能存在，并且有助于整体的秩序和美。尽管不和谐现象会反复出现，但无所不包的统一却完好存在。

雄辩本质上就是对立的，雄辩家假定对手的存在，然后用相反的论据去说服他。继《圣经》和雄辩术之后，中世纪的 ars peotica（《诗艺》）也指出，在描写乾坤颠倒的世界时，特别在文学作品中，存在某些内在的可能性："艺术……几乎可以产生奇迹，能将事物展现得如此美妙，以至于能将后者变为前者，未来变为过去，遥远变为近旁，间接变为直接；同样，粗俗变为高雅，旧的变为新的，公共的变为私人的，黑的变为白的，肮脏的变为宝贵的。"哈德维奇（Hadewijch）[①] 在一首五十行的诗中提供了这方面的详细证据，试图捕捉精神之爱的本质，而其真实本质恰恰来自它所引发的痛苦。诗的语气在首行便已确定，并在一长串自相矛盾的说法中反复展现出来：

> 夺来之爱最甜蜜，
> 深度绝望最美丽；
> 迷失路径终点近，
> 渴望爱情慰灵魂；
> 爱之伤痛由爱医，
> 为爱而死得永生。

当然，这种方法也能用来描述永恒的欢乐，对消极因素加以否定，就能凸显积极的一面。许多中古荷兰语义本就是采用这种方法来描绘天堂，例如在 Sinte Augustijns hantboec（《圣奥古斯丁手册》）中就这样写道："啊，充满生机的生命，啊，永久福祉中的不朽生命，在那里尽享

[①] 哈德维奇（Hadewijch），又被写作 Hadewych、Hadewig，13 世纪安特卫普（抑或是布拉班特）的诗人。——译注

快乐而无悲伤，休憩而无劳顿，尊严而无恐惧，财富而无缺失，健康而无疾病，充裕而无匮乏，生命而无死亡，永生而无夭折，福佑而无痛苦。"在虚构的故事中，类似的推理和写作技巧受到嘲弄——而最终却也得到了认可——高度对立、非同寻常的东西以似乎符合逻辑的方式并列在一起。如上所述，古典和中世纪的游记作品也用这种手法来描述事物，特别是在展现自己生活的世界和异国他乡的差异时，便采用此法，进行荒谬可笑的对比。

在中世纪，中世纪运用这些手法带来的也许更为重要的影响是《启示录》所建立的传统以及由此引发的评注，而在这些评注中，对立事物构成了一种压倒性的结构原则，其目的是将极其可信的、一劳永逸的善恶决战作为自身的特点。恶一次又一次被描述成善的对立物，甚至是善的缺失。在谈及奥古斯丁时，托马斯·阿奎纳强调邪恶之必要性和重要性这一观念，恶在万物秩序中有其自身的位置，其主要目的是突出善的事物："因此，如果上帝不许恶的存在，那么许多善的事物也不复存在；因为如果空气不被污染，火也就生不起来；驴子若不被杀戮，狮子就无以活命；没有不公、正义的伸张和受难者的忍耐也不会受到赞美。"

乾坤颠倒的世界进入文学领域，主要呈现出一种 *Zeitklage* 形式，或者说是对时代的抱怨。自人类堕落以来，上帝所创的世间万物已呈螺旋式向下退化，正朝着魔鬼完全统治的方向堕落。当那种情况发生时，上帝就会出面干预。与此同时，一切俗世行为，在任何情况下都被看作人类道德状态的表现，也表现了人类堕落后所遭受的惩罚，同时也代表了乾坤颠倒的世界，表现了奥古斯丁 *civitas terrena*（尘世之城）的精神面貌。这个对立的世界经常通过图画形式表现出来，例如在田间耕作的农民，以及在城镇从事各种职业、辛苦工作的市民群体。不过，人们在解释这些描绘出的画面，特别是中世纪末的画作时，必须谨慎小心。毫无疑问，这些绘画根植于一种传统，即描绘人类堕落后的命运和短暂的寿命；虽然如此，但后来对自然的再评价以及对辛勤劳动之必要性的认可——更不必说对快乐的关注——促使人们用一种更加积极的眼光来看待这些活动。

视觉艺术毫不踌躇地运用讽刺这一武器来描绘一个富有启示作用的乾坤颠倒的世界，与奥古斯丁描绘的神圣天国截然对立，这在插图手稿页边所做的滑稽诙谐的注解中已为读者所见到，在教堂和公共建筑物的怪兽状滴水嘴、教堂唱诗班席位和柱子的顶端也都可见到这样的艺术装饰。木刻和版画亦来推波助澜。1486 年，汉斯·温特勒（Hans Vintler）[①] 在其刊印的 *Bush der Tugend*（《美德书》）中，就含有一系列趣味盎然的描绘乾坤颠倒世界的木版画，目的是用这些画作来阐释他的美德教导。画作中，有主教在玩陀螺，有僧人骑着高头大马在练习骑射，有一群修女坐着马车驶向宫廷，有一名男子坐在一架手纺车边，有一个男孩在大口的喝着啤酒，还有仆人骑着骏马，而他们的主人却徒步跟在后面。

中世纪文学几乎都利用讽刺这一武器来揭露日常生活的苦难。在欢度狂欢节的时候，情况就变得更加复杂了。理想状态下的现实世界完全被颠倒过来，备受赞扬的不再是通常人们追求的美德和文雅的举止，而是与之相反的东西。早期这方面的一个例子是 11 世纪拉昂的阿达尔贝罗主教（Adalbero of Lâon），在狂欢节期间，力图向人们说明一种基于三个阶层的社会模式。他说人类没有履行其各阶层应尽的责任，所以这个世界注定会出现这样的结局：农夫头戴王冠，昂首阔步地走来走去，而国王不做别的，只在那里祈祷，主教却在田里耕地。

在同一时期或者之后不久，出现了 *Carmina Burana*（《卡尔米纳·布拉那》）歌曲集，[②] 对相同的主题进行了更为精细深入的阐释，这表

[①] 汉斯·温特勒（Hans Vintler, 135？- 1419），中世纪晚期奥地利提洛尔地区一知名诗人。——译注

[②] 卡尔米纳·布拉那（*Carmina Burana*），是中世纪一部著名的世俗歌曲集，用拉丁文、古德语和古法语所写的诗篇的手抄本，年代在 12 世纪和 13 世纪之间。该集共收录两百多首作品，包括表现放纵情欲的爱情歌曲、表现暴饮暴食和赌博的谐谑歌曲、关于道德和讽刺现实的歌曲、流浪学者的韵律诗和宗教剧等。——译注

明在中世纪鼎盛时期①，以拉丁语进行讽刺的文学流派正在兴起，其首要目的是说明严格坚持社会阶层模式的必要性和急迫性。有关学者不做学问、生活放荡的怨言，也促使一些人尝试描绘一个走向末日的世界。在这些歌曲中，圣经人物、古典名流、牧师、主教等都生活在乾坤颠倒的世界里。马大（Martha）②萎靡不振，无精打采；圣母玛利亚在辛苦地操持家务；卢克丽霞（Lucretia）③站在街角，像妓女一样向男人抛送媚眼；教会教父圣哲罗姆（Jerome）④和大格列高利（Gregory the Great）⑤则泡在酒馆中豪饮和赌钱。

对乾坤颠倒世界的描述，无论是否跟理想世界放在一起进行，在中古荷兰语文学中都非常流行。其目的始终是对导致日常生活恶化的种种事物进行严厉谴责。布鲁日博物馆格鲁修斯分馆（Gruuthuse）藏有一部14世纪后半叶的手稿，其中有一首歌曲，以一句绝望的呐喊开头："我不知道该怎么做！"接着就解释了个中的原因："世界已天翻地覆，不忠日盛，信仰渐逝。"

说书人布尔代温·范德吕埃尔（Boudewijn van der Luere）写了一则名为 Van tijtverlies（《失去之时光》）的韵文体故事，严词痛斥其所处时代的种种堕落现象。一切美德都被恶习玷污，神圣的教会沦为发放高利贷、抢先购买财产、买卖圣职的温床，羞耻位居荣誉之前，年轻人统治世界，女人穿着男人的服饰出行，淫乱行为大行其道。布尔代温还用了数十首诗去谴责同时代那些导致世界堕落的人。他认为世界正走向毁灭，因为上帝不会永远用瘟疫、灾难、洪水去警告世人，更不要说大火、传染病了。这类灾祸与上帝很快就要动用的正义之剑相比，就如孩

---

① 中世纪鼎盛时期指的是11—13世纪，即1000—1300年的300年，中世纪的中期。——译注

② 马大（Martha），《新约圣经》中拉撒路和玛丽的姐姐，耶稣基督的朋友。——译注

③ 卢克丽霞（Lucretia），古罗马传说中一贞烈女子。——译注

④ 圣哲罗姆（Jerome，347-420），早期西方教会教父，《圣经》学家，通俗拉丁文本《圣经》译者。——译注

⑤ 大格列高利（Gregory the Great，540-604），罗马教皇。——译注

童游戏一般。

该文本不仅在对比性构思方面,而且在对罪恶与恶习以及那些将社会变得颠三倒四之人的处理方面,都具有示范作用。其他作品在这一点上有着惊人的相似之处。例如,简·菲利普松(Jan Phillipszoon)在1470年前后于荷兰的莱顿城编辑了一部有关营养的手稿,其结构就与此相仿。这种模式随处可见,而且是布鲁日的雄辩家安东尼斯·德罗弗尔最喜欢的表达形式。

伦敦图书馆收藏的含有中古荷兰语安乐乡L文本的手稿中也运用了这样的表达形式。五十二行的韵文体文本出现在冒牌医生药方和安乐乡文本前面,更为清晰地表明了这三个文本的关系。手稿先是用奚落的口气说明乾坤颠倒之世界与堕落的现实世界别无二致,然后披上狂欢节虚假故事这一类型的外衣,最后又用讽刺的手法将其描述为一个高等学府。

诗文本身就是一种社会批判:

> 诸君拭目看,世界充满恨!
> 你若对我好,我就对你孬;
> 你若抬举我,就把你打翻;
> 你若尊敬我,会让你难堪。

这种极端堕落现象是真理泯灭、正义受制的必然结果。欺骗和龌龊下流举止大行其道,信念、谦卑和善良荡然无存。摆满食物的餐桌上滋生的是憎恨和嫉妒,因为一旦食物被吃光,友谊也便随之终结。这个世界由金钱主宰。

结尾的一节与冒牌医生的处方和安乐乡故事之后的文本形成了联系,使这两个位于中间的文本与其前后的章节也有了更加紧密的联系。紧随安乐乡之后的文本是用拉丁文写成的结构十分松散的韵文,对万能的金钱进行了嘲讽。因此，安乐乡故事和冒牌医生的处方这两个文本的前前后后，似乎都是在嘲讽现实社会的种种邪恶，所以，乾坤颠倒的世界起到了决定性的对比作用。

讽刺性教训通常与狂欢日庆祝活动连在一起，典型的例子有模仿蓝色驳船行会会员相关准则的章程，还有模仿无名圣徒的布道词。15—16世纪问世的这种文本，保留下来的有数十个之多，其中都有类似的例子。这些文本对截然相反的行为举止大肆吹捧，以此向新兴城镇社会的成员推荐新的行为方式。为达此目的，就邀请民众依照仪式化游戏的既定规则结合起来，组成一种行会，与好吃懒做、挥霍无度、行为放荡的人为伍。而到游戏结束时，那些举止行为不能为城镇所能容忍的人就被流放。这种方式与其说是对现有社会秩序的肯定，不如说是在宣传新的价值观念，尤其是自我保护、个人责任和礼仪规范等。

蓝色驳船行会从社会各阶层中寻找寄生虫，将其吸纳为自己的成员，其中包括牧师、流浪汉、风骚放荡女人，他们无不确信自己可以肆意痛饮纵欲，终其一生。很快，中世纪晚期的贫困之人也卷了进来，因为这些响应召唤加入行会的人，往往不是因为自己的过错，就落到了痛苦的境地，或者即将陷入这样的境地。不过，模仿行会规章制度创作的文本只是暗示，这一切都是他们的过错，并坚决宣告，在新社会中人人都应能够自己照顾自己。另外，为了使其意图表达得更加直白，文本在结尾处两次摒弃了讽刺的口气，直截了当地指出了这些随便提出的建议的含义：虚度光阴，蹉跎一生。

蓝色驳船行会会员身份是专门留给那些被接受的社会群体的代表人物，于是，他们就过度放纵自己，沉湎于备受吹捧的轻浮放荡行为。杀人犯、纵火犯、小偷、海盗、叛国者、盗贼、流氓是不能获得这种身份的，因为他们基本是在简单的颠倒仪式或者短暂的混乱情况下，也没有表现出城镇所认可的理想举止，所以全都不能得到救赎。像他们这样的人应该被处死。行会所招募的人都明白，只要他们变得聪明、富有或者结婚，就会失去会员资格，而这点便确定了新秩序的架构。

在模仿无名圣人的布道词中，鼓励信徒做以下事情：

> 天国里充斥着酒鬼浪子，
> 我必须将此情告知诸君，
> 要明白我所言君须尽力。
> 至亲者若想要拯救灵魂，
> 且莫要吝惜那财产金银，
> 哪怕是儿孙会忍饥挨饿，
> 也应该抓机会开怀畅饮。

假冒的传道士反复宣讲这一寓意：将钱花光，喝到酩酊大醉。

这些文本中有不少也刻意在结束时阐释一下故事所蕴含的道德意义，它们同韵文体的安乐乡文本和散文体的"悠闲甘美之地"文本有着直接的联系。两个韵文体文本旨在供人朗诵和表演，而散文文本意在个人娱乐（即自我阅读或者读给别人听）。这三个文本都保留了乾坤颠倒世界中节日庆典仪式方面的回忆，这似乎跟最初的颠倒礼仪只有一丝模糊的联系。这种模糊联系在这样的 *Veelderhande geneuchlycke dichten*（《娱乐诗集》）中也能见到；该部诗集首次刊印于 1600 年，其中收录了许多两百年前问世的此类文本。G 文本甚至还要早些，可能刊印于 1546 年，那时颠倒世界的颠倒礼仪早已烟消云散，所以这个文本充其量是带着怀旧情结对其进行回顾罢了。

两性之间的角色交换是乾坤颠倒世界的典型特征，这样的例证不胜枚举。其中最有名的当数亚马孙王国，许多中世纪学者都证实了王国的存在。在这个王国里，女人将所有男人全都驱逐了出去，她们既残酷无情又生性好斗。为了繁衍后代，她们每年都会和邻国的男性进行一次短暂的欢爱。媾合后生出的如果是男孩，她们就会将其打死或者打发到别处；如果生出的是女孩，便让她在摇篮中开始接受争斗技术的教育。稍大后，这些女性后代就会把一个乳房烧掉，以便更好地操纵武器。据说，她们靠着这种野性征服了亚洲大部分地区。中世纪后期的文学和视觉艺术作品中都反映和嘲讽了女性在乾坤颠倒世界中的统治，警告世人在日益增多的城镇社会中，掌权女性带给人们的威胁。

文末倒置的不仅仅是权利，情感也可以乾坤颠倒。据说在大洋中有一个小岛，那里如果出生了一个孩子，女人就会十分伤心，而如果有人死掉，她们就会异常高兴。约翰·曼德维尔爵士觉得这种行为需要做出解释，于是他便在正统的基督教教义中找到了如下解释，而这种解释在他自己的邪恶世界里也无望被人接受。这个小岛的居民显然认为，这个世界只是一个伤心之地，真正的人生是在死后开始："她们看到孩子出生后就哭泣悲伤，看到人死后就高兴快乐，其原因是她们认为，人生到这个世界上，就会遭遇悲伤和烦恼；而当他们死去时，就会去天堂享福，因为天堂的河里流的是牛奶和蜂蜜，天堂里还有各种各样美好的事物，人过的是没有悲伤的生活。"曼德维尔据此证实，乾坤颠倒的世界实际上就是被基督教社会腐蚀的西方世界，而来自异国他乡的某些人却设法保留下了具有天堂般原始之纯洁的理想世界。因而，此种边缘文明已被证实给人们提供了一个直接范例，表明事物本应具有的面貌。

对纯粹基督教的怀念、仇视外人和自我提升奇特的混杂在一起，而这种混合不仅出现在听起来很原始的游记故事和编年史中，而且出现在哥伦布和其他探险家绘声绘色的游历中。此前我已说过，当哥伦布在1498—1500年进行其第三次航海时，他非常担心逗留在他们发现的安乐乡上，并且对安乐乡可能带给他的船员的影响感到十分害怕，因为那片没有律法的富饶国土只适合罪人和庸人。而这也正是有关安乐乡的B文本和"悠闲甘美之地"的散文文本所得出的结论。无论是写在纸上的还是现实中的,安乐乡似乎都是暴饮暴食和游手好闲者的学堂,他们被流放到那里,直到他们幡然醒悟:不信神明最终会带来多大的混乱和堕落。

第三十五章

艰难时代

在乾坤颠倒世界的说教性框架中,安乐乡和"悠闲甘美之地"可以作为教育机构来发挥作用;如果它们这种地位以及发挥了多大程度的说教作用已经说明了,那么此种意图也必然会从文本自身的具体细节中推断出来。这些文本究竟要告诉我们什么呢?这些梦想之地的魅力又是如何将我们的注意力引向这些教义呢?

首先以懒散为例,懒散是安乐乡和"悠闲甘美之地"的主要特点。在这两个地方,人们无须付出任何努力便可坐享美食。梦想之地的这一基础在两部安乐乡文本的开篇之处就已言明。人们必须辛苦劳作才可谋生,这是"人类堕落"带来的后果。其次,两个文本就引出了安乐乡,并告诉人们,在安乐乡里上帝已禁止一切劳作和烦恼。食品和饮料会自动奉献给人们享用,甚至会以烤熟的动物形式出现在人们面前,而且还配备有必要的食用器具。最后,这里的一切都是颠三倒四,地覆天翻,人们单靠睡觉就能获得巨大收获。

G文本对食物方面这些引人瞩目的幻想做了进一步发挥。在"悠闲甘美之地",各种美食都长在树上,并且触手可及;煮熟或者烤熟的鱼故意在岸边游动,人们伸手便可将它们抓起来享用。各种烤熟的鸟类在空中飞翔,如果你碰巧张开嘴巴,它们甚至会落入你的口中;烤猪在地上走来走去,背上都插着刀子;驴和马会下出蛋和薄饼。

然而,文本要强调的并非会移动食物的奇异举止,而是人们几乎无须付出任何辛劳便可获取此等食物这一事实。他们唯一要做的就是咀嚼和吞咽,甚至连这点辛苦都显得十分费力。勃鲁盖尔曾在1567年画了一幅题为《安乐乡之地》的画,而在一幅根据此画印制的画作下方,印有如下题字:"这位懒汉勾起双臂,却发现很难将手臂伸到嘴边。"

G文本对懒惰给予了更多关注,主要是这方幻想之地首次用了 Luilekketland 这个名字,其含义是"悠闲懒惰而又美好的土地"。在这里,那些想靠双手谋生的人不但会引起同胞的敌意,而且最终会遭到驱逐。而最懒惰的家伙,即无所事事、整日昏睡、做白日梦的人,则被尊为贵族。

这种虚幻的想法引发了有关劳动的问题,结果引发的是七宗罪之一:懒惰或怠惰。最初这种罪过特指僧人或牧师未能尽力,或者未能履行自己的宗教职责。这种情况在中世纪是一种比现在要严重得多的失职行为,因此,这宗罪过——虽然今天基本上已被人们忘却了——但在中世纪时期,和其他六宗罪一样,是一种特别严重的罪行。尤其是那些低级神职人员,在不断地祈祷、研究和沉思默想之后,会有发困和打盹的可能。这种行为若经常出现,就会使他们陷入忧郁,而魔鬼等待的正是这个,因为处在忧郁状态下的人最容易受到诱惑。

这种情况在几个文本中均未被提及,显然文本所关注的是日常生活中辛勤劳动的必要性。自14世纪起,人们意识到,越来越有必要劝诫人们努力工作,甚至采用某种滑稽有趣而又行之有效的方式来达到这一目的,比如用一幅乾坤颠倒的世界这样的画面来展现。当然,这需要跟人们头脑中根深蒂固的如下观念进行斗争:自亚当和夏娃被逐出天堂之后,辛苦劳作和烦恼是上帝对人类的惩罚。扬·范伯恩德勒就以不容置疑的言辞陈述了这一点:

> 于是，上帝告诉亚当说：
> 皆因你对妻室言听计从，
> 吾之命汝不听应遭报应，
> 自此后让尔等明了一事，
> 流汗水流眼泪方得活命。

如果人们不能更加积极肯定地对待劳动，那么新的城市经济就不会兴旺繁荣。幸运的是，《圣经》中有大量章节就是为此目的而等着人们来解读的，《创世记》里也可能做了这样的暗示，即上帝实际上是需要有人在天堂工作的（"于是上帝把这个人带到伊甸园，维护它并打理它"），不过这充其量指的是经常所干的锄地耙地之类的农活。然而，*Spiegel der sonden*（《罪恶之镜》）这部书却把这一点相当明了地做出了如下阐释："上帝将亚当这位世上第一个人安置在天堂，就是为了让他劳作。"伦敦收藏的含有安乐乡 L 文本的手稿中，有一篇名为 *Dietsche Lucidarius* 的韵文体文章，该篇也有散文体形式，则对此做了类似的曲解，断言亚当很喜欢上帝给他安排的劳作：

> 人世间第一人名唤亚当，
> 被上帝带进了伊甸天堂；
> 按计划他应该辛苦劳作，
> 并非是流血汗苦不堪言，
> 反倒是欣欣然干中享乐。

一些评论家不遗余力地阐释圣经中的这个片段，将它看作一种激励，激发人类去完成上帝的创造。于是，劳动便稍稍显现出了一点正面的形象。

根据引导后心理上的这种变化，人们已不再把工作看作一种惩罚。人类首对夫妻在堕落后所遭受的惩罚，只是改变了次要的劳动条件，这就是上述 Dietsche Lucidarius 中的押韵引文所要表达的意思。如果以前亚当和夏娃是吹着口哨去干活的话，那么现在去干活时就会浑身发抖，因为他们明白，这是要流血流汗流眼泪的艰苦劳作。不过，劳动的必要性及其对社会的积极影响已不再受到怀疑，所以，懒惰自此以后便开始遭到嘲讽，而且要让人理解这一寓意。现在，游手好闲的懒汉被看作无用之人或是失败者，他们应归属于安乐乡或"悠闲甘美之地"。而懒惰或懒散通常也便指代那些忽视自身工作和无所事事之人。

对城镇社会来说，提升人们努力工作的愿望很有必要，因为那里有许多人以乞讨为生，或者经常到救济院混饭吃。在这种情形下，激进僧人和信奉千福年的猎富者便大肆鼓吹一些原则，选择走贫困之路，也就是无论如何要放弃一切劳作。于是，劳作就是腐化堕落，因为劳作总是会积累财富，不免会让人变得傲慢。毫无疑问，这是正统基督教教徒的极端观点；有关道德的百科全书，比如《西德拉克》，都在毫不踌躇地歌颂这样的观点，并且这些书一直到 16 世纪还在广发流传。因此，所有在尘世恢复天堂的尝试，其最重要的特点就是人们无须再辛勤劳作，这也就毫不令人意外了。

一个出自埃克哈特大师手笔的中古荷兰语文本，就对那些深信此道、无所作为的社会成员表示了怨愤。该文本认为，工作有益于健康，还可以避免人们犯罪。另外，人人都要自谋生计，这对维系社会是必不可少的。没有担任神职的信徒，无论如何都不应对宗教事务投入过多精力，不应整天无所事事地待在教堂里，懒洋洋地消磨时间，也不能过于频繁地参加圣餐之类的礼拜仪式。

其他文本也曾提到，参加宗教仪式不过是人们厌恶劳动、不愿脏了自己之手的幌子，是神职人员的第二天性。扬·范伯恩德勒认为，劳作首先是人们要忍受的一种惩罚，不过他的用意是应当从事劳作，在他看来，劳作就是"真正服务于上帝"，不在于天天待在教堂里，而在于做好自己的日常工作。

《玫瑰传奇》也支持这种观点，这必定表明越来越多的世俗民众开始接受此类观点。据说使徒保罗曾明确表示，一个人必须靠工作谋生："禁止他们乞讨"，他说道"用你的双手劳作，不要因乞讨而使自己蒙羞"。后来，他本人也拒绝收取听他布道的人奉献的金钱：

> 善良的人啊，请收回你们送我的礼物，
> 我依靠自己的工作生活，
> 我的双手极其强壮，
> 无须接受你们的施舍。

然而在某些偏远地区，在天堂般的环境里永远赋闲无事仍被视为值得向往的人生的开始或者归宿，是人们活着并且身体健康时努力争取的东西。无论是在过去的黄金时代还是在未来的欢乐天堂，人们无须从事任何劳作。世俗传教士约翰内斯·布吕格曼就曾说过这层意思的话，会众听了他的这番极具诱惑的宣讲之后，也许会迫不及待地将所有尘世间的劳作抛到九霄云外。他说道："我们在来世将会做些什么呢？我们将不会含辛茹苦，不会从事任何工作。那么我们将干些什么呢？我们什么都不做，只需打打哈欠，感受奇迹罢了。"有些荷兰谚语也讲得十分明显，比如"田地不耕作，也长好庄稼。"田地自然会长出作物，这是长期存在且经常复苏的传统；的确，这句谚语就像一扇敞开的门，在15世纪末期，人们既可以从上述传统这一角度来解读这句谚语，也可以将其理解为一种劝诫，劝告人们去做他们刻意回避而又必须要从事的劳作。劳作与食物自古以来就息息相关，食物是对劳作的回报，也代表人们在面对由饥饿带来的持续不断的死亡威胁时所取得的胜利。而以上两种看法都与食物和劳作的这种关系大相径庭。

两个有关安乐乡的文本都以谚语开篇,都强调了这一深刻的真理——或者应该说是咒语——只是有一点让我们感到诧异,就是两个文本都表达了这一基本法则例外的情况。但在从事此项研究的过程中,越来越多的例外情况涌现了出来,从业已丧失但或许有可能重新获得的天堂,到远东和西方的新世界,不一而足。无论如何,人们对不附带任何条件而又可获得食物的深切渴望仍然存在。因此,有数不胜数的谚语表达了这种不劳而获的希冀。比如在 1550 年于荷兰东部的坎彭(Kampen)印制的一个谚语集中就有这样一句:"食物已事先嚼好,并送到你的口中。"这正是刊印的《安乐乡》中所描写的那帮懒骨头向往的情形,他们就抱着双臂,等着食物放进他们嘴里。

警告人们不要懒惰,而要劳动;据说这种警示跟人们追求自然环境中的解脱与放松有关。此类警示需要人们立场坚定,因为在中世纪末,广大民众开始发现,传统上不受信任的大自然也会成为快乐之源,给他们带来慰藉,甚至会治愈他们的忧郁之症。此类消遣娱乐之法在 *Dat boeck van den pelgherym*(《朝圣之书》)中有所展现,该书刊印于 1486 年,但在此之前的手抄本中,人们早已知道了这些消遣方式。书中描述了一位朝圣者跋山涉水,前往天堂般的耶路撒冷朝圣的历程。作者将各种罪恶和恶习拟化为人形,朝圣者在途中不断被它们引诱而误入歧途,因为他们袖子里藏有许多最令人惊讶的美妙东西。"懒惰"就把自己变成一个美丽少女,站在一条畅通无阻的宽阔大路的路口,这与布满大小石块和坑坑洼洼、由"劳作"把守的另一条狭窄小路形成了鲜明对照。可是,那位美丽少女看上去像是"懒惰"的女儿:"其实,我是很多美好道路的守护人,我会把来到这里的人直接带到青翠美好的地方,他们可以在那里采摘绚丽多姿的玫瑰和其他鲜花。还会把他们带到无比奇妙的所在,他们可以在那里找到慰藉和欢乐,我会让他们和着竖瑟、笛子和其他乐器奏出的音乐歌唱。"这里的警示显而易见:我们应该选择由"劳作"守护的狭窄直路。只有在神圣的天堂里才会有音乐和舞蹈,因为正是在那里我才将得到永恒的酬报。此类消遣娱乐在尘世间是不存在的。在安乐乡里也暗示了这一寓意，因为安乐乡的居民可以尽情地唱歌跳舞。

收录有安乐乡 B 文本的布鲁塞尔手稿的编撰者也参与了这项有关劳作的攻势，他以拉丁语的格言警句为结束语，十分严肃地写道，工作本来应是社会的基础，而且，人们应该一直铭记，这样的韵文已经和安乐乡文本联系起来，因为事实是这部含有安乐乡文本的手稿，是由同一个抄写员抄录下来的：

Notabile

播种之时睡觉人，

收获时节无收成；

正值行乞祈祷时，

睡觉安能获施舍？

人若生存须吃饭，

睡觉误饭腹中饥；

劳作之时睡大觉，

到了饭点须守斋。

Qui timet deum nibil

Negliget

第三十六章

节制、抱负和体统

许多人都倡导节制饮食，而实际上并未身体力行；即便如此，节制饮食似乎已为越来越多的人所认可，从宫廷御苑到中产阶级宅邸皆有此风。无论如何，节食都是忏悔手册中的一个固定主题，既包括消耗食物的数量，也涵盖每日进餐的次数，告诫人们不要犯贪食之罪。中世纪末期，当有关安乐乡的材料最终被记载下来时，几个文本便以城镇民众极为熟悉的方式，自然而然地虚构出了一个乾坤颠倒的世界，向人们展示如何才不循规蹈矩。换句话说，在城镇背景下，"悠闲甘美之地"的主题必然要从节制饮食的讨论这个层面来看待，也必然要在有关贪食的基督教教义这一框架内来看待。

在中世纪晚期和现代早期社会，人们极为关注贪食（和嗜酒）行为。暴饮暴食越来越跟最高形式的享乐联系在一起，而与此同时，也和完全缺乏克制特点的野兽别无二致。此外，大多数人认为，暴饮暴食是万恶之母。在酩酊大醉、撑肠拄腹的状态下，人们易于受到魔鬼的诱惑，沉溺于上帝所禁止的一切事情。肯培的托马斯（Thomas of Kempen）[①] 在其

[①] 肯培的托马斯（Thomas of Kempen，1380–1471），中世纪晚期一位信奉天主教的德国僧人，以其所著的《效法基督》一书而闻名于世。——译注

所著的 *Imitatio Christi*（《效法基督》）一书中对此做了生动的描述："当肚子被酒食撑得快要破裂时，放荡便来敲门了。"写于 1412 年至 1415 年的 *Ridderboek*（《骑士手册》）是一本颇为流行的说教指南。其作者认为，暴饮暴食会让人在行善时变得淫荡好色、侵略成性、懒惰懈怠，同时还会促使人们进行邪恶的娱乐活动，例如跳舞、赌博、打保龄球，等等。

几乎所有的忏悔手册都会不失时机地将这些罪恶收录进去。当你酒足饭饱、热血沸腾之时，这些罪恶就在你身上发作。贝弗利的约翰（John of Beverley）的故事也许对中世纪晚期的人们颇有吸引力，因为在西欧的故事宝库中，该故事呈现出了多种形式。这位约翰是个隐士，自我克制力超于常人，但性情傲慢，因而受到了上帝的惩罚，不过他一开始并没有意识到上帝在惩罚他。上帝似乎派了一位天使来到他跟前，要他在酗酒、强奸和谋杀这三种罪行中选择一种。鼓动他做出邪恶选择的这位天使后来证明是魔鬼的化身，魔鬼对隐士施展高超的诱惑术，只是因为隐士们在和世间的罪恶孤军作战，此举令魔鬼大为恼火。当然，并不知情的约翰选择了醉酒。可是，他在酒醉状态下强奸了自己的妹妹，之后又把她杀害了。这个故事作为一个生动而有说服力的例证，说明了暴饮暴食带来的危害。

自人类堕落以来，魔鬼已成功地迷惑了人的心智。在与魔鬼进行的永无休止的斗争中，节制饮食被认为是一种最主要的武器，也是高雅社会的一种典范。因此，在高雅社会里，饮食有度这一美德备受称赞。在城镇中，节制饮食主要侧重食品消耗这个方面。食品短缺的威胁一直存在，在人口稠密的城镇地区还可能会带来灾难性的后果；考虑到这一点，食品供应必须以明智而又可行的方式予以调控。在这一背景下，食品消耗方面的节制始终是一种行为模式，而此种模式可以使城镇的精英阶层和其他阶层区别开来。

暴饮暴食者不信奉上帝，而信奉另一个神明，即他们自己的肚子；因此，在人们看来，他们违反了第一条戒律。肚子崇拜早就被福音传教士马修谈论过，博学的迪尔克·范德尔夫在传播"贪食是万恶之母"的观念时，对这一比喻做出了富有创意的阐释："贪食意味着崇拜自己的肚子。其厨房就是神殿，餐桌即是祭坛，管家便是教堂执事，供品就是烹饪烧烤的食物，伴奏的合唱就是进食过程中的争论、打斗和恶语中伤。"

为了更严格地控制食物消耗，更有效地缓解社会的紧张状态，政府针对过分奢侈的饭局颁布了一道禁令。无论是在自己家中还是在公共场合，此类饭局都是令人厌恶的贪吃行为的表现，都会受到谴责。举例来说，查理五世①在1531年就颁布了一道法令："禁止国民每日沉湎流连于各种酒店、酒肆和酒馆，并停止无节制的贪食和酗酒行为。"另有法律规定，参加婚宴的人不得超过二十人，伴随婚宴的欢庆活动最长也只能持续到第二天中午。

当文学作品、视觉艺术和庆典娱乐都表明暴饮暴食在上流社会没有立足之地时，其可怕后果也许是显而易见了。勃鲁盖尔发人深省地描绘出了古拉（Gula）这个倒骑在猪背上的女人形象，她是贪食者的化身。然而在饮宴狂欢乾坤颠倒的世界里，暴饮暴食是最为重要的；正是这种庆祝仪式为疯狂的欢庆活动提供了机会，而这些欢庆活动又构成了城镇生活的常见特色。在一年的其余时间里，人们大多奉行节俭，因此，饮宴狂欢除了明显的教化之外，也是对节俭生活的一种补偿。

在耶罗尼米斯·博斯的画作《愚人船》中，到处都是食物和饮料。画面中的圆桶、杯子、罐子、当船舵用的长柄大勺、啃过的火腿以及在

---

① 查理五世（Charles Ⅴ, 1500 - 1558），又被称为查理一世（Charles Ⅰ），西班牙国王（1516—1556），神圣罗马帝国皇帝（1519—1556），在位时镇压西班牙城市公社起义，反对宗教改革，与新教诸侯和法兰西、土耳其进行战争，争夺西欧霸权失败后退位。——译注

后甲板上呕吐的男子，都展现了食物的丰盛充裕。而整幅画作的绝妙之处是画中的桅杆，它象征着一种错误的富足，因为在其顶端卧着一只代表凶兆的猫头鹰。另有一只拔了毛的小鸡缚在顶端，使这根桅杆看上去像是 mât de Cocagne（乐土之夺彩竿①）的样子，而自1425年以来，此种夺彩竿在法国就已为人所知了。这种夺彩竿由一根高竿和上面悬挂的各色美味佳肴组成，其目的是让人们来摘取这些奖品。但是，竿子表面涂有油脂或者肥皂，所以很多人不但企图落空，还在爬竿的过程中出丑。博斯画作中的那位寻欢作乐者则比较成功：他设法爬到了那只小鸡的跟前，并尽力用切肉刀把它砍下来。

饮宴狂欢队伍的领导者往往是一位极其肥胖的胖子，身上盖满了食物；他坐在啤酒桶上，向一个面色憔悴、象征斋戒的化身挥舞着一把烤肉叉，烤肉叉上叉满了烤肉。用胖子代表贪食者，用皮包骨头的瘦子象征简朴生活，这种对比方式也可在1563年勃鲁盖尔构思创作的《瘦厨房》和《胖厨房》版画中看到。与此相关的印刷品可以追溯到1532年，那些画作是由人称彼特拉克大师的汉斯·魏迪茨创作的，后来不断被用作图书的插图，并且经常被人模仿。一个极为肥胖的男人和女人伸开四肢，懒散地躺在摆满了食品和饮料的桌边。那个男人在弹着吉他；从背景里还能看到另外一个胖子。这幅版画向人们展示，懒散而又放纵的生活是如何让人变成了胖子。其姊妹篇则描绘了一个瘦弱的男子，坐在桌边，吃着简单的食物，清晰地展示了版画作者积极的生活品位。另有一幅创作于1521年前后的德国版画，描绘了一个大腹便便的酒鬼，其啤酒肚硕大无比，不得不放在一个独轮手推车上推着行走，与上述画作形成了奇特的对照。

这一时期的戏剧在人文主义者的拉丁语学校里上演，以表现"寄

---

① 夺彩竿，即顶上挂有彩头或者奖品的高竿，凡能爬上去者便可赢得此彩头或者奖品。——译注

生虫"和"食客"为其主要特点，此类人物以古代典型为基础，面对当代实际，古为今用，向年轻人发出警告。寄生虫整天沉湎于贪食之中，其人生除了千方百计填饱肚子外，别无他事可做。此方面的技能要求将寄生状态升华成了一种艺术。

而雄辩家的艺术其实就是运用本土语言表示的人文主义，它对"食客"之类的人物也表现出了同样的兴趣。哈勒姆城的雄辩家劳里斯·扬松在其所著的 *Twee bedetlaers*（《两个乞丐》）中就描述了两个寄生虫一类的人物。这些乞丐也对其可怕的饥饿之状哀叹不已，他们的哀怨以巧妙的韵文形式呈现出来：

> 哎呀！我的胃已千疮百孔，
> 我的肚子就像果子冻，脸颊十分光滑，
> 我的腿又瘦又细，宛如两根木钉……
> 我的肚肠咕咕作响，
> 饥肠辘辘，难以形容。

与此相关的是一位可怜父亲发出的哀叹，这位父亲是一部滑稽剧中的人物，剧目叫作 *Van Onse Lieven Heers minnevaer*（《我主的爱之旅》），出自同一个人的手笔。其中描述说，这位父亲的几个孩子胃口太大，把他吃得离开家门，远走他乡：

> 黎明前天未亮，胃里已倒海翻江，
> 恰似那路上马车轰隆隆作响；
> 一瞬间能吃下面包二三块，
> 黑面包接二连三每天吃下，
> 为的是抗饥饿填饱肚肠，
> 其肠胃就如同无底洞一样。

对贪食的这种迷恋已构成了动摇上流社会根基的威胁,所以,几个安乐乡文本也对此做了强调。不过其做法与忏悔手册不同,因为忏悔手册对礼节给予了详尽阐述。两个中古荷兰语文本都对安乐乡大街上不分昼夜所放置的摆满面包、酒肉和鱼的桌子进行了大肆渲染。结尾的那几行文字还写出了作者观察后的看法,人们"可以一天到晚地吃喝",而在我看来,这一评论显然是多余的。在 B 文本中,这种诱惑又进一步加大,肉馅饼、鳗鱼、自我烹熟的鹅和其他肉食会像下雨一样从天上落下来。

中世纪晚期的受众不可避免地会将这种令人愉快的事物视为一种特别的警告,警示暴饮暴食这一重罪。换句话说,在安乐乡这个乾坤颠倒的世界里,此类乐事所代表的东西恰恰与现实社会值得想望的截然相反。

列举美德和罪恶的说教性手册鼓吹,信徒每日进餐不应超过两次,并且只能在规定时间内进餐。这也正是生活实践中通常发生的事情。第一顿饭要在上午结束时吃,大概在十一点和十二点之间;第二顿饭要安排在工作日结束之时。现代意义上的早餐并不是一种惯例。一方面,每日进餐超过两次或者不在规定时间里进餐,便被视为一种罪过。按照扬·范伯恩德勒的说法,这样做会使人变成禽兽,而"禽兽"这个字眼通常指代那些缺乏基督教理性之人。另一方面,每日只进一餐乃是自我克制的象征,应该受到极大的尊敬:

据说是,决心日进一餐者,

真正圣徒乃此人;

自制之力稍逊者,

中午黄昏进两餐,

此乃我等寻常人;

> 日进三餐以上者，
>
> 不比禽兽强几分。

因此，在一首题名为勒努·范蒙塔尔班（Renout van Montalbaen）的骑士诗中，同名英雄勒努·范蒙塔尔班为了赎罪，每天就只吃一顿饭，而且还要为建造教堂辛苦劳作：

> 我想起，勒努君，
>
> 每天定时用餐人，
>
> 只吃面包饮泉水。

面包和水，且"在固定时间"，在 *Boec van het kerstene leven*（《基督徒生活之书》）中记载有这条戒律，它有别于五类贪食行为。书中提及的第一类就是在不恰当的时间里进食："第一条，在规定时间之前饮食。"

当然，在这个方面，异域之人可作为一种对比因素来展示。某些传闻就曾说到，祭祀王约翰所在国的国人每天只吃一顿饭——这里说的是普通人，而不仅仅是牧师。在鞑靼地区（Tartary）[①]，只有王子才一日一餐，这使克制能力成为精英人物的一个特点。然而在世界的偏远地方，存在的边缘文化则提供了可资对比的东西，人们可以做出不同的判断，要么赞许它，要么反对它。

曼德维尔记载了忽必烈汗（the Great Khan）国的一些负面例子，那里的人根本没有任何餐桌礼仪：

> 他们除了古老律法禁止食用的猪以及其他动物外，什么都吃，

[①] 鞑靼地区，即13世纪和14世纪被蒙古人统治的东欧和北亚的广大地区。在成吉思汗统治时期，这一地区向东一直延伸到太平洋。——译注

包括狗、狮子、马和马驹、老鼠和大大小小的野兽。他们会吃掉动物身上的一切，粪便除外……吃完饭后，他们还会令人厌恶地在自己的衣服上擦手，因为他们既不使用桌布也不使用餐巾，贵族之家除外。……贵族每天只吃一顿饭，而且吃的很少。而这个国家的一个人一天吃的比两个贵族三天吃的还要多。如果信使从外国来谒见皇帝，他每天只能吃一顿饭，并且量也很少。

在曼德维尔看来，有名望之人一天应进餐两次；不过，令他格外恼火的似乎是，这些人拒绝向来自基督教世界的客人展示有礼貌的举止。

曼德维尔的评论指出了异邦之人某些饮食习惯缺乏礼貌这一性质，这类评论并未影响人们对持续不断而又毫无节制的饮食进行的抨击。有证据表明，反对过度饮食的运动正在取得进展。这一事实使得安乐乡持续不断的食物供应看起来像是一种挑战，一种用乾坤颠倒世界的语言发出的警告。人们不禁想到，这一增加的价值是由于故事被记载下来才产生的。更有可能的是，每个抄写员在抄写安乐乡材料时都会做出个人的抉择，都会对某些寓意做出必要的说明，而所有这些都和中产阶级的道德发展密切相关。

而且，反对饮食过多过量的讽刺性警示有可能已成为文学传统的一部分。这点可以从大约出现在 1300 年的一篇安格鲁-诺曼寺院讽刺作品中找到证据。作品所表现的内容与中古英语版的《安乐乡之邦》(*Land of Cokaygne*) 有类似之处，这篇讽刺作品描述了一位大寺院住持，他规劝僧人们"好好吃喝，一日尽情地用餐三次或三次以上"。

一方面，尽管散文体 G 文本对贪食行为表现了宽容态度，甚至比两个韵文体文本对安乐乡的态度更加宽容，但在描述"悠闲甘美之地"时却没有以上这些细节。另外，G 文本含有更多属于城镇文化保留剧目中所包含的内容，诸如对礼貌的幽默关注以及对竞争精神的激励等。而在"悠闲甘美之地"，这些主题当然也包含在那些本末倒置充满魅力的

第三十六章 节制、抱负和体统

事物中。竞争和对抗在城镇社会是值得赞美的,尤其是在 16 世纪的安特卫普城,因为该城当时正在迅速发展成为一个国际性的商贸中心。歌颂竞争精神跟对抗懒惰散漫,树立对工作的积极态度是一致的。不过,G 文本对这些事物的赞扬只是停留在对那些肌肉发达、智商低下的后进学生进行一番狡猾的嘲弄,开了一两个无力的玩笑这样的层面。

另一方面,文本则对礼貌、得体而又可敬的举止行为给予了更多强调,因为那些在"悠闲甘美之地"获得成功之人,其举止行为恰恰与上述美德截然相反,而且有过之而无不及。放屁总能使人赚到一笔金钱,而放一个响屁,就跟连打三个响嗝一样,会赚得更多。赌博赌得倾家荡产的赌徒和其他负债累累之人,会受到人们极为亲热的款待。饮酒也是一项收入丰厚的活动,若是喝得酩酊大醉,所得收入就会更多。嘲讽和说谎者也能赚大钱:撒的谎越大,赚的钱就越多。荷兰语文本里甚至还增加了汉斯·萨克斯文本中不曾见到一个特殊类别,其中的范例是基于中古荷兰语文本:娼妓也备受尊重。

此外,智慧和常识遭人蔑视和嘲笑,而那些粗俗、愚蠢、什么都不会或者什么都不愿学的人,反倒深受尊重。最糟糕、最懒散、最贪婪、最无耻的说谎者和骗子,则拥有至高无上的地位。其他人的社会地位取决于他们的粗俗程度和酗酒能力。

"悠闲甘美之地"是一座没有教养的蠢笨之人所处的名誉殿堂,G 文本明确暗示了进入这座殿堂必须具有的品格。任何想要摒弃智慧、礼仪以及一切值得尊敬之事物的人都应立刻前往"悠闲甘美之地"。在那里,此类乡巴佬可以学会如何在社会上违规逾距,因为这个社会正开始越来越重视那些能将自己与普通大众区别开来的行为方式。这种教化运动也在文化生活中彰显出来,人们正在展现与举止粗野的农夫形成对照的讽刺漫画,企图以此来提升资产阶级的理想。

这个"悠闲甘美之地"的文本直到 1600 年才刊印出来。有鉴于此,那里的居民出现得就晚了一些。虽然如此,但他们在这场反面典型的检阅中也占有一席之地。到 1600 年时，城市精英阶层发动的战役已经获胜，通俗文化已受到明显打压。毫无疑问，这场战役的结果早在 1546 年就已明了。因此，G 文本就是一种对乾坤颠倒的世界充满怀旧情愫的回忆，而那个世界曾是一种战斗的武器。"悠闲甘美之地"文本中所关注的事物已不再是当时人们感兴趣的东西。剩余的只是一些越来越贫乏无力的笑话，需要人们费点心思才能将其变为令人恼火的过往事件。

第三十七章

实用主义的教训

在6世纪，波伊提乌描绘了一个极为节制的黄金时代。据一千年后即1485年的中古荷兰语译本所述，当时人们以水果充饥，以泉水解渴。贸易不为人知，因为土地能提供足以让人生存的一切。然而，黄金和宝石的发现却滋生了贪婪，自那之后，世界便摊上了罪恶这一负担。

译者对波伊提乌的这番话做了详尽评述。他将黄金时代的完美境况同其自身所处的无穷贪婪时代进行了对比。现在人们的饮食远远超出身体所需，而且不论任何时候想吃就吃，想喝就喝。另外，他们还对昂贵的外来食品表现出了一种可鄙的渴望。有了这种渴望，接踵而至的便是长期暴饮暴食，而暴饮暴食是万恶之母，其宠儿便是懒惰和无所事事。

这番具有学者风度的解说和权威人士的精选引言，一定给人留下了非常深刻的印象，因为其卷帙浩繁，内容丰富，不仅引用了《使徒保罗书》，还引用了《罗马书》："这样饮食的人不服侍我们的主基督，只服侍自己的肚腹。"[①] 然后作者便开始长篇累牍地探讨大地自然再生的能力，这种再生能力可以保障食物供应，并使人们的劳作成为多余：

[①] 引自《新约》《罗马书》之第16章第18节，译文略有改动。——译注

"那时人们根本不知播种和收获：他们只知道地上生长的果实，他们也从未听说过犁、耙和其他工具。"在结尾处，译者表达了一种愿望，即希望黄金时代在这个受极端贪食支配的时代会重新复兴，如果人们想再次讨得上帝欢心，就必须遏制贪食。贪婪毕竟是万恶之母。在这番解说里，贪食（gula）和贪婪（avaritia）自然而然地混在了一起，二者会对人类福祉构成最大威胁。

但是，此番解说所揭示的远不止这些。这位论客在提及波伊提乌的原文本时用了一些前所未知的词语，并抓住机会，以较为科学的正确方式用本土语言来教导和教化世人。该文本断言，生活在黄金时代的人都是素食者，其他作者也赞成这一观点。可是，此番解说的作者并不完全接受这种观点。他认为，那时的人除了吃果实外，也为了双重目的而猎捕野生动物，一是为了食其肉，二是为了用兽皮制作衣物。

这需要加以解释。公众普遍认为，吃肉会诱发犯罪，克莱尔沃的贝尔纳教士在对《雅歌》所做的评注中就肯定了这一点（引自该作者对波伊提乌的评论），虽然这位伟大的传教士在这一点上被人误解了，但此位作者对上述看法却持怀疑态度。这位译者兼评论家说，关键不是食物的性质，而是所吃食物的数量。他引用了许多有名的圣经故事来证实这一观点：亚当不吃肉，只吃使人分别善恶的智慧之树上的果实；以扫没有为了吃肉而出卖自己的长子继承权，而是用其换了一盘红豆。① 此类例证也可从约拿单（Jonathan）、以利亚（Elijah）和亚伯拉罕（Abraham）的审判中找到。因此，这些故事的寓意是，贪食蔬菜，喝过量的稀粥，还不如吃少量的肉好。

为什么此位论客要持这种颇具挑衅性的立场呢？他的整个作品是用本土语言对道德规范进行学术论述的最早范例之一。他不断地向拉丁世界的学术权威，诸如克莱尔沃的贝尔纳等人发起挑战。这位作者是一个

---

① 原文如此。而据《圣经》《创世记》记载，以扫用自己长子的名分换了一碗红豆汤。——译注

实用主义者,一个脚踏实地的务实之人,他希望能够阻止在他那个同时代和环境下生活的人堕入贪食和贪婪的泥淖。他知道,试图复兴黄金时代的素食主义是毫无意义的。因此,他便满腔热情地推行节制,竭力以此来加以补救。这是获得尘世救赎的关键,也是宫廷文化和城镇资产阶级的礼仪准则一度尝试并检验过的。继续吃肉是可以的,但是要在适当的时候适量地食用,并要尊重教会制定的有关斋戒的规定。黄金时代我们的先辈就曾在这些原则的指导下生活,他们从未被判有什么过错。即使不按这位论客所言,他或许也是第一个表达这种观点的人。

在中产阶级当中,安乐乡似乎发挥了说教性作用。人们普遍认为,城镇社会引发了诸多恶行,其中包括贪婪、高利贷、懒惰和贪食。的确,城市似乎为其居民创造了一个安乐乡,人们可以沉浸在那里的富足之中。在 *Der leken spieghel*(《平信徒手册》)一书中,扬范·伯恩德勒描绘了一位年轻的贵族,他在批评出身中产阶级家庭的一个男孩时,直截了当地说,城市居民实际上是在践行安乐乡的承诺:

> 吃吃喝喝睡懒觉,
> 心中另怀一愿望;
> 家中坐等有收益,
> 市民最爱高利率。
> 强取豪夺高利贷,
> 坑蒙拐骗施手段,
> 不失时机把钱赚。

这与安乐乡文本中的情形十分符合:例如,人们睡觉也能发家致富——B 版本就特别强调了这个主题——伯恩德勒也用此主题作为其评论的开篇。有关"悠闲甘美之地"的文本也展示了与道德家更为直白的说教相似的东西。同时,G 文本散发出了城镇道德沦丧的气息,那里的人将行乐变成了收入之源。

最重要的是，中世纪晚期的受众所受到的教育，是以摘掉面具的罪恶这一艺术，又用与罪恶相对立的事物加以对比的方式进行的。这些对比都出自《圣经》，通过文学作品的宣传，由奥古斯丁来讲授，并在城镇节日礼仪中得以确认。乾坤颠倒的世界和社会批判是连在一起的，有着古老的《圣经》和日耳曼渊源的悠久传统也证实了这一点。在 16 世纪，由于社会秩序的观念各不相同，世界进一步分崩离析，乾坤颠倒世界的原则也随之失势，最终沦为小商贩兜售给乡村人家的廉价印刷品。这些印刷品又一步步远离了孕育社会变革的城镇温床，于是，"悠闲甘美之地"在那个时代的幼儿园里兴盛起来就绝非偶然了。

此前广为流行的文化准则受到了侵蚀——说它们在渐消亡或许会更好——而将此情形与 B、G 两个文本的寓意阐释联系起来似乎是很自然的。中世纪末期出现了一种比较普遍的倾向，就是需要对世俗世界的东西做出道德上的解释，或者至少将某些精神因素融入其中，使其具有一种道德寓意。然而，这些寓意似乎不是强调听众和读者不容错过的最重要的理由。即便在 16 世纪中叶，虚构的幻想世界所包含的社会批判成分也是显而易见的，至少在以背诵和表演的方式将其转达给受众时是这样的。

那么，更有可能的是，强调这些故事的寓意是在记录时做出的，因为普通民众也许并不习惯在独自阅读时领悟到这些东西。尽管在 16 世纪私下里读书可以说并不流行——因为有大量证据表明，人们在很长一段时间里都是大声将本土语言书写的故事朗读给他人听——于是，印刷商便觉得有必要施以援手，帮助推动自我默读这一新的阅读习惯。这也说明，有必要对讽刺作品中所蕴含的寓意做出解释，因为若没有那些职业艺人、朗诵者和听众伙伴的帮助，单个读者也许领悟不到其中的含义。那么，这是一种混杂文本，以前是用来口头传诵和解说的，而这些新特点与其说是归因于新的环境，不如说是归因于一种新的不同的交流方式。

　　正如波伊提乌所描绘的黄金时代那样，安乐乡和"悠闲甘美之地"为人们提供了一条进入美好世界的迂回道路。可是，这些幻想世界展现的却恰恰是波伊提乌之类的论客所抨击的情形，也就是中世纪晚期的残酷现实。安乐乡和"悠闲甘美之地"通过其乾坤颠倒世界的形象，描绘出了一幅过度消费和完全丧失生产力的讽刺画面，而这种情形在现代世界已不再有立足之地。这两类行为在早期的城镇社会似乎都受到了批判，因为城镇社会为了生存就要依靠节制，就必须严格恪守工作信条。在未经删节的安乐乡材料中完全展现出的昔日那种补偿性梦想，现在被当作一种说教方法，而对富家子弟和那些一无所长之人的教育而言，尤其显得弥足珍贵。

第八部分

梦见安乐乡：尾声

第三十八章

安乐乡之名探源

Cockaigne（安乐乡）一词读起来像是法语，它究竟来自何处，虽然迄今还没有令人满意的答案，但人们对其渊源的探寻却一直没有停止，而且提出了五花八门、令人困惑的解释。不过，对这些解释进行梳理则大有裨益，因为许多解释无疑都揭示了当时的人在听到安乐乡这一名称时的感受。事实上，颇具魅力和教义的安乐乡在许多语言中都曾出现过，并产生了十分丰富的联想。这或许也证实了该词所具有的高度传播性，因为它不仅出现在由拉丁语演变而成的罗曼斯语中，诸如法语、西班牙语和意大利语，而且出现在荷兰语、英语等日耳曼语中。

在过去的某个时候，人们在某个地方第一次使用了"安乐乡"这个恰如其分的名称来称呼一个充满美食、永远悠闲安逸的幻想世界。依照中世纪的习惯，地名的写法在不同语言中是有差异的，即便是在同一种语言里，人们也经常见到不同的写法，因为那时没有什么拼写标准。此外，口头流传的名字尤其会有不同的变体；众所周知，"安乐乡"这个名字就以此种方式流传了很长时间。

然而，令人惊讶的是，在中古荷兰语行文的 L 版本中，安乐乡一词的拼写却一成不变。*Cockaengen* 这一写法分别出现在标题、第十三行和第五十八行中,这说明对于手稿的抄写者来说,该词的写法已经完全确定下来。这是否说明这位抄写员也像 B 文本的记录者一样,克制自己没有对寓意进行阐释呢?在同一部手稿中载有一篇朝圣者指南,该作者将其中的 Bouillon(布永)① 误写成了 Beliren。这个名字原本指的是著名的十字军将领布永的戈弗雷,他被埋葬在耶路撒冷,后来进入了中世纪英雄名人堂。从中我们可以看出,此位作者对名字的拼写采取了较为轻率的态度。

尽管布鲁塞尔的手稿编辑者遇到了较大的困难,但对安乐乡 L 文本的抄写者来说却毫无问题。他考虑到安乐乡的国际声誉,在文本第十一行将该词拼写成一个不大常见的形式 Cockanyngen。显而易见,他认为地名通常都以 -ingen 的后缀结尾,所以,很有必要将 Cocagne 改为一个更可接受的形式。这点对他来说极为重要,以至于他在自己的文本中打乱了——或者说没有使用——明显的韵文体。与 Cockaenien 一词自然匹配的词是 Hyspanien,因它易于跟 Cockaenien 押韵。也有另外一种可能,就是像 L 文本中那样,用 Hyspanien 的变体 Spaengen,跟 Cockaengen 一词押韵。可是,抄写员显然屈服于一种无法抗拒的冲动,最终选择使用了这一合乎逻辑的幻想地名 Cockanyngen。这里跟文本中的其他地方一样,口头表达要用押韵对句这种结构,在抄写员的文学抉择中,一直没有被排在前列。

在他的文本中,人们期待这一地名应该出现的地方,而且 L 文本中也的确有使用该词的地方,抄写员显然回避了 Cocagne 这个名字,这意味着此地名对抄写员来说无足轻重。例如,他选用拉丁语作为标题,使整个手稿给人以学究气的感觉。然而,他并未将 Cockaigne 翻译成拉丁语讽刺作品中所使用的形式——Cucania 或 Cucaniensis——而是使用了一个描述性的标题:*narratio de terra suaviter viventium*(即《舒适生活之

---

① Bouillon(布永),比利时一地名,详见第五章之注释1。——译注

地的传说》）。在第六十六行里，他再次回避使用 Cockaigne（安乐乡）这一名字，而在与此类似的 L 文本的第五十八行里却提到了它："安乐乡之邦不可思议"，而抄写员写的则是"啊，那个不可思议的国度！"

Cocagne 一词对 B 版本的抄写者没有太大的吸引力。在他生活的那个年代，即 1500 年前后，这个字眼在低地国家似乎慢慢让位于 Schlaraffenland，这个从东方传来的叫法。在芬洛（Venlo）地区，即人们认定的手稿的发源地，这种变化的影响在早期一定是显而易见的。可是，B 版本的抄写者既没有选用相关的对应字眼，也没有采纳这个新词。只是到了 1546 年，汉斯·萨克斯的 G 文本的改编者才找到了一个合适的译法，即 Luyeleckerlant，其字面意为"悠闲—甘美—之地"。

Cocagne 这个名字除了在 L 文本中出现过三次、在 B 文本中出现过一次外，在其他任何中古荷兰语著述中都没有出现过。这既确定了安乐乡素材所具有的典型口述性质，也确定了这两个偶然记录下来的口述材料的文本一直占有的独特地位。即使安乐乡材料以文字形式呈现出来，它对书面文化中的文学传统也几乎不会产生什么影响。然而在口述传统中，这个名字却流行了很长时间。在中世纪后很长一段时间里，甚至是在现代，Kokanje（或 Kokinje）这个字眼还时不时地出现在典型的民间故事和绘画中。

另一方面，Luilekkerland（悠闲甘美之地）自其观念形成之时，就已成为书面传统的产物。这个名称通过印刷机流传开来，以阅读（和朗读）传统而告终。这一名称一直沿用至今，甚至有了新的用途，比如，既可以用作一家餐馆的名字，也可以作为一个不屑的标志，代表荷兰这个扼杀首创精神的福利国家。

Cockaengen 这个字眼是法国地名 Cocagne 的中古荷兰语翻译，这是对该词的最佳解释。在 13 世纪末 14 世纪初，这个名字多次出现在当时的古法文讽刺性寓言诗手稿中，不过在此之前，这个词必定已作为梦想之地的名称而存在了。在 13 世纪早期的传奇故事《纳博讷的爱梅里》

(*Aymeri de Narbonne*) 中①, 有 "cuidier avoit cocaigne trovee" 这样一个说法,意思是"相信有可能实现你的一切梦想"。作为《罗兰之歌》的续编,它属于宫廷文学。由此可以看出,Cockaigne(安乐乡)在那时已经为人们所熟知,因为那些谚语和格言不会冒然出现。此外,在同一时期的其他骑士传奇中,这一说法也曾被用到。在 13 世纪的传奇文学《普瓦蒂埃的茹弗鲁瓦》(*Joufroi de Poitiers*)② 中,这个梦想之地的存在是不言而喻的,因为这个幽默传奇的主角自称是"Cocagne(安乐乡)公爵",还把这个名字用作马上比武的战斗口号。

该名字的来源很有可能跟法语或者普罗旺斯语(Provençal)的发音及其联想有关,该词会使人想起烹饪和一种特别的蜂蜜糕点,叫作 *cocanha*。在用其他语言行文的安乐乡文本中,也可找到类似的用法。甚至有人认为,*Cocagne* 这个法语词源自低地德语③词 *kokenje*,意为蜂蜜蛋糕,而这个德语词又来自荷兰语中的 *kokinje* 一词(意为糖果)。尽管这种联想十分牵强,但是普罗旺斯方言本身倒也为此提供了现成的联系。

无论如何,最具吸引力的一种可能是,认定 Cockaigne 这个词源自一种美食的名称。在安乐乡里,最令人兴奋的是,大量食物会以各种意想不到的方式自动出现在人们面前,供人们享用。以丰富多彩的烹饪和食物供给的技巧来命名这片土地,跟饮食优先是一致的。因此,Cockaigne(安乐乡)首先指代的必定是蜂蜜糕饼之国,一个由厨师及其烹饪出的食品主宰一切的王国。

对该词的起源做出此种推测并不排除如下可能:就是在记录安乐乡的过程中,也产生了许多别的联想,而那些联想如果不是更大,也至少

---

① 纳博讷(*Narbonne*),法国南部一古老市镇,位于朗格多克-鲁西永大区奥德省,面积为 172.96 平方千米,是奥德省最大的市镇,人口约 46500 人。——译注

② 普瓦蒂埃(*Poitiers*),又译作普瓦捷,法国中部一城市,位于克兰河畔,是普瓦图-夏朗德大区和维埃纳省的首府。——译注

③ 低地德语,即德国北部和西部使用的德语,德国的北部和西部地势偏低,故称低地。——译注

使这个名字的声望得到了提升。其中最重要的联想源自知识精英所搞的文字游戏传统，他们狂热地在教会内外利用了嘲讽文学的武器。

《卡尔米纳·布拉那》歌曲集里有一首短歌，大约写于1164年，开头的一句写道："Ego sum abbas Cucaniensis"（"我是安乐乡的修道院长"）。这首歌描述了一位修道院长，苦口婆心地力劝他的修士去饮酒、赌博，从而将他们引向了毁灭：

> 我是安乐乡的修道院长，
> 和我的酒友们共同协商；
> 我也说服我的赌徒兄弟，
> 若有人晨祷时酒馆求教，
> 晚祷时他将会输掉衣裳；
> 就这样输掉衣服他会呼喊——
> "救救我吧！救救我吧！
> 你都干了些什么，邪恶的骰子？
> 此刻你让我失去了一切，
> 失去了我所知晓的天堂！"

这是一个颇为流行的主题，不仅在这部歌集里，而且在中世纪中期的拉丁语讽刺诗里都广为人知。这些诗歌还引发了多种本地语言书写的极为有力的续作。其关键显然在于 *Cucaniensis*（安乐乡）一词，它无疑是以幽默诙谐的方式利用了众所周知的地名和观念，因为这是讽刺诗中常见的成分，而此类讽刺诗又是专门为教会的愚人节庆典活动撰写的。

文人们认为，将安乐乡同法国的克吕尼（Cluny）联想在一起几乎是不可避免的，因为那里是基督教界最有名的修道院院长的居住地。控诉他玩忽职守、过分放纵，有什么能比这更为有趣呢？*Cucaniensis* 和 *Cluniacensis* 之间有很大不同，足以产生人们所期望的幽默效果，而这种效果是通过对这两个名字进行负面联想达到的。这里所说的负面联想就是人们想到了布谷鸟（*cuculus*）的形象。布谷鸟非常令人厌恶，因为它总是设法利用他人，主要是靠跟别的鸟生活在一起，然后发出利己的叫声。这是一种谴责神职人员最为恰当的形象，一切都在 *Cucaniensis* 这个字眼里简洁明了地表现了出来。

这首关于安乐乡修道院院长的诗歌并不是孤立的。另有两个 13 世纪的文本，属于同一种拉丁讽刺文学的领域，讲述的是 abbatissa Cacunacensis 和 Gugganiensis gulescopus 这两个人物。他们的名字均是故意拼凑出来的，Gulescopus 这个词其实就是将 *gulosus*（意为贪婪）和 *episcopus*（意为主教）两个词结合在一起，换言之，就是一位贪婪的主教。这种幽默的拼凑和刻意的含糊显然是将极端的享乐主义拟人化，使之成为 *Cucania*（安乐乡）的精神领袖。这与牧师胡安·鲁伊斯（Juan Ruiz）① 在大约 1340 年用西班牙语写的一个嘲弄性说法颇为吻合，他说到了一位"escolar goloso compaiñero de Cucana"，即"一个来自 Cucana 的淫荡（或者贪婪）的学者"。

中古英语的《安乐乡之邦》是从通俗拉丁语②演变而来的吗？从语言学角度来看，人们对这一演变并没有什么异议，因为那是通过古法语实现的。从文化史角度来看，这进一步证实，人们在把口头传诵的安乐乡材料付诸文字的过程中，通常使之具有了一些教化倾向，因为如果用它来命名梦想之地，那方土地立刻就变为一个展现丑恶行为的平台，而这些行为传统上是跟神职人员联系在一起的，并受到讽刺和批评。人们立刻想到两条证据。第一条是 1300 年前后问世的中古英语文本，该文本同法国的叙事诗和荷兰的韵文文本并没有明显的联系，它很奇怪地将故事安排在一座建有修道院的海岛上，修道院里有院长、贪吃的修道士和

---

① 胡安·鲁伊斯（Juan Ruiz, 1283—1350），中世纪西班牙伊塔城（Hita）的主牧师，亦是一位诗人。——译注

② 通俗拉丁语，又叫平民拉丁语，是古罗马普通人的语言，亦是罗曼语言的鼻祖，有别于标准书面拉丁语。——译注

唯唯诺诺的修女。这必定受到了中世纪讽刺神职人员的拉丁语作品的影响。

第二条证据来自荷兰语素材所确立的安乐乡和《启示录》中千禧年降临两者间的联系。正是在 13 世纪,菲奥雷的约阿基姆在其颇具影响的末世预言中提出了这一观点。据他所言,繁荣公平的千年盛世最迟将在 1260 年开始。那将是圣灵统治的时代,所有生活在这个幸福时代的人统统被称为僧侣。在这个时代到来之前,会有一个混乱而充满罪恶、魔鬼横行的时期。他的这一观点流传甚广,宣告了新的超度时代的到来。在超度时代,僧侣将会享尽欢乐,而现在他们的行为则像野兽一样。安乐乡这个名字源自反教权主义的讽刺文学作品,而这些作品又出自教士阶层本身,因此,安乐乡这个名字可能会引发新的联想。

有关那位堕落的修道院院长的拉丁文歌曲据说是在 12 世纪后半叶问世。它并不是口头文化的产物,似乎是文学传统的一部分。有书面资料证明,之后不久,Cocagne 这个名称曾在法国本土语中的一个通俗谚语里流行,所以,该名称未必出自拉丁语。更有可能的是,在这种半学术背景下,人们发现了它的一种新用法,此种用法进而融入了文学传统,中古英语版的《安乐乡之邦》似乎也从中受益匪浅。

这个传说的名称或许更为古老悠久,因为在公元前 5 世纪的希腊喜剧中,人们就早已开始认识到安乐乡方面的素材了。还有一种可能是无法排除的,那就是在中世纪时期,学者和有学问的僧侣对当时这些戏剧的拉丁语译本和改编本比较熟悉。因此,人们可以想见到,以文字游戏的方式进行文学创作,在当时那两种人的圈子里是很受欢迎的一种娱乐活动,其目标是对准在当地语言中已经颇为流行的"安乐乡"一样的表达形式,而阿里斯托芬(Aristophanes)① 于公元前 414 年创作的

---

① 阿里斯托芬(Aristophanes,约公元前 446 年—前 385 年),古希腊早期喜剧代表作家。生于阿提卡的库达特奈昂,一生大部分时间在雅典度过,同哲学家苏格拉底、柏拉图有交往。相传写有四十四部喜剧,现存《阿卡奈人》《骑士》《和平》《鸟》《蛙》等十一部。有"喜剧之父"之称。——译注

《鸟》(*Birds*)① 则进一步激励了此类创作活动。这部喜剧描述了一座巨大鸟城的规划，该城位于天地之间，鸟统治着人类和神灵。此地叫作 Nephelokollygia，即最初的 Cloud - cuckoo - land，意为"云中—布谷鸟—之国"。

这些传言以及梦想之城和布谷鸟的剥削行为，可能产生了一种额外的推动力，将本国的 Cocagne 改变成了 Cucania，而 Cucania 又导致了 abbas Cucaniensis。或许，这跟中古英语的《安乐乡之邦》有着更为直接的联系，因为它对修道士的讽刺跟《卡尔米纳·布拉那》的传统联系得更加紧密。在中古英语文本里，安乐乡是一座海岛，岛上住着一群僧人。这些僧人有一种在空中飞行的习惯，年轻僧人觉得这是一种特别令人兴奋的娱乐消遣。这不仅使人回想起了阿尔斯托芬所描述的鸟，还让人想到了古代梦想世界的一种更为普遍的行为方式，其特点就是人们都会飞行。卢奇安所著的《真实的历史》(*True History*) 也模仿了这一主题，该书是证实这些文本主题的最好证据。

有关 abbas Cucaniensis（即"安乐乡修道院长"）的文本和中古英语《安乐乡之邦》的文本，都表明 *Cocagne* 一词具有知性和文学的双关意义，它很有可能源于希腊文化。不过，这个名称本身则是出自一个食谱，其基础是蛋糕、厨师和烹饪方法。

前面已经谈论过穆斯林天堂在安乐乡素材中的展现、安乐乡的实现情况以及这两者产生的强烈影响。对于安乐乡这个名称来说，它们也产生了此种影响。假设 -*agne* 这一后缀在法语中用来指代一个国家（比如在 Espagne 和 Allemagne 这两个词中），② 那么 Cocagne 就可以被理解为

---

① 《鸟》是阿里斯托芬的杰作之一，是现存的唯一以神话幻想为题材的喜剧。剧中有两个雅典人和一群鸟一起在天和地之间建立了一个"云中布谷鸟之国"。这是一个理想之国，其中没有贫富之分，没有剥削，劳动是生存的唯一条件。这部喜剧讽刺雅典城市中的寄生生活，是欧洲文学史上最早描写理想社会的作品。在艺术性方面，《鸟》无疑是阿里斯托芬最优秀、结构最完整的作品。剧中情节丰富多彩，由合唱队扮演的飞鸟出入林间，五彩缤纷。全剧富于幻想，抒情气氛浓厚。——译注

② Espagne 和 Allemagne 这两个词在法语中分别指的是"西班牙"和"德国"。——译注

"coc之国",或者"雄鸡之国"。在《梯子之书》中,公鸡被指定为穆斯林天堂的守卫者。这部书是从阿拉伯语翻译过来的,书中描述了默罕默德前往天堂的旅程。在13世纪或稍早一点,这本书在欧洲已为人所知,其法语版本则于1264年问世。据书中所述,先知默罕默德看到了一只巨大的公鸡。这只公鸡是上帝派来的天使,天堂的守门人,书中对其做了详细描述。这意味着天堂和公鸡的关联自13世纪以来就已传遍整个欧洲了。

不过,以上解释所涉及的是精英阶层的文学传统,这一传统可能会说明安乐乡这个名称只是在1264年之后杜撰出来的。事实上,安乐乡之名绝不可能是以这种方式产生的。无论是法国的本土语言、拉丁语讽刺作品中俗套的措辞,还是乌特勒支主教教区中的地名Kokkengen(将在下文中探讨)都表明,安乐乡这一名称在那之前早已为人所知了。此外,人们更倾向叙事传统中的另一种出处,此种出处的基础是食物,而食物又是梦想的基石。这里也存在着另一种可能性,即安乐乡与穆斯林天堂的公鸡守护者的关联应当是在后来产生的,无疑是因为这个极端世俗的天堂和安乐乡之间的相似性,此前对此已做过探讨。这个名称在那时肯定就已经存在了——而coc这个字眼那时也许会自然而然地让许多法国人想到了穆斯林世界——谁知道呢?

我们该如何看待乌特勒支教区的Kokkengen这一地名呢?没有人会怀疑这个名字是Cocagne或Cockaengen的现代写法。有人断言,该词指的是定居在乌特勒支城西泥炭沼一带的殖民者,他们企图建立一个理想之国,所留下的痕迹只有这个地名而已。

对Kokkengen名字的合理解释似乎可以从乌特勒支神职人员的幽默倾向中找到。这些人往往以欧洲伟大王国或模拟王国的名字来命名泥煤挖采者在费赫特河(Vecht)西边建立的殖民地。其幽默之处在于,这些王国和那一片片荒凉而又多风的殖民地之间所形成的奇特对比。它们不过是些建在泥沼上的农庄、棚子和小屋罢了，可是至少却被叫作 Demmerik（丹麦）、Spengen（西班牙）、Portengen（布列塔尼）①、Kamerik 和 Kortrijk（字面意思是"缺少资金"）——后两个地方指的是康布雷（Cambrai）和科特赖克（Courtrai），位于现在的比利时——它们全都相距不远。

Kokkengen 这一名称也属于这个家族，指的是一个幻想世界，冠之以一个法语名字。安乐乡这个乡村虽然其名字（Cockenge，也写作 Cockange 或 Kockange）首次记载于 1326 年，却可以追溯到 12 世纪。其他幻想出的名字则于 12 世纪或 13 世纪初才被记载下来。费赫特河和阿河（Aa）以西的垦荒活动早在 10 世纪和 11 世纪就已开始，到 1200 年前后，这片土地已完全适于耕作了。

把 Kokkengen 解释为一个模仿的名字是有据可依的，那便是上文提到过的叫作邦勒巴（Bonrepas）的地区西南的一个地方，"邦勒巴"意为"美餐"，它的南边是斯洪霍芬（Schoonhoven），这个名字也同样有说法，意思是"美丽的花园"。早在 1253 年，邦勒巴就已被人记载，并直白地陈述了安乐乡里主要的消遣娱乐活动。现在叫作 Gieltjesdorp 的城镇——过去称作 Gheliken dorpen，意为"宁静的村庄"——位于 Kokkengen 附近，也属此类。Kokkengen 这个名字首次记载于 1297 年，在安乐乡和其他许多中世纪梦想世界中戏指平等主义的理想。生活在 Kokkengen 周边的人们肯定有过这种理想。

也有人认为，乌特勒支地区的这些地名——假定它们真是地名——实际上可能指的是那些外国劳工的来源地。荷兰伯爵和乌特勒支的主教将他们招募过来，要在这个地方进行殖民。此外，Demmerik（丹麦人）大概会想到北欧海盗②的最后岁月，那时他们当残忍强盗的日子已经终

---

① 布列塔尼（Bretagne）是法国西部的一个地区。——译注
② 北欧海盗（Viking），即 8 世纪到 10 世纪期间劫掠欧洲北部和西部海岸的斯堪的纳维亚人。——译注

结，因此他们更有可能成为移民的对象。这种观点并非难以置信，但从 Cockenge 和 Gheliken dorpen 这两个地方来看，即便在那时，这些想象出来的名字也是具有幽默含义的。

记载下来的安乐乡材料和乌特勒支泥炭地区的某些地名也可能有着直接的联系。Spengen 紧挨着 Kokkengen，以前是自治区内的一个小村庄。这些名字与 L 文本中的 Cockaengen 和 Spaengen 的固定韵律相符，在 B 文本中另有一种拼写形式，而且也与这一韵律相符，尽管 B 文本不大愿意使用这个名称。人们不禁认为，乌特勒支的牧师刻意而又不失幽默地给这片贫瘠的土地和简陋的居住场所起的这些不同寻常的名字，能够激发人们对美好生活的向往。有一件事可以肯定：安乐乡的素材在那时已广为人知了。

这种幽默也许对 Kokkengen 产生了启发灵感的影响。人们对这个小地方的赞歌直到 18 世纪还在高唱，从 1759 年的以下描述中可以看出这一点："与周围的乡村相比，这个小村子本身给人带来的愉快和乐趣一点也不少，因为它拥有益于健康的空气和种类繁多的水果，村里的居民和这块领地都享有福祉。"文本继续写道，这座天堂还有几种高尚的行业，村民以此便可过上美好的生活。其中就有一个酿酒厂，能够酿造美味而又有益于健康的啤酒，"还有两家酿造甘甜蜂蜜酒的厂子，蜂蜜酒就是在这里创造的，而在别的地方对此种酒的需求量又很大"。Kokkengen 的确是乌特勒支开拓地荒凉平原上的一块肥田沃土。

安乐乡这个名称无论是用来指代一个幻想世界，还是指代一无是处之人的避难所，或是教导走入歧途的年轻人的学校，这些用途都由其产生的新的联想意义得到了验证。在中古荷兰语中，该名称的教化作用通过与其相仿的 *kockinen*（法语中的 *coquin*）得到了强化。*Kockinen* 多是被用作一个侮辱性的名称，往往指代的是傻瓜、无赖、恶棍等生活在安乐乡的永久居民，尤其是人们在听到扬·范伯恩德勒对他们的特点所做的如下描述时更是如此："今天人们发现了许多无赖，他们既不劳动，也不用功学习，而是整日游手好闲，无所事事。"

这也适用于滑稽剧 Dric daghe here（《为主三日》）中的 cockaert 这个辱骂性名称，它用来指代傻瓜和一个惧内的丈夫。中古荷兰语中有许多以 coc 开头的词，全都是指白痴、流浪汉、骗子和粗暴蛮横的饮酒狂欢之徒，这一点的确令人吃惊。除了 kockijn 和 cockaert 这两个词之外，coc 还用在了 cocxskin 这个词中，该词也是一个辱骂性字眼，指代卖弄风骚、水性杨花的轻浮女人；cockelueris 和 cockuwe 这两个词，意思是笨蛋，或许是指被妻子戴绿帽子的人；cocketoys 表示的是邪恶的幽灵，cockuut 指的是布谷鸟，因此也用来指代剥削者；cokelaer（源自于 joculator）既指小丑也指骗子；cokerellen 指寻欢作乐，尤其是狂欢节时的寻欢作乐，而 cocorul 则指打油诗。

上文已经指出，Cockaigne（安乐乡）似乎是作为一个民间娱乐仪式中的名字而存在的，中世纪后期在法国、意大利和西班牙都有这方面的记载，就是把美味食品高挂在柱子或者树梢上，人们要将它们取下来。可是那根柱子上涂有油脂或者肥皂，所以非常光滑。在耶罗尼米斯·博斯的画作《愚人船》中，也描绘了这种娱乐活动，那个 mât de Cocagne（安乐乡的桅杆）很容易从杆顶辨认出来。

就安乐乡这个名字的阐释而言，其种种可能既不是轻易相关联的，也不是轻易相对立的。在这方面，新的联想还在持续不断地发挥作用，这是由这一幻想世界迷人的名字引发出来的，因为在幻想世界里，富足和不劳而获是司空见惯的事情。如果我们把这个名字的这些新用法视为该名称的释义，那就本末倒置了。值得注意的是，安乐乡所承担的道德家的任务拓宽了它的内涵，也为其名字的阐释开辟了新的前景。

不过，这个名字在某个时候必定在某个地方第一次被人说出过。早期出现过一句法国谚语，其中说到，在 Cockaigne（安乐乡）这个国度，人的一切愿望都会实现。人们由此假定，这个名字最早是用古法语说出来的。这也意味着这个幻想世界的奠基石自然而然地变成了一个地名，而其基础则是烘烤出的美味佳肴。这个名字只是一个通俗概念，最初只是流于口头传统，而它一旦进入精英阶层的拉丁语文学，就经历了一个极不平凡的过程。通过 Cluny（克吕尼）和 cuckoo（布谷鸟）这两个词的双关用法，Cockaigne 以 Cucania 形式呈现出来，在僧侣讽刺文学的书写传统中获得了自己的生命，反过来又在方言文学中产生了反响。这两种传统均广为传播，引人瞩目，乌特勒支的僧侣深深为其所动，于是便用 Cockenge（安乐乡）来给泥炭沼里的一个村子命名。

自 Cockenge（安乐乡）第一次在文字记载里出现之时起，讽刺文学和社会批评便不可避免地同各种各样的舒适安乐联系在一起，而这些则被人们看作对悲惨生活的补偿。在古法语和中古荷兰语版本的《安乐乡》中，所有这些舒适安乐都含蓄地展现了出来，而这些版本长期以来都在持续不断地引发新的联想。甚至到了中世纪之后，Cockenge（安乐乡）仍被派上了多种多样的用场，比如用来嘲讽富足安逸的懒散生活，激发人们对美好世界的向往等。早在 12 世纪，英国的德比郡（Derbyshire）就有了 Cockenge（安乐乡）的记载，许多有关这个非凡"家族"的起源，以及何以为这个幻想世界如此命名等迷人问题也随之产生。

第三十九章

一笔贬值的文化资产

我们为何要给予这种一眼即可识别出来的幽默如此大的关注呢？的确没有这个必要：这似乎一直是荷兰文学史编撰者从一开始就做出的回答。安乐乡文本和"悠闲甘美之地"文本完全不可能会竞相争取人们的关注，因为人们对它们的关注——过去和现在一样——几乎是可以忽略不计的。

之所以遭到人们的忽视，部分原因是这些文本缺乏应有的审美价值。审美价值是19世纪出现的一个概念，创立时有其自己的标准，它给中世纪的文化积蓄造成了很大破坏。审美价值可谓一种文学史的创造过程，为永恒之美的理想所支配，实际上没少受到指责，因为它对那些常常被视为蹩脚诗文和愚蠢戏谑的东西全然不理不睬，而那些蹩脚诗文和愚蠢戏谑所关注的却恰恰是人类最基本的欲望。

不过，19世纪久经世故的文学审美家对中世纪浩如烟海、颇为流行的文学形式还是具有鉴赏眼光的。但是，安乐乡和"悠闲甘美之地"看上去并不属于此种类型，也不符合他们的要求。被忽视的还有一些流行的节日庆典保留剧目，那些剧目里有时带有滑稽表演和讽刺性寓言诗。难道这些作品的民间风味还不够浓吗？从前，文学作品中的民间风味就其最初的纯粹形式来说是可以接受的,就跟中世纪人将古时的异国人当作高贵的野蛮人一样。书本知识被认为是具有不良影响的;目不识丁的匿名者所用的语言和表达方式,在人们看来没有受到半吊子作者的曲解和故作风雅的玷污,因为这些才疏学浅的作者用令人误解的魔鬼般有害的言辞,靠歪曲美和真理来谋生。而中世纪的民歌(尤其是圣诞颂歌)和民谣,人们认定的此类纯洁据说大都被保留下来,许多人都从中古荷兰语中看到了这一点。

我们的安乐乡文本还不够纯粹,不足以符合文学上的"通俗"条件。流传给我们的这些文本,其语言、形式和惯例看起来都是不可接受的。载有L文本的那一页纸,右上角缺失了一大块,这对提供通俗审美学指导概念的浪漫主义显然失去了吸引力。B文本使用的语言带有强烈的荷兰东部风味,这也许使其看上去荷兰味就不够充分了。就中世纪时期的通俗文化而论,散文根本不在其列,因此,G文本甚至连通俗文学的边都沾不上。

但是,安乐乡文本未被判定为民间文艺作品,其主要原因很可能是文本的内容,它们或许给人留下了一个轻松无虑、满足最庸俗欲望的印象。另外,文本中警告年轻人的那些话语,并没有阻碍强烈的不健康情绪所起的支配作用,而且以如此低劣的方式给年轻人带去了完全错误的思想观念。因此,它们不过是儿童剧本而已,可这种儿童剧本同时又变得十分危险,已不再适合少年儿童了,因为他们已对"悠闲甘美之地"这个童话了如指掌,"悠闲甘美之地"已成了一个淡化的幻想,几乎不可能起到一个载体的作用,去承载明智而又具有教化性质的寓言故事,满足上流社会家庭中那些守本分儿女的需求,而守本分现在则被看作一种可爱的优良品质。

安乐乡和"悠闲甘美之地"可谓两头落空,一头也没有抓住。长期以来——事实上一直到现在——它们都没有被社会所接受,没有被纳入传统的文学研究、史料编纂和民俗研究领域。而与此同时,这些学科间的界限在许多文化历史研究过程中已经被打破,人们已开始竭力寻找原始资料,以便能够重新认识那些流行的、匿名性作者的集体心态。当然,在这种情形下,所谓的低俗文学(low literature)也会再次参与进来,其广为人知的粗俗言语已不再是一种研究的障碍,反而已成为受人欢迎的东西;新的危险则是,以讽刺描述法描绘的乾坤颠倒的世界将不会引起人们的注意。

也许更为重要的是,人们应当明白,记载下来的文本,譬如两个中古荷兰语安乐乡文本,似乎能够让人了解形成中的书写传统。这种传统与口述传统相比,即便是在 15 世纪时也不占什么优势。口头传诵、从未写在纸上亦不期盼写在纸上的安乐乡文本数以千计,从中脱颖而出的只有 L 文本和 B 文本。它们的存在可以让我们更为仔细地观察口述文本的传播过程——倾听、背诵、改动、删减和改编。这一过程支配、扶持了许多人的生活,也或者困扰了许多人的生活。

率先对荷兰的安乐乡和"悠闲甘美之地"素材进行系统研究的是民俗学家和艺术史学家。老彼得·勃鲁盖尔(Pieter Bruegel the Elder)[①]的画作展现了他对格言、习语和谚语的迷恋以及对现代早期风俗画的兴趣。1567 年创作的《安乐乡之邦》使他处于 16 世纪趋势引领者的地位。这副作品是以彼得·巴尔腾(Pieter Balten)[②] 的一副版画为基础创作出来的,也可能跟 1546 年的"悠闲甘美之地"散文体文本有着直接的关系。那个文本肯定为勃鲁盖尔所描绘的主题提供了充足的思想,文本强调的众所周知的主题就是懒惰和贪食,如今这两者已被直接推到了

[①] 老彼得·勃鲁盖尔(Pieter Bruegel the Elder,约 1525—1569),16 世纪尼德兰地区最伟大的画家,也是欧洲独立风景画的开创者,一生以农民生活作为艺术创作题材,故被称为"农民的勃鲁盖尔"。由于他的两个儿子也是画家,并有一子与他同名,故而人称他为老勃鲁盖尔。传世画作有《收割》《农民之舞》《通天塔》等。——译注

[②] 彼得·巴尔腾(Pieter Balten, 1527 - 1584),文艺复兴时期佛兰德画家、雕刻家、出版人,也是一位活跃的艺术品经销商和诗人;以风俗画、宗教性诗文和风景画而闻名。——译注

各种社会秩序中的代表人物身上：武士、农夫、学者和商人（不过，令人怀疑的是，勃鲁盖尔选择这群人物，实际上是他对导致荷兰起义①的事件表明了立场，这是最近提出的一种观点，但不是首次提出的观点）。

在20世纪，人们对革命性的乌托邦产生了较大兴趣，安乐乡也因此被牵涉进来，这跟意识形态上的对抗状态是一致的，而意识形态上的对抗是20世纪的一个显著特点。有一位马克思主义者谈到安乐乡时，甚至把它说成"一个封建的、民间传说中的乡下的社会乌托邦"。还有一位则将中古英语版的《安乐乡之邦》看作革命民众所表达的一种最深切的愿望。这种解释完全忽视了文本独创的滑稽可笑、修道士的讽刺和对朝圣者的一般故事进行的拙劣模仿。

在中世纪后期和现代早期，借用安乐乡素材的情况就已出现。人们为了服务于上述的现代利益，完全歪曲了安乐乡文本的最初意图，滥用了它的主要功能。如前所示，这些文本无意颠覆现存的社会秩序和政治秩序。倘若认为当代人已在这些幻想世界里为他们的革命目标找到了托词，那简直是太过牵强了。这些文本为人们提供了补偿，就此而论，它们的作用更像是一个安全阀，将社会的紧张状态缓解到一个可以接受的水平。但是，在这个框架内，反叛当然会以更具挑衅性和高度想象力的夸张形式表现出来，用极致的富足使之与日常生活里那种常常无法忍受的匮乏和痛苦形成对立，激起人们的强烈情感。

荷兰语文本在多大程度上揭示了民众的心态呢？本书并没有提出这个问题，因此也不打算进行回答。本书的出发点是发现这些文本在从中

---

① 荷兰起义（the Dutch Rovolt），即荷兰独立战争，又叫八十年战争，始于1568年，止于1648年，是松散的尼德兰联邦清教徒反抗西班牙帝国统治的战争。它既是一场以资产阶级为代表的进步力量反对封建制度的民主革命，又是一次尼德兰反对西班牙殖民统治、争取民族独立的民族解放战争。此战使尼德兰联邦从西班牙帝国独立出来，建立起第一个资产阶级共和国——荷兰共和国，对世界历史的进程产生了积极的推动作用。——译注

世纪到现代早期的转变过程中可能产生的作用和意义。它们是如何产生的？利用了那些素材？在这个过程中都运用了那些技巧？这些技巧在某些群体中是最常见的吗？这些素材及其文体原则如何与人们希望表达的主体思想相符合呢？对于过去那些广为认可、备受尊重，并享有一定文学声誉的文本，也会提出这些问题。但是，在这个研究领域里，这些研究手段直到最近才被接受，迄今几乎还没有人将它们运用到安乐乡之类的文本研究中，因为长期以来这些手段都是缺乏的，甚至是得罪人的。

无论如何，安乐乡的幽默乍看起来似乎是一种无须多少解释的幽默，因为即便是过了五百年后，它还是那么易于理解。此种幽默在当时必定不过是些愉悦人的废话，那又何必在它上面浪费口舌呢？此类想法进一步受到了如下诱人结论的激励：幽默是永恒的，是一个连经验丰富的学者也难以避开的陷阱。

安乐乡和"悠闲甘美之地"传统上属于轻松娱乐的范畴，所应具有的寓意相对来说意义不大；因此，人们指责它们索然无趣似乎是很自然的。事实上，整个"悠闲甘美之地"的概念在荷兰都终结于幼儿园和托儿所里，这无疑证明了它那天真幼稚的形象，只能够实现最简单的孩童的梦想。"悠闲甘美之地"以其图画书的形式为蹒跚学步的幼儿提供娱乐，的确已成为儿童文学的一部分，这是不可否认的事实。当前它被用作大量生产馅饼的荷兰烤饼工厂的名字，当然，所生产的馅饼质量都很高。

"悠闲甘美之地"走向年轻读者的历程在 1546 年就已开始。散文体的 G 文本那时作为一个警示性故事开始流传，尤其是针对年轻人；与此同时，这个文本对爱吃甜食者也越来越具有吸引力。无论如何，*ge-sunkenes Kulturgut*——一笔贬值的文化资产——这个称号用在此处是非常贴切的。尽管"贬值"似乎是描述这一大众文化的一种相当消极的方式，但不可否认的是，安乐乡素材披上了"悠闲甘美之地"这一外衣，产生了一些更加简单，的确也更加肤浅的版本，它们严重制约了其自身形象在今天的用途。

其他一些中世纪文本也遭受了类似的命运，以严重掺水的形式被大打折扣，沦为价值低廉的东西。从某种意义上说，这种贬值过程在现代仍在持续，当今创作的音乐喜剧 Camelot（《卡米洛》）① 和各种类似于 Robin Hood（《罗宾汉》）② 的电影便是例证。不过，与此相反的事情——文化资产的升值——尽管并不常见，却也的确发生了。比如，对个别中世纪文本进行创造性处理，使之成为精英文学中的一部分，其中著名的一个范例就是歌德（Goethe）③ 的 Reineke Fuchs（《列那狐》），在另一个领域里出现的范例是卡尔·奥尔夫（Carl Orff）④ 的作品 Carmina Burana（《卡尔米纳·布拉那》）⑤。

安乐乡和"悠闲甘美之地"的重要性已在不断下降。当其主要关切失去时事性和紧迫性时，它们就成为多余了。对食物供应的掌控已经增强，工作市场更易于进入，工作道德也普遍为人们所接受；这些便相应地减少了人们对食物和工作的担心与沮丧，取而代之的是生活方式的改变所引发的新的忧虑。原本旨在缓解饥饿和苦难的宗教仪式虽被削弱，但还是以更为肤浅的幻想形式持续了数百年之久，不过也产生了一

---

① 卡米洛，传说中英国亚瑟王宫廷所在地；常用来象征灿烂岁月，繁荣昌盛之地或人间乐园。——译注

② 罗宾汉，是英国民间传说中的英雄人物，人称汉丁顿伯爵。他武艺超群、机智勇敢，仇视官吏和教士，是一位劫富济贫、行侠仗义的绿林好汉。关于他的传说自 12 世纪中叶起便在民间流传，14 世纪首次作为文学作品的素材问世。此后，不断有艺术家以此为素材，创作出了众多脍炙人口的作品。——译注

③ 歌德（Goethe, Johann Wolfgang von, 1749 – 1832），德国作家、诗人、政治家和科学家。青年时代为狂飙运动的代表人物，精通诗歌、歌剧和小说。他花了 50 年时间写了两部戏剧长诗《浮士德》，分别出版于 1808 年和 1832 年。代表作另有小说《少年维特之烦恼》等。他也致力于各个领域的科学研究，在植物学方面享有盛誉，并几次担任政府职务。——译注

④ 卡尔·奥尔夫（Carl Orff, 1895 – 1982），德国作曲家、儿童音乐教育家，1924 年创办京特体操音乐舞蹈学校，推行新的音乐教育法，主要作品有《音乐教程》、世俗清唱剧《博伊伦之歌》和歌剧《按提戈涅》等。——译注

⑤ Carmina Burana，《卡尔米纳·布拉那》，即《布兰诗歌》，亦被叫作《博伊伦之歌》或《世俗之歌》，是一部大型合唱及管弦乐作品。——译注

定的副作用，就是重新燃起了一些记性好的人往日的怨恨。长期以来，"悠闲甘美之地"一直在乡村地区流传，这绝非出于偶然，因为那里是人们对昔日大规模自然灾难的集体记忆最强的地方。

此外，在现代西方社会里，古老的安乐乡已默不作声地变为了现实，因此已不再需要对其进行口头或书面表述。在许多五光十色的度假场所和超市里，现在都能看到安乐乡的影子，这些地方给每位顾客提供了量身定制的安乐乡。（荷兰的）一些顾客会毫不迟疑地将他们喜欢的美食和度假地描述为"悠闲甘美之地"，完全忽视了这个形象在其最初应用范围中所具有的教化和讽刺的性质。被反复利用的安乐乡文本和主题对其初期的意图和作用言之甚少，或者丝毫不谈。这充分证明，安乐乡素材无论是以重新改编的形式还是以别的形式呈现出来，都具有很强的适应性，在新的情形和环境中仍能保持其自身的魅力。

但是，幽默绝不肤浅，它是社会的一种极为重要的润滑剂，在消除人们当前之恐惧方面发挥了重要作用。同社会习俗和现有的挫折一样，在特定时间里所用的幽默形式，其性质和意义是会改变的。例如，在中世纪晚期，幽默是用来教导民众、减轻恐惧和驱散威胁生命之郁闷情绪的有效手段。这些条件不仅证明在文本和表演中使用幽默是正当的，而且决定了文本自身的性质。

那时是用开玩笑的方式与恐惧和挫折进行斗争，用现在的标准来看，那种方式看上去必定是非常粗鄙和粗暴的。由于我们现在已无法看到当时人们的痛苦境遇，理解和分担那些痛苦就更不必说了，所以我们会轻易地认为此种幽默比较生硬而幼稚。针对许多有关粪便、性、魔鬼和饥饿的笑话时，我们尤其秉持这种看法。我们认为，如果中世纪的人所能展示的就是这些幼稚行为，那他们一定都是些孩子。

这种观点排除了任何历史可变性的存在，导致人们默默接受当今的标准，以判断美、丑、肮脏、庸俗或者不成熟。然而，文本和表演中所用的幽默可以跟深奥概念的展示一样灵活、尖锐而有力。因此，将这种幽默作为过时的、从幼稚玩笑中衍生出的东西抛弃掉是没有道理的,尤其是因为它直到中世纪后才被人从精英阶层的文化中排除出去。在20世纪20年代制作的电影短片中,斯坦·劳雷尔(Stan Laurel)① 和奥利弗·哈代(Oliver Hardy)② 消除了美国中产阶级对复活的母权制所感到的恐惧,因为母权制下的妇女会向其懦弱的丈夫挥舞战斧,横行霸道。即使那些电影中惧内的丈夫常常以智取胜其飞扬跋扈的老婆,也没有一个看电影的人会把自己看作那样的倒霉蛋。

最后,安乐乡还进行了嘲讽;那些能够觉察到这一点的人会看到,安乐乡对幻想出一个充满世俗快乐地方的这种行为进行了讽刺。有人则不遗余力地将这种幻想作为一种激励推荐给现代虔信派的信徒,让他们为来世的真正生活做好准备。在举荐这一幻想的同时,也警告上述信徒对魔鬼加以提防,因为魔鬼有时会蛊惑践行此信念者的心智,从而将他们引向毁灭。梦想在俗世获得圆满和幸福显然是自找麻烦,这意味着"共同生活兄弟会"成员的修炼,必须展现出真正基督教徒相对于魔鬼所具有的优势,这跟隐士们以自我节制的方式力图表明这种优势的做法一样。创作于1488年的一幅祭坛装饰画,现存于德国雷根斯堡(Regensburg)市立博物馆,表现了对来世充满快乐幻想的人所选择的无常之路。画中所描绘的东西,是人们在祈祷时头脑里决不应当有的东西,诸如经商中的贪婪,对俗世之财产、性爱、酒食和美色的过分依恋等等。

根据安乐乡所具有的这一切作用和意义,可以说这两个中古荷兰语安乐乡文本与收录它们的文集绝不是格格不入的。在以歌曲、童话、谚语以及其他混合形式表达的学者的无尽欢乐和适度的严肃之中,B文本

---

① 斯坦·劳雷尔(Stan Laurel, 1890 – 1965),英国喜剧演员,电影导演,曾是喜剧演员卓别林的替身,受卓别林影响,后来移民美国。从1927年起,他与奥利弗·哈代搭档演出,拍了50多部喜剧短片。1932年他们的影片《音乐盒》获第5届奥斯卡最佳喜剧短片金像奖。——译注
② 奥利弗·哈代(Oliver Hardy, 1892 – 1957),美国喜剧演员,一生参演过250多部舞台剧和电影。与斯坦·劳雷尔联手拍摄了数十部无声喜剧短片和多部长片电影。——译注

完全是轻车熟路，如鱼得水。所有文本都对这个世界进行了阐释，并试图掌控这个世界，所用的方式在当时都是时宜便利的，有的是直截了当，有的则是乾坤颠倒，本末倒置。

L文本只是夹杂在《西德拉克》和《路西德留斯》这样一类篇幅较长、面向俗人的说教性文本中，才似乎显得不合时宜。可是仔细观察的话，之前对于整部文稿内容的描述具有"世界倾向"，该文本放在这里倒也是合乎情理的。安乐乡中所展示的乾坤颠倒世界的手法以及冒牌医生的处方，都是用来阐释这个世界和通往救赎之路的；它们和那些更为直接的说教性文本一样，比如有关颜色之象征意义的论文、针对金钱和腐败的讽刺作品等。此外，模仿文本也使用幽默武器来抵御可怕的忧郁之症，而魔鬼也总是把忧郁之患当作一种手段，来消灭那些它认为通晓灵魂问题的人。最后要说的是，整部手稿的誊本中还包含一份简短的耶路撒冷朝圣指南，以切实可行的指令为手稿的理论目标提供了指导。

第四十章

从乡村到城镇

从多大程度上说,安乐乡文本和散文体的"悠闲甘美之地"文本实际上是简朴之人及其传统的产物呢?与这些文本相关联的"民间风味""普通""通俗"等概念都被用来指代无名的民众。这些民众也可以包括神职人员、凡人修士与修女、下等阶层的成员。他们在自己所处的环境之外都是无名之辈。但最重要的是,民众是由不担任神职的一般信徒构成的,他们的身份都不比农民或工匠的高;由于他们没有头衔,不担任公职,没有高贵的血统,也不在宗教或者文化性质的公民机构中担任要职,所以他们的匿名是不容置疑的。

人们在记录安乐乡素材时,必定增加了具有教化作用的内容。这一点从一开始向知识精英演示乾坤颠倒世界时就表现出来了。安乐乡的乡村背景也与这个框架十分相称。中世纪晚期的城镇市民喜欢让他们那具有启迪性的乾坤颠倒的世界住满农民之类的人,目的是让他们来表现极端的粗野、不理智和愚蠢,换句话说,就是与文明行为相对立的东西。安乐乡展现了一个乡村形象,一切事情都发生在室外。村庄的大部分都被可食用的建筑覆盖了,因为村子里没有别的,只有房屋和篱笆,还有四处乱跑的动物。村民们跳"圆圈舞"是当时乡下人的典型行为,这从那时的文字记载和雕塑中可以看出来。

这一乡村特征不大可能是在安乐乡素材被首次记载下来时加进去的东西。其乡村风味充其量是用来润色装点的，不过，乡村在那些最初以口头形式流传下来的幻想里依旧是基本的背景。这些梦想作为一种安慰和补偿被不断更新并流传下来，而当这些梦想终于被记录下来并获准进入书写传统时，它们蕴含的讽刺和道德规范，即颇有价值的副产品，也最终得以成形。同样，带有评注的版本也绝不可能是通俗文化的直接证据，因为通俗文化带有令人高兴的补偿信息，对人们在遇到食物匮乏和艰辛劳作时感到的恐惧给予补偿，这种文化至多在字里行间才隐约可见，在主题显现时才大放光彩。

也确有迹象表明，安乐乡素材在付诸文字时受到了其他文化背景和幻想的污染。例如，L文本中的金碟子和金质大浅盘，B文本中的银碗和银盘，它们都放置在流淌着红酒和啤酒的河岸边，这似乎有点不大合适。毕竟说来，在这些文本中，丰饶和富足已转化成了食物和饮料，其量大得简直荒唐，并且以一切可以想象到的——和想象不到的——形式展现出来，而不是用很多贵金属来显示，后者会暗示另外一种背景。然而，安乐乡素材受到玷污的最有力证据是文本中偶然出现的一些细节。这些细节源自抄写者，他在记录口述材料时力图加进了他认为合适的东西，这包括改编者不假思索就做出的些许修正和调整。

例如，B文本作者在文中引介了红榴石做的门柱，这与其建筑物的可食性格格不入。这是与环境相关的笔误吗？这一细节十分扎眼，因为另一个荷兰语文本并没有提到此种变化，甚至连门柱都没有提及；其他地方记录的安乐乡材料里也没有提到与此相当的东西。安乐乡食谱里提到了香肠制作的篱笆、鲑鱼和鲟鱼制作的门窗，之后有了变化，包含了如下内容：

房屋里的所有门柱

都由红榴石制成，这绝不是无端的吹嘘。

　　随后有十二篇跟古老模式相符的诗文：房梁由黄油制成，用姜饼建造了阁楼，各种家具由肉馅饼制作，用饼干做成了纺线工具，椽子由鳗鲡打造，屋顶上覆盖着奶油蛋饼，篱笆墙是由七鳃鳗编制而成。

　　在古代人们就发现红榴石可以散播明亮的光线。人们最初以为红榴石是一种神秘的宝石，是天堂里的一种摆设。据塞维利亚的伊西多尔描述，此种宝石内呈深红，外黑如煤。巴托洛梅乌斯·安格利柯斯采纳了他的描述，并再次强调了宝石在晚上发出的亮光。约翰·曼德维尔爵士也提到了它在祭司王约翰卧室中发挥的作用："他卧室里的柱子是用金子制成，上面镶有宝石，其中有许多是红榴石，在夜里会发出光芒。"人们习惯于将红榴石视为红宝石，以便使它更易于识别。

　　"红榴石"这个字眼在此背景下作为画龙点睛之词来用，真是让人难以想象。这个字眼还有另一种含义，即一种甘蓝——此种东西或许在16世纪就已有了，但肯定不会比那还早——不过此处不大可能有此用意，因为把它放在市民和农夫都觉得奢华的一串食物当中是不大合适的。那么，B文本的作者为什么会在此处突然开始谈论起宝石了呢？在散文体G文本里涉及可食用建筑物的相应地方，改编者仅仅提到了姜饼制作的门柱，这和传统模式是完全相符的。

　　安乐乡B文本的改编者肯定熟知骑士史诗和游记中经常出现的另一类建筑，那就是圣城耶路撒冷完全用金银和宝石建造的奇异城堡。对此类建筑的描述，沿用了安乐乡和"悠闲甘美之地"中描述其可食用房屋所用的同样模式，唯一不同的是这些建筑物是用各种贵金属和宝石建造的。事实上B文本作者看来对这些城堡已了熟于心，通过他在别处描写天堂城堡时所写的一首歌就可以看出这一点：

> 果园中矗立着一座城堡，
> 人都说那是用象牙建造；
> 那城堡总共有九扇大门，
> 红榴石做门扇顶戴金冠。
> 又用那红珊瑚建成塔楼，
> 据说是整座堡熠熠生辉，
> 远比那水晶石光亮万分。

仅仅是因为作者一下子为他了解的那些用珠宝装饰的城堡所倾倒，这些建筑物所用的建筑材料就设法悄悄地溜到了安乐乡吗？这很可能是一个解释。当我们发现红榴石和其他一些宝石是天堂的主要建筑材料时，情节就变得复杂起来。《圣经》上说新耶路撒冷将会有红榴石大门，中古荷兰语文本重复了这一细节。(在中古荷兰语文本中)圣徒布伦丹及其追随者拜访过的天堂般的地方，其城堡甚至都有红榴石做成的窗户和门柱。安乐乡文本中的描述跟天堂的房屋和庭园建筑格外相似，这很容易造成如下意外：肉、鱼和宝石混杂在一起。

这是偶然吗？我们必须假设 B 文本的作者——大概是一位学者，或者曾经是一位学者，但不管怎样，至少是一个文人——在这里有趣地间接提到，安乐乡就是天堂的代表。这样做的人并非仅有他一个。*Le grande confrarie des soulx d'ouvrer et enragez de rien faire*（《好逸恶劳大兄弟会》）里提及的一座神奇城堡，其城墙就是用米兰的奶酪建造的，奶酪上还有钻石点缀。这里的宝石指的是对幻想出的建筑物所做的描述中的其他惯例，因为城堡的其余部分都是用食物建造的。

然而，这是一种刻意的幽默，其最有力的证据可在中古英语版《安乐乡之邦》的作者所遵循的大纲里找到。这位博学的僧人将他的梦幻之地想象成天堂在俗世间的附属物，他觉得这里索然无趣，于是在对这个梦幻海岛上的奇异建筑进行描述时，便用可以仿效的方式刻意掺进了各种传统的东西。首先，修道院被描述为一座可食用的建筑，是原始食谱的产物，其墙壁由肉馅饼砌成，即各种肉和鱼以及多种菜肴，一切皆是可以得到的最昂贵的食物。屋顶上的瓦片是精制面粉制作的饼块，钉子是由带脂肪的香肠制造。可是，这种食物的展示之后却让位于宝石建造的建筑。回廊的柱子由水晶制作，底座和柱头是用碧玉和红珊瑚做的。在其描述中，这种交织混杂是有意而为，明显带有追求和谐的情愫。

不管怎么说，B 文本中的红榴石露出了文本记载时被另一不同环境"污染"的迹象。否则，我们该如何看待鲟鱼门和奶油横梁间楔入的优美珠宝呢？此外，中世纪晚期富裕的市民已开始表现出对宝石的喜爱，因为宝石可以显示他们多么富有，从而迫使上流社会尊重他们。

安乐乡仍旧是口述材料和更为知性的书写传统混杂在一起的故事。在中世纪中盛期，僧侣讽刺文学、教会的愚人节盛宴以及他们对乾坤颠倒世界的描绘，将安乐乡提升到了 Cucania 的水平，即田园诗般的地方，同时也可作为一个样板，向人们展示现实世界里该做的事情和不该做的事情。但是，在那些根本用不着拉丁隐喻和礼仪者的心目中，安乐乡同时还在这个受到污染的地方之外继续流行。但是，一旦某个人事实上写出了自己的版本，这个文本就不仅带有他自己和他所处环境的痕迹，而且带有文学传统的痕迹，因为他就是这种文化传统的一部分，这是不可避免的。

甚至也有间接证据表明，安乐乡主要是在乡村地区盛行，其许多主题和定则也是在那里获得的。例如，在最古老的安乐乡版本中，包括法语和英语文本，几乎没有性方面的内容。人们一般认为，饮食过度和懒散会使人产生以简单性事来消遣解闷的想法，但在安乐乡中鲜有这方面的证据。这的确很奇怪，尤其是因为劝诫和忏悔书都告诫人们要提防懒惰、贪食和性欲这三种罪恶，就像广为人知的贝弗利的约翰的故事所证明的那样，这三者一个比一个邪恶。1546年问世的散文体"悠闲甘美之地"文本对这一方面给予了更多关注，而且不难发现后来因在其他环境中受挫而又添加了内容。

缺少幽默和富有暗示性的淫秽内容，这是否表明乡下人的民间传说就是这些文本的主要来源呢？如果是的，那么神话故事也应如此，因为神话故事也是在早期乡村社会中产生的。众所周知，在宫廷、寺院和城镇环境里，与性相关的事情会使人产生不安情绪，因此，谈论人的下体是人们喜欢的一种娱乐方式。而令人尴尬的婚姻政策给人带来了不良后果，所以宫廷试图用谜语和讽刺性寓言诗构成的淫秽文化来进行补偿；修道院将诋毁婚姻和性行为作为其愚人节的主题；在大斋节前举行的旷日持久的欢庆活动中，城镇居民会表演一系列欢快而又卑劣的举止行为，尽力宣泄他们对教会的不满，因为教会给他们带来了婚姻方面的压力。

基督教道德规范方面的教义所谈论的懒散、贪食和性之间的关系已经让人以为，在田园诗般的环境中尽情地吃喝享乐，这种补偿形式一定是在基督教教义范畴之外产生的。这也将人们的注意力集中到了中世纪早期农民的身上，他们的日常生活是由他们表现出的对大自然的信仰决定的。若以为当时人们实际上所能做的就是性事，这难道不符合逻辑吗？当时，教会并没有开始干预这方面的事情，因此，人们没必要在梦想之地发泄自己的这种沮丧情绪。

公元后最初几个世纪里，性方面的事情几乎不是一个问题。在跟肉欲之罪恶进行的斗争中，沙漠教父不是在跟性爱性质的诱惑斗争，而是在跟酒肉的诱惑斗争。他们极力克制自我，放弃了身体所需的几乎所有营养，完全沉湎于严格的节食戒酒的生活制度之中。这种做法还引发了该领域内的奇特竞争；与此相比，性事看上去只不过是个微不足道的问题。

王朝利益集团当时在乡村社会也没有起到什么重要作用，不过后来他们却变成了爱情难以逾越的障碍，粗暴地剥夺了人们为爱情或倾慕而结婚的机会。那时，人们的生活节奏似乎以一种自由而自然的方式顺应大自然季节性的规律变化。正常的性满足极少受到教会或者其他权力机构的制约，所以很少需要对这方面的沮丧情绪进行补偿。

　　这种推理有一定的道理，而且还有方法论方面的重要依据。1547年，在安特卫普出版了 *Der Fielen, Rabauwen oft der Schalcken Vocabulaer*（《流氓、无赖、恶棍大全》）。这部著作兼娱乐性与知识性于一体，是描述职业乞丐行为习惯的一部简明手册。其中收录了小偷所用的俚语词汇，是根据15世纪中叶对巴塞尔（Basel）① 城小偷用的暗语所做的真实记录整理而成的。这种国际性的行话也在低地国家流行，（再版的）乞丐手册就包含了这些词汇，由此可见一斑。在收录的这两百个词汇里，几乎没有一个与性相关，而是跟在路上谋生的流浪者的基本需求有关。这种私密语言可以用来指出危险和不适，索要吃的、喝的和穿的东西，也可以用来消除跟治安官和法院打交道时的障碍，使流浪者每日为生存而进行的挣扎变得容易一些。对于生活在这种环境下的人来说，性不是一个问题；在这方面，他们跟外部世界不会有什么麻烦发生。

　　假定早期的乡村文化是补偿性幻想的来源，而此种假定在可食用建筑这一经久不变的主题里找到根据。建造可以吃的房屋这种建筑方式是最古老的安乐乡文本的主要议题，在童话和神话故事中也能找到这个议题，最著名的当数童话《韩塞尔和葛雷特》（*Hansel and Gretel*）② 中用姜味糕点建成的房屋了。如果人们接受这种主张，即此种素材带有当时

---

　　① 巴塞尔（Basel），瑞士西北部一城市，位于莱茵河畔，是欧洲最古老的文化中心。——译注

　　② 《韩塞尔和葛雷特》（*Hansel and Gretel*），又名《糖果屋》，出自《格林童话》。故事讲述的是，一对可怜的兄妹遭到了继母的抛弃，流落荒林，最后来到了一座糖果屋前。饥饿难耐的兄妹俩迫不及待地吃了起来。但是糖果屋的主人是一个吃人的女巫，她把兄妹俩抓了起来，想要把他们养胖后再吃掉。兄妹俩凭借自己的智慧战胜了女巫，并且找到了回家的路，与他们的生父一起过上了幸福的生活。——译注

社会上普遍流行的情感和观念的最古老痕迹——尽管浪漫主义出现后所记录的版本不大合适——那么这也暗示安乐乡源自,或者改编自早期乡下人的民间传说。

这种间接暗示也可从安乐乡中香味的缺失推断出来,而更有文学气息的"悠闲甘美之地"则因这方面所具有的魅力而感到自豪。据 G 文本描述,一种沁人心脾的香味——不禁使人想起了紫罗兰——每当起风之时,便会弥漫整个国家,即便是在隆冬时节,这种怡人的香味依然存在。在俗世和天上的天堂里,此种醉人的香味都是普通乐事的一部分,而天上天堂里的气味据说沁人心脾,人们只须呼吸就可存活。类似的生存之道也发生在异国之人身上,据推测那些人极为幸运,都生活在天堂般的环境里:他们只须嗅一嗅苹果就能获取营养。此外,一些圣徒的食物供应就是来自神的赏赐:要知道,他们在尘世的家园已经离天国不远了。

对食物和气味的关注也逐渐成为一种重要的文化标志,并日益被精英分子们所利用,他们企图以此来改进宫廷和城市文化,使之变得更加高雅。而魔鬼也因此开始运用这一武器,不过魔鬼是要用芬芳的气味来迷惑那些傲慢自大的人。曼德维尔亦不止一次地证明他对美妙香味痴迷有加,在他描绘祭司王约翰的国度时,那种痴迷达到了顶峰。这位祭司之王极为高雅,"卧室里置有十二个水晶瓶,里面盛满了香膏,他每晚都将那香膏点燃,生出芬芳的香味,以驱除除有害的气味"。

在这一方面,曼德维尔还提到了一个故事,其中讲到了制作耶稣受难十字架的四种木材,也颇具启发意义。十字架的底部由雪松制成,这种木材不会腐烂,因为"他们想要它保留很长一段时间。他们想到耶稣的尸身会发出臭味,所以就用柏木制作立柱,上面悬挂他的尸身,因为柏木有香味,尸体的气味会被压住,对路过之人来说就不那么难闻"。只有在对气味高度敏感的社会里,这种考虑才会起作用。

中世纪晚期,城镇开始采取更为严厉的措施来消除城镇中的臭味。

至少它们在努力限制那些令人讨厌的东西，并将其管控起来——而现在所经历的显然要更加厉害。怡人的气味从当地雄辩家所用的讲坛上散发出来，目的是为显露出来的背景增添光彩，就像道德剧中的幕间间歇所起的作用一样。

对味道进行提炼改进，以此为手段，使自己显得与众不同；这种做法在法国和勃艮第的宫廷文化中达到了新的高度。在这种文化里，赢得情人极为重要。意大利宫廷在这方面是一个主要的灵感之源。名媛贵妇都受过教导，要戴柔软的、用紫罗兰香精喷过的西班牙皮手套。15世纪末，这是最为新颖而又高超的一种时尚，目的是要通过男人的嗅觉，激发他们的情感。据说亲吻一下戴有这种手套的手，便可令热恋中的情人神魂颠倒。16世纪，嗅觉仓库里又增添了更多的香料，其中包括麝猫的精子，凯瑟琳·德·梅第奇（Catherine de' Medici）[①]就用这种东西涂抹自己的手腕。

这种雅致和性一样，在农民阶级所追求的补偿和梦幻环境中起的作用不大，因为，无论如何，他们都不在乎这种好闻而又提神的香味。此种概念跟安乐乡的最初形象格格不入，安乐乡这个地方每天都有大量食物被吞食挥霍，因此那里不会散发出什么气味。这一点显然无关紧要，所以在记录下来的文本里，从没有人把香味仓促地添加进去。只有作为书写传统之产物的G文本才做出保证，"悠闲甘美之地"里并不缺乏美好的气味，这无意之中暴露出了它的全新目标。

[①] 凯瑟琳·德·梅第奇（Catherine de' Medici, 1519–1589），意大利贵妇人，1533年，14岁的她嫁给了法国的亨利，1547年亨利成为法国国王二世，她因此而成为法国王后，直至1559年。而在她有生之年，她的三个儿子先后都做了法国的国王，她也一度是法国的摄政王。——译注

第四十一章

虚构之必要性

中世纪乡村文学作品并非只是寻求补偿，它们也在寻找武器，进行肉体和精神上的反抗。由于人类违反了上帝的诫律，上帝就对人类进行了无数的惩罚；如果饥饿是上帝的一种严厉惩罚，那么人类愚蠢地大吃大喝就是一种反抗的明证，而幻想这类行为也是一种反抗。"弄到啥就吃啥，明天也许就死掉了。"这种态度早在中世纪早期的日耳曼文化中就已现出端倪，1550年记录下来的一句谚语说道："他猛吃猛喝，好像明天就要被吊死似的。"此种决断与暴饮暴食相一致，这也是自信和权力的表现，正如在皇家盛宴和狂欢节庆典期间大街上所展现的情形那样。

考虑到那时的食物供应情况，人们不禁设想，对有关幻想世界之素材的第一波较为明确的认识在中世纪早期就已出现，这为中世纪的安乐乡做好了准备。要知道，在5—6世纪，整个西欧都受到了食物短缺的长期蹂躏。那种令人苦恼、近乎绝望的境遇迫切需要一些宽慰人心的形象和精神上的强化。

同样，人们也不由地认为，第一批古法语和中古荷兰语的安乐乡素材是在1000—1300年记录下来的。当时的食物状况很糟，食品单调，大多数人仅有面包可吃；此种情形就像食物短缺一样，迫切需要某种引人入胜的调剂形式，哪怕是想象中的也未尚不可。这也解释了安乐乡里何以有种类繁多的食物：它们跟现实生活中强制性的单调食物形成了最强烈的对比。单调乏味让人难以承受，这也说明食物多样性何以比一系列奢华食物更受人青睐。特别是在1315—1317年之后的一个时期，欧洲经历了整个中世纪阶段唯一一场真正的大规模饥荒，这为人们幻想有一方食物永远富足的土地提供了绝佳的条件，而这种幻想也因人们的报复心理而变得更加强烈。

可是，这些设想都只不过是偶然做出的推测，而这种推测在粗略描绘的人类历史中，从一开始直到现在，并非不恰当的，而是在这种情况下无疑迈出了过分的一步。安乐乡是不受时代影响的：即便是它的名字也未必确切表明它源自中世纪。口头和书面文化都为安乐乡的素材提供了帮助，两者相互影响，同时又特立独行。口述传统对新的创作、渲染和改编不断给予激励，这些都在书面版本中得到了反映。诚然，后者也形成了自身的传统；这些书面文本更加固定，因此也确保了安乐乡素材一定程度的条理性。但在这种书面传统范围内，一个饱受饥荒之苦的饥民产生的幻想，是一种意想不到的情感发泄，这种发泄所表现的与其说是安乐乡的根源，倒不如说是安乐乡素材反复重现的源泉。

更为独特的是，中古荷兰语文本洞察了城镇居民的忧虑和梦想，这也是古法语版本的明确目标。它们把重点集中在金钱和生计之上，这些想法实际上与安乐乡格格不入，因为在安乐乡里，所有东西无须任何花费都能得到；这倒也更加有力地表明，我们是在解决城镇居民的关切，而这些主题只有在安乐乡的文本被书写下来时才得以保存。在1546年问世的有关"悠闲甘美之地"的散文体文本中，可以找到这方面的更多证据，其中描述了人们对金钱的过分关注以及对债务的免除，而这一点则极不合乎逻辑。该文本还揭示了城镇居民的其他关切。

在这方面，另一值得注意之处是B文本的作者对每位居民的意愿所给予的单独关注和尊重。安乐乡可以量身定制,以适合任何人的需求。桌子上的食品和饮料堆积如山,"凡是你想要的,可谓无所不有",显而易见,人人都可以满足自己的喜好。和口述传统十分相似的是,记录下来的典型文本在几行文字后便断言,"你能找到满足你愿望的任何东西",再次强调了满足个人化需求的可能性。L 文本中并没有强调这一点,从而使 B 文本中的个人化特色显得更有意义了。

除了强调这些因素外,这些文本还普遍增进了广大民众的利益;同时也对他们进行了与城市期望达到之目标相一致的道德教育。然而,即便是这些告诫性的元素也无须跟安乐乡压倒性的通俗特点相冲突。有评注说,法语版的安乐乡不是写给富人的,也不适合他们的口味;这肯定是说,安乐乡是对匿名者,即无以名状的普通大众的补偿,他们可以居住在任何地方,甚至居住在安乐乡。在这种背景下,乾坤颠倒之世界的嘲讽也进一步发挥了作用:穷人被妥善地安置在一个根本不存在的地方,所以也就被排除在了正常生活之外。在中古英语版的《安乐乡之梦》中,对安乐乡的进入权也是有严格规定的,这种排除性规定同时也被用作一把讽刺的利刃,刺向了剥削者和无所事事的僧侣。

就补偿和逃避而论,中古荷兰语安乐乡文本主要是响应大部分民众的需要,这些民众主要生活在乡村和城镇,而不是生活在皇室贵胄的环境里。贵族阶级的幻想世界存在于宫廷行为准则的完美发展,以自律、节制、典雅和美好的形式呈现,在贵族阶级自身创造的真正乐园里由他们来实践和描绘。此外,贵族阶级的盛宴有一个通常的特点,就是食物极为奢华壮观,盛宴充满乐趣,是贵族阶级的自我庆祝。他们的梦幻世界与安乐乡的梦想不同,因为在安乐乡那奇异的富足食物里肆无忌惮的吃喝是为了减轻人们的恐惧,而食物的装饰则一点儿也不重要。较为富裕的市民走过一条弯路,设法得到自己应得的东西,他们所走的弯路,就是接受了典雅的行为方式,而此种行为方式的基础是对安乐乡之不雅酬报的启蒙性颠覆;他们最终到达了同一个目的地,采纳了同样的节制美德，并有了努力工作的热情。

安乐乡为何是必需的呢？中世纪当然并不缺乏补偿性和教化性的读物，有些颇为严肃，有些则利用幽默手法来描绘乾坤颠倒的世界和梦幻世界，甚至还有大量天堂般的幻想和引人入胜的有关异国之人以及新发现之大陆的报道。另外，每种环境都有其自己的乐园，无论是存在于城镇市民观看的表演和宗教游行中的活人造型，还是贵族阶级享受的皇家盛宴、在欢乐园中的调情嬉戏等。最后，还有虔诚的俗人沿着充满危险的神秘主义之路不断前往梦想之地。有时，这些田园诗般的地方还被擅长表演之人在人世间再现出来，而这种做法往往会遭到广泛谴责，被控为异端。那些在幻想中奔向梦想世界的人选择了一条更加安全的道路，其较为动人之处引发了强烈的道德教化。

逃避之路、武器、补偿和生动的教训不胜枚举。那么为何还需要创造这样一个与人们想象中已形成的，或在现实中追求的世界十分相似的安乐乡呢？答案就在于安乐乡的虚构特点。在中世纪末期，这一梦幻之乡可被用来抵御各种烦恼，追求各种快乐，因为人人皆知这只不过是一个游戏而已，无须任何人承担任何义务。所有其他的逃避之路都是真实而具体的，声称在现实中是存在的或者是可以觉察到的，就像纸板做的模仿品或者耙过的田园诗一般的土地一样触手可及。

安乐乡自始至终都是一个谎言，其本身也从未在这个名称下被模仿过。16世纪的"悠闲甘美之地"也是如此，它的不可模仿性似乎是一种令人宽慰的观念。天堂、天国以及新世界，全都具有一种真实性，能够征服人们，使人们从内心感到畏惧，并令其竭尽全力去实现它们。安乐乡是一个不附带任何条件的幻想，人们要到安乐乡去，既不需要忏悔自己的罪行，也无须经历危险的旅程。人们何以如此从容地将自己交给安乐乡呢？因为安乐乡真的没有任何意义。

安乐乡也不是一个切实可行的乌托邦。尽管乌托邦向每个人展现了可能提供的理想的生活条件,但是,似乎没有人相信这种梦想社会能够很快实现。尽管如此,乌托邦式的生活模式仍被持续不断地设想出来,而且看上去又那么真实可信,一点儿也不虚幻。有人反复指出,在新世界发现的社会是16世纪建立的此类乌托邦的重要灵感之源。无论如何,它们都在重树欧洲社会风气中起到了试金石的作用。不过,正是安乐乡所具有的虚构和不真实的性质才给予每一个人寻求最大满足的自由,这也是人们在这一幻想世界寻找精神武器和补偿何以对人们日常生活中的个人安康影响如此之大的缘故。但是,这一切都不是真实的。安乐乡提供的娱乐消遣压根儿就不存在!可为什么人们竟然会对之感到激动呢?而这个当然就是要把它虚构出来的缘由。

自由自在地幻想是最顽强的一种生存策略,从一个形体上不可能将其根除,因为它还继续存活在数以千计的其他形体上,并且持续不断地从一个形体传到下一个形体。在确定敌人退却之前,这种精神武器绝不能放下。因此,安乐乡只是在早期现代时期才黯然失色,因为饥饿问题当时在西方世界已逐渐被克服。在与安乐乡同名的骑士传奇故事中,滑稽可笑的骑士普瓦蒂埃[①]的茹弗鲁瓦(Joufroi of Poitiers)将"安乐乡"用作自己的战斗口号,这应被理解为一种苦乐参半的反抗,即对常年的饥饿威胁做出的反抗;他那诙谐幽默的口气直到中世纪过了很久之后才又发出了回响。

人们战胜了饥饿和饥饿引发的恐惧,也为此付出了代价,这个代价便是一个独特梦想的破灭,而那个梦想曾极大地振作了千千万万人的精神,并使他们的生活变得比较易于忍受了。安乐乡即便不披上"悠闲甘美之地"的外衣,也曾拥有这样一批颇具欣赏力的受众。

[①] 普瓦蒂埃(Poitiers),又译作普瓦捷,法国一古城,位于法国中部克兰河畔,是普瓦图—夏朗德大区和维埃纳省的首府。旧城有许多建于中世纪的教堂,该城自古就是战略防御的重要都市,至今仍是重要的行政中心。英法百年战争中,这里曾发生激战。——译注